# 李金鸿评传

冯海荣 著

中国戏剧出版社
CHINA THEATRE PRESS

**图书在版编目（CIP）数据**

李金鸿评传 / 冯海荣著. -- 北京 ： 中国戏剧出版社，2022.11
ISBN 978-7-104-05211-1

Ⅰ. ①李… Ⅱ. ①冯… Ⅲ. ①李金鸿一评传 Ⅳ. ①K825.78

中国版本图书馆CIP数据核字(2022)第059696号

李金鸿评传

**责任编辑：** 齐　钰
**责任印制：** 冯志强

**出版发行：** 中国戏剧出版社
**出 版 人：** 樊国宾
**社　　址：** 北京市西城区天宁寺前街2号国家音乐产业基地L座
**邮　　编：** 100055
**网　　址：** www.theatrebook.cn
**电　　话：** 010-63385980（总编室） 010-63381560（发行部）
**传　　真：** 010-63381560

**读者服务：** 010-63381560
**邮购地址：** 北京市西城区天宁寺前街 2 号国家音乐产业基地 L 座

**印　　刷：** 廊坊市印艺阁数字科技有限公司
**开　　本：** 787mm×1092mm 1/16
**印　　张：** 25.25
**字　　数：** 417千字
**版　　次：** 2022年11月 北京第1版第1次印刷
**书　　号：** ISBN 978-7-104-05211-1
**定　　价：** 168.00元

青年李金鸿

《金山寺》剧照

《蟠桃会》剧照

《金山寺》剧照

《小上坟》剧照

李金鸿向萧长华学戏

拜师梅兰芳合影

《盘丝洞》剧照

李金鸿与叶盛兰《虹霓关》剧照

《四郎探母》剧照

《金山寺》剧照（载于《立言画刊》
1941 年第 125 期封面）

《思凡》剧照（载于《游艺画刊》
1942 年第 5 卷第 10 期）

《战宛城》剧照（载于《半月戏剧》
1941 年第 3 卷第 10 期专栏“异军
突起之小名旦”李金鸿专辑）

《拾玉镯》剧照

《锯大缸》剧照

《荀灌娘》剧照

《四郎探母》剧照

《群英会》饰周瑜（国家京剧院供图）

《无底洞》剧本封面

李金鸿教《虹霓关》

李金鸿教《思凡》

李金鸿在刚落成的中国戏曲学院（万泉寺）校园

# 序一

尹晓东

我回到母校工作的这一年给自己定了一个目标，把各系的主要专业课堂都看一遍，因为现在的学校让我既熟悉又陌生。2021 年 4 月的一天，我走进了冯海荣老师的课堂，她正在给京剧系的学生教授《思凡》。这出戏是当年她做学生时李金鸿先生亲授的。她在课堂逐一点评四位学生的唱念、身段和表演，还不时亲自示范其要领。她讲授得如此细致入微，我想她定是得金鸿先生真传实授的。

没想到几个月后，冯海荣把她的这部《李金鸿评传》的书稿送给我。她说这是她花了两年多时间完成的一部记录金鸿先生艺术人生的书稿，再过一年多就是先生的百年诞辰，她要把这本书献给她的老师。她诚恳地邀请我为这部书写篇序，这让我有点诚惶诚恐。我学戏曲音乐出身，对表演一知半解，对金鸿先生更是了解甚少，让我做序，唯恐谈不出什么见解。拿到书稿后，一边读，一边努力搜寻记忆中的金鸿先生。

记得 20 世纪 80 年代，我在校学习时，金鸿先生还未退休，他虽已过花甲之年，仍坚持在教学一线，校园里经常能见到他的身影。在我的印象里，他个头不高，但总是器宇轩昂，两眼炯炯有神。那时，音乐系的学生除了器乐班的同学与表演系的师生常有接触外，我们作曲专业的学生整天扎在琴房，埋头写作业，与表演系师生少有交集，无缘结识金鸿先生。而我偶尔去看表演系的彩排，金鸿先生若在场，总会有学生围着他求教。由此，我知道他是一位在表演系很受学生欢迎和尊敬的教师，是中华戏校“金”字科中与李金泉、王金璐、沈金波等齐名的大家。

2002 年，我受邀参与武汉京剧院《三寸金莲》的创作，因为剧情和人物的需要，这部戏准备把绝迹舞台数十年的跷功重新搬上舞台。跷功是旧时武旦演员的必备之功，但由于新中国成立后废除踩跷，跷功便绝迹于舞台。要在这部戏里实现内容与技艺的高度契合，那么谁人能教授跷功呢？恰其时，该剧主演刘薇在京读青研班，她了解到金鸿先生的跷功有口皆碑，便找到金鸿先生，悉心求教，最终使罕见的跷功绝技重现舞台。这部戏也由此受到业内外广泛关注，并在中国艺术节上获得“文华奖”。那时，我对金鸿先生又多了一分了解和认识。

之后，我在中国国家京剧院工作的那些年，在查阅历史资料时，发现剧院过去不少常演剧目和创作剧目中都有金鸿先生的大名。京剧院的老艺术家也常常谈起他。金鸿先生自 1952 年参加中国实验京剧团（中国京剧院前身）以后，长期与李少春、袁世海、叶盛兰、杜近芳等艺术家合作，是最早进入国家剧院的一批艺术家，也是中国京剧院艺术风格的建设者之一。即使现在打开国家京剧院的网站，还能见到他的艺术简历。虽然金鸿先生在 20 世纪 70 年代就离开中国京剧院到了学校工作，但中国京剧院始终没有忘记金鸿先生，一直把他看作是剧院的建院元勋之一，是剧院艺术风格构建者中的重要一员。

这大概就是我对金鸿先生点滴的、片段的、模糊的印象。而我读完书稿，书中描述的金鸿先生如此丰富的人生轨迹和艺术经历，连同我对金鸿先生过去的这些点滴、碎片似的印象统统连接起来了，他的身影顿时跃然纸上，那个我印象中的“小个子”老师的形象忽然变得清晰而高大起来。这要感谢评传的作者冯海荣，她让我认识了一个更加全面而立体的李金鸿。他的人生是如此的跌宕，又是如此的精彩。

我对金鸿先生真正的了解是这部评传带来的。

在书中我认识了一位多才多艺、编演兼擅的艺术家。李金鸿这一代艺术家，从学艺到登台，都是苦楚而艰辛的，而像他这样多行当的学习以及转益多师却是少见的。他 1931 年进入由焦菊隐担任校长的有着新式教育理念的中华戏曲专科学校学习，经历了由老旦、老生、小生、武生等行当的学习后，归工武旦，兼习刀马旦、花旦。他受业于多位名师，毕业后又拜在尚小云、梅兰芳门下，并得到王瑶卿、萧长华、程砚秋、韩世昌等多位京昆大师的指导。他在20世纪40年代，便与马连良、谭富英、杨宝森、奚啸伯、李万春、叶盛兰、姜妙香、张君秋、李世芳、高盛麟、言慧珠等众位名家合作于京津沪等地。他武旦成名，且花旦、花衫、刀马、青衣、小生无所不能，时称“小名旦”。他以扮相漂亮、武功纯熟、跷功稳健、出手惊险，表演端庄大气、细腻传神，名噪一时。在中国京剧院期间，他同时兼任演出、教学、编导工作，参与多部传统戏的整理及现代戏的创作，《白蛇传》《佘赛花》《谢瑶环》《廉锦枫》等都有他的贡献，其中他还作为创作骨干参与整理改编了《无底洞》，并担任该剧主演。这些剧目都成为中国京剧院的保留剧目。李金鸿身上非常瓷实的传统根底，以及创新理念及实践，也影响了身边的演员，影响了剧院的艺术风格。1976年他作为策划编导组成员，参与录制一批精彩传统戏资料的工作，并整理编排了《天门阵》一剧。在那个年代，这项工作有着特殊的意义。

在书中我认识了一位传道授业、桃李天下的教育家。李金鸿的教学工作，自新中国成立初在艺培学校（北京戏曲艺术职业学院前身）就开始了。在中国京剧院他又向当时的青年演员授艺。杜近芳、李世济、云燕铭、侯玉兰、李慧芳、孙毓敏、叶红珠、刘琪、李玉芙、杨春霞、郭锦华等都受到他的教益。1973年他调入中国戏曲学院后，把主要精力都放在了培养人才上。他先是研究在当时政策下如何上好基础课，确保学生掌握规范的基本功。恢复传统戏剧目教学后，他更是把自己的所学、所思、所悟，倾囊相授。他对于戏情戏理和表演细节的把握已入化境，突破了单纯重视技术的层面，他追求“中正”之美和大道至简的艺术观，对学生有着非常重要的艺术理念的引领。他秉持“有教无类”的理念，从来不挑学生，无论青年名角、普通学生、师资班、留学生，还是没有学籍的进修生，只要认真学，他都是掏心窝子地对待。学生们常说，经他说过一出戏，几乎可以从技与艺的结合上解决旦角表演的许多问题。1988年他成为学院首批聘任的教授，退休后继续教学，担任三届青研班导师，为京剧事业培养跨世纪接班人。他还非常重视京剧艺术在海外的传播，认真培养留学生，教授的不少留学生都成为传播京剧艺术的使者。在有着重要传承价值的中国京剧音配像工程中为多部剧目进行艺术指导，包括梅兰芳的《金山寺》《穆柯寨·穆天王》。他教授过的学生田冰、杨凤一、陈淑芳、赵鸿、宋小川、董圆圆、王蓉蓉、乔丽、张火丁、邓敏、史依弘、刘桂娟、李佩红、李洁、李海燕、艾金梅、阎巍、姜亦珊、迟小秋、李红艳、赵秀君、张晶、冯海荣、刘洋等，都成为当代戏曲舞台和讲台上的中坚力量。

在书中我认识了一位为人谦逊、作风严谨的艺术管理者。新中国成立前在北平艺术馆期间，李金鸿即开始担任舞台监督工作，逐渐展露统筹管理能力。新中国成立初他在李万春的永春社南方旅演期间，负责与各地剧场的联络。随后，永春社改组为首都实验京剧团后，他担任主任委员，负责剧团的业务管理工作。加入中国京剧院后，他是艺术研究组的成员。在出国访问演出期间，曾被指派担任一组演员的组长，这个组里包括李少春、袁世海、杜近芳、孙盛武、娄振奎、钮凤华、夏美珍、刘琪，基本是出访演出的主要演员，因此被戏称为“角儿组”，李金鸿就是这个“角儿组”的组长。他一路做好主演的服务管理工作，确保了演出的顺利成功。调入中国戏曲学院后，他更多地显露了管理能力。“文化大革命”后恢复正常教学秩序时他就开始做管理工作，先后担任武剧组组长、实验团团长、表演系副主任、代主任等职务，是学院首届学术委员会委员。他在担任实验团团长期间，很快组织排演一批传统剧目，移植编创《对花枪》等戏，在北京、山东、东北各地巡演，得到极佳赞誉。他在实验团首先恢复演出了《四郎探母》，成为当时重要的文化事件。他担任表演系副主任，进行第一届本科班的培养方案设计，扎在教学一线，对每一个学生的成长进行实时的跟踪和研究规划。无论他在哪个岗位，都以正直友善的为人、严谨的艺术态度、谦逊的工作作风，营造团结的工作氛围，为培养高水平的表演人才做出了突出贡献。

李金鸿先生艺高德劭，他热爱党、热爱社会主义，忠诚党的艺术事业。他离开舞台后，长期坚守教学一线，教书育人，循循善诱，关心学生和青年教师的成长，对求教问艺者，无不尽心教授，一丝不苟。他是一位深为后辈敬仰、为后世垂范的名师。

2020 年中国戏曲学院建校 70 周年之际，习近平总书记在给老中青少四代师生回信中指出，繁荣发展戏曲事业关键在人。戏曲艺术薪火相传，靠的就是一代代人的锲而不舍、接续奋进。我们应该有人为前辈艺术家、教育家著书立传，让人们深入了解他们的艺术人生、理想追求和精神风范。这部《李金鸿评传》语言质朴无华，甚至没有什么溢美之词，但恰恰是这种朴素的表达，让我们更加走近了金鸿先生。

老戏剧家马少波先生曾说，做艺术管理的人要为前辈树碑立传，为后人鸣锣开道。学院支持这部书的出版，就是要让后人记住像金鸿先生这样一批前辈艺术家、教育家对中国戏曲艺术传承发展所做出的突出贡献；支持这部书的出版，也是鼓励更多的青年教师拿起笔去记录和书写前辈们的卓越人生，从而也使自己能成为他们那样的人。我想这就是出版这部书的价值和意义。

掩卷沉思，金鸿先生的音容笑貌又浮现在眼前。在金鸿先生百年诞辰前夕这部书得以出版，是对先生最好的缅怀和纪念。

是为序。

2021 年 11 月 21 日

# 序二

每每念及恩师，我的内心总是满溢着温暖和感激，人生得遇良师，春风化雨，何其幸哉！从十一岁来到北京学戏，受业于李金鸿先生门下，到如今将毕生所学融会贯通、薪火相传，这漫漫人生路上的每一步，都得益于先生的教诲与指点。

在青衿岁月里，他是严师、是慈父、是高山仰止般的所在。面对那时活泼好动的我，先生钦点了《扈家庄》作为我的开蒙戏，在午后阳光明媚的氍毹上，我紧紧跟着先生一板一眼地学戏，从凝神到亮相，从圆场到用枪，他事无巨细地示范、抠戏。每当看到他酣畅淋漓、行云流水般的出手，出神入化、气度雍容的演绎，我的内心总是一次又一次地被撼动。那阳光撒在他身上勾勒出的浅浅光晕，是珍藏在记忆深处的吉光片羽，回想起来，也就是在那时，我真切领悟到了令人叹为观止的戏曲之美，窥见了这其中的千般情致、万般妙意。后来，他又亲传了韩世昌先生所授的《思凡》，冥冥之中系起了我与昆曲长达一生的牵绊，这份情愫随着先生拍曲的婉转节奏，兀自生长，枝繁叶茂……

2003 年，已在舞台上历练多年的我重返校园进修深造，又承蒙先生厚爱，将最擅演的《金山寺》倾囊相授。那时，他虽已年逾古稀，却依旧容不得丝毫懈怠，那从心劲生发、气韵相合的艺术表现，塑造出了细腻独到的温婉与隐忍，别有韵味且极具美感。经年累月，润物无声，我终于深得其精髓之时，也多了一丝怅然——先生的造诣又何止于此！他的一生延宕起伏，正值盛年却逢戏曲乾旦衰微之时，他走下众星捧月的舞台，执起教鞭，甘当“红烛”。在没有人喝彩的角落里，他用心呵护着蓓蕾，静待花开，从英姿勃发直至两鬓斑白，这份宠辱不惊的从容与淡定，海纳百川的气量与胸襟，不正是人如其戏，戏如其人吗？如今，当我们缅怀先生，寄托哀思之时，更应该珍视先生遗留下的艺术成就和精神气质，明师之意，循师之道，赓续传承。

学生　杨凤一

2021 年 12 月 1 日

# 目录

## 第一章　家世

一、少年丧父与母相依 / 003

二、学艺引路人——族兄李宝枢 / 004

## 第二章　学艺

一、学艺生涯的开端 / 011

在中华戏曲专科学校适应练功生活 / 011

频繁更换行当 / 017

二、归工武旦勤学苦练 / 018

关于武旦 / 018

苦练跷功 / 020

张善亭开蒙《泗洲城》 / 023

向阎岚秋学戏 / 026

三、在戏校中成长 / 029

沈三玉帮助渡过变声关 / 029

向诸茹香学花旦 / 030

初出茅庐 / 031

轰动琴冈 / 041

四、大师亲炙 / 048
拜师尚小云 / 050
萧长华传道 / 051
拜师梅兰芳 / 054
程砚秋的提携 / 057
韩世昌的昆曲滋养 / 059
博采众长 / 065

**第三章　演艺**

一、搭班准备 / 073
二、首搭永春社 / 077
三、效力母校光华社　小名旦在津大红 / 081
四、受邀富社大班与叶氏兄弟津京合作 / 087
五、大唱合作戏——与马连良、谭富英演《摘缨会》/ 095
六、搭班谦和社 / 102
七、沪上演艺 / 109
随李世芳承芳社首次赴沪，粉丝群名为"金属" / 110
与杨宝森出演黄金大戏院，位列特角 / 117
与张云溪、张春华合作出演天蟾舞台 / 122
签约黄金大戏院与言慧珠、周信芳等人同台献艺 / 126

**第四章　新生**

一、追随焦菊隐的"新平剧运动" / 137
二、在校友剧团担任舞台监督 / 145
三、李金鸿结婚了 / 148
四、参加第一次文代会 / 150
五、从永春社到首都实验京剧团 / 151
六、放弃多年练就的跷功 / 154
七、在艺培戏校义务授课，教授孙毓敏、叶红珠 / 158

## 第五章 在中国京剧院工作

一、加入中国京剧院 / 167
二、在中国京剧院教学——“所有旦角都要跟李金鸿学《思凡》” / 172
三、参与文化外交工作 / 177
两次参加世界青年与学生和平友谊联欢节 / 178
随中国古典歌舞剧团赴北欧演出 / 181
1960 年赴南、北美洲演出 / 185
四、《无底洞》再展武旦风采 / 194
五、接演小生，创排《谢瑶环》袁行健 / 207
六、做编导 / 213
七、家中变故 / 219
八、“水稻班长”安抚人心 劳动不忘思考育人 / 221

## 第六章 在中国戏曲学院工作

一、开启教师生涯 / 227
二、成为珍贵录像资料工作组中唯一的旦角代表 / 229
三、在中国戏曲学校（院）的管理工作 / 231
担任武剧组组长 / 231
担任恢复后的实验团首任团长 / 233
担任首届学术委员会委员，表演系副主任、代主任 / 242
对青年教师的扶持 / 245
四、教书育人 传道授业 / 250
五、传播京昆艺术 / 261
在音配像工程中的工作 / 261
担任电视剧《梅兰芳》艺术指导 / 264
出演影视剧 / 267
培养留学生 / 268

**第七章　艺术及教育成就**

一、一出戏解决旦角表演所有问题 / 275
二、“出不来”——激思维、传方法、传理念 / 276
三、中正大气之规范，步、腰、眼灵动韵味之美 / 279
“正”和“圆”是规范的要义 / 279
丰富自如的步法是美的基础 / 281
极致的用腰是美的中枢 / 283
基于情理的眼神是美的核心 / 286
四、有法可循的舞台节奏 / 290
五、重视人物表演 / 293
六、有教无类的育人理念 / 294

**附录一　李金鸿谈艺**

李金鸿：学戏十年来之回顾与前瞻 / 301
谈京剧武旦 / 303
趟　马 / 310
访问李金鸿 / 313
桌下“吹号”怀中“堆鬼” / 320
对君秋兄的怀念 / 322
谈韩世昌先生《思凡》的表演 / 324
载入史册的百日集训 / 328
谈五法 / 331
《程砚秋戏剧艺术三十讲》序 / 342

**附录二　李金鸿年表 / 347**

**参考文献 / 371**

**后　记 / 379**

# 第一章

# 家世

李金鸿评传

## 一、少年丧父与母相依

戏曲界有个习俗，称作“靠箱会”，由字面就能看出是与舞台服装有关的一件事。所谓“靠”，即武将穿着的服装，也叫“大靠”。“箱”则是服装分类管理的称谓，分为大衣箱，即文官所穿服装，包括蟒、官衣、褶子等；二衣箱，即武将所穿服装，包括靠、箭衣、抱衣、战裙、战袄等；三衣箱，包括水衣、彩裤、鞋等内衣小件类；盔箱，包括头上所戴盔、额、帽、巾及髯口等。戏服制作工艺繁复，有很多绣活图案，不宜水洗，但演员在台上出汗浸透服装，时间久了会加速服装磨损。故此，每年逢到农历五月初三日，夏初之时，日光较强并且比较干燥，演出戏班都会集中晾晒服装，经过日晒风吹达到干燥和消毒的目的，以延长戏装寿命。这就是“靠箱会”，这一天对于各个戏班来说都是个重要的日子。

1923 年 6 月 16 日（农历五月初三日），正是“靠箱会”的日子，李士芳在天津出生了，也许是巧合，但把他与京剧绑在了一起，因了这个缘分，京剧史上多了一位有着宽绰技艺、独特大气风格的艺术家，一位规范引领后辈成长的教育家。

天津武清县（今武清区）大诸庄村，是李士芳的老家。那时自然条件恶劣，雨季经常发大水，灾荒不断，村里大部分人家生活贫寒。李家在庄里是个大姓，在大诸庄村有几代了，人口不少，庄外族里的坟地都很大。李士芳的祖父叫李玉才，在族里辈分很高，被尊称为李八爷。李士芳的祖母生了三个儿子和一个女儿，老大叫李鸿尤，就是李士芳的生父，还有两个叔叔李鸿勋、李鸿信。李士芳的母亲叫杨德贞。李士芳是李家的长孙，他曾有个妹妹，但出生不久就夭折了，还有一个小他六岁的弟弟叫李士芬。

李士芳很小的时候，父亲就出外在青岛做佣工。人生就是这样，当年在青岛辛苦做工的父亲，如何能想到十几年后，自己的儿子同样是在青岛，跟随中华戏曲专科学校以《金山寺》《摇钱树》等戏唱红琴冈。儿时的士芳就在这样一个普通的人家成长着。父亲很长时间才能回家一次，母亲带着士芳，与祖父母、叔叔们在天津，一家人靠做工维持生活。祖父拉过洋车、变过戏法，几乎各种活都干过，被庄里人称作“三百六十行，样样在行”。两个叔叔一个在小旅店中当茶房，一个曾在日本洋行中当伙计，后来当了兵，之后和家人再无联系。士芳的母亲在被服厂做工。士芳四五岁时，每天天刚蒙蒙亮，母亲就带着他坐摆渡去工厂。小小的士芳跟母亲坐在一领苇席上，看着河水从船侧流过，相依为命的贫苦生活增强了士芳对母亲深深的依赖。尽管全家人每日奔波做工，但生活还是不能得到保障，于是祖母和母亲又在家做纸花挣钱。即使生活清苦，但在士芳 6 岁时，家里还是把他送到教会办的娃娃学堂认字读书，期许长孙日后能够读书长本事，不再受做工之苦。后来祖父年龄渐大，不能干活了，家中更需照应，父亲就从青岛回到天津，干起拉洋车的活儿，但终因劳累过度，得了肺病，不幸故去。此时的士芳只有 7 岁，弟弟士芬尚在襁褓。父亲去世后，甚至无钱买棺木，祖父母只得带着全家又回到大诸庄村，求告有钱本家，才得以埋葬了父亲。老家只有土房三间，不够全家人住，士芳跟着祖父母住在自己家，母亲带着弟弟借住在别人家。家中的生计越发艰难，舅父杨德春在北京做修理笼屉的活计，家里几亩地借给他们，又向本家堂兄借了些地，勉强维持生活。母亲常到北京看望舅父，顺道在家境殷实的堂兄家中做些针线活计。

二十几岁便守寡的母亲，辛苦地拉扯着士芳两兄弟。祖父担心士芳的母亲太年轻不能守节，就给士芳订了一门娃娃亲，是邻村王姓之女。订婚的目的是约束母亲再嫁，因为母亲的身份已经是婆母了。在士芳童年的回忆里，隐约记得有一天，他穿上了难得一穿的新小褂，见了一家陌生人，懵懂之中就成了已经有媳妇的人，至于媳妇是甚等样人，小士芳哪里懂得，只是记住了自己的第一件新小褂。

日子虽艰辛，小士芳却仍然在庄里药王庙中家底殷实的族人办的义务私塾上了学，学了《三字经》《百家姓》《大学》等。他一面读书，一面也开始帮着大人做点打草拾粪的事。短短两年的私塾读书经历，成为士芳记忆深处童年最美好的一段时光，也为他积蓄了些许儒雅之气。

## 二、学艺引路人——族兄李宝枢

20 世纪初，北京有位号“沧浪客”的京昆名票，本名李宝枢，字士奎，正是士芳的本家族兄。李宝枢家世殷厚，以做木底鞋起家，在京津一带商界立足，成就之余不忘乡亲，回大诸庄村盖起药王庙，办了私塾，请了先生，义务教本家的子弟念书。这位李宝枢大哥在清末宣统（1909—1911）时曾当过皇家的乐队队员，还担任过指挥。后来在军阀张宗昌那里继续当乐队队长。张作霖进关后，张宗昌升任山东督办，李宝枢任津浦路某局副局长兼运输司令等要职。李宝枢擅长音乐，又很爱戏，也常票戏，票戏时即用别号“沧浪客”。在他任职期间，经常给张宗昌组织名角的堂会演出，所以和京、昆两界非常熟。

> 再谈到后起武旦李金鸿，予初知其为前戏曲学校生徒，嗣见新天津画报聊公兄之李金鸿拜师记，始悉为前津浦路统捐局局长李宝枢君之堂弟，予实惊愕不胜，（按李宝枢君，别署沧浪客）亦名票之一，素娴音律，尤好昆曲……梨园中如王少楼、李万春、吴铁庵等，皆时常在李公馆受教，民二十年后，沧浪客逝世，曾几何时，其弟居然为梨园之名角，沧海桑田，实令人不胜今昔之感也。①

李宝枢在家行大，有7个兄弟姐妹，李家是一个殷实的大家庭，他对整个家族也很有关爱和责任之心，办私塾，接济族内亲戚。在那个时代的京津，李宝枢顺理成章地喜欢上了昆曲、京剧，他的喜欢又不仅仅满足于戏园子的观赏，有时他还客串演戏，尤其喜欢唱老生，在京昆票界就有了“沧浪客”之名。且这位宝枢大哥果真是个音乐才人，吹拉弹唱，中西乐器样样在行，还弹得一手好琵琶，在演昆曲《长生殿》弹词时，他在台上自弹自唱，琶声人音融会贯通，潇洒自如。除了喜好京昆，李宝枢还好收藏，藏品也与众不同，不是书画陶瓷，而是古琴，可见他确实是一位音乐爱好者。李宝枢不但东方古典音乐、戏曲音乐尽在掌握，还精通西洋乐器，圆号尤其吹得好，要不怎么能在皇室中当洋乐队队长呢。李宝枢在张宗昌手下任职时，因为张宗昌极爱办堂会，经常让李宝枢从北京约名角去济南演出。这位本家大哥“沧浪客”李宝枢，成为士芳终身事业的引路人。

一个大诸庄村，虽然都是李姓本家，但也是人丁众多，李宝枢常年在京

---

① 《游艺画刊》1941年第3卷第2期，第7页。

津两地居住活动，又是怎样对大诸庄村的小士芳有了印象，直至引他走上京剧之路呢？那是士芳订了娃娃亲后没多久，赶上宝枢大哥的祖母在天津故去，家中大办丧事七七四十九天，远近亲戚，前去吊唁，都住在天津法租界和平区的家中。凡是去吊唁的亲戚都做了孝袍，穿着孝袍的小士芳第一次见到了这位家族中本事最大的大哥，就是这一面，让宝枢大哥记住了眉清目秀、鼻梁高挑、乖巧的士芳。喜好京昆的“沧浪客”也许在这第一眼中就在脑海中给士芳吊起了眉、扮上了戏，放在了戏台灯光下丝弦金声中，“沧浪客”选材之功果然了得，成就了京剧史上一位文武昆乱不挡、培育桃李满园的大家。

自这第一面一别又是一年，大诸庄村赶上发大水被淹了。士芳一家人再陷愁苦之中，宝枢大哥得知他家中的困境，又恰逢中华戏曲专科学校刚刚开办，于是就给士芳的前途拿了主意——到北京，去学戏。他给士芳祖父写了信，让家里人送士芳到北京去投靠他，考中华戏校学艺，以能学得一技之长养活自己。全家人立时一扫阴霾，祖父高兴地带着士芳从杨村坐上火车。那年冬天，火车开得特别慢，快进北京时天已擦黑，火车擦着高高的、黑黢黢的城墙，咣当咣当了好一段路才到了北京东站。祖父先是领着士芳，到宣武门外下斜街杨德春舅舅家住了几日。其间插曲不断，小士芳还曾被煤球炉子的煤烟熏得晕了过去，幸好无大碍。之后祖父领着士芳去到宝枢大哥家。宝枢大哥家高大气派的宅院横跨两个胡同，前门是在庆王府的后身延年胡同5号，后门是在尚勤胡同，小士芳在对深宅大院的目不暇接中第二次见到李宝枢大哥，略事寒暄后，祖父一个人怀揣宝枢大哥给的一点钱离开了。

虽然是本家大哥，却也是小士芳平生第一次孤身住在别人家中。好在大哥家的人都很喜欢大眼睛高鼻梁的士芳，对这个小兄弟嘘寒问暖，从小在清苦环境中长大、乖巧懂事的士芳也很快适应起来。李大哥说要学几句唱才能去考中华戏校，就教了士芳几句念白，如《失空斩》中诸葛亮上场打的引子“羽扇纶巾，四轮车，快似风云……”，又学了几句原板“两国交锋龙虎斗……”又有其他家人教他唱了昆曲《牡丹亭·游园》。聪明如士芳，很快学会，心中也很好奇“这一家人怎么都会唱这些呀”。大哥又带着小士芳去吉祥戏院看猴戏《安天会》。这是士芳第一次进戏园子看戏，从前只是在赶庙会时见到踩高跷、跑旱船表演。灯火通明、五彩缤纷的舞台，打得热闹非凡的孙悟空和天兵天将，还有仙女们又唱又比画，小士芳一时被迷住了，实在太好看了！他也才知道这就是京剧。宝枢大哥的剧场开蒙给小士芳的脑海中深刻印下了迷人的京剧。虽然台上热闹好看，小士芳对学艺的苦和难却并不了解，他只懂得家中的困境，懂得自己学艺就是为了要有一门本事，将来能养活自己。看完戏后，大哥又领着小士芳去了吉祥戏院后台，见到了经理汪侠公，听小士芳唱了几句新学的段子，侠公颇为认可，觉得他是很有培养前途的孩子，于是就联系了中华戏校相关方面，写了关书，由宝枢大哥代交了十元保证金和一元被单钱。

1931 年 3 月 4 日，正月十六，不到 8 岁的李士芳进入中华戏曲专科学校，从此踏上京剧艺术之路，结缘一生。

# 第二章

# 学艺

李金鸿评传

# 一、学艺生涯的开端

## 在中华戏曲专科学校适应练功生活

中华戏曲专科学校（以下简称中华戏校）是李金鸿自学艺到初登舞台近十年的地方，对他日后表演艺术的发展、艺术观的形成、编导思维能力的影响、教育理念和方法的成熟，都起到了潜移默化且至关重要的作用。

京剧在形成发展的过程中，规模化的人才培养基本是以科班的形式开展的，历史上大大小小的科班培养了大批优秀人才，支撑起京剧的鼎盛。其中的富连成社，以办学时间最长、培养人才最多著称。1930 年在北平创立的中华戏曲专科学校，办学时间和人才培养数量虽屈居富连成之下，但在同一时期内，却是两所鼎峙的学校，两家培养的人才占据了京剧舞台的大片江山。富连成、中华戏校，成为谈及京剧教育史必然并行出现的两所教育机构。而中华戏校培养的学生更是当时戏界中的一股清流。

中华戏校是纳入国民政府教育体系的，其办学宗旨是“以造就戏曲专门人才，改进戏剧，及提高艺术为宗旨”①，很凝练的三句话，目标却相当明确，是为了戏剧艺术的改进发展来培养戏曲专门人才。与办学宗旨相对应的校训——敬业乐群，校歌中的“莘莘学子”等都传递给学戏的孩子与过往不同的新理念。如果说富连成这类传统科班的培养，更质朴更实际地体现了掌握一门技艺来安身立命的“教学”目标，中华戏校的办学则给了学生发展戏剧艺术和教育社会大众的责任使命。由此而及的办学机构、教学实践、生活训育各方面与传统科班也就有了较大区别。

中华戏校包含乐剧科、音乐科（相当于现在的京剧表演科、京剧器乐科）、教务处、训教处、实习处、事务处等机构，分别负责教学、生活、演出、行政等各方面具体工作。设有戏曲改良委员会，负责演出剧目的整理、改编、创作。戏校的日常管理中也会融入对未来就业有所辅助的做法，比如，学生的“自治会”“消费合作社”都给学生提供了有关经营和管理方面的实践场所，

① 李如茹：《理想、视野、规范：戏曲教育的实验：北平市私立中国高级戏曲职业学校（中华戏校）（1930—1940）》，中国戏剧出版社，2019 年，第 220 页。

使学生能够尽早体验闯荡梨园遇到的各种事务问题。

中华戏校的课程设置，分三大类，一类为普通学科，包括“公民、卫生、国文、算学、外国语、历史、地理、音韵学、剧本选读、作剧法、戏剧常识、中国戏剧史与音乐常识”①。一类为职业学科，主要是表演和音乐方面的专业训练。还有一类为较为灵活的“听唱片课”和“专家课程”。普通学科中的剧本选读和作剧法是随着年级升高逐级安排的，与学生所学剧目关联，由浅显的皮黄剧目逐渐到辞藻较华丽的昆曲剧目。作剧法在五年级开设，让学生了解编剧技术。不难看出，这类课程更主要的是培养学生思考能力的养成和思维能力的锻炼，给了学生专业技术之外的更大能量，从李金鸿日后的经历中就能看出教学效果。1949 年之前，李金鸿在北平艺术馆和校友剧团期间参加了多出剧目的编导工作，在《九件衣》中担任舞台监督，中华人民共和国成立后，李金鸿进入中国京剧院工作，参与了很多剧目的整理、改编、创作，包括参加世青节获奖的《双射燕》《水斗》等，代表作《无底洞》的编排，《谢瑶环》中袁行健的原排等，更不用提他对很多演员在剧目创作过程中的指导和提点。

很多年过去了，在中华戏校的文化学习仍给李金鸿留下很深的印象。很多文化课教师大多是有名的大学老师。数学老师能用双手同时在黑板上写数学题。英语老师很严厉，常用教鞭打学生。教法文的老师年龄大，脾气好，小金鸿就申请去学法文了。翁偶虹的语言课最受欢迎，他结合学生所学戏文讲解唱词、念白、典故出处，深入浅出，使学生们既提高了文化水平，又提升了理解剧本、分析人物的能力。授课教师的高水平，对尚年幼的孩子的影响可能不会是即时的，但在孩子们日后的漫漫人生中一定起到决定性的作用。李金鸿记忆中的语言课应该就是剧本选读课，尽管他对课程名称的记忆已模糊，但课程给他的影响跟随了他一生。比如在日后的教学中，他会非常重视对人物的理解，给每出戏的人物定一个基调，如《金山寺》中的白娘子是“可怜”，《扈家庄》中的扈三娘是“傲气”，还会简明扼要给学生演戏演人物的方向。使学生在把握繁难技术的基础上，增强其对剧目人物的理解。对所唱所念文本的理解，必然会促进表演的生动，这是能够更深地吸引观众的根本。

职业学科，也就是最核心的专业课程。包括基础技术：发音练习、步法练

---

① 李如茹：《理想、视野、规范：戏曲教育的实验：北平市私立中国高级戏曲职业学校（中华戏校）（1930—1940）》，中国戏剧出版社，2019 年，第 251 页。

习、歌唱练习、翻跌武工、肢体武工、器械武工等。这部分课程强调不分行当，必须打好扎实的幼功，把握唱念做打的规范。戏剧课有：昆曲、皮黄、杂剧。强调传统剧目学习的数量与质量，对昆曲非常重视，“内行中谓必先学昆曲，后习二黄，自然字正腔圆，板槽结实，无荒腔走板之弊也。亦如习字家之先学篆隶，再习真草，方得门径也”。这部分核心专业课程的学习目标首先是“通大路”，与科班的教学内容和方法基本相同，确保学生毕业能顺利进入当下的梨园市场。① 在打好基础的前提下，戏校的教学很重视讲戏理，“注重让学生明白自己的表演‘在干什么’又‘为什么’”②。这一点也深深地烙在了李金鸿的心里，成为他后半生教学理念的重要部分。

中华戏校的舞台实践演出数量很大，这也是出人才的一个必要条件。按李如茹研究统计，中华戏校自 1932 年 9 月 12 日在吉祥戏院进行首场演出，到 1940 年 11 月 18 日最后一次演出，一共 98 个月 3200 场左右，平均下来相当于每天有 1 场。上演本戏及折子戏有 800 出左右。期间 9 次赴天津，赴石家庄、青岛各一次。③1940 年在青岛演出时得到盛大赞誉：“青岛的《新民报》非常欣赏学校上演的《盘丝洞》，不仅因为这是昇平署的秘本、由名家教授，其中的武打出手简直令人惊奇到‘神出鬼入’的程度，而且将之誉为‘真正团体化武剧，暴露团体化精神’。”④ 这出“神出鬼入”的《盘丝洞》，就是李金鸿主演的。也是在这次青岛演出时，李金鸿学习 9 年的技艺得到了全面的展示，由此开始崭露头角。

无论怎样的“新”，中华戏校在办学过程中始终遵循着一个核心思想，即“科班之精神”，这种精神主要是多年传承下来的、符合京剧人才培养规律的教学实践模式。因此，戏校学生的技艺基础和骨子老戏都是用最传统的方法，请最权威的教师训练、教授出来的，这样才能学到最地道的“通大路”的技艺。同时又从大量的文化、戏剧课程中开阔眼界，锻炼思维和创造力，并接受到健全人格的教育。

李士芳 1931 年 3 月 4 日（正月十六）正式进入中华戏曲专科学校，排

①　李如茹：《理想、视野、规范：戏曲教育的实验：北平市私立中国高级戏曲职业学校（中华戏校）（1930—1940）》，中国戏剧出版社，2019 年，第 281—290 页。

②　同上，第 307 页。

③　同上，第 327 页。

④　同上，第 378 页。

在“金”字科，起艺名“李金鸿”，取“鸿雁高飞”之意。不到8岁的李金鸿，在这样一所新式学校中，开始了自己的从艺生涯。

中华戏校最初的校址在崇文门木厂胡同56号，那是一个很大的院子，有不少屋子，男生宿舍设在后面，高年级的同学住上下铺，“金”字科的学生因为比较多，都睡大通铺。那时没有寒暑假，每年到腊月二十三才放春节的年假，除此之外，一年中也只有9月1日校庆日时，会放假一天。学校日常的伙食很是清淡，早餐基本都是窝窝头和小米豆粥，配腌萝卜条。星期日上午没课，家长可以带食物来看望孩子。金鸿没有这样的福气，只在每年农闲时才能见到想念的母亲一面。本家大哥的母亲偶尔会吩咐仆人来送些吃的。年幼的金鸿很是孤单无助，非常羡慕家在北京的同学，思乡之情也时常在学习中被激起。在学《千金记·十面埋伏》中的曲牌【寄生草】时，唱词就很是令人忧伤，“将霸王围困在垓心处，九里山一字儿摆着阵图。更有那张司徒吹起了伤心曲，众儿郎流泪思乡故……”。唱词触动小金鸿，每每及此，都会黯然泪下。

金鸿开始学戏时年岁较小，又是谨慎小心的性格，大多时候他都乖巧听话，但毕竟正值顽皮的年纪，偶尔也会有因淘气挨打的时候。那是夏天，学校在院子里搭了席棚，用绳子拉着捆在木杆上。有一回刚吃完饭，小金鸿活跃的天性忽然蹿出来，顺着木杆开始往上爬，然后脚踩在房廊边上，结果没踩稳摔了下来，老师发现后狠狠打了他30板作为惩罚，疼得他爬不起来。这顿怒揍，让金鸿从此也小心了很多。在戏校学习的整个期间，金鸿从未跟别的同学打架，偶有几次被人欺负，都会有师哥站出来替金鸿挡横，他很是得大师哥们的心疼爱护，这是让金鸿始终不能忘怀的如手足般的感情。

独自离家生活是一种艰苦，更难熬的是学戏练功的苦。中华戏校的课程安排，第一学年“每周36小时的职业课程……其中基础技术18小时，戏剧课18小时”①，基础技术课程主要是练舞台上所需的各种基础功。不分行当，喊嗓子、压腿、踢腿、下腰、拿鼎、走脚步、跑圆场……每周36小时，每周6天，上午是戏剧课学戏，下午是基础课练功，晚上再上文化课。在练功这部分除了发音、步法、歌唱练习，其余三项与“武功”有关的练习内容是最为痛苦的。首先是腿功，通过抻拉腿筋，锻炼柔韧性，这是最基础的。腿的

① 李如茹：《理想、视野、规范：戏曲教育的实验：北平市私立中国高级戏曲职业学校（中华戏校）（1930—1940）》，中国戏剧出版社，2019年，第281页。

柔韧度练好，走脚步跑圆场，做各种动作，才能自如协调。这个过程必经的两项练习是搬腿和撕腿。这两项练习是学戏的人逃避不掉的过程，其痛苦程度不亚于上刑，也很容易因方法不当受伤。中华戏校的老师在给学生搬腿时，会根据学生腿的软硬程度，搬到尽可能承受的范围内，绝不硬搬。撕腿时更慎重，当时教师给学生练功的方法已然较为先进和科学。搬腿、撕腿之后，必须不停地踢腿。当时的学生是在大院子里转着圈踢腿，老师不喊停就不能停。这个转圈踢腿的方法被后来做教师的金鸿继承下来。要强的金鸿为了表现优秀，常把脑门都踢青了，从中也能看出金鸿的腿具有先天的柔韧度，这为他日后专习武旦打下了扎实的基础。在所有基本功练习中，金鸿最害怕的项目是"耗山膀"。这是肢体训练最基础的一项内容。"山膀"指的是两臂平抬至身体两侧齐肩膀的高度，需要有一定的圆弧度，尽量松弛不能僵直，保持这个姿势，就叫"耗山膀"。"耗山膀"的时间长了，肩膀就会很酸，并且开始哆嗦，汗会控制不住地、哗哗地往身体外面钻，但是也要坚持，不能松懈，否则老师的刀坯子就拍过来。多少年过去，回头再看，当年最怕的"耗山膀"却是非常必要的。戏曲舞台很多肢体动作的练习都需要"耗"，这种"耗"使肢体形成肌肉记忆，达到基本姿势要求，一抬胳膊一抬腿就能固定在准确的位置，做出的动作才能既规范又松弛好看。

翻跌武工的练习，从拿鼎开始，先练习适应头向下，再练虎跳、砸踺子，这是翻跟头的基础。翻跟头的练习离不开抄功老师，抄功也是一门学问，老师的手必须在最恰当的时间搭入学生的腰部或腿部，帮助学生翻过门，再保护学生安全落地。当时抄功老师培养学生翻跟头的方法很科学，讲究"煨"跟斗，根据学生条件慢慢练，看到学生有长进，仍然虚搭把手"保"着。看学生确实翻得有把握、很稳了，才完全撤手让学生独立翻。所谓"慢工出细活"，这样抄出来的跟头稳定安全。练习过程不容许学生稍有懈怠、精力分散、畏难发怵等不好的状态，否则极易受伤。刀坯子是老师手里离不开的，用于在规范动作时的随时敲打。还有的老师手里拿着一截铁丝，看到学生不够用心就用铁丝扎一下，引起学生的警觉，使他们更加专注，不敢有丝毫疏忽，以防走神失误。在金鸿的记忆中，相较腿功和"耗山膀"，翻跌武功的练习并没有留下太多痛苦的印象。

当时学校请的教戏老师和练功老师的经验都非常丰富，都是曾经或仍在舞台上演戏的好角儿。抄功老师一般都是学校长期聘任的，住在学校，冬天焦菊隐校长还给每位抄功老师做了一件皮袄。那时戏曲界的风气是，如果演员翻得好，老板立刻给老师加钱，焦校长也沿袭了这一激励方法，使老师们的积极性很高。教戏的老师们不住校，每天会在虎坊桥湖广会馆附近集中，学校用大轿车接到学校，在学校上完课，然后吃饭。有的老师习惯晚上上课，学校也很灵活地尊重老师的时间安排课程。戏校初开蒙时就很重视学昆曲戏，请了许多昆曲老师，如包丹庭教小生戏《雅观楼》，郭春山教小花脸戏《疯僧扫秦》《祥梅寺》，盛庆玉教花脸戏等。旦角必学《扈家庄》《春香闹学》《游园惊梦》等，武生学《林冲夜奔》。每天晚饭后还请曹心泉上音韵课，讲中州韵。所有同学都坐在大院子里集体学唱曲牌，金鸿就是在戏校学会了工尺谱。

在老师的严格教导下，金鸿刻苦练习，每天都较真地踢青自己的额头，勇敢地练习各种翻扑跳跃，咬牙熬过艰难的“耗山膀”，忍着思乡的泪水唱着曲牌，逐渐打下扎实的功底。

当时曾有媒体提到金鸿这个“童伶”的“外号”，文字间流露着对初出茅庐的金鸿的喜爱，也让我们了解到一些在戏校期间金鸿和同学们的学习生活状态中轻松的一面。

李金鸿，凡是听过他戏的内外行人，没有谁不挑大拇指夸一声好！所以今天在下把金鸿的秘密（外号）抖露一下，以后诸位读者见着金鸿，也不妨喊他外号一声来开开心？！

“小玩意”是金鸿第一个外号，获得的来由，是宋德珠首次演翠屏山那天，也就是宋老板花衫戏处女作之日，金鸿为之配丫环“迎儿”，德珠因为是头一遭的巧云，自然一切与武旦迥乎不同，未免两手就没有地方搁放，可巧金鸿丫环站在旁边，于是乎德珠的双手就找着地方了——不是替金鸿理理头发，就是给他拉拉衣裳！两只手不闲着伺候金鸿！等到翠屏山完毕下装时，淘气的同学就给金鸿嚷嚷上了，李金鸿成了“小玩意”啦？！

“小神精”是第二个外号，因为金鸿平日在校内，高兴啦，顽皮万分，哄金儒，斗金凯，又说又笑，十足暴露天真活泼！不高兴，摆出道学先生架子，斯斯文文，谁也不理，闹小孩脾气！所以“小神精”三字就冠在金鸿头上！

“冰棍”是第三个外号，漂亮的金鸿，外号叫冰棍，真令人莫名其妙，经祈兄详细一讲，笔者才恍然大悟。缘起在今年夏天，金鸿嗓音虽然倒仓，可是花衫戏依然继续在学习，一日正该学鸿鸾禧的时候，有人建议学全部，有首有尾，金鸿闻言笑着说道：“要是鸿鸾禧代棒打，一次学全也成，不过得有条件，棒打时不能用木棒打，得使‘冰棍’打才成，因为打完了一吃，又解渴，又凉爽，您瞧如何！？”哈哈！“李金鸿冰棍”“李金鸿冰棍”之声传遍了戏校！“冰棍”成为金鸿 1938 年获得的新外号！噫！“冰棍打莫稽”妙人妙语！！！吾人当浮三大白，以为金鸿贺号？！①

一篇小趣文，三个小外号，字里行间读出对金鸿的喜爱，也透出金鸿天性中的顽皮和风趣。此时的金鸿已是高年级，最初学艺的煎熬已过，适应了戏校的生活，从技艺到文化知识也都有些积累，并且在舞台上开始崭露头角，不难看出，学艺生活已略有轻松，才会有这样灵光闪现的情趣。

### 频繁更换行当

中华戏校的学生刚入校时都会集中练习基本功，也会初步分行当学戏，过程中如果发现不适应的，再进行调整。金鸿在刚入校一年多的时间里，更换了好几个行当。最开始分行当是与李金泉一起学老旦，老师是文亮臣，学的是目连戏《游六殿》。金鸿学得很认真，成年后依然清晰地记得所学的内容，比如，老旦脚步不应迈“八”字，要走一条线，要含胸。以致后来李金泉还会说：“老旦脚步怎么走，问李金鸿去”。学了一段时间老旦，金鸿的监护人本家大哥提出建议，觉得学老旦毕业后不能挑班唱戏，就跟学校商量让金鸿改学老生行当。学戏的最高目标就是唱成角儿，唱到能挑班。所以金鸿的本家大哥为他做出这样的选择，也希望将来金鸿能够向挑班的目标去努力。

金鸿由老旦改学老生，跟的是富连成出科的张连福老师，学的是余（叔岩）派。这位老师本是位好演员，因变声嗓子不畅就改教学了，教过李和曾

---

① 德骏：《童伶趣事：李金鸿三个“外号”》，《立言画刊》，1938 年第 4 期。

等许多学生。金鸿跟张连福老师学的第一出是《天水关》，从程长庚到余叔岩、马连良都擅演此戏，并且非常适合初学开蒙。但对于小金鸿来说，这出戏中很多唱学起来仍是困难。张老师教课又严厉，几遍下来没学会就会惩罚，要么罚跪，要么就用戒尺往嘴里捅。金鸿越记不住越怕，越怕越记不住，频频受罚，一起学戏的同学悄悄带着他唱，才让金鸿少受些责罚。这出老生戏，金鸿学了两三个月才学会，也没有安排演出，于是金鸿又改学小生。

学小生遇到的老师是沈三玉，学的是《探庄》。学了没多久，老师认为小生行也不适合，只得再尝试学武生，向诸连顺老师学习《蚆蜡庙》中的黄天霸。这位诸先生非常严厉，学生们都甚是畏惧。金鸿小心翼翼地学了半年，好歹学会了全剧，不光学会黄天霸，还把这出戏所有人物的唱念词都背下来。这段学戏经历，印证了中华戏校“熏”的教学方法，在剧目教学时，不只是学会主演或者分配到的角色，还要学习边边沿沿的每一个角色。这样的教学给了学生更多的收获，能够为日后的生存提高竞争力。金鸿虽然学会这出戏，但仍然没被安排演出。

就这样，初到戏校一年多的时光里，金鸿从老旦唱到老生、小生，再学到武生，学得认真，学得小心，却始终也没能学出什么门道，没有机会在舞台上展示。然而，走过一生再回首过往，金鸿在最初打基础阶段频繁更换行当的经历，却也丰富了他的艺术涵养，让他对各行当的基础功都有了练习，为京剧艺术整体认知存储了经验，也成为他独有的财富，帮助他在以后的演艺及教育生涯中得以自如施展，比如，出演小生、导演新戏、担任各类剧目的艺术指导，甚至起到类似王瑶卿的导师作用。

就在金鸿频频更换行当、无奈又认真地学习的同时，有一位先生一直在旁边观察着他，并最终帮助金鸿确定了安身立命的行当。这位先生就是富连成的陆喜才，当时在中华戏校教武丑。在对金鸿观察了一段时间后，陆喜才建议“这孩子学武旦吧”，于是已经快 10 岁的金鸿开始学习武旦。

## 二、归工武旦勤学苦练

### 关于武旦

武旦，是京剧旦行中的一个重要分支，主要扮演擅长武功的女性角色，特别是一些神怪类角色。在“万旦”之中，武旦虽占比例极小，但人才辈出。早期著名的武旦演员有四喜班的朱小喜、其子朱文英、其孙朱桂芳、其重孙朱盛富，是四代武旦世家，还有阎岚秋、阎世善是伯侄两代，方连元、范富喜等，他们都为京剧武旦艺术做出了极大贡献。①武旦行当擅长的武功包括了京剧舞台上最繁难的各种翻身、跟头、把子、下场、走踆，还有打出手。在过去，武旦必须踩跷，这是武旦行当的一个标志，跷功是首要的，练好了跷功才有可能再去练其他各功。武旦演员的选才，要看腰腿的韧劲、肢体协调性、爆发力、反应能力等，首先要达到“冲”的基本要求，做动作要干净利落，不拖泥带水，脚底下要足够溜，快慢控制要非常自如。身段也要非常协调，拿各种家伙开打都能够打得清楚。还有速度，各种翻身、涮腰等基本技巧要足够快，幅度要足够大。总而言之，就是武打火炽、快如闪电、轻捷迅猛、眼花缭乱、婀娜英武、洒脱脆帅……这类形容词所描述的场景，读者发挥想象就好。

在李金鸿所在的那个年代，一个好的男武旦演员的成材是极不容易的。首先，作为旦角演员，形象是首要的。其次，要练出必须具备的踩跷的硬功夫，以及武旦的各项高难度技巧，男孩子必过的嗓音倒仓也是一关。武旦演员能在北京的戏院经受住观众的考验，就更不容易了。每演一场戏都是严峻的考验，只有具备冷静的头脑和深厚的功力，才能在长年累月的舞台演出中演好戏，还要时刻小心避免受伤，否则就没了饭碗。所以，那时的武旦演员不但要以勤为径，以苦作舟，还要多加一层“惊”和“险”，可谓苦中加苦，难上加难。并且由于武旦在戏班中的地位相较而言不是最重要的，所以更是加重了生存的艰难。

> 武旦在旧剧中之地位，虽次于青衣花衫，但在一个组织健全的剧团中，亦系不可缺少的角色……武旦有时能代替武生之缺乏而占三四牌……今日武旦兼演花旦，虽无须认为定论，但观众确已习惯久之；再者，武旦受花衫气度熣染熏陶，其美的成分自必丰益。②

---

① 刘嵩昆：《武旦演员与“阵风”》，《戏剧电影报》2011年12月24日。
② 应拾：《时下武旦谈：并论宋德珠阎世善李金鸿》，《立言画刊》1943年第258期，第4页。

从这几句话中可以看出，武旦行尽管地位相对较弱，但不可或缺，并且逐渐发展成为兼演花旦或花衫，从戏路上有所拓展，从艺术上丰富旦角英武兼婀娜的表现。中华戏校培养武旦就是向兼擅花旦的方向来做的，这里也包含着阎岚秋对武旦艺术和武旦人才培养做出的贡献。小金鸿最终被选在这样一个艰难的行当，开始了集中的磨炼。

## 苦练跷功

跷功，是当时所有学旦角的演员都要练的一种功。在中华戏校，女学生一进校练功也都要先绑跷，分行当以后，学青衣的便不再绑了，但有些戏还要绑，比如《游龙戏凤》。而武旦行则必备跷功，金鸿的武旦学习就从艰苦的跷功开始了。

"跷"是戏曲舞台上一种特殊的道具，用以代表封建时代女性的缠足形象。演员绑上"跷"站立、行走、跑跳、翻腾，形成特殊的表演技巧。这门技艺的产生，与时代社会关系密切。在清代山陕梆子中首先兴起风靡，后由秦腔著名旦角演员魏长生传入京城，广为流传，在京剧形成发展过程中进行了完整继承。最初所有旦角演员都要踩跷表演，成为旦角演员必备的一项技艺。到王瑶卿改编出演《十三妹》的何玉凤时，大胆废除以往踩跷的惯例，创造出小蛮靴，即现在的彩薄底，成为有武艺女性角色的固定装束。[①] 此后，旦角表演中的跷功渐渐减弱。

图 2-1　跷（供图：王欣）

"跷"是木质的，一般用枣木、榆木或核桃木加工制作而成，必须要选择结实的木质，以免断裂造成演员受伤。整个"跷"从地面到"跷板"最高处长约 30 厘米，底部切削成缠足大小的样子，即"三寸金莲"。贴地部分

① 黄育馥：《京剧·跷和中国的性别关系（1902—1937）》，生活·读书·新知三联书店，1998 年，第 36—37 页。

如足弓一样有个弧度，前后类似脚掌及脚跟，足跟部用铜箍箍紧，起承重加固作用。由脚掌向斜上方切削成“跷板”，约6厘米宽、1厘米厚，演员的脚底就整个踩在这个几乎直立的“跷板”上。

绑跷的过程也比较繁琐，试想，让脚和这个木头板子合二为一，还要做繁难的动作，绑不利落是绝对不行的。绑跷的带子底部是双层缝制的结实白布，像袜子一样套在跷上，足跟处留洞，两侧延伸为两条白布带子，一边长约9尺，这样袜子先包住脚，再用两根布带一圈圈一层层把脚和跷牢牢地绑在一起。

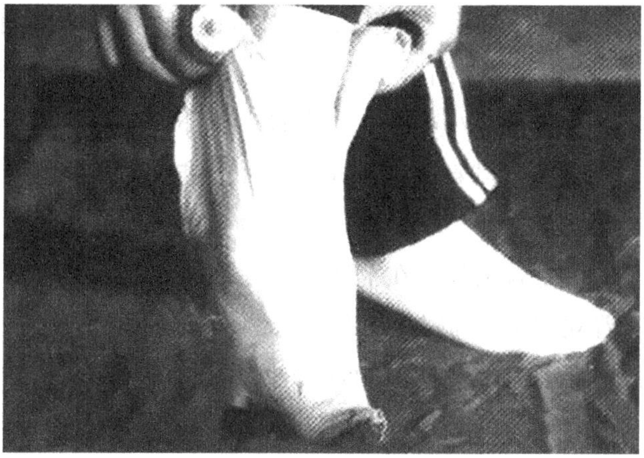

图2-2 绑跷①

李金鸿对绑跷是这样描述的：

……主要捆脚腕子这一块，因为绑跷主要是脚腕子。脚腕子这块儿绑紧了，就不至于出问题。然后，现在一般就是一副带子就完了，这是不对的。因为只这一根带子裹起来，那是很松的，就是文戏也不行……我们是用一个单带子，从脚面裹起，一直到脚腕以上，系好。然后再用一根夹带子，有小两丈长，从脚尖开始绑。带子绑好后，就把跷鞋穿上了。跷鞋有两根小白带儿，系上。然后是裤腿儿，

① 黄育馥：《京剧·跷和中国的性别关系（1902—1937）》，生活·读书·新知三联书店，1998年，第24页。

一般都是黑的，还可以绣点儿花，系在小腿上。然后穿彩裤。彩裤要肥大一点儿，才能把脚后跟藏起来。彩裤底下也系带儿，系上以后，就放下来，就垂下来了。①

跷功的练习，需要经历“走、站、跑”三个过程，每个过程都耗时较长。这个过程里的“走”和“站”看上去似乎顺序反了，实际上只能先“走”再“站”。最初开始练跷，都是老师帮着绑，绑好后慢慢扶起来，但根本站不住，就拄个棍晃晃悠悠地走起来，所以“走”是第一步。拄棍走着也费劲，就扶着窗台一点点蹭。仅就“走”这一功就得练很长一段时间，脚脖子和腰里才找着些劲头，勉强能立起来了。接下来是“站”，要想跑起来先得站稳了，练好脚腕子的力量，腰腹及腿部肌肉配合，把握好重心，才能够达到自如地长时间地站立。京剧演员的每一项功，都离不开“耗”这个字，过了“走”这一关后，每堂课开始，都先绑上跷“耗”着。站立要求挺拔笔直，为了防止膝盖打弯，老师给膝盖后面绑一个竹签子，一弯就被扎。在平地上“站”得差不多了，就开始“站砖”，就是把一块砖竖着立起来，绑好跷站在砖上，一站就是半小时，很快脚就麻了。冬天绑跷站砖感觉脚很“冷”，就好像不是自己的脚一样。夏天又很热，从脚到小腿结结实实绑着厚厚的带子。有时实在忍不了，想偷懒放松一下，小金鸿就会跟老师说要去厕所，这样才能得到机会解开带子缓一缓，但这个方法也只能偶尔为之，如果露馅了，就会受到更严厉的处罚。有时候趁老师不在，找两块砖，把跷放在砖缝中间，这样脚能放平稍缓一小会，然后赶紧再恢复练习。这个跷的“站”功，在当时的舞台上是专门展示的一功。比如，武旦在精彩的开打或出手之后亮相，要多耗一会儿，至少得一分钟，才显出跷功的扎实。还有的演员在要下场后亮相前的瞬间，解开压着线尾子的腰巾子，亮相时人站着纹丝不动，身后的线尾子却随着惯性左右晃动，就会引来台下观众更为热烈的叫好。“站”稳当了再开始走脚步，跑圆场。那时戏校的地是方砖铺的，有点像现在的洋灰地，都磨亮了，老师还在上面泼水，一走起来，“蹭蹭”的打滑，好像在冰上一样。金鸿听说有的前辈冬天练跷功时真的就在地上泼水，等结冰后就在冰面上练圆场，还有在大水缸沿上练的。绑跷跑圆场，就不能像“站”

① 黄育馥：《京剧·跷和中国的性别关系（1902—1937）》，生活·读书·新知三联书店，1998年，第165页。

那样直着腿了，膝盖要自然地微弯，才能保持平稳，并且整个人都是提着气的状态，尽量减轻脚下的负重，这样练出来的圆场，走起来很轻，即使后来不绑跷了，脚步和圆场也都养成习惯，很轻盈，不会像现在有的演员，跑起圆场来“吭吭”的，像砸夯似的。这种脚下的功夫，李金鸿也自然而然地带到生活中，走路始终是非常轻盈的感觉，舞台上的美好状态融入生活中，传递出古典美的气质。绑跷转身也好，开打也好，因为贴地的面积更小，所以脚下会更溜，“吱溜”一下就转过来了，加快了速度。有时对打的演员就会很怵跟绑跷的旦角开打，因为旦角演员的脚下太溜，他们会跟不上。从扶着窗台“走”，到立着的砖上“站”，再到泼了水的光滑地面上“跑”，小金鸿就这样日复一日咬牙坚持着，苦熬着。

### 张善亭开蒙《泗洲城》

张善亭，艺名“十阵风”，是与朱桂芳同时期齐名的武旦。他功夫了得，当年在舞台上演戏以“冲”著称，速度、猛劲都让观众大呼过瘾，从“十阵风”的艺名中就可以想见。只可惜，他在一次演出翻跟斗时把脚崴了，落了病根，从此不能绑跷，也不能演戏，无奈改当老师。金鸿学习之初，因为了解了张老师的经历，年纪很小的金鸿也长了心眼，晓得武旦绑跷翻跟头的危险，一旦出了问题就不能演戏了，饭碗就砸了，于是他从心里对翻跟斗存了戒心，每到练翻扑时都格外小心谨慎。

说到打戏，金鸿是懂事的孩子，忍耐力也很强，能够自觉地刻苦练功，但也没少挨打，学戏的孩子都懂得一个道理，“棍棒底下出好角儿”。老师认为你是块材料，是可塑之材，才会管你打你，这是老师下了功夫培养的意思。同时这个打也有强调要领的意思，比方说打飞脚时，往腰上“啪”抽一下，立时就蹿上去一块。这腰腿哪里缺了劲头，一打，立刻就能给上劲儿，对于纠正动作是非常有用的。当时几个孩子一起学戏，但张善亭就跟金鸿一人较上劲了，金鸿的腿时常带着被掸子抽得像海参一样的印子，青一块、紫一块、黑一块。一想到要上课，不到 10 岁的金鸿就哭。但多少年后提起张老师，金鸿却只有“非常感激”四个字。伴随着张老师经常说的“要想人前显贵，就得背后受罪”，金鸿的武旦技艺快速成长着。

金鸿跟张善亭老师学的武旦开蒙戏是《泗洲城》，这出戏包含了武旦行当需要的所有基本功。把子功有：大刀、单枪、鞭的对打及下场等。鞭是楞木头的，刚开始要一根，再要两根。鞭很不好要，没有弹性，练的过程免不了挨无数次砸，需下很大功夫才能练好。抄跤功包括：过包、跨包、捧捉、穿心前扑、背口袋、跨肩、蹬加官。还有鼎功：上桌子拿鼎，左右“旱水”，左右“顺风起”。翻扑功包括：乌龙绞柱、台蛮等。这出戏的前半部分还有挑水圆场功。可以说，通过这出戏的学习，可以掌握武旦的大部分技巧。而所有的功夫技巧，都建立在跷功的基础上，从摇摇晃晃地走，练到轻盈平稳地跑圆场，再到打把子、要下场、翻跌走跤、下高等，金鸿苦练的跷功也越来越得心应手，武旦的基本技艺也开始娴熟起来。学习的时候张善亭经常给金鸿讲到当年他演出的场景，他从前演此戏非常“冲”，曾与学校的抄功老师毕庭森先生合作，毕老师能做到双手举起张老师“起鼎”，走“旱水”，再翻下。听到这些让人咋舌的高超技艺，小小的金鸿更是心生钦佩，也更加刻苦用功，努力把这出戏学好。

学戏练功的苦痛之间夹杂着一丝丝甜，有时这一丝丝甜还会被剥夺。金鸿始终记得，有一次在木厂胡同响排《泗洲城》时，他穿着母亲给做的新小褂，在贫寒的家境中，穿一件新衣是很难得的，金鸿很是喜欢，但他却忽略了排练过程中会弄脏的问题。排练场的地面坑坑洼洼，铺的地毯也很薄，金鸿贴地走完“乌龙绞柱”，新小褂就变成了旧小褂，不但脏了，还破了。对金鸿来讲，新小褂不仅是一件衣服这么简单，更是母亲的爱，是母亲的象征，在艰苦的岁月中是母亲的陪伴，是温暖的情感寄托。抚摸着又脏又破的新小褂，金鸿很是难过了一阵。

随着学习的逐步深入，金鸿也开始登台，先是给师哥们来“四个头”的，就是配演。第一次登台是在宋德珠师哥主演的《乾元山》中演女妖。戏中太乙真人“摆阵”，两边神将上场后，小妖们进阵，一个个翻上，女妖先翻。金鸿先走个“扑虎”，然后走一排“乌龙绞柱”，他认真地走了一圈后，忽然听到台下观众席传来一片笑声。金鸿奇怪，抬头一看，原来“绞柱”绞到台边栏杆动不了了，后台老师使劲喊“快下来，快下来”，金鸿这才急匆匆地跑下台去。散戏后好一阵，金鸿还一直在想，而且怎么也想不明白，明明是在台中央走的“乌龙绞柱”，怎么会到了台边上了呢？不久后金鸿才明白，这仍然是功夫练得不到家，腿没掖到位，就像圆规的中心轴偏了，所以圈就大了。类似这样的失误在孩子们演戏过程中时有出现，因为年龄小，观众也都当成趣事来看了。这样的失误经历会给演员带来成长，所以舞台实践确实是演员非常重要的成长必经之路。

在张善亭老师的严格教授和金鸿的苦练下，《泗洲城》学得有模有样。于是，在经过两年多的刻苦练习后，经过老旦、老生、小生、武生四个行当最终归入武旦的周折，10岁的金鸿迎来了艺术生涯的正式首秀，学校安排了演出，并且一演就是很多场。从文场的挑水圆场开始，他展示了稳而快的脚下功夫。在开打环节，顺畅地打下来每套把子，各个下场也都很溜。出手与下手配合默契，尽管免不了初次登台的略显局促，但也非常顺利地完成。他娇小的身材对于抄跤技术来说，更是得心应手，与搭档配合娴熟。旱水、下高各项技术都比较圆满地完成了。特别是贯穿全过程的跷功，没白下苦功夫，已经显露出很扎实的基础。《泗洲城》是张善亭当年演出的拿手戏，金鸿能学下来演出并且达到老师的要求，这使得老师非常高兴，似乎在金鸿身上看到了自己当年的影子。10岁的金鸿年龄太小，自己达不到坐上戏箱的高度，每演完一场戏从台上下来，张善亭都会把金鸿抱到戏箱上坐着歇一会儿，等到下一场该上场了，再把金鸿从戏箱上抱下来。演出获得观众的掌声，张善亭也由衷地高兴。

有了演出的机会，金鸿对剧场也逐渐熟悉起来。年纪还小的金鸿初至戏院，印象特别深的就是祖师爷的像，也许是因为焦校长严格规定不许拜，他反而更关注了。各戏院后台祖师爷像的位置也不尽相同，吉祥戏院的是在靠上场门的二楼上，广和楼的是在后台帐桌上，帐桌两边各有一把椅子，只能由文武管事坐。说到文武管事，也是一把子能手，他们不但监管后台一切事务，还能做到只要有哪个演员未到，就能立刻上台救场。后台还设有写着戏规的红木牌子来约束演员。充满着戏曲行业规矩的戏院后台，成为金鸿艺术事业发展的见证。

学校终因张善亭老师打人太厉害，后来便不聘请他了。中华戏校请教戏老师的原则也很是灵活，除了学校固定的老师，社会上的名角、名家都会请来，根据学生的成长需要来安排剧目和教师。也会在开蒙打好基础后，再换另一位老师来教。金鸿就是这样，由张善亭老师开蒙武旦戏《泗洲城》后，打下了较扎实的武旦基础，学校就安排了阎岚秋教戏，开始把李金鸿作为武旦行的重点对象来培养。

### 向阎岚秋学戏

阎岚秋，艺名“九阵风”，是一位在武旦行做出很大贡献的前辈。早年曾经有一位艺名叫“一杆旗”的武旦演员也很红，但后来又流行一句话“九阵风刮倒一杆旗”，形容阎岚秋的惊人艺术盖过了他，“九阵风”的艺名就由此而来。阎岚秋的天赋条件非常好，文武兼长，戏路很宽。他的武旦戏功夫扎实，并且注意按照不同剧情、不同人物的特点塑造人物，一改过去武旦只突出武技的传统。

金鸿跟阎岚秋老师开始学戏，就意味着被学校列为重点培养对象。就在他步入学艺生涯的关键时期，帮助、指引他走上京剧之路的李宝枢大哥却逝去了。对于金鸿来说，尽管学戏的生涯如此艰苦，但已经熬过打基础最痛苦的阶段。开始上台演戏后，虽然他对这门艺术还不是很摸门道，却已然有了听到喝彩声的快乐和成就感，这逐渐产生的快乐预示着金鸿的光明未来。而为他指路的宝枢大哥却离他而去，令金鸿很是难过，却也坚定了他走好这条路的执念，以慰先兄泉下。

中华戏校培养武旦，除了展示高超的武功技艺，也非常讲究表演和形体的漂亮，会安排武旦兼修刀马旦、花旦、花衫戏，拓展学生的戏路。阎岚秋本身就戏路较宽，兼擅花旦戏，金鸿跟阎岚秋学戏，既学《打焦赞》《蟠桃会》《夺太仓》《取金陵》等武旦戏，也学了很多花旦、刀马戏，如《小放牛》《打花鼓》《虹霓关》等。自此金鸿开始有了文武兼习的意识，既学好和演好武旦戏，练好扎实的功夫技巧，也注重练旦角身段功夫。阎岚秋身段优美，强调旦角身段的重点是腰肢的灵活，上身动作要由腰里带动，腰要“拧”到不能再动，姿势才是正好。做动作每一下都要用腰，即使是演稳重的青衣，也要用腰去带动全身做身段。正如钱金福传下来的“身段谱口诀”中所载，形体动作的过程应是“心一想，归于腰，奔于肋，行于肩，跟于臂”①。身段的发力必从腰出，整个形体的协调美感和韵味才能显现，并且还必须有从“心”而起的意念。而这种“拧”到极致的腰部灵活的运用，也在金鸿的身上得到完美的发挥，在日后开展的教学工作中，受益的学生都悟到金鸿先生身上这股子优美的“拧”劲，此为后话。

---

① 钱宝森口述，潘侠风整理，北京市戏曲编导委员会编辑：《京剧表演艺术杂谈》，北京出版社，1959 年，第 41 页。

阎岚秋老师很是喜欢小金鸿，耐心地一招一式地指导金鸿练习武旦的技术，把握身段优美的方法，同时也很重视指导金鸿练习嗓音。“打出手”是武旦戏的必备技巧，金鸿开始练习并逐渐加强难度，也很快得到了演出的机会。在地安门附近的庆和堂饭庄的小舞台演《蟠桃会》，是金鸿第一次演出手戏，非常紧张，生怕掉个满台。在“快枪”打完即将亮相时，锣鼓点一起，由于精神高度紧张，金鸿的脑子几乎空白了，后面的打出手，几乎完全是机械动作，平时怎么练的，下意识地就走出来了，也是平常练得太熟练了，居然一下没掉。演完下来后，阎岚秋特别高兴，买了 20 个包子奖励金鸿。在学《扈家庄》时，懵懂的小金鸿看到了阎岚秋练就的高难技巧，漂亮讲究的身段，还有表演的感觉。那时的扈三娘扮相头上打软扎巾，前面戴小额子插翎子，不戴狐尾，因为她在上梁山前属于官方人物。打扎巾的头实在是难受，勒上没多久就头疼恶心，毕业后蝴蝶盔出现了，金鸿也就随着改戴蝴蝶盔。阎岚秋要求扈三娘用的戟要大，要超过自己的个头，这样才显得出人物的高强武艺。随着跟阎岚秋学戏的时间越来越长，除了严格教戏之外，阎岚秋对金鸿的生活各方面也更加关心，了解到金鸿的家庭情况后，对金鸿多了份慈父般的爱护。在一次演出《虹霓关》时金鸿出了错，阎岚秋生气了，第二天上课时，金鸿仍像平常一样给老师沏好茶，把椅垫放好。阎岚秋一来，把椅垫往地下一扔，让金鸿跪下，金鸿心里有懊恼，也有对先生的抱歉，“扑通”跪下后忍不住哭起来，阎岚秋马上收起严肃的脸，又心疼地说“别哭了，给你两毛钱买菜吃吧”，也没再惩罚金鸿。就这样，跟着既严格又呵护自己的阎岚秋老师，金鸿一点点地积累着本事。

有两出戏在学习时给金鸿留下的印象比较深。一出是《取金陵》，亦称《凤吉公主》，故事出于《明英烈》，讲的是朱元璋攻取金陵城时，守城的赤福寿被迫自刎，其妻凤吉公主领兵为夫报仇，力战红巾众将，最后自刎阵前的故事。凤吉公主前半场是文戏，有点类似《虹霓关》，有跟丈夫议事的情节，还有唱段，后半场是武戏。这出戏占人多，朱元璋这边共出场 8 员大将，都要与凤吉公主对打，期间穿插交换兵器时的出手，这段武打叫“打八将”，就是跟 8 个人分别对打。8 个人使的兵器只有两个人是相同的，其他人全都不一样，分别是：大刀、枪、双刀、双锏、双鞭、鞭枪、双锤。跟每个人对打后，要把对方手中的兵器出手换到凤吉公主手里，再与下一个人打，打完再换兵器，这样轮换八个人，最后凤吉公主要下场结束。“打八将”是这出戏中的核心场次，凤吉与八个人对打，像车轮战一样，跟每个人打得都不一样，比现在的要复杂。开打过程使用“一封书”锣鼓点贯穿，不强调快，看的是样儿，就是要打出韵味来。这样拎着一口气，打出劲头和节奏，脑子又要非常清醒地记住每个对打的套路，最后还要要下场结束，足足20分钟，一口气顶下来，着实考验功力。

还有一出是练习靠功的戏《夺太仓》，故事讲的是元末，徐达奉朱元璋命剿吴越，进兵姑苏，欲夺太仓，守将张虬败，其女张秀莲颇娴武艺，代父出征，徐达之部将皆不能敌，后徐达亲自出战，用绊马绳使张秀莲落马而擒之，始夺下太仓。这出戏是扎靠戏，看的就是靠功。扎靠的圆场，靠旗要稳，跑起来速度要快，靠旗的飘带能够飘起来才漂亮。再就是靠功的技巧，蹲翻身、站翻身、各种转身、涮腰等。要练得靠跟自己身体的一部分似的，无论怎么翻转运动，都能感觉到靠旗飘动的位置，并且顺势而为，这样才不会缠成一团，或者飘带到处乱挂。一出戏学演下来，金鸿的靠功也练得很扎实。

据李金鸿回忆，归行武旦后，在中华戏校学了近50出剧目，包含了武旦短打、扎靠的戏，还有刀马旦、花旦戏，其中有37出是阎岚秋教的。这48出剧目是：《泗州城》《蟠桃会》《摇钱树》《扈家庄》《取金陵》《夺太仓》《朝金顶》《战金山》《两狼关》

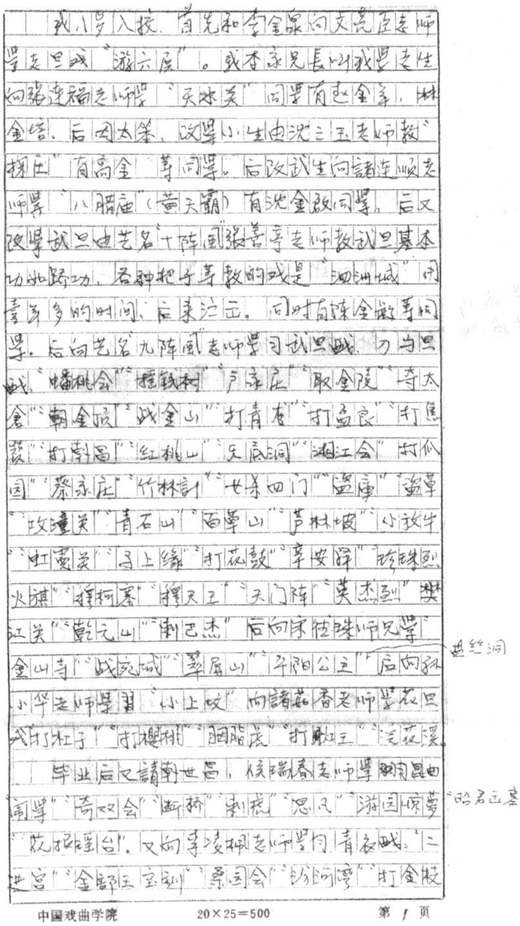
我八岁入校，首先和李金泉向文亮臣老师学老旦戏"游六殿"。我本家兄長叫我學老生向張連福老師學"天水关"同学有赵金年、林金培。后因太笨，改學小生由沈三玉老师教"探庄"有高金　等同學。后改武生向諸連順老师學"八腊庙"（黄天霸）有沈金波同學。后又改學武旦由艺名"十阵风"張善亭老师教武旦基本功如蹻功、各种把子等教的戏是"泗州城"用壹年多的时间、后来汇演。同时有陈金彪等同學。后向艺名"九阵风"老师学习武旦戏、刀马旦戏、"蟠桃会""摇钱树""扈家庄""取金陵""夺太仓""朝金顶""战金山""打青龙""打孟良""打焦赞""打韩昌""红桃山""无底洞""湘江会""打瓜园""蔡家庄""竹林计""七星四门""盗库""盗草""攻潼关""青石山""百草山""芦林坡""小放牛""虹霓关""弓上缘""打花鼓""辛安驿""珍珠烈火旗""摔[illegible]蓁""摆天王""天门阵""英杰烈""樊江关""乾元山""刺巴杰"后向宋德珠师兄学"盘丝洞""金山寺""战宛城""翠屏山""平阳公主"后向孙小华老师学习"小上坟"向諸茹香老师学花旦戏"打杠子""打樱桃""胭脂虎""打瓜王""浣花溪"。
毕业后又請郭世昌、侯瑞春老师学昆曲"昭君出塞""闹学""奇双会""断桥""刺虎""思凡""游园惊梦""花报瑶台"。又向李凌枫老师学习青衣戏。"二进宫""金殿王宝钏""桑园会""汾河湾""打金枝

中国戏曲学院　20×25=500　第 1 页

图 2-3　李金鸿学过的戏（手稿）

《打青龙》《打孟良》《打焦赞》《打韩昌》《红桃山》《无底洞》《湘江会》《打瓜园》《蔡家庄》《竹林记》《女杀四门》《盗库》《盗草》《攻潼关》《青石山》《百草山》《芦林坡》《小放牛》《虹霓关》《马上缘》《打花鼓》《辛安驿》《珍珠烈火旗》《穆柯寨》《穆天王》《英杰烈》《樊江关》《刺巴杰》《金山寺》《战宛城》《翠屏山》《盘丝洞》《平阳公主》《打杠子》《打樱桃》《打灶王》《打刀》《胭脂虎》《浣花溪》等。如此多剧目的积累，再配合大量的舞台实践，必然促成了李金鸿的成材。

## 三、在戏校中成长

### 沈三玉帮助渡过变声关

随着年龄和技艺的增长，金鸿也到了学戏男孩子必经的一关——倒仓。

倒仓也就是变声，是指人成长发育至青春期时，由于声带变化出现的声音变化时期。女孩变声期一般变化不大，男孩则不然，到变声期会有明显的变化，也很容易出现发音不自然、声带疲劳等状况。变声期时长因人而异，短的可能就几个月，长的有的几年才能彻底渡过。对于学戏的男孩子来说，变声期是必经的重要的一关，很多童伶在变声前唱得很好，到了变声期却没能顺利渡过，上不了调门，有可能就此终结了艺术生涯。变声期是有规律可循的，儿童时期声音越尖细，经过变声期后基本能达到宽厚适度的良好声音状态，恰恰是儿童时期就比较宽、挂味的声音，变声期后会因声带的宽厚变化，导致声音更低沉，没高音，够不着调门。变声期间科学的训练方法也很关键。戏界有些前辈传下来一些变声期间的方法，包括一些生活习惯，例如，踡着腿睡觉，意思是团着宗气不泄。保证睡眠，早睡早起，注意饮食，不吃刺激的食物，等等。但时至今日，变声期似乎仍没有比较系统科学的训练方法，戏曲人才培养过程中的这一关仍然是有待摸索研究的。

金鸿归在了武旦行，如果能顺利渡过变声关，将会决定未来兼修文戏的长远发展。在这关键时刻，沈三玉老师成为金鸿的贵人。沈三玉主工武净，是中华戏校实习处主任，对学校教学、研究、实习各方面工作均有涉及，是名副其实的懂业务的管理者。他在小金鸿和伙伴们儿时记忆中是这样的印象，都知道他曾是傍过尚和玉的好演员，在学校教尚派武生和武净，教戏时打学生很厉害，下手之重，被称作“实心嘴巴窝心脚”，学生们都很是怕他，甚至到了恨的程度，但就是这位让学生又怕又恨的沈三玉，成为金鸿变声期间的导师。

刚开始嗓子倒得很苦，一字不出，金鸿心里急得要命，生怕今后干不了这行了。不知所措时，赶上程砚秋来学校视察，授意沈三玉，每天早上学戏课前先吊嗓子，一天也不能间断。一般旦角吊嗓先西皮再二黄，之前金鸿吊嗓是唱《取金陵》中的一段西皮唱段，唱导板时，根本唱不上去。沈三玉让金鸿改吊《贺后骂殿》的二黄唱段。其中的道理当时金鸿也没明白，后来演戏经验多了，才悟到些根由。二黄腔相对西皮腔而言，更加低沉婉转些，用嗓自然也更轻柔，不及西皮的高亢劲头，这样在变声期嗓音不舒服、不好控制的状况下，相对来说能够较为顺畅地运用，不会因行腔用嗓力道过大而对变声期的声带造成刺激，导致更严重的不适，甚至出现小结等生理病态。从二黄腔入手，沈先生根据金鸿嗓音的实际情况因势利导，循序渐进，让金鸿不使拙劲，顺着声音舒服的劲头慢慢唱。整整一年时间，慢慢地从反复吊第一句“老王不幸把命丧”，到满宫满调的最后一句“三尺龙泉不容留”，一整出《贺后骂殿》金鸿都能吊下来了，嗓音运用也越来越自如，唱刀马旦、花旦戏毫不费力了。沈三玉以他多年积累的丰富经验，运用有效的方法，配合耐心细致的引导，每天坚持严格要求，在金鸿身上下了很大功夫，帮助金鸿顺利渡过了对于男生可以说是要命的变声期，为日后金鸿越来越宽的戏路和文武兼长的发展打下了坚实的基础。在金鸿看来，因打人狠而使学生又怕又恨的沈三玉，却是学艺生涯中有恩于己的一位好老师。

### 向诸茹香学花旦

程砚秋是学校的核心领导之一，会时常了解学校和学生各方面的情况。他对处在变声期的金鸿进行了训练指导，同时发现金鸿整体条件不错，扮相、气质、功夫都说得过去，算是可造之才，于是就建议学校多安排金鸿学点文戏，以拓宽戏路。这样学校又安排金鸿开始跟诸茹香学习花旦戏。

诸茹香与程继先、萧长华、余叔岩、梅兰芳、孟小冬等众多名角有过合作，这位前辈综合能力很强，基础扎实，唱做俱佳，作为二旦既能衬好主角，还能在傍角儿之余，有被人称道的独特表演。对于诸茹香的教学状态，有学生这样说：“他从不打骂学生，也不说损话，上课就教戏，戏外的话一句没有……老师教戏特别严格，虽然不拿剧本，但是每个字、每个动作都是死的，绝不模棱两可。”[①] 从这几句话里我们能想象出一位不苟言笑、严谨有加的老师形象。诸茹香之于戏校学生的作用，是打基础的最传统的骨子老戏这部分。一个曾在舞台上历练多年的演员，并没有化着教，而是坚持唱念和动作的高度准确，从这一点可以想见这位老师对待教戏的态度和经验。有这样一位老师在金鸿拓展戏路的过程中加持，也真是金鸿的福气。

金鸿向诸茹香学习了《打杠子》《打樱桃》《打灶王》《打刀》《胭脂虎》《浣花溪》等戏。这些花旦戏的学习，帮助金鸿在脚下的步法、腰里的功夫、面部神情、眼睛的表演等方面都有所提高。特别是念白，花旦在唱念方面是更偏重念白的，对于练习嘴皮子劲头，把每个字都吐清晰，达到“字正”的目标是很有效的。诸茹香多年的根基和教学经验，对金鸿念白方面的提高起了较大的作用，毕业后搭班演出时，剧评家景孤血在观看过金鸿与叶盛兰合作的《双合印》后，能从念白中听出有诸茹香的味道。“金鸿此夕之白口颇似诸茹香，不知曾与学戏否？诸虽不如王（瑶卿）、赵（桐珊），而盛年之念句有字，亦不可厚非。”[②] 诸茹香一字一句扎实的教法，在金鸿身上显出了成果。

### 初出茅庐

无论什么样的培养模式，最终能否成角儿是检验教学成果最直接的标准。我们都清楚，京剧演员的培养是离不开舞台实践的，学一出唱一出，一出戏唱一次跟唱十次、百次的概念完全不一样，演员都是在台上摸爬滚打成熟起来的。因此，戏校培养人才，必须有一方舞台提供给学生，学生随着学艺的积累才能逐渐参加演出，并且以当时的演出频次来看，中华戏校在中和、广和等剧场每天都有演出，年级越高演得越多。从京剧人才培养的规律来看，最终能成角儿的，大多在科里就初露端倪了，也就是一般称为的“科里红”。比金鸿大五岁的宋德珠是中华戏校首届“德”字科学生，他出科后独立挑班，位列“四小名旦”，曾与金鸿一同向阎岚秋先生学戏，是金鸿的师兄。那时宋德珠是学校重点培养的对象，已经具备了相当的实力，在演出中撑起武旦大戏。金鸿作为师弟，以师哥为榜样努力学习。中华戏校会在学期末进行考试，并且评选优秀学生，颁发奖品。当时武旦组的第一名和第二名，基本都是宋

① 诸世芬口述，马明捷整理：《我的父亲诸茹香》，《中国京剧》1996 年第 1 期，第 53 页。
② 景孤血：《孤血谈剧——记李金鸿之〈水牢记〉》，《立言画刊》1941 年第 164 期，第 8 页。

德珠、李金鸿。渐渐地金鸿也得到演出机会，比较多的是在开场或中场唱出小武旦或花旦戏，还有一些武戏的配演，《打焦赞》《青龙棍》《摇钱树》《泗洲城》《小放牛》《探庄射灯》《四杰村》《铁笼山》等。金鸿坚持刻苦练习，技艺也越发娴熟，即使是垫场的小戏或者配演，也逐渐开始受到关注。

图 2-4 《演火棍》剧照，《天津益世报》，1935 年 9 月 5 日

1935 年 9 月 5 日《天津益世报》刊载了一张杨排风的剧照，文字说明“戏曲学校李金鸿饰杨排风 袁金绵饰焦赞 演火棍之一幕”，所查电子资料面目不甚清晰，但可见杨排风踏步站立，左手执棍，右手山膀。焦赞弓箭步，右手执棍，左手山膀，两人所执棍交叉为相。从图片中隐约感觉到两个尚青涩的少年气息。排风瘦瘦小小的腰身，但是亮相的姿态很骨力，并且规矩之余并无僵硬之感，这时的金鸿也只有 12 岁，在中华戏校学戏已经 4 年有余。这应该是目前能查到的最早报道金鸿的内容。此后不久有过对金鸿饰演配角的介绍，“李金鸿则在探庄射灯剧中饰孙二娘一角，虽为小品，亦自有其惊人处，该生台风翩展，其担水过场，与泗州城异曲同工，起打亦有风舞灵池之致焉”①，渐渐地金鸿的名字越来越多地出现在媒体对戏校人才的报道中。

北平戏曲学校学生，近应津门明星戏院之聘，自旧历端阳节（六

① 丁一：《戏校之〈取金陵〉》，《北平益世报》1935 年 11 月 28 日。

月十三日）开始登场，连演一周，计昼夜两工，为期十四场。高材生竞演杰作，行见津门剧坛，又呈灿烂绚绮之势。

人才方面，除原有之王金璐，宋德珠，侯玉兰，赵金蓉，傅德威，李和曾，赵金年，关德咸，储金鹏，赵德钰，于金骅等外。后进如李玉茹，李金鸿，白玉薇，袁金凯，胡金涛等。

颃颉争雄，势将拔戟，猗欤盛哉。①

这次演出，自1937年6月13日始至6月21日止，均为日夜双场，共9天18场。根据《天津益世报》的演出广告来看，自6月5日开始刊载全体参演学生名单及戏码预告，突出强调戏码的编排齐整，学生按科排列，尽显学校风格。遗憾的是因此未及了解金鸿在此期演出时出演的具体剧目。

图2-5 《天津益世报》，中华戏校演出广告，1937年6月7日

在金鸿心里，对戏校始终抱着感恩之情："戏校当局对我很重视，所以为保证我可以代替宋师兄地位，始终没叫我给别人打下手，甚至于《金山寺》的青儿都没唱过。"② 从金鸿的这段回忆中，除了看到他对学校的感恩之心，也了解到学校对于金鸿抱有的殷切厚望。随着年级渐高及师兄宋德珠的毕业离校，金鸿得到了习演更多剧目的机会。据不完全统计，1938年至1940年间，金鸿在中和戏院、吉祥戏院、广和楼、广德楼、新新戏院等剧院参加学校演出的剧目有：《虹霓关》《东昌府》《百草山》《雁门关》《王宝钏》《金山寺》《蔡家庄》《氤氲阵》《得意缘》《小放牛》《安天会》《泗洲城》《摇钱树》《陷

① 《戏曲学校来津公演 端阳节起在明星连演一周 新排名作极多将陆续公演》，《大公报》（天津版），1937年6月10日15版。

② 李金鸿：《学戏十年来之回顾与前瞻》，《立言画刊》1944年1月1日第275期。

空山》《八五花洞》《扈家庄》《乾坤圈》《盘丝洞》《大溪皇庄》《嘉兴府》《宏碧缘》《探庄射灯》《取金陵》《火烧红莲寺》《酸枣岭·刺巴杰·巴骆和》《宝莲灯》《青石洞》《摇钱树》《殷家堡》《三岔口》《八五花洞》《岳家军》《宏碧缘》《马上缘》《战宛城》《芦林坡》《全部降龙木》《姑嫂英雄》《得意缘》《大英杰烈》《水晶宫》《天河配》《全部锤震金蝉子》《三妇艳》《平阳公主》《武松打店》《独占花魁》等。①

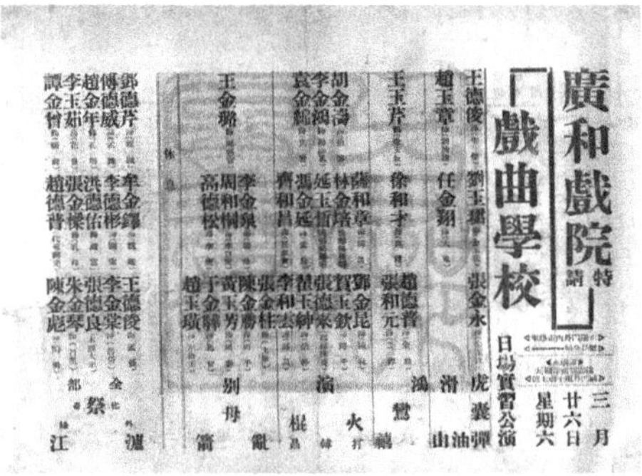
廣和戲院 特請
戲曲學校
日場實習公演
三月廿六日 星期六

图 2-6　中华戏校演出戏报
1938 年 3 月 26 日

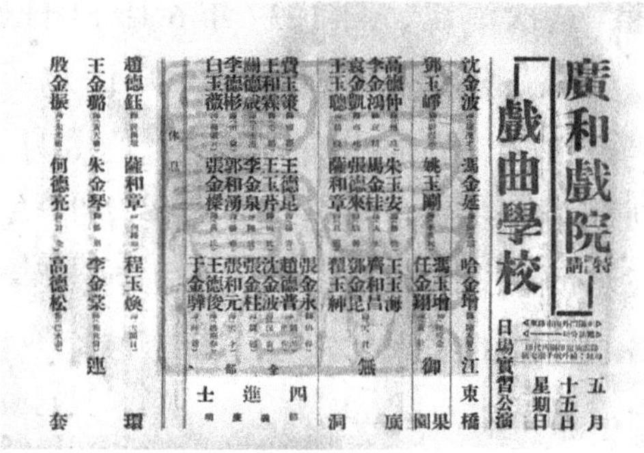
廣和戲院 特請
戲曲學校
日場實習公演
五月十五日 星期日

图 2-7　中华戏校演出戏报
1938 年 5 月 15 日

金鸿的名字在各报刊中出现的次数渐渐多起来，报道的内容也越来越具体，从中可以感受到大众对金鸿的喜爱，也能了解到金鸿初出茅庐、登台演出的成长情况。特别是《立言画刊》曾多次报道李金鸿演出的情形。

自戏校一部学生相继毕业后——傅德威、关德咸……李和曾、侯玉兰……于今夏亦将先后毕业，故戏校人才渐感缺乏，积极造就后起人才，然亦不乏优秀者……

李金鸿，宋德珠之继起人物，跷工稳健，武功极佳，扮相之漂亮，宋德珠不及也。先因正在仓期专演武旦戏，今仓期已过，亦兼演花旦戏，如日前广和之头本《虹霓关》即为彼主演。若努力用功，

① 李如茹：《理想、视野、规范：戏曲教育的实验：北平市私立中国高级戏曲职业学校（中华戏校）（1930—1940）》，中国戏剧出版社，2019 年，附录二：北平市私立中国高级戏曲职业学校演剧实习记录（1932 年 9 月—1940 年 11 月），根据第 540—805 页内容统计。

定能超过宋德珠。①

图2-8 《东昌府》剧照

宋德珠是金鸿的师兄，是武旦挑班的头一人，艺术造诣很高。难怪观众都以宋德珠来相比，有了这样一个高标准的标杆，也是金鸿一直努力的动力。

这一张相片，是东昌府里郝素玉，两手持着一条大棍，在袅娜身段中，搬起这样大棍，怕不把人吓坏了！再看看她（他）的面庞儿，正应了□道人那句话，"如花似玉的小姑娘？"可惜老眼昏花看不清，到底还是小姑娘，还是什么呢？喝！他就是戏校小武旦"李金鸿"！……在东广（作者注：东广——广和楼，大栅栏西口广德楼称西广）里时常听到"好金鸿"……如果金鸿肯努力，不要骄傲，将来的"红"，或红过红。在报纸上面，平常看不到李金鸿相片，因为这样，我简单给他写一篇介绍文字。③

图2-9 《虹霓关》剧照①

从这张剧照中能看出短打扮相的金鸿，身上很边式，左手持棍力若千钧却又举重若轻，右手提甲式臂圆四衬，半弓步与上肢相呼应，全无僵硬之感，整个形体非常协调，凸显了戏曲舞台遵循的"子午式"原则，亦即"阴阳"根本。面部表情及眼神配合亮相的状态，使整个人散发出英武之气。

① 竹子：《戏校人才观》，《立言画刊》1939年1月21日第17期。

② 刊载于《立言画刊》，1939年。

③ 山里红：《好一个厉害小姑娘》，《立言画刊》1939年第32期，第29页。

……李金鸿之薛金莲，扎女软靠，有花鬘式垂发，一身青绿，而有“碧毯线头抽早稻，青罗裙带展新蒲”之妙。身段更小苗条，加以粉瘦朱轻，双瞳点漆……可谓“标准薛金莲”是“清溪小姑”之身份也。①

提起“李金鸿”三个字，九城士媛几乎都想到：一个高鼻子大眼睛有为的青年的轮廓。可是对于他成名以前的事迹，也许谁都不知道，同时谁也都愿意知道。

金鸿原名士芳，老家是天津……初入学，习文武老生，后改习老旦，终为九阵风阎岚秋先生赏识，而改习武旦奠金鸿成名之基础，于此时矣……此外金鸿之品格，也可借地略为一谈：孝母爱弟，乃人之天性，不必多叙，就戏校师长同学言，亦莫不以金鸿之谦恭和蔼，为其美德；再就笔者观察，戏校开办十年来，桃色事件发生，不下十数起，而未闻金鸿稍有涉及，其品格高尚实堪为师弟们标榜。②

对金鸿的褒扬，除了舞台艺术呈现出的部分之外，还有对他为人的评价，“孝母爱弟”“谦恭和蔼”，未闻“桃色事件”等，都是金鸿高尚品格的实际表现。在戏校中的学习经历，接受到的科班式技艺学习和新式教育，与金鸿的本性圆满地融合在一起，善良、温和、谦逊的人品自他少年时，就已成为大众口中赞赏的一部分，并且跟随其一生。

一年又一年，金鸿用功地积累着唱念做打各方面的本领，具备了丰厚的传统剧目的基础，也开始加入中华戏校“改良”教育的部分，参演新戏。中华戏校对戏剧的“改良”，有对传统骨子老戏剧本的整理，有对古本、秘本的挖掘恢复，有对海派本戏北化的试验，有对传统节令戏进行的新处理，还有新创编的，等等。各种类型的本戏成为戏校后期演出的一大亮点，以人员齐整、面貌清新深得观众的喜爱。金鸿逐渐参演了《宏碧缘》《火烧红莲寺》《百鸟朝凤》《天河配》《独占花魁》《三妇艳》《天香庆节》《凤双飞》《平阳公主》《美

① 景孤血：《孤血谈剧——〈姑嫂英雄〉概评》，《立言画刊》1939年第48期。
② 红梅星：《李金鸿成名小史：埋首苦干是成名的原动力，品格高尚堪为师弟们标榜》，《立言画刊》1940年第90期，第28页。

人鱼》等戏。

给金鸿留下印象比较深的新编戏，有翁偶虹写的《平阳公主》。这出戏可以说是戏校为宋德珠和王金璐专门打造的。金仲荪校长找来清逸居士的遗作，翁偶虹在此基础上，本着“灯彩佳话，别树一格”的原则进行加工，重点对剧中的“武工、歌舞，扩展了很大的幅度……如平阳公主可以使用‘如意双钩’，柴绍可以使用‘崆峒单剑’，以及‘比武’的场面可由二十四个仕女操演四十八个‘孔雀灯’……”[①]翁偶虹不单只设想了这些表演，还给出了具体的编排建议，比如，平阳公主的如意双钩和柴绍的单剑打什么套子，是从《英雄会·打窦尔墩》中窦尔墩使双钩，黄三太使朴刀而来，套用在武旦和武生身上就可以。再比如，四十八个“孔雀灯”怎么舞，从“‘十字靠’‘大元宝’‘四合如意’等舞蹈中变化增减……”[②]翁偶虹的剧本，案头与场上的关联度，在落笔的一瞬就已经成竹在胸。他还专门向太极名家高紫云学习剑术，在单人舞剑和双人对剑中都化用了些武术的东西。《平阳公主》成为戏校的独有新戏，经常上演，在宋德珠之后金鸿接演此剧，并在戏校解散后重组的光华社及校友剧团期间均曾出演此戏。其中的如意钩对单剑及摆孔雀灯中的各种造型，集中展示了金鸿扎实的武功以及协调妩媚的身段表演。在新戏的排演过程中，金鸿也接受了编导工作的启蒙。

还有一出《宏碧缘》，是翁偶虹从南方连台本戏改编的，讲的是骆宏勋与花碧莲的故事，其中金鸿饰演花碧莲。在金鸿脑海中，记得最清晰的不是自己的技艺如何得到观众的赞赏，而是有趣的故事。在“四望亭拿猴”一场里，金鸿饰演的花碧莲去拿猴时，有从亭子上“摔下”，落到王金璐饰演的骆宏勋身上被接住的情节。这二位金字科的师兄弟演出配合得很是默契，也加之金鸿娇小的身躯，又有练跷提气之功。两人晚年都在中国戏曲学院任教，王金璐曾对李金鸿的学生说：“当年演这出戏是我每次接住你们老师，要不他就摔坏了，你们今天也就没法跟老师学戏了。”而实际上这场戏，恰是花碧莲技艺的集中展示。花碧莲踩跷，“在亭子上拍跷尖走‘矮子’，在亭檐上‘夜叉探海’，起‘左右旱水’，以及在亭子顶上追猴‘圆场’”[③]，这些都是武旦行的基本功，

---

① 翁偶虹：《翁偶虹编剧生涯》，同心出版社，2008 年，第 17 页。
② 同上，第 18 页。
③ 同上，第 21 页。

此时已进入高年级，打下扎实基础的金鸿，举手投足间显得得心应手，在剧情中展示了精绝武艺。

《平阳公主》和《宏碧缘》，说起来都是宋德珠首排的，后来金鸿接演。但还有一出戏，是已经在舞台上越来越成熟的金鸿，展示自己渐入佳境、才能全面的表演作品，虽然所饰角色并不是第一主演，这出戏就是《独占花魁》。剧情是：宋时，金兵入侵，少女莘瑶琴随父母避祸，中途失散，被歹徒卜乔骗至临安，卖入娼门，取名花魁，名极一时。卖油郎秦重见而爱之，积资往会，值花魁大醉，秦体贴备至，花魁心感之。后恶少吴霸强逼花魁游湖侑酒，花魁不允，吴羞成怒，命家丁将花魁拖至荒郊，剥去衣袜，弃之雪地。适秦重路过，将花魁救回。花魁感秦重之德，许以终身。[①] 当时戏校排此剧时李玉茹饰演花魁，是主演，金鸿饰演刘四婕，其中有一场劝解花魁的戏，仅凭这一场戏，赢得了观众极大的反响，更是引起当时报人凌霄阁主和景孤血等人的注意，发表文章对金鸿的表演大加赞赏，也由此金鸿得以与景孤血相识，就未来演戏的方向得到了潜移默化的指引，在技艺基础上更加注重表演。

景孤血是剧评家、剧作家，票文丑。在金鸿的艺术生涯中，除去教给金鸿本事的老师们，景孤血算是金鸿的一位伯乐，还曾与金鸿合拍过剧照。他曾著有多篇文章细腻地描述金鸿的表演，对金鸿表演的欣赏溢于言表，甚至自觉溢美之词过于泛滥，但仍不及现场观感。中华人民共和国成立后两位继续合作，整理改编了《无底洞》，再次掀起武旦艺术的高潮。跟随着景孤血的剧评，我们可以尝试合上双眼，在脑海中将金鸿的表演重现舞台。

> 戏校分配角色，乃以李玉茹饰莘瑶琴，李金鸿饰刘四婕，前本如此，后本亦必如之。乃愚观此剧，李金鸿之刘四婕虽只一场，成绩居然远出玉茹以上。先时所谓“灵秀不钟于男子”者，至是亦推翻原案，爰平心以述《占花魁》中之李金鸿……
>
> ……其面富于春花之媚、春山之笑、春水之柔，装成虽只熏香而坐，亦似闺人莞尔独笑，此则骀宕春风，弃越骅骝矣。长脸膛纯鹅蛋脸（先不如此，殆亦诚如谚云“女大十八变”耶？），而月弯眉

① 北京市戏曲编导委员会编辑：《京剧汇编》（第八十八集），北京出版社，1961年。

妩，悬胆鼻含桃颗。脸长则靥润，下有梨涡笑绽。粉腻脂柔，拍粉之后，渗入肌理，睡花红浥，似开露井之桃。最妙者乃其双瞳剪水，眼大而眶不大。眶大则成蜂目，眼大而眶否，只觉其凸。粉水溶溶，卢瞳灼灼，而点漆凝脂之美，当表情时，便似三五良宵，清辉迸射，吾之形容，见者或嫌“过火”。

……金鸿是夕所穿为灰青头绒之袄裤，明如墨玉，更觉身材娟娟楚楚。系白绸花汗巾，莲跷一搦，出水红菱。其以武旦出身，跷工之佳更如破地双锥矣……诚以金鸿在此剧中念毕一段白口，李玉茹唱二六，金鸿是默然倚桌而坐，此际有何不中琴瑟之处，可以一览无余。乃只觉其美不觉其丑，诚丽人也。尤其波澜壮阔，老辣犀利，加以大方，更有“不著一字尽得风流”之概。如此风流，方是真正风流。凡属花衫，一成扭扭捏捏者，便无足观矣。出场念用小嗓，清于撒豆，见王九妈之周旋，更如乔鹤不群。索报酬时，语语入妙，及曰：“我帮帮你这也没有什么嗒？”王九妈甫答应，下即改变口风曰：“还是不成！”四字干板垛字，加以银海秀目大双眼皮向下一“搭”，此种神态吾无以名之，只可仍曰“风流”。二人同行，且走几步“浪子”，莲跷箭激，然可一望可知未展所长也。在其走浪之先，尚有可记者，即对王九妈谈话时，以其丹菱猩瓣盘于椅上，神态从浪漫中而见出江南烟水气……金鸿掏钱与子，虽小地方亦觉明丽。上楼时，小脚徐挪，花躯下俯，双膝微弯，其跄足屏小步，艳似凌波，兼有“水面回风聚落花”之轻倩……见花魁后，对王九妈使眼色，其粉颊于脂鲜欲滴中见出老谋深算，及闻瑶琴诉苦，假作抽噎，面部风云变幻如七襄锦九张机四时山五色土，而且令人一望可知乃作惺惺伪态……劝花魁之大段白口，娓娓清谈，喷珠漱玉……即花魁唱二六之思索，乃以粉脸对老妈示意，此时余霞散绮，满脸笑容，若花中之笑矣乎，愈显粉光脂气，化作一天喜色，意若曰“你瞧瞧办到啦”，真好李金鸿也……及见王九妈真个食言……王九妈拦止，而其色顿成数九寒天严霜肃杀。今日之李金鸿吾绝爱之，而当年之刘四姨，吾绝畏之。最后对王九妈仍曰……以纤指打“榧子”，雪拳皓腕，从其青绒袖管中扬举，玲珑巧倩，佳侠含光。下楼之莲步，又似灵蛇蹿草，鹞

飞凤翥，一种“折腿豌”之艳姿，令人欲赋锦鞋……①

阅读这篇评论文章，似乎跟随景孤血观赏了一场“刘四姨”的表演，从“富于春花之媚、春山之笑、春水之柔”的扮相，到“清于撒豆、干板垛字”的念白，“灵蛇蹿草”般但却“未展所长”的跷功，“小脚徐挪，花躯下俯”的身形，到“风云变幻如七襄锦九张机四时山五色土”的神情变化，再到“不著一字尽得风流”的气场……难怪景孤血自己都觉得对“刘四姨”的“爱”有些“过火”，但这些文字却又不足以表达现场观看时的审美愉悦。作为剧评家的景孤血，即便如此喜爱金鸿，仍能客观地发现他的不足“唯于唱之学翠花，果因仓口尚无不可，苟非是者仍以避免沙哑之音为是，学神仙者不必学铁拐之跛也”，听出金鸿的声音还有可改观的空间，并且道出模仿学习的要点。其实对目下演员学习也有很强的指导性，特别是学流派的问题，“学神仙者不必学铁拐之跛也”，很多时候流派的特点被夸大到变形，只习一斑即为流派，甚至与流派创始人的风格相去甚远，可见学习借鉴需要清醒的头脑。在对金鸿的表演大加描摹、赞赏并提出问题后，景孤血最后这样总结：“综观此剧，以金鸿之一场，实胜他人一出了，窃意今后戏曲学校之江山，将在此李而不在彼李矣。”

景孤血对金鸿尽管有着偏爱，但也代表着一部分观众的审美取向。随着金鸿的崭露头角，他逐渐赢得更多观众的喜爱，甚至有人认为戏校对金鸿这样的人才不够重视。在戏校期间，上有优秀的同行宋德珠师哥，下有重点培养的“四块玉”（作者注：戏校“玉”字科四位女学生，侯玉兰、李玉茹、李玉芝、白玉薇）师妹们，打抱不平的媒体称金鸿“算是被淹没了”，认为他的能力没有得到充分的展示。《三六九画报》还曾把戏校跟富连成相比，“设若那时金鸿在富连成，那么他一定有好的发展，同时富连成已不知能以他号召而得到什么样的收获呢”，并且提到“戏校去青时已充分表现金鸿能力。但当事者仍不悟。惜哉！”② 这里说的是金鸿1940年随戏校去青岛演出时大红的事情。

是金子总能发光，埋头苦练又有着优秀品格的金鸿，最终没让自己的努力付之东流。而实际上，在景孤血此篇报道，或者说在金鸿以刘四姨展露表

---

① 景孤血：《孤血谈剧——李金鸿一致此乎？“占花魁里占花魁”》，《立言画刊》1940年11月16日第112期，第7页。

② 《今年的李金鸿》，《三六九画报》1941年第12卷第14期。

演才能之前的几个月，金鸿已然在青岛掀起了观者热潮。

### 轰动琴冈

1940年7月20日至8月13日，中华戏校赴青岛演出。这是金鸿学戏演戏近十年来第一次离开北京演出，金鸿感到莫大的快乐，这快乐也预示了他的演艺生涯将掀开新的一页。

戏校演出期间，青岛《新民报》连续刊载六篇有关金鸿的文章，从基本情况到综合表现，再到对跷功的单描，以及筱翠花对金鸿的青睐，演出末天以金鸿的《摇钱树》和李玉茹的《美人鱼》为大轴以飨琴冈观众等，更以“戏校学生各有所长李金鸿获成绩最优”为题盛赞金鸿的技艺。其中一篇文章为《琴冈上的李金鸿》被当时北平的刊物《立言画刊》转载，对金鸿进行了全面的评价。

让我们从这些报道中仔细了解金鸿在青岛这25天的表现。

**介绍李金鸿**

李金鸿为戏校之高才生，继宋德珠后唯一之武旦也，能戏不下百余，宋德珠以武旦组班在京津露演红极一时，而李金鸿之艺直逼宋德珠，而扮相较德珠尤过之。时下武旦人才，自岚秋（九阵风）后，继起无人，而德珠崛起，竟能独挑大梁，实开武旦空前未有纪录，现金鸿在未出戏校之时适值武旦人才缺乏之际，已成该校之中坚分子，其杰作以《金山寺》之白蛇，《盘丝洞》之蜘蛛精，《取金陵》之凤吉公主，《五花洞》之妖精（以上均打出手），《战宛城》之邹氏，《泗洲城》之水母，《宏碧缘》之花碧莲等均有独到处，今次来青献艺，岛上人士，可谓眼福不浅。

且李伶金鸿不只色艺双绝，而人品端正寡言，无伶人习气，为一最有希望之人才，今特将李金鸿便装近影刊登于后略志数语为之介绍（写真李金鸿庐山面目）。①

随附图片为少年金鸿生活照，中山装对襟领口紧扣，清秀的面庞，眉目

---

① 青岛《新民报》1940年7月21日。

间略显青涩，此时金鸿刚满17岁。从这一篇简略的报道中，我们可以摘出关键词：戏校高才生；武旦中坚分子；能戏百余。更为难能可贵的是对金鸿人品的评价“端正寡言，无伶人习气”，而这人品看上去是能够成“最有希望之人才”的关键。在金鸿艺事生涯中的报道，这不是第一篇，但对人品的肯定却是一直反复被媒体提起的。金鸿的“艺”始终是与“德”相关联的。

**琴冈上的李金鸿（附照片）**

佛徐

琴冈上现在由北京来的诸名伶自四大名旦荀慧生起至戏曲学校诸生止，人数不下三百人左右，这个数目在本市可以说是空前所仅见闻的，荀老板在市礼堂以红楼二尤大炮一响，真是震动了整个的琴冈，荀老板的艺术，不用我们再事评语了。

但是在戏校诸生中颇值得注意的便是武旦李金鸿，李金鸿虽然是武旦，可是他有得天独厚的本钱，他的本钱是音、色并佳，自梅、荀、程、尚四大名旦之后一般爱好菊艺者，为承继四大名旦起见以毛（世来）李（世芳）张（君秋）宋（德珠）为四小名旦，可是在四小名旦之中毛、张最红，但毛的扮相不及张，张虽佳，略较颈长，可是戏校的李金鸿的扮相，真是叫人挑不出毛病来，以现在一般童

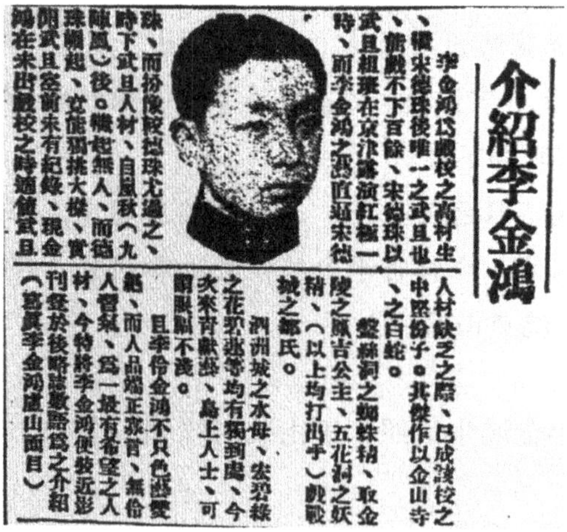

介紹李金鴻

李金鴻爲戲校之高材生、繼宋德珠後唯一之武旦也、能戲不下百餘、宋德珠以武旦組班在京津露演紅極一時、而李金鴻之藝直逼宋德珠、而扮像較德珠尤過之、時下武旦人材、自閻嵐秋（九陣風）後。繼起無人、而德珠崛起、各能獨挑大樑、實開武旦空前未有紀錄、現金鴻在未出戲校之時適值武旦人材缺乏之際、已成該校之中堅份子。其傑作以金山寺、之白蛇。盤絲洞之蜘蛛精、取金陵之鳳吉公主、五花洞之妖精、（以上均打出手）戰宛城之鄒氏。泗洲城之水母、宏碧緣之花碧蓮等均有獨到處、今次來青獻藝、島上人士、可飽眼福不淺。

且李伶金鴻不只色藝雙絕、而人品端正寡言、無伶人習氣、爲一最有希望之人材、今特將李金鴻便裝近影刊登於後略誌數語爲之介紹（[illegible]李金鴻廬山面目）

图2-10　青岛《新民报》，1940年7月21日

伶来说：（四小名旦在内）李金鸿可占首席，李伶不只是扮相美，其台风尤与别人不同，毛（世来）、张（君秋）先后已与岛上人士会晤，可是一与李金鸿相较真是天地之别了。

在艺术上说：李金鸿是武旦，武旦这个角色，在菊坛上能成名很少，过去言之，当以九阵风第一，因武旦非有真实功夫者绝难讨好，且其功夫以打出手为专长，无论长枪短鞭，以撒手为能事，在一秒厘时间中翻出种种花样，若是没有“手挥五弦，目送归鸿”的精神，是办不到的事。李金鸿起打“稳”“妥”态度从容丝毫不毛，枪鞭飘飞，手脚并用，有出人意外的着数，能令观众果然能知李金鸿执武旦之牛耳，不亦宜乎。

这次戏校来青，受台下热烈欢迎的便是李金鸿，现在戏班中因武旦缺乏，普通武戏以武生为主者占多数，而以武旦为主者很少，戏校造就武旦人才不遗余力，李金鸿应时而起，专演武旦戏，其所打之出手又为岛上人士所仅见，其受欢迎乃当然之事，但是所引为遗憾者，就是执事人所派武旦戏太少，前几天就没得到机会露演，二十三日的盘丝洞，李伶大显身手，金鸿饰后部月霞仙子，几场起打神出鬼没，使观者惊叹予莫大之兴奋。

现在在青，尚有数日的勾留，希望李金鸿多出几场，以飨青岛一般顾曲周郎。①

这篇是在戏校演出一周后刊载的，对金鸿有了全方位的报道，谈到对于演员来说极重要的扮相，与四小名旦相比都“可占首席”，且“挑不出毛病”，更难得的是“台风尤与别人不同”，甚至有“天地之别”。即使报道有过誉之嫌，也可想象金鸿绝佳的扮相，而这一点我们目下是有幸得见了金鸿的剧照的，也由此知悉“惊为天人”的含义。报道提到武旦必备的技术，特别对金鸿的出手做了描述，“稳”“妥”“态度从容丝毫不毛”“出人意外着数”，等等，了解打出手的观者都会从这些字面中感受到舞台的状态。打出手达到“稳”和“妥”尚易，有“出人意外着数”需要精心的编排，“态度从容”则是演员

① 青岛《新民报》1940年7月28日。

的火候，没有长期的练习，没有强大的心力，都不可能达到“从容”。而彼时的金鸿只有 17 岁。文中还提到当下戏班中武旦人才少，此次演出中武旦戏派的也少，也是武旦行略显边缘的一个印证。当然，物以稀为贵，因为见得少，所以很受观众欢迎，也是一个原因。篇首我们还能获得一个信息，当时的青岛，可谓戏之大码头，上到四大名旦的荀慧生，下到戏校的学生，不下三百余人在琴冈演艺，亦可见彼时京剧市场的繁荣。而戏校及金鸿能在这大量的名伶演出中立一席之地，得到关注与厚望，足见戏校及金鸿的艺事水准。这篇报道后被北平《立言画刊》转载，也将金鸿红遍琴冈的场面带到了北平。

我们要再提到金鸿的人品。此后几年，在《立言画刊》1944 年 1 月 1 日的一篇金鸿的专访《学戏十年来之回顾与前瞻》一文中，提到青岛的红，金鸿寥寥数语“在青岛不是我走运，实在是因为青岛人不常见出手戏，所以极受当地欢迎”，能够对应到本篇中“其所打之出手又为岛上人士所仅见，其受欢迎乃当然之事”。金鸿之红，固然有青岛顾曲者见出手甚少的客观原因，从金鸿几年后的回顾中也看出他谦虚淡然的品格。

再来看同一天《新民报》中，另一篇对金鸿跷功的报道。

> ……
>
> 戏曲学校武旦组的高才生李金鸿，论他的扮相，武功，唱，作，全都可以得一百分，实为戏校有数之材，因为他的跷工稳健，冠于全校，所以学校当局，命之兼习花旦，已能戏不下百出，在京时，课后即赴各园观摩诸名伶演奏。
>
> 花旦泰斗于连泉（筱翠花），对于金鸿，素有赏识，后经名评剧家汪侠公之介绍，近与金鸿指导《小放牛》《小上坟》《贵妃醉酒》等剧，并曾亲聆金鸿演剧数次，认为青年旦角之跷工，当推金鸿为首席，乃毅然将其本人独有之跷，传赠金鸿，且爱护之意时溢于言表，闻金鸿将于明春毕业后，即拜于氏为师，以求深造，金鸿前途，正未可限量也。
>
> 按筱翠花演戏所用之跷，较其他伶人所用者稍大，极似缠足，而形状亦不与他相同，美观之至，此次金鸿在青公演花旦时，决用

此跷，我青市戏迷，可注意及之。①

两篇报道在同一天刊出，可见金鸿受到的关注。本篇专门谈跷功，可以看出跷功在当时旦角，特别是武旦、花旦技艺中的重要程度。对金鸿的扮相和技术又是给了一百分，并提及兼习花旦能戏甚多。百分也好，百出也罢，尤见媒体对金鸿的倾情喜爱，并借筱翠花之青睐指导且赠跷，加重了对金鸿赞誉的砝码。跷作为艺者的私坊道具，有着特殊的意义，能将其"毅然"相赠，足见于连泉之爱才护才之意，自然亦可见金鸿之才气。

……

李金鸿，专演武旦，笔者曾看过他的《金山寺》，饰白娘子，扮相俊秀，武功坚实，打出手真是干净利落，花样百出，变化无穷，实非一般泛泛者可比拟，在今日的武旦行中，可首屈一指，是以一唱即红，观众们莫不"叹为观止"，齐呼曰："曾经沧海难为水"，今后的武旦戏，当以金鸿为绝矣，戏校全体生徒中这回在青所获成绩，也以李金鸿为最优。②

在这篇报道中，记者不吝将最优的成绩颁给金鸿，凭借扮相和扎实的本事令人眼前一亮，给了观众惊喜，以至于目中已无他武旦，"今后的武旦戏，当以金鸿为绝矣"。此篇报道还提到戏校演出的优势，就在于团体精神。台上的每一个角色，从龙套到主演，该齐整的齐整，该卖力的卖力，老戏新戏都有看点，显示出戏校办学近十年的成果，既接续了传统科班人才培养的规律，又融入改良戏剧和培育新戏剧人的教育理念，金鸿得益其中，展露其才。报道中提到的《金山寺》也不是第一次出现，"在战前美国曾一度派遣专员来华去该校摄取国剧影片三部，一是李玉茹主演的《汾河湾》，一是白玉薇的《游园惊梦》，此外便是金鸿的《金山寺》"③，文中所提美国人来拍摄影片的时间是金鸿尚在戏校时，笔者想尽办法四处查找，遗憾未果。否则将会成为金鸿

① 《论跷工》，青岛《新民报》1940 年 7 月 28 日。
② 《戏校学生各有所长李金鸿获成绩最优》，青岛《新民报》1940 年 8 月 4 日。
③ 卜中：《李金鸿》，《前线日报》1946 年 8 月 26 日第 10 版。

极其珍贵的影像资料，那是年轻的金鸿技艺初绽时上演的《金山寺》的原貌。自戏校时，《金山寺》就开始成为金鸿的代表作了。

图 2-11 《金山寺》剧照[①]

图 2-12 《金山寺》剧照[②]

> 北京戏曲学校这次在青岛收到好成绩的，只有金鸿，因为金鸿的工夫有根底，扮相的漂亮，身手的干净，真使人叫绝，所予一般观众的印象最深，金鸿是刀马旦，在武功上有此成绩是分明当然的，可是他有着天赋的嗓子与扮相，对于花旦戏自己很努力，并且得到筱翠花的青睐与指导，收到相当的心得，像《小放牛》《小上坟》《战宛城》等类的戏，都是金鸿的撒手锏，在现在名伶中对于这几出戏能演的，也就是筱翠花，荀慧生而已，可是筱翠花，慧生，因年龄关系，这些戏身段费力，演时很少，（上次慧生来青各方要求演小放牛均未应允）颇负众望，今戏校执事，已临别在即，为留得岛上光荣纪念计决定让金鸿之《小放牛》《战宛城》先后露演，以飨一般有周郎之癖者。[③]

---

① 刊载于《三六九画报》1940 年第 5 卷第 12 期。

② 刊载于《立言画刊》1941 年第 127 期。

③ 《小放牛——李金鸿能得筱翠花真传》，青岛《新民报》1940 年 8 月 11 日。

> 戏曲学校此次出演光陆，原期十七日，续期八日，共二十五日所演杰作，无不饱受欢迎，今日（十三日）是最末一场，演毕返京，故特演拿手杰作《美人鱼》，以为临别纪念，《美人鱼》为一十全十美之伟丽名剧，剧亦为翁偶虹氏所编排，允文允武，□□花□，名贵无匹，以李玉茹饰美人鱼妙华，前重表情，后重起打，并有改扮小生，限□底特别场面，同场李金鸿亦演其唯一杰作摇钱树准带出手，二李此来，颇得我市热烈欢迎，兹于载誉返京之前，各演杰作，亦□王操练，将军起舞之意耳。①

这两篇报道刊出时，已是戏校本期演出续期的时段。8 月 4 日《新民报》提到“戏曲学校此次来青出演，成绩特佳，兹又续演八日，至八月十三日止”。能够续期演出，一定是之前的演出效果极佳，票房大卖，戏院才会要求续期。那么在续期演出时，就会参考之前演出受欢迎的演员和戏码。从中可以看到金鸿的《金山寺》《盘丝洞》等武旦戏受到欢迎之后，又要将因繁重吃功且年长名伶极少露演的《小放牛》进行展示。再提跷和《战宛城》也是此次临别演出的一大看点。据此我们知道，金鸿此次在青岛的演出已然把在戏校所学的武旦、花旦拿手好戏得到较为全面的展示。在 8 月 13 日戏校末场演出当天的报道中，介绍了以金鸿的《摇钱树》和李玉茹的《美人鱼》作为本期演出的大轴，且言“二李此来，颇得我市热烈欢迎，载誉返京之前，各演杰作”。大轴是当天演出中所有剧目的最后一出，也可以是本期演出最后一天，只有最受欢迎的角儿才安排在大轴。在这篇报道里的大轴是戏校在青岛演出的最后一天，出演的

图 2-13 《小放牛》剧照②

① 《李玉茹李金鸿最末两剧演毕即返京》，青岛《新民报》1940 年 8 月 13 日。

是一文一武，李玉茹和李金鸿。

李金鸿红遍青岛的消息，在青岛演出之初就已传回京城。

日前戏校某君曾致函京中友人谓：此次戏校来青，成绩异常圆满，李金鸿最受欢迎，二十三日晚之《盘丝洞》其出手及跷工，颇使观众惊奇，李金鸿红遍了青岛。②

寥寥数语，戏校成绩“异常圆满”“李金鸿最受欢迎”“红遍了青岛”。金鸿的父亲当年曾在青岛做工多年。而今，经过近十年的艰辛学艺，金鸿在父亲曾经洒过汗水的地方，迎来了自己京剧生涯的第一个辉煌时刻。碧海蓝天、红瓦绿树的琴冈见证了金鸿漂亮的扮相、扎实的跷功、叹为观止且稳妥从容的开打出手技艺，青岛观众也用自己对金鸿的喜爱，为即将独立谋生的金鸿顺利拉开帷幕。在青岛三周的演出，舞台上得以从容施展的金鸿，想来也会感谢琴冈顾曲者的厚爱，感谢戏校的培养，也会暗自欣慰自己多年埋头的努力。

## 四、大师亲炙

1940 年 11 月，戏校突然宣告解散，此时仍在戏校参加演出的金鸿也没了着落，于是开始做搭班谋生的准备，同时，始终没停了练功、学戏这两件事。练功自不必说，武旦成名的金鸿深知功不可一日不练，所谓“一天不练自己知道，两天不练同行知道，三天不练观众知道”。因此他每天都把时间安排得很紧。在搭班初露锋芒，京津演艺声名渐起之时，他更加认识到自己需要补的短板，因此也就越发地加紧练习和学习。在演艺事业得到快速拓展的时期，金鸿仍然是最有忧患意识的，始终在为自己寻找更精的艺术目标，以及更宽的事业之路。择选 1941 年至 1943 年的三篇对其学习深造的报道可知一二。

李金鸿，现在的声誉，真是够瞧的了。以他的艺术来看，今日

① 刊载于《立言画刊》1940 年第 109 期。
② 芸：《戏剧报道李金鸿》，《立言画刊》1940 年 8 月 3 日第 97 期，第 30 页。

的声誉，的确是应该得到的报酬。有人在金鸿的名字上，冠以“小名旦中之小名旦”，自然也不算过誉。他虽然得到这些美誉，但他自己一点也不骄傲，还是埋头苦干，这种精神，实在令人佩服。

他每天大约在六点钟左右，就起来了。目的是在出去喊嗓，喊完嗓，然后和师兄弟们打把子，练出手，十一点钟左右他的琴师来给他调嗓，一“调”就是两三个戏，女起解，宇宙锋，玉堂春，春秋配等是他常唱的。他的嗓子现已达“六半”至“正工”，就是这么天天苦干出来的。

下午是他学戏的时候。赵绮霞，侯瑞春二位先生，每天来给他说戏。最近新学的青衣、花旦以及昆曲戏已不下数十个。晚间或者同家里人聊天，或背诵戏词，除去有戏出去以外，他是很少外出的。娱乐场也很难见着他。①

古瑁轩中，已经时常能看见金鸿的踪迹了！经过王老供奉——王瑶卿——指点的有金针刺蟒，杨排风等戏，预备传授的有琵琶缘，金鸿各戏经王指正，自有一番进益。

……金鸿每日除去练功学戏之外，还要学画，学拳，学剑，宝贵的光阴他都放在有用的工夫上了。②

金鸿的日常生活就是这样：练功、吊嗓、学艺。武旦戏自不必说，是他成名的基础，看家的本事，首先要保证更加精益求精。因此必须坚持每天练功，包括基本的腰腿功，武旦的各种把子下场功，跟扔出手的伙伴练出手，还要设计编新的打出手套路。同时金鸿又非常清楚只靠武旦这一行，这饭吃不长久，所以大量学习文戏，包括花旦、青衣各戏，强化嗓音、唱念和表演的练习，对已上演的剧目进行归路和精加工，再到学中国画和太极，真是没有浪费一丝一毫的宝贵光阴，全部用来长本事了。可以很清楚地看到金鸿，也可以说看到当时京剧演员为了生存对自己的磨炼，也只有这样高强度的练习和持久

① 《李金鸿每天的生活》，《三六九画报》1941年第8卷第2期。

② 神侦：《李金鸿学太极剑、拳：王瑶卿将亲授金鸿〈琵琶缘〉》，《立言画刊》1943年4月3日第236期，第8页。

③ 刊载于《三六九画报》1941年第9卷第3期。

的学习，才能更好地在人才辈出、竞争激烈的市场中得一席之地。所幸踏实用功且资质聪颖的金鸿得到了众多前辈大家的教益和提携。

## 拜师尚小云

尚小云，四大名旦之一，功底深厚，文武兼擅，声腔高亢流丽，做表刚健不失婀娜，世称尚派。尚小云是离开戏校后的金鸿正式拜的第一位老师。这位四大名旦之一的尚小云先生是位性情中人，除了从事演剧，还致力于戏曲人才的培养，曾开办荣春社科班，培养了一批京剧人才。对于后进一向是很关注并且提拔，是一位赏才识才爱才之士。他对金鸿就很是欣赏，“认为金鸿是个可造之才，所以不时加以指点，金鸿也时常趋聆教诲”。[①]有了这样的基础，再赶上机缘，1941 年的一天，在一次家宴中金鸿就向尚小云磕头了，席间一同磕头的还有张君秋，两人还拜了把兄弟。之后金鸿时常去尚小云的芳信斋中问艺。金鸿的代表作《金山寺》的白娘子和青儿都得过尚小云的指点，并曾在义务戏演出中与尚小云合作出演青儿。学艺有很多方法和渠道，老师教是一种，观摩也是一种，与师长同台演出就更是学习的大好机会。特别是《金山寺》这样的戏，唱做繁重，青儿与白娘子的动作都是对称的，与尚小云一同演出，对于昆腔的韵律、身段的韵味、节奏的把握、不同人物的表现，都是最直接的受益机会。尚小云刚健兼婀娜的表演风格也给了金鸿一定的影响。在义务戏中能与尚小云合作出演青儿，也可见尚小云对金鸿的欣赏和提携。

图 2-14　李金鸿练出手[①]

由此我们也能了解到，这出在戏校期间就多次演出，在青岛唱红，成为代表作的《金山寺》，金鸿至少把握了三个路子，戏校、尚小云、梅兰芳，再

① 《步入师生阶段：尚小云与李金鸿》，《立言画刊》1942 年 4 月 4 日第 184 期，第 14 页。

加上之后还有昆曲大王韩世昌的指导，在这些基础之上再通过自己的悟性，如何不成为独具一格的代表作，以致半个世纪之后的京剧界的旦角无一不是向金鸿学习了这出《金山寺》，从中获益。尚小云在谦和社组班初期也曾对张君秋授意：“你将来成了班，别把金鸿忘了，得提拔提拔你这个小兄弟！”[①]曾经有一段时间，李金鸿在去尚小云的芳信斋学习时，还经常遇到尚和玉老先生，是尚小云请来给其子尚长春说戏的。那段时间几乎天天在芳信斋见面，少不了旁观金鸿学习时的状态，尚和玉也“对金鸿极推许，目为可造之才”。[②]

### 萧长华传道

萧长华，丑角宗师，剧学渊源深厚，念白唱做各功根底极深，并且极富教学经验，传习生旦净丑各行，马富禄、孙盛武、筱翠花、毛世来等均受其教益颇深。过去的老伶工，会得太多，唱得也太多，因此才有各行当都能教这种本事。在萧长华的教学生涯中，从开始的科班授业，就注重对学生人品的指引，这一点正是萧长华之所以能够成为一代教育家的根本，也是金鸿受业于斯，并传承至后人的核心。

图 2-15 《新民报》演出广告，1942 年 2 月 1 日

金鸿在张君秋的谦和社搭班演出时，萧长华先生也曾在班中，跟李金鸿有比较多的接触和了解。当时李金鸿与萧长华的公子萧盛萱合作《小上坟》。萧长华有一次看过这出《小上坟》后，借由萧盛萱侧面传话：“不成！他那出可差得多呀！”萧长华借萧盛萱之口对李金鸿提出问题，可见是心怀惜才之意，愿意给他更多帮助。于是就有了萧盛萱引见，登门向萧老爷子学戏的开端。

① 《步入师生阶段：尚小云与李金鸿》，《立言画刊》1942 年 4 月 4 日第 184 期，第 14 页。
② 《芳信斋中尚和玉推许李金鸿》，《立言画刊》1942 年 9 月 26 日第 209 期，第 9 页。

大约 1942 年秋天，金鸿有一段时间几乎每隔一天就去西草场胡同萧长华家学戏。当年帮助金鸿考入中华戏校的剧评家汪侠公曾专门为此事做文。

> 老名丑萧长华剧学渊源，所知颇深……萧喜李金鸿演戏活跃，材堪造就，迩月每星期在寓教授习学花衫戏三次，现授打刀，及扫地挂画闹松林诸出，日益进展收功尤伟，金鸿资质聪明，武旦刀马旦之外，最宜习学花衫及玩笑旦诸戏，小放牛小上坟演来既好，他如胭脂虎玉玲珑浣花溪等不可从略，闹松林一名打杠子，丑旦并重，老本有带回娘家，较普通演者多一彩旦，萧氏前与筱翠花联演，据云其本为罗寿山之师鲍某所藏，特转授于人，藉以流传。①

金鸿在戏校除了武旦、刀马旦戏之外，还向诸茹香学习过多出花旦戏。此番又得到萧长华的亲炙，为金鸿日后戏路的拓展，花旦戏的丰富和游刃有余更奠定了扎实的基础。他始终记得萧长华告诉他的“演花旦不要过火，让人家明白就行。分寸、火候一定要掌握好”。这里需要延展一下，为什么萧长华要讲这么一句，强调“分寸”“火候”。

了解那个时代的人都知道，演戏看戏的彼此间心照不宣，演戏的要了解座儿的需求，关系到票房。戏院里的观众也很繁杂，因此很多演出内容和表演形式不可避免地会有对各阶层观众的迎合。所谓雅俗共赏，京剧可雅可俗的独特气质，对各方面观众也都照顾得来。花旦这个行当应工的戏本身从人物设定来看，不同于青衣大家闺秀的端庄稳重，不同于刀马武旦的美帅武技，相较而言是所有旦角人物里最活跃的，体现在表演风格上自然也相应地活分。从技术本身来看，脚下功夫以各类细碎的花梆子步为特征，当时必须踩跷。形体上以腰肢的灵动为核心，更尽婀娜之态。面部表情也是比较外化的，更夸张些，用眼也极尽灵活之状。花旦应工的剧目，比较多的有三小戏、玩笑戏，《拾玉镯》《小上坟》《小放牛》《打樱桃》《打面缸》《探亲相骂》等，还有泼辣旦类的《乌龙院》《挑帘裁衣》《翠屏山》等。花旦的表演一定是灵动诱人的，用眼、用腰、用脚下，在旦角各行中相比较都是用到极致的，如何把握运用

① 《侠公谈戏：萧长华教李金鸿学花衫》，《立言画刊》1942 年 12 月 26 日第 222 期，第 5 页。

的分寸，面对观众时做到什么程度，进而形成怎样的艺术风格，就全在演员自身了。

对市场与艺术之间的平衡把握，李金鸿记住了萧长华告诉他的原则“不要过火”，讲究的是个“分寸”，这个原则无论花旦行当应工的戏，还是所有的行当剧目，甚至各门类艺术，也是放之四海皆准的艺术准则，就是一个“度”字。你追求的是外化作态赢得观众的火爆反映，还是适度自然的展示。再往艺术观的层面理解，你希望靠卖力洒狗血的表演来赢得观众的掌声，还是大道至简的审美留得观众久久的回味。“分寸”一词也成为李金鸿之后艺术追求的一个基本把握，这一点来自萧长华。

对于李金鸿，萧长华确实很看重，不但有主动教的意思，并且还定了规矩：

> ……老萧很愿意教，不过他有个约法三章：“就是教可是教，咱们免去三样，一别行拜师礼，二别给我买东西，三别请我吃饭。”金鸿感于老先生的耿直，故此他也照办了！说真的，老萧教金鸿连一顿嘴也未曾抹，他说他这是替祖师爷传道！
>
> ……
>
> 金鸿得萧先生亲传的戏计有《小上坟》《打樱桃》《铁弓缘》《秦淮河》（鸨儿）《拾玉镯》《扫地挂画》等，预备传授的有《浣花溪》的任蓉卿。①

“替祖师爷传道”，这是传承至今梨园行教育者的规矩，很多老先生教学时都会提到这句话。然而，真正做到萧长华如此，却也未见得个个皆是。金鸿从萧长华这里学了多出花旦戏，记下了萧长华讲的“分寸”这个原则。更从萧长华这里习得“道”，演戏之道、做人之道。

> 据金鸿说：到萧先生那儿去必须是个七八点钟的绝早，有时去

① 孔张：《伶人访问记：李金鸿种种》，《立言画刊》1942年10月17日第212期，第9—10页。

> 晚了一点，老先生还总是劝着早点来。未说戏之前，必先讲些道义之事，反正都是劝金鸿学好上进的话，别这个，别那个，对金鸿照顾得很周到。他对唱旦角的有一句口头语是："上台不像个女的，下台不像个男的那可就糟了！"说得一针见血，痛快淋漓。[①]

"上台不像个女的，下台不像个男的那可就糟了"，萧长华这句话可谓振聋发聩。男性演员出演女性角色，生活中仍是阳刚男儿，大多演员台上台下分得清楚，并且越是艺术高级的，越能分得清楚。但从这句话也能了解到，难免有分不清台上台下，演旦角水准不够，生活里却失却阳刚的人。我们或者也可以把这句警示的话扩展理解，上台要有演什么像什么的本事，下台则要回归人性最质朴的本色。萧长华传道、授业、解惑，堪称典范，金鸿得益良多。

金鸿不但跟萧长华学戏，也多次同台合作，在舞台上更直接地接受熏陶和引导。萧长华也着实喜欢这个聪颖、稳当的学生，不仅传道授业，还亲自写信，成为金鸿拜师梅兰芳的推荐人。

### 拜师梅兰芳

梅兰芳是京剧的一个代表性标志，从他的经历及作品能够看出，当时的演员都是一专多能的，是旦角，而不只是青衣或花旦，因此会有"四大名旦"，而不是"四大青衣"。昆曲、武功，包括跷工，都是需要练习的基本功，广泛观摩也是非常重要的积累。梅兰芳对于演员的鉴别能力非常看重，曾著文《要善于辨别精、粗、美、恶》，向青年演员提出鉴别能力的重要性，认为"这是一个艺术家一生艺术道路的重要关键。"[②] 从向有名的和无名的演员、向同行的和隔行的演员、向老师学戏、向观众、向戏曲范围之外等各个角度，谈了如何提高辨别能力，提出这种艺术鉴别能力是可以通过多方面开眼界、思考而训练出来的，"因为好和坏是比出来的，眼界狭隘的人自然不能知道好的之上更有好的，不看坏的也感觉不出好的可贵。"[③] 戏界有云，"百学不如一看，百看不如一练"，这里的"一看"就是观摩，是学戏过程中的一个重要的环节，

---

① 孔张：《伶人访问记：李金鸿种种》，《立言画刊》1942 年 10 月 17 日第 212 期，第 9—10 页。
② 傅谨主编：《梅兰芳全集》（第一卷），北京出版社，中国戏剧出版社，2016 年，第 431 页。
③ 同上，第 433 页。

也是开眼界的一个重要途径。多看好角儿的好戏，看同一个演员不同的戏，看同一出戏不同演员的表演，对提高艺术鉴别能力很有帮助。见得多能够分辨出好赖，自己在台上就知道怎么样去找美，对自身艺术的长进会起到重要作用。金鸿学戏时的20世纪30年代，正是四大名旦的黄金时代，年龄、经验、阅历各方面积累到一定程度，艺事达到顶峰的时候。戏校对于观摩学习也非常重视，因此没少了观摩——这种熏陶式的学习。

金鸿还记得第一次看梅兰芳演戏是1936年，当时正在戏校学习，是齐如山给戏校学生的票，在原宣武区的陕西巷附近，惠中饭店对面的“北京第一大舞台”。头一出戏是由朱桂芳主演的武旦戏《取金陵》，梅兰芳出演全部《春秋配》。那是1935年梅兰芳成功出访苏联，又在欧洲各国进行艺术考察返回不久，正是艺术造诣炉火纯青的时候。小金鸿先是对自己正在刻苦练习的武旦戏《取金陵》进行了认真观看，之后也非常专注地观摩梅兰芳的演出，从这时候起他就被梅兰芳的表演深深吸引，对梅兰芳非常崇拜，脑海中虽有些懵懂但深刻地印下了梅兰芳的表演风格，那种端庄大气、具有古典女性典雅含蓄之美的风格，成为他努力学习的方向。但那时认真观摩梅兰芳表演的金鸿，不会想到有一天自己也会拜梅兰芳为师。这次拜师得益于萧长华的亲笔推荐。

> 梅兰芳大王此番返沪，大开方便之门，先后列入门墙者，不胜数计，但以女伶为占多数，近据确息，男伶名旦李金鸿，最近亦蒙收录，系由老伶工萧长华去函介绍，而得梅王首肯者。
>
> 查李金鸿之艺事，原由萧长华、刘玉芳所亲授，武工方面，受益于九阵风，能戏已达数十出之多，在近年复得昆旦名伶韩世昌之指导，对于《思凡》等昆曲戏，亦窥三昧，聪明博学，材有足取，今番又安排蒙梅大王收录，则前途之进益，更属无穷，后来之造诣，岂可限量哉。①

金鸿拜师这一年是1943年，当时的梅兰芳已近知天命的年纪，尚在蓄须明志谢绝舞台的时期，从香港返沪定居不久，在课徒方面开始“大开方便之

① 逊雪：《梅边近讯：李金鸿亦已列门墙》，《新天津画报》1943年第6卷第11期，第2页。

门"，希望将这门艺术更好地传承下去。据当时报道，收的女演员比较多，言慧珠、张淑娴、白玉薇、梁小鸾等大致都是这个时期拜入门下的。金鸿此时恰与梅兰芳的爱徒李世芳合作，在上海黄金大戏院挂牌演出，演出前的预热广告就以梅兰芳名号挂帅，这次赴沪也是金鸿首次在上海正式参加整期演出。此前向金鸿传道的萧长华，爱才惜才之心颇重，专门为金鸿拜师一事写了正式的推荐信。萧长华与梅兰芳渊源甚久，是早年梅剧团的文丑硬配角，一出《女起解》，可谓衬托入微，堪称梨园经典。作为梅兰芳成长时期的重要帮衬，深得梅氏敬重。萧长华的一纸推荐，自然有其分量，也有梅兰芳对萧长华的故人之情。因此当金鸿怀揣这封沉甸甸的推荐信，在上海马四南路拜见梅兰芳时，梅兰芳欣然同意收徒。

1943 年 5 月 22 日，因在日军侵略时期，在金鸿的义父谢培德先生家中，举行了简单的拜师仪式，见证拜师礼的人不多，其中有李少春。金鸿向梅兰芳行叩拜礼，梅兰芳送给金鸿一本《木兰从军》的剧本，自此金鸿正式列入梅墙。后来金鸿每次到上海都去看望梅先生，行弟子之礼，登门请教。并在抗战胜利后赴沪演出期间，大量观摩梅老师的演出，那时的金鸿已经在舞台上摸爬滚打成熟，对艺术有了更深的感悟，对梅老师的高雅、大方以及把手眼身法步、唱做念打自如运用到刻画人物过程中的艺术风格，有了更深刻的理解，更加潜心钻研学习梅氏的路数和风格，在实践中不断揣摩，很有头脑地理解和吸纳了梅氏表演大气、至简、细腻的风格。《虹霓关》《金山寺》等戏均按照梅兰芳的路子来演。特别是《金山寺》一直由唱到教，传到 20 世纪 80 年代"中国京剧音配像精粹"工程，由梅兰芳之子、梅派第二代传人梅葆玖认定，李金鸿作为梅兰芳《金山寺》《穆柯寨・穆天王》等剧目的艺术指导，亲授了青年演员董圆圆为之配像。这两部剧目都偏刀马行当，重工架表演。《金山寺》以身段繁复著称，即使是在以"载歌载舞"为典型特征的昆曲剧目中，也是身段繁重程度首屈一指的一出剧目，这出戏也是梅兰芳的代表剧目，曾经常上演。李金鸿能够得到梅氏二代认可，作为配像的艺术指导，可见他是承袭了梅兰芳表演风格的精华。

李金鸿虽然主工武旦，但始终把梅兰芳的艺术风格作为自己追求的方向。可以说，在拜师梅兰芳、研学梅氏风格、经过多年舞台和讲台实践积累后，最终成为梅氏"做"功风格的传人代表。

## 程砚秋的提携

程砚秋，四大名旦的又一位，独具风格的程派流传于世。由此，四大名旦之三位均直接有益于金鸿。

程砚秋与金鸿也颇有渊源。与带领金鸿入京剧门的族兄李宝枢一家相熟已久，在戏校学艺时，程砚秋就很是关注和喜欢金鸿。程砚秋对戏校的学生一直是有着一份爱护之心，自己的演出都会留两个包厢让学生看戏，看戏的孩子中一直没少了用心的金鸿。在小金鸿倒仓很苦的时候，程砚秋给他极大的关怀，指示学校沈三玉老师看着他每天吊嗓子，整整用了一年时间，嗓子才顺利缓过来，能演唱刀马旦、花旦戏，后来又安排金鸿学习文戏，从各方面关注着金鸿的学习成长。毕业之后，程砚秋对李金鸿的艺事发展持续不断地给予指导，帮着引荐吴富琴、李凌枫两位老师学习青衣戏。吴富琴是程砚秋组班时合作的得力伙伴，是富连成科班的早期学生，青衣功底扎实，教李金鸿很是合适。李凌枫曾是程砚秋的学生，后拜师王瑶卿，出师后也开始课徒传艺，是张君秋的师父。金鸿向这两位老师学习大量青衣的唱功戏。每日就用这些戏里的唱段吊嗓，眼见得嗓音和唱功开始见长，调门能达到“六半”（升 F 调）至“正宫”（G 调），已经达到了青衣的标准。

程砚秋也曾向李金鸿进行直接指导，特别是对水袖用法进行具体的指示。程砚秋在王瑶卿指导下，根据自己的嗓音条件创造出“程腔”，开宗立派，独领风骚。更有对水袖功夫的钻研，总结了水袖的运用，提炼出“勾、挑、撑、冲、拨、扬、掸、甩、打、抖”①10 种技法。有这样的老师指导李金鸿，自然使青衣的必备基本功——水袖及身段表演都有了正规的基础。特别是大量舞台实践过程中，聪颖的李金鸿把程砚秋的“做”很高明地融入自己的表演中。“存腿”是程砚秋脚步的一个鲜明特点，所谓“存”就是“弯”，一般台上走脚步膝盖部分会保持微弯的状态，在挪动步伐时可以保持平稳。程砚秋的膝部弯得比较明显，整个人矮了一块，形成了“存腿”的脚步特点。程砚秋在教张君秋时曾说过“我最不喜欢那些死学我的人，他们哪儿是在学我，分明是在糟践我！……我的存腿你不要学，那是因为我个子高，所以才存腿走路，

---

① 程永江著，钮葆携助整理：《程砚秋戏剧艺术三十讲》，华艺出版社，2010 年，第 165 页。

你的个子合适，存腿走路反而不好。”[①]“存腿”的步法与程腔的创造异曲同工，都是程砚秋按照自身的条件为藏拙而形成的特点，“存腿”侧身，使得本人稍显粗壮的男性身形趋向旦角的柔和温婉。程砚秋不赞成死学，身材娇小的金鸿懂得不能把“存腿”的脚步用在自己身上，但有头脑的他却聪明地把“存腿”的味道拿来点睛。在他几个主要代表剧目《金山寺》《思凡》《虹霓关》等戏中，均有类似程派脚步的“存腿”“推步”用法，融入了气息的运用，成为非常独特有韵味的表演身段。程砚秋有心栽培，扶持金鸿，金鸿既有观摩并受教于大师的机缘，更有独立的思想及创造美的能力，“拿来”之后高明地运用，绽放了属于金鸿的光彩。

程砚秋在演出一事上对李金鸿有更直接的提携。1946 年，程砚秋出面提议约请李金鸿随他一同赴上海参加两次重要的义务戏演出，一次是 1946 年 6 月 1 日至 6 日，在中国大戏院，由孙夫人宋庆龄主办的赈济湖北及各省难民的义演。六场戏中程砚秋 1 日、2 日出演《春闺梦》，3 日是马连良的《四进士》，4 日是杜月笙夫人的《斩黄袍》、马连良的《九更天》，5 日、6 日是梅兰芳的《霸王别姬》。程砚秋两场《春闺梦》前原定由金鸿垫《取金陵》，当年《大公报（上海）》的前期报道中也曾列出这样的戏码安排。后因飞机的问题，金鸿没能如期赶到上海，到实际演出时是高盛麟的《铁笼山》。虽然错过了这次义演，但几天后，金鸿参加了另一轮由蒋夫人及莫德惠主办的东北救济会义演，6 月 11 日至 13 日在天蟾舞台上演，其中就有那场当时被传为美谈的，梅兰芳、程砚秋分别率徒同演的《四五花洞》。这几场义演安排是这样的：

6 月 11 日、13 日两天是相同的戏码：《白水滩》——张云溪饰十一郎，张世桐饰青面虎；全本《打渔杀家》——马连良饰萧恩，章逸云饰萧桂英，马富禄饰大教师，袁世海饰倪荣，马盛龙饰李俊；《四五花洞》（真假金莲准代降妖）——梅兰芳携徒杨畹农，程砚秋携徒赵荣琛饰四潘金莲，商四亮等饰武大郎，马连良饰天师，袁世海饰包公，马富禄饰胡大炮，李金鸿饰女妖（红蟒）。6 月 12 日是全部《红鬃烈马》，各折及人员安排：“别窑三打”——张国斌和高雪樵分饰薛平贵，李金鸿饰代战，董芝兰饰王宝钏；“鸿雁捎书”——马连良饰薛平贵，芙蓉草饰代战，马富禄饰穆老将；“平贵别窑”——程砚秋

① 萧晴编：《程砚秋艺术评论集》，中国戏剧出版社，1997 年，第 384 页。

饰王宝钏，赵培鑫饰薛平贵；“大登殿”——马连良饰薛平贵，梅兰芳饰王宝钏，芙蓉草饰代战，孙甫亭饰王夫人，曹二庚饰马达，李四广饰江海。三天戏，其中两天金鸿在《四五花洞》中展示武旦的武打出手技艺，一天在《红鬃烈马》中展示刀马旦的功架唱念表演。

图 2-16 《申报》演出广告，1946 年 6 月 11 日

金鸿与程家的交往一直延续了很久。2010 年 1 月，程砚秋之子程永江所著《程砚秋戏剧艺术三十讲》出版，邀李金鸿为此书作序，当年 8 月，87 岁的李金鸿仙逝，与程砚秋天堂再续师生缘。

### 韩世昌的昆曲滋养

被誉为“百戏之祖”的昆曲，因其典雅华丽的文本，严谨的曲调格律，讲究的咬字吐音，优美婉转的行腔，细腻富韵味的表演，经过几代人的创造发展，自明中叶时成为影响最大的剧种，并对后世各剧种的发展产生深远影响。在李金鸿成长的年代，昆曲由强变弱，京剧崛起取代了它的位置。但京剧的诞生和发展始终与昆曲有着剪不断的关系，或者说戏曲发展过程中，昆弋京梆是始终交织杂糅着的，你中有我，我中有你，不过是在不断地此消彼长、此强彼弱而已。当年很多老伶工都是昆京兼习兼擅，昆曲演艺市场萎缩后，原来的昆曲伶工大多转行教戏，教的也有很多都是京剧演员。京剧舞台上的角儿们都少不了学习大量的昆曲剧目。梅兰芳早年向陈德霖、李寿山学习昆曲，后又向乔蕙兰请益，深觉昆曲歌舞并重、表演细腻之长，经常上演的就达三十余出。我们现在非常熟悉的京剧《断桥》，在当时多以昆曲形式上演。既然京剧已经取代昆曲成为最有观众群的剧种，京剧演员为什么还要学演昆曲呢？有一句话叫“文武昆乱不挡”说的就是当时评价一个好角的标准，字面上讲就是文戏、武戏、昆腔、乱弹都能演，扩展意思就是演员要会得多，全面发展，才能赢得市场和观众，这是从生存的角度来看的。再从艺术本身来看，我们可以说京剧是实现了雅俗共赏的，而昆曲更趋雅致些。从表演风格上来说，京剧相较昆曲而言，由俗而简，更外在。而昆曲因雅而繁，也更多些内涵。所谓的内涵可以“韵味”甚或“韵”一字来表达。这种“韵”，从“形”体现在歌唱与身段严谨繁复的设计，和细腻讲究的表演，是“无动不舞”的最佳印证。从“神”则由气息统率演员歌舞技术的一切，使人物精神一以贯之。窃以为如果没有昆曲的熏陶，演员的表演就会缺乏一种耐人琢磨的味道，这种味道就是促使表演生动之“气韵”。

金鸿从事京剧艺术的引路人族兄李宝枢，就是一位昆曲名票，当年金鸿住在族兄家准备入校考试时，已然耳濡目染，在戏校时也很重视昆曲的学习和观摩。看过北方昆弋班的演出，侯益隆的《嫁妹》，郝振基的《安天会》，看明白了什么是“唱死天王累死猴”。还看过马祥麟演的《相梁刺梁》，扮相很是漂亮，在前边演完《刺梁》的旦角邬飞霞后，又在《安天会》中演娃娃生哪吒。在戏校学习期间，学校排过全部《九莲灯》。这出戏由曾在王府演戏的胜庆玉执排，占的人很多，是京昆两下锅。前边“六部大审”中梦神上场念的词还记得“梦是心头想，吉凶不一样。要想寻得梦，一本糊涂账”。戏的后半部为昆曲，判官、鬼卒化妆，脸是一半黑一半白，有“标帐鬼”“双头鬼”等等。戏中还有“彩头”表演。金鸿曾在《火判》一折中扮演云童。在金鸿印象中当时南方的昆曲以三小：小生、小旦、小丑戏多，老北昆的戏舞蹈动作多，表演生活化，还有很多南昆没有的武戏，有很多好的演员。金鸿认准了昆曲是更加典雅、优美、细致、讲究的艺术，对于演员的训练尤为重要，在离开戏校继续深造的时候，下决心要好好学习昆曲。

韩世昌，世称“昆曲大王”，对昆曲发展的影响至关重要，特别是 1919 年率荣庆社首次南下，在上海丹桂舞台一炮打响，震惊南方昆剧界。更重要的是激发了振兴昆剧的力量，间接地促成了“苏州昆剧传习所”的建立，也才有了昆剧传承重要的承上启下的群体——“传”字辈学员，成为南方昆剧能够延续发展至今的核心力量。

1941 年 11 月 3 日的《新民报》，登载一篇文章《感慨话昆弋》，介绍 11 月 4 日将在长安戏院上演的一场师生昆曲大会，韩世昌出演《刺虎》，金鸿出演《降香・水门》（即《金山寺》），节选其中对韩世昌表演的描述以为了解。

> 君青身上之美，实是“周旋中规，折旋中矩”，身法可独步于今日之名旦中间，至其演剧，脸上、嘴里之内心表演尤有独到。因为台上的事，决非“文武昆乱不挡，唱作念打皆能”所能尽者。无精气神主宰技术，必不成功。其成名之绝作，当推贞娥刺虎与尼姑思凡。①

2018 年北方昆曲剧院为这位首任院长做了诞辰 120 周年纪念活动，对于韩世昌的贡献是这样概括的：韩世昌上承“南昆北弋”“内廷承应”之渊源，下开北方昆曲一代“乾旦”之新河，是中国戏曲史上自 20 世纪以来唯一一位以“梅郎（梅兰芳）、君青（韩世昌）”并称的、在北方昆曲史上最具影响力的百年演艺人物；是研究北方昆曲史具有承上启下意义的“里程碑”式的人物；是北方昆曲延绵百年间“北方昆弋时代”的“最后一个”和“北方昆曲时代”的“最初一个”的最重要的践行者和引领者。

有这位承上启下的“昆曲大王”的亲身教益，为金鸿个人艺术风格的形成又增加了一个极有分量的砝码。大约 1940 年，戏校解散后不久，金鸿就在伯乐景孤血的引见下，开始了很严谨的昆曲学习。先由韩世昌的师父侯瑞春先生吹笛、教曲。这位侯瑞春大有来头，早年入昆弋班习昆旦、武生、小生，后收韩世昌为徒，教戏、司笛并策划赴京演出，一路助韩世昌成为“昆曲大王”。当时学唱曲的时候，侯瑞春还指导金鸿学习昆曲曲谱，“九宫大戏”“笠翁十种曲”“遏云阁曲谱”“六边曲谱”“缀白裘戏曲选集”等都曾了解。学会了唱再由韩世昌深加工并教习身上。就这样，李金鸿向韩世昌学习了《思凡》《刺虎》《小宴》《惊变》《花报》《瑶台》《借扇》《断桥》《闹学》《游园》《惊梦》

① 《感慨话昆弋》，《新民报》1941 年 11 月 3 日。

《奇双会》等戏。在学《思凡》时，韩世昌提起过去几种演法。曾有为求真实，让演员剃光头，以尼姑形象上场，但因缺乏美感又恢复现在扮相。还有舞台上真上十八尊罗汉，各有造型，但又搅了小尼姑的戏。于是仍由一人上场，以虚拟表演表现人物所想、所见的内心活动，充分展示演员唱念做表的功夫。这些戏金鸿学过后大部分都陆续上演了。《刺虎》是在首次搭班永春社期间出演，陈富瑞饰演一只虎。最经常上演的是《思凡》，为此金鸿还特地做了行头。但在笔者查阅的演出信息中，以上剧目却较少出现，也许不是演出的卖座戏，未能列入报刊广告中，也是昆曲式微的另一种表现吧。但金鸿却深知学习昆曲的重要，并且也坚持在舞台上实践着。

> 《刺虎》一剧，可称得起是梅博士的成名作，不但轰动全中国，而且折服了全世界。可是要比起韩大王来，身段、表情还要稍逊一筹，这是外行所推许，也是内行所公认的。金鸿对于此剧，曲谱是早就排会了，所以在戏校宣告瓦解的第二天，他并不犹疑的，拘友约君青来给说戏，第一出就是《刺虎》。因为此剧的身段和面部的神色，非有深刻的研究，是不能表现出来的。金鸿如今得到君青的亲传，不久的将来，要在光华社露演，那时一定会给喜金鸿者一个满足的希望。君青曾对金鸿说过："昆曲是伶人必备的基础，《刺虎》一剧是旦角必备的基础。"近来金鸿对于所演各剧，嘴上的工夫，表情的工夫，确实有神速的进步，这也许是归功于学昆曲上呢！①

向韩世昌学习的过程中，还有学戏之外开眼界长学问的机会。韩世昌有时到金鸿所住的族兄家中教戏，经常会有昆曲爱好者来观看切磋。这里面就有清宗室贝勒载治第五子，号红豆馆主的傅侗，人称侗五爷。虽是票友，但昆乱不挡，六场通透，深得专业人士的敬重。时常与韩世昌和金鸿师徒在一起吃饭，边吃边聊，聊的都是昆曲。对金鸿的学习，非常支持和鼓励。在这样的氛围中，金鸿不仅学习到一出出具体的戏，更是由听老师和学富五车的票友们的交谈，体会到昆曲艺术的讲究所在。处处留心皆学问，很多时候，

① 路易：《〈刺虎〉就学韩世昌》，《立言画刊》1941 年 2 月 1 日第 123 期，第 9—10 页。

学习是一种能力，有能力的人从师长的闲聊中就能听出门道，搜集到对自己成长有帮助的千丝万缕的信息。金鸿就是这样一个有学习能力的人。

经过学习，李金鸿从韩世昌身上掌握了很多具体的表演技法。认识到韩世昌对昆曲旦角表演下了很深的功夫，既有着一招一式的规矩，又是一种非常接近生活的表演，身段优美，真实感人，又恰到好处，是对女性之美经过细致琢磨而形成的艺术之美。韩世昌的表演处处体现功夫，尤其强调腰肢、脚步、眼神功夫的重要。金鸿记得韩世昌的教益：《闹学》中的春香，《思凡》中的色空因是活泼的小姑娘，腰肢转动要灵活。《游园》中的杜丽娘是闺门旦就要慢用腰。所以虽然做身段处处用腰，但用的快、慢速度和幅度各有不同，因人而异。小生做身段，腰不能动，不能媚。谈到旦角走脚步的大小要根据所穿服装而定。如演春香，是穿裤袄，脚步一定要小。韩世昌对于眼神的运用更有独到之处，喜怒哀乐悲恐惊种种情绪，完全通过眼睛传神、领神表演出来。金鸿这样总结："韩先生特别强调动作的衔接、过渡均与脚下有关，脚底功夫深，联带动作就做得美，做得连贯……为表现古代女子婀娜多姿的体态，韩先生以深厚的基本功练出柔软的腰肢，带动肩的灵活，再加上肘、腕的转动，带动全身，表演出优美的身段动作……"①

在学会一些戏，并从中把握了一些规律要点之后，李金鸿仍然是运用自己的聪明头脑，把所学与自己的戏相融合，使得表演更加讲究、细致，在演出中获得很好效果。比如脚步，在平稳的基础上会走出一种有弹性的感觉。脚步和圆场的基本要求就是平稳，而"弹性"的分寸把握不好极易成为《梨园原》"艺病十种"中"曲踵"之病，难度很大，但这种弹性感运用在表演过程中就会产生富有韵律的美感。往前走时掌握后腰往前顶着走的感觉，后腿推前步，其要领关键是后腿的功夫，能够保持住微屈的状态，向前推步才是平稳的。往后退时，也同样，是前腿推后腿。这样的上步和退步能看出一举一动的内在韧性与劲头，展示出演员的内功。这种"推步"的走法是金鸿在向韩世昌学过昆曲后自己提炼出来的，由"弹性"到其蕴含的"韧性与劲头"，最终实现的效果就是使表演有"韵味"，是一种气息率领下的流动的筋道劲，杜绝了草率的动作过程，在形体表演时让所有肢体运动的过程都增加阻力的

---

① 李金鸿：《谈韩世昌先生〈思凡〉的表演》，《中国京剧》2003年第7期，第16页。

感觉，并且体验剧中人物的情感，再把由此而生的意识灌入肢体的每一个部分，指尖、脚尖、腰、胯、膝、肩、肘、腕。

在体会到学昆曲的好处后，金鸿不仅自己学，一来希望同行多学昆曲，二来也为推荐自己的昆曲老师能有学生教，他曾介绍侯瑞春到尚小云师父的荣春社教昆曲，排过全出《铁冠图》一戏。侯瑞春个子大，吹笛气力足、功夫深，吹半天也不带累的。他教的《铁冠图》戏中还有读满文圣旨一段，这部分荣春社当年的学生都还留有深刻印象，只是这些学生大多已作古，也不知是否有传承。对于昆曲的学习，直到中华人民共和国成立后李金鸿在中国京剧院工作时，还曾利用闲暇时间向昆曲前辈沈盘生学习《亭会》一戏，由昆曲名家叶仰曦先生拍曲、吹笛，再度汲取昆曲艺术精华。由此可见李金鸿对昆曲的认知和热爱，而昆曲也给了李金鸿艺术迈上台阶的关键养分。

我们再从韩世昌的遗作中，对给予了金鸿昆曲滋养的韩世昌的表演及训练理念做了解。

> 《思凡》这出戏包括了旦角的所有功夫，八百下的复杂劲儿都得演成一回事，半个钟头的戏得越演越精神，若是不费气力没有功夫，不要说七段曲子，一段曲子下来就光有喘气的功夫了，哪还谈得上艺术。功夫最主要，气力是从功夫练出来的，功练成了还能省劲儿，这就是熟能生巧。我年轻的时候常常是一天演两场《思凡》，多的时候连着演过三场，也不觉得累，这就因为我的幼功练得茁实，并且一天也不间断，练功比演还要用的时间长，费的气力大，如果能每天认真一口气走上几遍戏，等到演的时候如同以一百斤的气力去拿几十斤的东西，自然宽宽裕裕的，从宽裕里才能出艺术。不但练身上，还得练心劲儿，练功练的是精气神，要练到心里想怎么样，外边就能怎么样，那才算练到家。我们演员讲究的触景生情，不但能生，还要一触就能生出来，并且这个景还是想象的景，这就靠平日多体验生活，体验还是为了演出来。一句话，还得练。练兵千日，用在一时，要练得说要就来，一触即生。《思凡》是出练人的戏，演

旦角的只要把《思凡》练好了，就打下基础了。[①]

这里首先提到了演员最基本的是功夫，功夫练到家，台下拉戏拉透了，上台才能生巧。在功夫的基础上再去找心劲，找精气神，能够把心里想的都外化出来，要有生活体验，更要有说演就演出来的能力，而这种能力依然是练出来的。但究竟怎么练，也仍然是当下的演员和教育者需要持续研究的。

金鸿学习时，韩世昌40岁出头，正是艺术成熟且有了较多教学经验的时候，从学到聊，再到同台示范演出，金鸿如饥似渴地汲取着昆曲的养分，学了十余出昆曲剧目，并且没断了思考，把昆曲表演的精髓化用到自己的表演中，把自己的艺术打磨得更精益求精。《思凡》这出旦角必学的剧目，金鸿习自韩世昌，打下扎实基础，再经过多年的舞台实践，较为完整地继承了韩世昌的表演风格，在此后的教学生涯中，也成为他最具训练价值的一出教学剧目。从中华人民共和国成立后在艺培戏校（北京戏校）孙毓敏等人受益，后来在中国京剧院，马少波院长要求旦角都要学此剧，教授了杜近芳、李慧芳、侯玉兰、云燕铭、江新蓉等人，杜近芳学得很认真并曾上演。再到“文化大革命”后的杨凤一，由韩世昌习得再传回到北昆。

### 博采众长

除去以上几位对金鸿有较大的提携、教益和影响之外，金鸿也曾在大马神庙王瑶卿府内，接受过艺术沙龙的熏陶。金鸿独立谋生之后，有很长一段时间，天天去大马神庙，谦恭地听王瑶卿与各位业内前辈的“聊戏”，一来从中学习，二来也希望能有机会直接得到指点。就这样很久之后有一天，王瑶卿的女儿王铁瑛替金鸿说了句话“老爷子您给金鸿说说戏吧”，金鸿这才有机会向王瑶卿学习了《扈家庄》，学到了偏刀马旦行当特点的又一个路子，特别对身上的讲究、大方有了深刻的认识。于是结合自身的条件，与之前演的武旦偏冲的路子相融合，形成自己的表演风格和路数。既有武旦的冲、脆、溜，又有刀马的大气开合，整体不失古典女性的美媚，并设计了与人物高傲性格相符的细节表演，表现出刚柔相济的味道和急缓相衬的舞台节奏。在后

① 韩世昌，时弢整理：《气力·功夫·艺术——谈昆剧〈思凡〉的表演》，《戏曲艺术》1982年第3期。

半生教学生涯中，《扈家庄》成为指导演员规范归路的一出重要代表剧目。

金鸿还曾得到筱翠花的欣赏、指点，并向他蹭跷。筱翠花（于连泉）是著名的花旦艺术家，跷功出色，极善用眼，翁偶虹曾这样谈及他的表演，“顾曲家多侈谈他出场后眼神一瞰，仿佛万道金蛇，钻进每个观众的肉皮里，似乎寄语：‘您来啦！您好！’观众辄报以彩……但非出场皆然，而是抓着剧中情节表现的是剧中人，效果是境外意。例如，他演《双铃记》的赵玉儿……先敛眼神，然后一放，做出扫看庙会各个角落的神情，豪光四射，似笑非笑地达一二分钟，辄觉一股电流，萦绕全场，融及每个观众，观众怎不喝彩。”① 筱翠花向金鸿赠跷一事，在金鸿轰动琴冈时的报道中就曾提到，金鸿本人回忆中也有记载。金鸿的跷功是非常扎实的，并且也学演了多出花旦戏，钻研花旦戏，必然会向擅长跷功和表演的筱翠花学习。跷相当于演员吃饭的家伙，更别提过去绑跷的过程都是要在后台回避众人独自完成的。单从赠跷这件事我们可以看到筱翠花对金鸿的欣赏。谦恭的金鸿接受赠跷，也经常通过观摩筱翠花的演出学习，并去后台问候。筱翠花的跷功花旦戏是独占鳌头的，金鸿在离校后花旦戏却是向萧长华学了不少，遵循了萧长华的教导，把握了不过火的大道。从戏路上看，尽管后来金鸿常演的花旦戏也包括《翠屏山》《坐楼杀惜》《战宛城》等泼辣旦、刺杀旦的戏，但坚持的是大方中尽显妩媚风流的风格。这点景孤血曾有过评价“尤其波澜壮阔，老辣犀利，加以大方，更有‘不著一字尽得风流’之概。如此风流，方是真正风流。凡属花衫，一成扭扭捏捏者，便无足观矣。”② 演员对人物有自己的解读，更有对自己表演风格的定位。所以尽管从跷功、细腻的表演有向筱翠花学习的方面，但金鸿也没有照葫芦画瓢，亦步亦趋，而是思考将人之长融入己身，创出自己的艺术风格——大气之美。

金鸿自戏校毕业，到独立谋生演出后的很长一段时间，都没断了学习。据当年报载及李金鸿个人的回忆，曾先后向这些老师请益。吴富琴，学习《探母》《汾河湾》《法门寺》等戏。李凌枫，学习《大保国》《二进宫》、全部《王宝钏》《桑园会》《汾河湾》《打金枝》《三娘教子》《甘露寺》《起解》《玉堂春》

① 翁偶虹著，张景山编：《翁偶虹看戏六十年》，学苑出版社，2012 年，第 89 页。

② 景孤血：《孤血谈剧——李金鸿一致此乎？占花魁里占花魁》，《立言画刊》1940 年 11 月 16 日第 112 期，第 7 页。

《游龙戏凤》《摘缨会》《祭塔》《祭江》《御碑亭》《武昭关》《春秋配》《芦花河》等戏。赵绮霞，学习《探亲家》《活捉》《得意缘》《阴阳河》《拾玉镯》《金玉奴》《挑帘裁衣》《红梅阁》《坐楼杀惜》《花田错》《查头关》《大劈棺》《荀灌娘》等戏。王瑶卿，学习《扈家庄》《金针刺蟒》，改编《杨排风》《琵琶缘》。钱富川，学习武把子。包丹庭，学习《八大锤》《雅观楼》。姜妙香，学习《白门楼》。这其中关于小生行当的学习，要特别提一下。

> 小名旦李金鸿，前次随杨宝森在沪出台黄金戏院，为沪人印象至佳，金鸿素喜小生戏，在沪时与姜妙香同台黄金，姜氏喜金鸿之材，乃亲授白门楼，北归之前金鸿此戏已全经姜氏亲授，北归后拟最近一演，此外并仍从票界名宿包丹庭学八大锤车轮大战之陆文龙，亦在近期露演之例。①

金鸿很认真地学小生戏，包丹庭、姜妙香亲授，同时还经常观摩叶盛兰演出，这架势颇有要大唱特唱小生的意思。此篇报道时金鸿已连续几年赴沪，在整个京剧圈里的名声地位已经确立，然而却依然在拓展行当，有着对自己发展的思考和规划。无论武旦行的练功艰辛，还是离不开下手活的人际限制，以及武旦行本身的弱势，还有武戏演员寿命偏短的客观实际，都可能是促使金鸿拓展行当的缘由。而金鸿长远的眼光，对自己发展的设计，在中华人民共和国成立后果然成为事实，在叶盛兰因病不能登台的一段特殊时期，接演了全部小生角色。“艺不压身”这四字再次在李金鸿身上得到印证。

金鸿还拜师徐燕荪，学习中国画。徐燕荪被称作当年北京画坛人物画祭酒，擅画人物故事、古装仕女，工笔、写意、白描、重彩，样样精能。②习书法或中国画，是戏曲演员丰富涵养的又一方法。金鸿拜的这位老师，恰是擅长古装仕女的，这种学习能够帮助金鸿感悟古典女性的美，丰富舞台表演的内涵。“唱戏以外的每日去画师徐燕荪寓学画，能画浅近的仕女了！”③直到

① 《李金鸿从姜妙香学戏：白门楼最近露演：仍从包丹庭学〈八大锤〉》，《立言画刊》1944年6月17日第299期，第9页。

② 《这位大师曾与张大千争勇斗狠！请欣赏徐燕荪画的仕女！》，当代艺术家画廊，搜狐网。

③ 神侦：《李金鸿学太极剑、拳：王瑶卿将亲授金鸿〈琵琶缘〉》，《立言画刊》1943年4月3日第236期，第8页。

1958年，在中国京剧院工作的金鸿，响应剧院提高艺术修养的倡议，又拿起画笔，画了《红线盗盒》参加展览，还登在了《北京晚报》上。

图 2-17　李金鸿与画家徐燕荪[①]

金鸿还同时向武术家高紫云学习太极剑和太极拳。“每日清早，金鸿在塔王府从高练剑练拳，他似乎深领奥妙，高武师也不厌其详地教，预料金鸿拳剑两术，未来必有大成”。[②]这位高紫云是戏界演员必去请益的太极名家，梅兰芳、程砚秋都曾向其学习，并将太极拳、剑的精华用到各自的代表剧目中。中华戏校排新戏《平阳公主》时，也曾向高紫云请教编排剑舞及开打。金鸿学习太极拳太极剑，也必不只是“锻炼身体”。中国画与太极，都是跟戏曲同宗同脉的传统文化，有着相同的审美追求。更重要的是作画与打太极的过程中蕴含的气息运用方法，与舞台表演的气息节奏要领异曲同工，对于达到舞台表演“气韵生动”的目标有着很重要的辅助作用。李金鸿选择学习这两门艺术，也实实在在是对传统文化有一个整体理解，继承了前辈艺术家们学习的经验，并且很明确地有着自己要追求的艺术方向，对于他在舞台上更加有韵味的表演起到了积极的作用。

---

① 刊载于《立言画刊》1943年第223期。

② 神侦：《李金鸿学太极剑、拳：王瑶卿将亲授金鸿〈琵琶缘〉》，《立言画刊》1943年4月3日第236期，第8页。

“百学不如一练，百练不如一看”，学戏的人都清楚，自己练习是很重要的基础，同时还要多“看”，在那个时代，很多演员通过“看”就能“演”。尽管“瞟学”一词略有贬义，但从另一个角度也是一种能力的体现，不是随便什么人都能看会的，更不用提，通过看把别人戏里的好东西放在自己的戏里用，变成自己的玩意儿。李金鸿同样深谙此理，少不了大量的观摩，这其中除了京剧之外，也包括已经逐渐占领文化市场的各门类艺术，电影、话剧、舞蹈……金鸿经常看话剧、电影，比如石挥的话剧《秋海棠》，甚至看到市场上卖的戏像也要买回家学习研究。一切能够提供艺术滋养的因素，金鸿都不会放过，生活当中无时无刻都离不开艺术的积累。处处留心皆学问，金鸿始终坚守着对艺术的执着。

我们看到离开戏校的金鸿在坚持练好武旦功夫、坚持吊嗓的同时，大量学习青衣、花旦等行剧目，学习昆曲，不断改编完善已有剧目，把学习的内容拓展到小生行当，同时丰富国画和太极的修养，观摩各门类艺术开阔视野。在戏校学习的基础上，金鸿的艺术积累，集中了包括三大名旦梅兰芳、程砚秋、尚小云，以及王瑶卿、萧长华、韩世昌诸位大家，还有多位有丰富经验的老师及各艺术门类名家的授业及点拨，博采众长，给自己订立一个又一个学习目标，始终在朝着气韵生动、大气之美的方向，一步步坚实地上着台阶。这些学习经历，都成为他演艺、教育生涯中一笔笔珍贵的财富。

# 第三章

# 演艺

李金鸿评传

# 一、搭班准备

经过艰苦的戏校学习，1940年，高材生李金鸿从中华戏校毕业了，住到了本家族兄李士奎大哥家里，也把母亲从天津老家接到北京，照顾李金鸿的生活。母亲终于可以天天见到疼爱的儿子，一时母子俱欢。刚毕业的李金鸿仍参加学校的演出，拿不多的薪酬，称为“效力”。一直到1940年11月戏校解散，李金鸿才转而搭班。搭班后也一直报效母校，曾在重组的光华社效力，1949年之前又在恢复的“校友剧团”担任主演。中华戏校始终是李金鸿心心念念的母校。

那时的京剧演员参加演出的模式有几种，一种是挑班，即作为一个班社的主演，挂头牌，主要靠自己的影响力所对应的票房来担负起整个戏班的开销，能“挑”起整个班社人员的生计。能挑班的演员首先必须具备一定的号召力，有相对固定的观众群，能够确保演出有较好的票房。还需要有特别能干的经励科，也就是负责演出运营的部门和工作人员，辅助演出有关的各类事项，比如与戏院签约、安排戏码、联系主要配演、建立相对固定的乐队和群众演员团队等等。挑班的角儿的薪酬会比较高，因为观众大多是冲着角儿来的，并且因此也为班里其他人员带来收入，高薪酬对应着更多付出的责任和压力，挑班的演员一般晚场要唱中轴和大轴，有时还有日场，一天连两场。除挑班外还有一种是搭班，即应约参加某班社的演出，以签合同的形式，约定演出牌位、时长、戏码、薪酬等，从牌位上来说，一般搭班的多是挂二牌或三牌，与头牌唱对儿戏，或唱中轴、压轴，还有并挂头牌的，有很多与头牌合作的戏。这类搭班演出的形式会有一个相对固定的时期，1个月或者2个月甚至更长，从收入上来说也相对稳定些。搭班的形式有时是与剧院签约，由剧院约请，作为一段时间的固定演员参加演出。还有一类称为搭散班，就是没有搭固定的班社，今天这个班社有需要了去唱一出，明天那个班社有需要了唱几天，比较灵活，但收入上也不稳定。

搭班前要先做好必要的准备——置办自己的行头。李金鸿擅演的戏，包含了武旦、刀马旦、花旦、青衣各行当，《金山寺》《摇钱树》《取金陵》《泗洲城》《战宛城》《小放牛》《小上坟》《四郎探母》等，需要置办的行头也是颇具规模。服装——战裙战袄、大靠、裙子袄、旗蟒、宫装等。头上的——点翠、水钻、各类额子、凤冠、翎子。道具——刀枪剑戟鞭等。基本涵盖了旦角的所有，也得算上小半个戏班的行头了，这得需要很大一笔钱。已经付出艰辛学了这么些年，也在戏界有了一点影响，为了生计也好，为了艺术也罢，是一定要照此路长久地发展下去。这次为了支持李金鸿，族兄李士奎、李伯如兄弟商量，卖掉了两所房子，为李金鸿置办了全套的行头。当然这资金也不是白出的，亲兄弟，明算账，哥们儿之间也商议好由族兄做李金鸿的管事，也就是现在的经纪人。一来帮助李金鸿顺利演戏，二来收入也有分账。族兄一家是名门大宅，对李金鸿都是很支持的，包括大哥家的两个儿子，论辈分算是李金鸿的侄子了，但年纪都比李金鸿大七、八岁，都是辅仁大学的学生，一个学西语，一个学中文，还擅长书法、音乐，多才多艺。辅仁大学很重视音乐教育，这两个侄子既钻研西方乐器，弹钢琴、拉大提琴，还跟俄国人学声乐。由于辅仁大学重视中国民族艺术，两人也深受家庭影响，酷爱京剧昆曲，对传统乐器的演奏也很精通。在李金鸿演戏伊始，出于浓厚的兴趣，他们还曾为李金鸿操琴伴奏。大侄子李符生拉胡琴，二侄子李年生拉二胡。这两位侄子也很关心李金鸿，还教他学英文。后来由于李金鸿的演出越来越多，他们还有自己的学业，就退出了。中华人民共和国成立后，李符生进入中国歌剧院唱男低音，也成为艺术工作者。有了这样家底厚实又有文艺圈人脉的族兄一家的关心和帮助，可以说天时地利人和都称得上得天独厚了。李金鸿得以顺利开展自己的演艺事业，也心存感念。

尽管在京城舞台上已小有名气，但李金鸿并没有想着挑班，与族兄有着一致的想法，一定要学习正工青衣戏，练习声音和唱腔，唱念做打各方面都强化，把花旦花衫类的戏再丰富，让自己能拿得出手的戏越多越好。这样在搭班时才不会捉襟见肘，才能更增加成功的砝码。当时李金鸿已小有成就，也有不少人支持鼓励他独立挑班，但李金鸿和族兄脑筋非常清楚，做事也是非常的稳健，很清楚挑班的艰辛，更清楚武旦挑班到底有多大成功的可能性。因此继续找老师学习，努力朝着“文武昆乱一脚踢”的目标努力。同时也做着搭班的各项准备。就这样，在中华戏校突然解散之后，李金鸿也很快在族兄的帮助下顺利搭班。

我们再来简单了解一下当时的演出市场。京剧发展到20世纪30年代，更加成熟，演出市场也越来越繁荣，各类科班、戏校等人才辈出，一方面满足了演出市场的需要，另一方面也加大了竞争的激烈性。很多演员最初在北京唱戏，逐渐遇到困难，没有发展的空间，就离开北平，到上海等大城市谋发展，往东北去的也很多。留在北京演戏也很是不容易，各个班社人才济济。并且当时对于好演员的评价有个不定之规，讲究的是在北京、天津、上海都演红了，才算是真正红了。后来还有一种说法，“北京学艺，天津唱红，上海赚包银”。这三个大城市，除北京外，在天津唱红也很难。从地理位置来看，天津是水陆大码头，观众见多识广，喜欢戏懂戏的多。天津人也比较直爽，再加上见得多也就更挑剔些，演员的压力会比较大，有些心理素质不够好的演员，或者因各种原因导致台上失误，观众真的会叫倒好、起哄，甚至抓起身边的什么家伙什儿就扔台上了，可以想见会给演员带来什么样的心理阴影。但从另一个角度来说，天津的观众对他们认可的演员同样也会尽其所能地大捧特捧。因此，在天津唱戏，重压之下也必有大红。再说回北京，为什么强调学戏一定要在北京学呢？因为老的名伶多，曾经专门进宫为皇室演出的内廷供奉们都是最高水平的演员，演出的戏码、规矩、路数等都更丰富和严格，是打好正统基础的所在。上海是有着开放传统的大都市，不只是经济的繁荣开放，也影响到文化的氛围，十里洋场、灯红酒绿、开放包容，京剧市场也是如此。活跃的市场为演员提供了比较宽松的施展空间，并且上海的观众观剧的习惯也颇有意思，可以说是两个极端，既喜欢极具先锋意识的机关布景热闹非凡的新式戏，也喜欢地地道道纯正的骨子老戏，也因此非常认同和重视京角。北京的角儿们有很多机会去繁华的上海滩献艺。

京津沪这三个大码头都有很多戏园、戏院、剧场。北京的长安戏院、吉祥戏院、开明戏院、广和楼、广德楼、三庆园、中和楼等等，还有各地会馆的舞台，各大饭庄也都有舞台，如福寿堂饭庄等。天津最有影响的是中国大戏院，经常会邀请北京的大角儿演出，排期不断。还有丹桂戏院、第一舞台、北洋大戏院、明星戏院、春和大戏院、劝业场四层的天华景戏院、荣吉大街的大舞台戏院、下天仙戏园等。① 上海的演出场所更多，从最初的会馆到茶园，

① 天津市档案馆主编，周利成、周雅男编著：《天津老戏园》，天津人民出版社，2005年。

再到剧场，演出的艺术门类也逐渐由戏曲扩展到话剧、电影等，戏曲演出包括了京剧、沪剧、越剧、粤剧等，堪称百花齐放，热闹非凡。有不少剧场都是电影、话剧、戏曲兼营。这其中比较有影响的京剧演出场所主要有：天蟾舞台、黄金大戏院、中国大戏院、鑫记大舞台、共舞台、皇后大戏院等。

京津沪三地出演京剧的重要场所，都留下了李金鸿或矫健或妩媚或端庄的舞台形象。

"搭班如投胎"，这句话形象地描述了过去搭班演出的艰辛。这种艰辛是全方位的，包括了对演员的艺术水平、心理素质、处事应变能力等方方面面的历练。离开戏校，独立谋生的李金鸿开始真正理解了立业"投胎"的艰难，这和学戏的艰难又有区别。学戏主要难在身体承受的苦痛，算是皮肉筋骨之苦，是意志上的磨炼。立业谋生的艰难可就多了去了。首先自己的本事是最重要的，一日不可偏废，必须保持和提高。还得联系搭班各项事宜，虽然有本家兄长相助，也需要亲自去联络各类有关人员的关系，还要谈价议事、签合同等等。这些都还只是前期的准备，签好约，带好服装头面盔箱道具等装备，和两位扔出手的下手，一切准备好了，就要去"投胎"了。从进入后台的那一刻开始，除了打出手的两杆是相熟的，台上的其他演员、侧幕的场面、后台的箱柜，全都是陌生人，所有人都会带着挑剔的眼光看着你，等着看你这个新人什么状况。一直盯到上台，看你与场面的配合能否顺利，看台下观众是否满意，这一出戏唱下来真是从身体到精神都得扒层皮。李金鸿初搭班时就遇到过唱《金山寺》时突然说没有笛子、没有下手等状况，导致临时找人救急应对，可以想见演员又要专注台上的表演，还要操心与演出有关的各环节，说是精神紧张、身心俱疲也是毫不夸张了。在这种氛围下，需要强大的心力，源自对自己艺术的成竹在胸，一旦上了台，就是大展手脚的时刻，再挑剔的眼光也都不在话下。

除了一般搭班必然的艰难之外，中华戏校学生这个身份，也带来另一重压力。中华戏校在解散之初，学生面临的一个严峻的问题就是"看你怎么搭班"。这就再次提到中华戏校的办学理念。中华戏校虽然教戏的模式与科班相近，但完全按新式学校管理，这样新式的有创造性的组织，不供"祖师爷"；男女合校；学生没有磕头拜师的礼节，等等，在当时极端保守的"内行"的心目中，恰恰犯了忌。尽管有这样一层压力，但中华戏校继承科班精神的教学，却给学生们搭好了顺利融入演艺市场的桥梁，所学艺事没有丝毫的偏倚，因此戏校学生受到的非议并不在艺事本身。李金鸿也首先具备了演戏的真本事，武旦戏过得硬，还有花旦、花衫、刀马戏，算起来也有上百出了。再者有着能够把控心性的能力，自小生就的平静谦和、宠辱不惊的性格，帮助他应对复杂的班社环境，将压力淡化，为人处事也能做到应付自如。可以说李金鸿的性格帮助他面对戏班生存的艰辛，也是他大气从容的舞台风格形成的人性基础。更何况已是高材生的李金鸿仍在更加刻苦地用功和拜师学艺，努力拓展戏路。又兼得到族兄一家的支持和帮助，李金鸿比较顺利地开始了自己搭班演艺的生涯。

## 二、首搭永春社

1941 年 1 月 1 日，北京庆乐园，李万春挑班的永春社，贴出《杨排风》演出的海报，未满 18 岁的李金鸿的搭班演艺生涯由此揭幕。

李金鸿搭班生涯的开始，是日军侵华日深的时期，1940 年下半年，正办得蒸蒸日上的中华戏校，为了避免成为日伪的工具，毅然作出解散的决定。1940 年 11 月 18 日，最后一场演出后，戏校召集师生宣布解散。之后月余，李万春正好由上海回京，那时永春社正缺旦角，再加上族兄家与李万春也有些交情，于是李金鸿正式搭班永春社。关于搭班永春社的情况，当时报刊也多有记载。

戏校中的武旦，除了宋德珠，就算李金鸿了，戏校解散后，大家总以为李金鸿组班，其实这组班问题，在李金鸿的家庭中，就根本反对，这次李金鸿加入永春社，据说与李万春早就有点亲戚关系，李金鸿加入，双方商定了三个条件如下：

一 李金鸿在永春社挂二牌

二 不接受钻锅本戏（新戏）

三 李金鸿不搭他班（光华社除外）

以上为二李互相商定遵守，所以外关对于李金鸿的组班谣言，也不攻自破了！①

刊载在《立言画刊》上简单的一条消息，清晰地记载了李金鸿首次搭班永春社的基本情况。挂二牌，即只排在头牌李万春之后；不钻锅本戏，就是只演本行应工的传统剧目；不搭他班，是专心为本班社服务的意思，但光华社除外。这三个条件清晰地传递出李金鸿的意向。挂二牌，为的是打出影响力，是建立在对自己能力客观评价的基础上的。李万春独立挑班，所以不会有并挂头牌的情况，李金鸿挂二牌，意味着来看戏的，除了看这个班社的角儿李万春，旦角看的就是他。也由此可知，李金鸿将会露演武旦、花旦、花衫、刀马旦剧目，因为一个演出班社挂牌的旦角，不可能只是演武旦戏。而李金鸿独立谋生的演艺生涯，到 1949 年以前基本都是处在二牌这个位置，可以说从开始就谋划好自己的定位，并一直保持下去，这一点也是很不容易了。我们再来看不钻锅本戏这条，李万春挑班已十年，舞台经验和市场运作经验都极为丰富，创新能力又很强，经常会编排一些新戏上演。钻锅的意思就是临时接演新编本戏的角色。为什么不钻锅，李金鸿搭班不久，本身的技艺和擅演的剧目仍有待舞台实践的磨炼，且仍有很多旦角传统剧目需要继续打磨，在这样的情况下，如果钻锅接演本戏，一来会分散精力影响对传统剧目的强化，二来也会导致技艺向不规范方向发展。钻锅是需要一定功力火候的，火候未到，钻锅不但达不到效果相反会影响现有的水平，李金鸿尚在立足戏界扩大影响力的阶段，没必要冒这个险。这也反映出李金鸿对自己艺术上的高标准要求。再说不搭他班，这是搭班必备的一项条件，就如同现在的艺人签约演艺公司，同样只能为这一个公司服务。但光华社除外，这得说光华社的来历。中华戏校因受日寇觊觎，无奈之下匆忙解散后，还有“玉、永”两拨小同学们没毕业没有着落，沈三玉出面寻找支持组建了光华社，但缺少有影响力的挑班演员，光华社维持生计依然艰难，沈三玉就会约当时已有些影响的毕业生来挑班演戏，这其中就包括李金鸿。对于李金鸿来说，这是母校和恩师相约，义不容辞，所以随时会参加光华社的演出，以支持母校师生。三个条件商议好，李金鸿在永春社开始施展拳脚。

---

① 工公：《李金鸿加入永春社三个条件》，《立言画刊》1941 年 2 月 8 日第 124 期，第 29 页。

图 3-1 《穆桂英》剧照①

……

万春也真有手段，人不知，鬼不觉，霹雳一声，把戏校那个唱武旦的李金鸿给拉来了。戏校武旦的作风，传统的和别家不同，风头都是那么健的，金鸿也是走德珠的路子，他扮相那么秀润，嗓子那么甜蜜，比珠儿可以说有过无不及！

……

预料以后，二李或将撇弃了“斗猴”的把戏，而以武侠戏来斗争，万春唱全部武松，金鸿扮个潘金莲，唱全部石秀，扮个潘巧云，唱夺锦标扮扈三娘，挺秀的武夫，新罗致来这么一个俏丽婀娜的女多娇来相衬托，不知将有若干观众拥过来瞧。②

① 刊载于《游艺画刊》，1941 年第 3 卷第 10 期。

② 《李金鸿加入永春社二李之争的又一场面》，《新天津画报》1940 年 12 月 31 日第 3 版。

从这篇报道中又得悉，李金鸿加入永春社，于李万春来说，也算是一坚实的臂膀，文武兼长，能与李万春配合《武松》《翠屏山》《夺锦标》，“挺秀的武夫”搭配“俏丽婀娜的女多娇”，两人的相衬堪称完美，又是在之前合作伙伴离开之时，正是缺搭档之际，一定程度上助力了李万春。当然，毕竟永春社是李万春挑班的，唱的就是万春，挂二牌不能跟头牌相提并论，这也是戏班的规矩，而李金鸿想的就是，能展示自己各行的技艺。况且是首次搭班，能够挂二牌唱戏已然是相当的成绩了，所以十分地珍惜这个机会，每演必全力以赴，与李万春的配合也是相当的默契。再来看媒体的评价：

> ……去年戏校青岛一行，金鸿以其扮相之艳丽，武功之纯熟，跷功之稳健，出手之轻率，轰动了整个琴冈。毕业后被李万春拉入了永春社，颇倚重之，翠屏山、刺巴杰、英杰烈，诸剧，颇受欢迎，最近一唱就满的《武松》，金鸿饰潘金莲，尤为该剧生色不少，其声势之盛，当可想见，较之现在组班的毛世来，李世芳、宋德珠诸人，有过之无不及。①

在1941年1月1日至4月30日期间，以《新民报》载演出广告来看，永春社的戏码多以李万春的戏为主，与李金鸿相关的戏码所列较少，不完全统计有:《青石山》《扈家庄》《英杰烈》《穆柯寨》《凤吉公主》《得意缘》《十三妹》《小上坟》《小放牛》《战宛城》《翠屏山》等。与此同时，亦有参加光华社演出的信息。

首搭永春社，李万春信任李金鸿，李金鸿也不负所望，以自己的实力与李万春配合默契，在北京城这个根据地首先吸引了一批观众的注意，巩固了自己的一席之地。“小名旦李金鸿，每周随李万春出演长安，庆乐各园，亟博好评，屡演各花旦戏，扮相，嗓音，跷工较前均有长足进展”②，而同时兼顾着的光华社，越来越需要有影响力的校友支持。于是在永春历练了5个月之后，李金鸿谢辞“永春”，应沈三玉邀约挑班光华社，赴天津演出，在天津这个最难唱戏的大码头崭露头角，站稳脚跟，在回馈母校师生的同时，也使他的演

① 宾:《光华社二次来津的重要人物:李金鸿的一个速描》,《游艺画刊》1941年2卷9期，第14页。
② 《有人为某名伶建议约李金鸿加入××社》，《立言画刊》1941年第136期，第16页。

艺生涯又迈出关键一步。

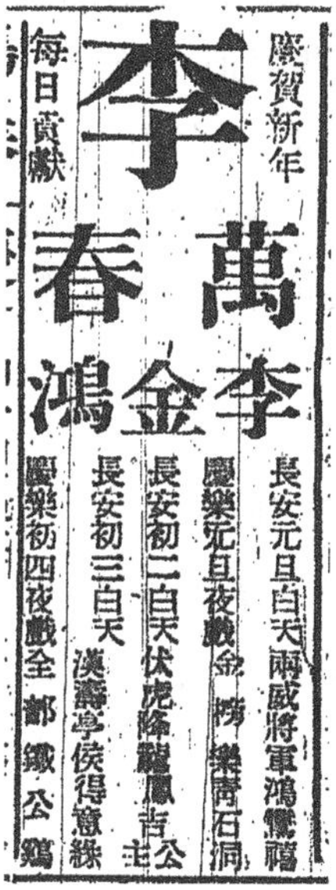


图 3-2 《新民报》演出广告（1941 年 1 月 21 日）

图 3-3 《新民报》演出广告（1941 年 2 月 19 日）

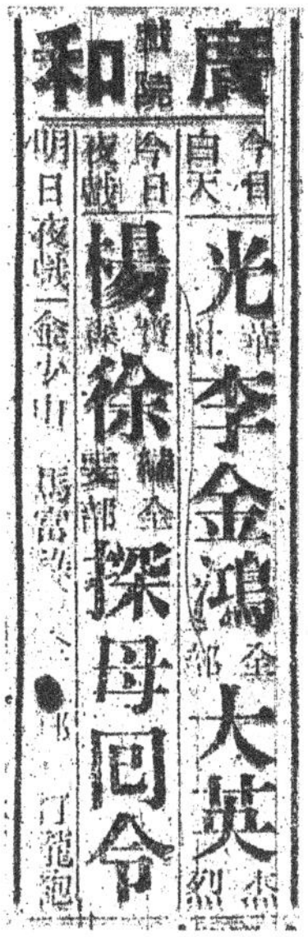


图 3-4 《新民报》演出广告（1941 年 5 月 9 日）

## 三、效力母校光华社　小名旦在津大红

1941 年 5 月 14 日至 6 月 15 日，天津北洋大戏院特请中华戏校改组光华社，男女学生 200 余人演出，在这次月余的演出中，李金鸿以相当于挑班的身份效力其中。

光华社是沈三玉主持的，李金鸿在戏校学习期间，得沈先生指导帮助很大，包括倒仓期间的声音练习，懂得感恩的他，在沈先生邀约参加光华社的演出时，没有丝毫犹豫就答应了。在搭班永春社期间，就常抽空参加光华社的演出，并且不谈价钱。根据当年报刊记载，光华社的演出广告中一般不列人名，更谈不到牌位，可以说名与利均谈不上。在那个时代，作为以唱戏为谋生手段的演员，不得不赞李金鸿这番拳拳报校赤诚之心。

根据当年《新天津》报载，在这段演出期间，光华社的演出广告很简单，只有每天的戏码，但同版一直有文字报道，介绍重点剧目和演员，李金鸿作为此期演出挑班的演员，得到当地报界评论界的关注。5 月 19 日报道首提“李金鸿在津大红”并配《金山寺》剧照，至 6 月 13 日预告“光华社之临别佳剧”，共有 8 篇报道重点介绍了李金鸿及其所演剧目。根据这些报道文章及广告所载剧目，能大致了解到此期月余，李金鸿出演的剧目至少有：《金山寺》《泗洲城》《百草山》《取金陵》《扈三娘》《杨排风》《大英杰烈》《盘丝洞》《穆柯寨》《穆天王》《辛安驿》《小上坟》《小放牛》《棋盘山》《姑嫂英雄》《战宛城》《翠屏山》《凤吉公主》《平阳公主》《凤双飞》等。

现出演北洋戏院之李金鸿，为戏校毕业生，其乃津沽名票，沧浪客之族弟。自入戏校后，颇得九阵风之赏识，能戏不下百余出，无论刀马、青衣、花衫，均有相当造诣，尤以扮相之俊秀，作戏之细腻，为人所欢迎。此次随光华社出演北洋，声势浩大，极为顾曲界之赞许。金鸿此来可谓红矣。本图为其《金山寺》剧照。①

李金鴻在津大紅

現出演北洋戲院之李金鴻，為戲校畢業生，其乃津沽名票，滄浪客之族弟，自入戲校後，頗得九陣風之賞識，能戲不下百餘齣，無論刀馬，青衣，花衫，均有相當造詣，尤以扮象之俊秀，作戲之細膩，為人所歡迎，此次隨光華社出演北洋，聲勢浩大，極為顧曲界之讚許。金鴻此來可謂紅矣。本圖為其「金山寺」劇照。

史德化

今晚演王寶釧王瑤卿女弟子史德化，此次出演

图 3-5 《新天津》报道（1941 年 5 月 19 日）

李金鸿为时下武旦之隽材，文唱武打兼而有之，今将演其拿手剧平阳公主，载歌载舞，并皆佳妙。平阳三大特点分述于下：一，

① 《李金鸿在津大红》，《新天津》1941 年 5 月 19 日第 8 版。

艺术方面，李金鸿舞如意双钩，用国术中罗汉钩法，旦角舞钩旧剧中此为先声。袁金凯舞乾坤剑，亦系国术套解。二人合舞尤为美观，均为国术名家高紫云精心特授。二，音乐方面，剧中各种牌子，均为失传之古谱如“锦庭乐”“姑苏水红花”“傍妆台”“汉东山”等，均为多年不轻见者焉。三，服装方面，平阳公主孔雀甲盔百蝶宫衣，十六女兵均着一色翠月衣裤，各戴孔雀武士冠，崭新齐整，三十二只孔雀灯，走阵时如蝶穿花丛，新颖好看。①

此次来津献技成绩极佳之光华社，已定明日二十二日（星期四）夜由李金鸿、延玉哲合演战宛城，由马踏青苗起至刺婶止。金鸿扮相娇珑、跷工稳健，玉哲杨派武生一切纯以杨派为典型，袁金绵之典韦，费玉策之曹操，郭金光之胡车，合演之下定收红花绿叶之妙，二十三日夜李金鸿、周金莲、赵玉璜等合演全部姑嫂英雄，自首至尾通场精彩百出，各展所长，自属杰作。平阳公主则于二十四日（星期六）夜首演，李金鸿之平阳公主，袁金凯之柴绍，二人工力悉敌对打异常严整，花园夜战摆阵舞灯光，耀闪灿满台皆明有如花蝶穿丛特别美观云。②

以上三篇报道是光华社刚刚开始演出时，对李金鸿及整个演出有较全面的介绍，意在吸引观众。李金鸿果然不负沈先生重托，挑起光华社大旗，报效母校，同时也得到全面的历练。李金鸿不谈条件，沈先生也给了他足够的信任和空间，各行当角色卖力上演，赢得票房和观众，于是“北洋戏院，此次约光华社及李金鸿演唱，始终营业弗衰，前后台均为获利”③。除了擅演常演并在观众中已有影响的武旦剧目，展示令人眼花缭乱且稳健从容的武打出手技艺之外，花旦、刀马、花衫等各行当的戏都有了全面的展示，还有戏校编排的文武兼备的大戏，又尽显了载歌载舞、婀娜细腻的表演。一时津沽一带无人不晓文武全才的李金鸿，称其“正鸿运当头之际，不难红紫也”④。

① 《名武旦李金鸿将演名剧平阳公主》，《新天津》1941年5月20日第8版。
② 《李金鸿延玉哲合演战宛城 姑嫂英雄平阳公主订期公演》，《新天津》1941年5月21日第8版。
③ 《北洋邀白玉霜》，《新天津》1941年6月5日第8版。
④ 《李金鸿 鸿运当头之际》，《新天津》1941年5月24日第8版。

津沽码头霓虹闪烁，李金鸿的大字亦在其中，随着光华社一天天的演出，观众的印象也越来越深刻，本就是天津人的李金鸿，更倚仗漂亮的扮相和娴熟细腻的技艺，赢得观众的口碑和毫不吝啬的赞赏。

四大名旦，舍梅郎外无美人，小名旦则自郐以下无讥焉。自李金鸿出，乃知造物之奇，试观梅与李无相似处，而美则无可轩轾，李之面型美，身材美，腰肢美，肩臂美，背影侧身皆美，以与梅郎较，后来或得而居上。此非阿好之谀辞，不知子都之姣者，无目者也。予有目，安能不知金鸿之美乎？

昨金少保以金鸿之小上坟戏照见示，属为赞语，题造象之尾，有句云"月出皎兮，叔窈窕兮，非白玉之白欤，子都之姣兮"。此专咏小上坟化装而言者。又赠其便装造象赞云"畹华之英，玉霜之灵，汇群□之众美兮，泄宇宙之秘之所镕，噫嘻天之骄子，曰李金鸿"。①

戏中武旦一角，非身材窈窕，腿活腰细，不能适宜，再加以金喉铁嗓，决得到大红大紫的地步，近数十年来，只有九阵风一人，身段扮相，均能得到好处……今有戏曲学校，光华社的毕业生，李金鸿，身轻腰柔，姿容俊美，扮出来诚有蛮腰佳人的现状，近出演北洋大戏院，所演金山寺、泗洲城、百草山等等武剧，大有优良成绩，极蒙观众欢迎。昨出演杨排风，打焦赞、打韩昌、打耶律，真有特别精工，跷工利落，行步如飞，大有行云流水的气象，棍花乱舞，满台全是棍形棍影，几有人不知在何处程度，头一段唱几句南梆子，字清句朗，玉润珠圆，老练纯熟的小嗓，可说是独一无二，各报登载佳评，实非虚语……②

前天北洋大戏院晚场，海报大书李金鸿之泗洲城……继而泗洲城开幕，李金鸿饰女妖，风流窈窕，跷工稳健，行步如浮云流水，不疾不徐，致人百观不厌……今李伶本童年资格，武工纯熟，枪花俐落，代打出手，能到最精彩的妙处，独身舞枪，满台皆是枪光，

① 伯龙：《李金鸿之姿致》，《新天津画报》1941年5月24日第3版。
② 《谈武旦角色说到李金鸿》，《新天津》1941年5月26日第8版。

几近数个风流佳人，俏影飞飞，令人心醉神迷……无怪出演北洋数月，所演金山寺，百草山，取金陵，全是出手的技艺，所演扈三娘，平阳公主，杨排风等戏，唱做念打，真有最精奇的妙境，说他是艺术奇绝，可告无愧……①

从以上报道中，我们可以了解到对李金鸿的评价，突出其“美”，美在面容扮相，身形窈窕，并与梅兰芳相比较，尽管初绽头角的李金鸿与梅郎相较甚远，但却是一脉相承的大气之美。突出其“艺”，从跷功、出手、棍花武技到唱腔、念做，均娴熟如“行云流水”。这里要再次提到《金山寺》。在光华社挑班期间，李金鸿开始把《金山寺》做了改动，文场部分按梅兰芳的路子演出，而且此时他已经开始向韩世昌学习昆曲剧目，对这出戏的文场部分有了更深的研究和体会，注重昆腔与身段的严丝合缝，注重人物的细腻表现，注重整体表演的韵味，丰富了这出戏的表现力。这次演出时配青儿的高玉倩也非常聪慧，把同样难度很大，繁复对称的表演配合得很好，再加上后面火爆的武戏开打，于是，这出《金山寺》在天津再次受到观众的热烈欢迎。并在首次报道李金鸿演出效果时，采用了剧中白娘子的造型剧照，也才有“无论刀马、青衣、花衫，均有相当造诣，尤以扮相之俊秀，作戏之细腻，为人所欢迎”这样的评价。《金山寺》这出戏成为李金鸿的代表作。从这一出戏的变化不难看出，李金鸿在艺术上的追求，是有头脑、有远见、有胸襟的。

单从武旦行当或武戏的状况来看，本身相对边缘，发展空间极有限。这一点翁偶虹在提到宋德珠挑班后的现状曾有过分析：

宋德珠载誉回平，那时李世芳、毛世来、张君秋也都先后组织了剧团，竞相演出。四旦相较，德珠以武旦挑梁，已输一筹：第一，武旦戏少，偶演大轴，耳目一新，久则雷同，渐伤胃口。第二，武旦戏剧情一般，非闹妖即殉战。第三，武旦戏技巧虽繁，而“出手”之外，最重头的戏如《泗洲城》，也不过是“担子功夫”，“扑水功夫”，见悟空打“刀、棍”“刀下场”；见灵官、玄坛打“对鞭”“鞭下场”；

① 《李金鸿可算奇技》，《新天津》1941年6月9日第8版。

> 见青龙、白虎打“双刀、枪”“枪下场”；见木吒打“天罡棍”“棍下场”；见哪吒打“哪吒枪”“枪下场”；见金吒打“大刀、枪”“刀下场”；见伽兰走“抄包”“转包”“蹬加官”；上高台走“拿顶”“左右汉水”翻“张半儿”或“两张半儿”而已；老例循传，司空见惯。笔无新意，何以辟境？剧目上不能出新，营业上自然见绌。①

翁偶虹从三方面概括了武旦行挑班之难，第一，武旦戏少，偶演耳目新，久则嫌雷同。第二，剧情简单，从故事上不抓人。第三，技巧虽繁难但变化少，难出新意。以《泗洲城》为例，列举了武旦戏的常用技巧，并说明尽管繁难，但不外是这些各类兵器的对打和下场，再加上“抄跤”“旱水”“下高”等“司空见惯”的“老例”，极易造成审美疲劳。从演员的演剧体验和观众的欣赏角度来看，以技艺为主的武戏，繁难的技术练起来确实很艰苦，一旦练成后，舞台表演过程就没有太多乐趣了，再往高处走，也不过是技巧的重新编排，多加几个花，或多翻几圈，或加高几层，难免陷入杂耍境地。高级些的武戏演员，向“武戏文唱”的方向努力，不再是简单的溜、冲、脆，从动作的韵味出发，融入太极的圆融之气，注重把技术与人物相融合，比如，杨小楼及高盛麟、李少春等。但观众却难免保留既往对武戏的审美习惯，真正能够看出“武戏文唱”的门道，品味出武戏之韵的却也不多，更多的仍是看技术，所以必然会“久则雷同，渐伤胃口”。文戏则不然，文戏深不见底，从剧情到技术，从唱念到表演，都有无限的可创造、可革新、可进步、可追求的空间。因此，也就不难理解为什么武戏演员挑班的少，为什么文戏演员唱大轴的多，甚至为什么文戏演员比武戏演员挣的包银更多了。

李金鸿对自己的发展有着非常清晰的思考。单纯从技术上来说，懂得不能只演武旦，毕竟武戏对演员寿命有要求，并且还易受伤。从竞争力上来说，武旦的戏总体来看还是不多，并且技术不可能总是出新，只是进行些编排变化而已，很易降低吸引力。再从对艺术追求的角度来说，具备娴熟技能的演员一定是要在舞台上享受艺术、实现人生价值的，除了观众的热情认可，这种享受也会更多来自对艺术本身的钻研及投入。李金鸿首先站在生存的角度，

① 翁偶虹：《翁偶虹编剧生涯》，同心出版社，2008 年，第 102 页。

逐渐增加文戏的分量，并且认识到文戏对一个演员的修养和艺术提高的重要作用，必然也从《金山寺》的改动中体会到了研究表演和韵味的乐趣，更何况观众又有积极的反馈。

光华社在北洋大戏院的演出，给了李金鸿报效母校的机会，更给了他展露才华的舞台，从此津沽的观众都知道了李金鸿，也吸引了天津演出市场的关注。很快，天津出演京剧最重要的场所——中国大戏院的经理孟少臣向李金鸿伸出橄榄枝。于是李金鸿再上台阶，迈入中国大戏院，这次合作的是叶盛章率领的“富社大班”。

## 四、受邀富社大班与叶氏兄弟津京合作

富连成、中华戏校，京城两大比肩科班，既培养人才也组织演出。效力母校光华社在天津声名鹊起的李金鸿，受到了天津中国大戏院经理的关注，与此同时，富连成社的叶盛章要来天津演出，之前合作的李世芳挑班离开了，很多戏需要旦角配合。于是李金鸿受邀与叶盛章并挂头牌。夜晚的津沽，中国大戏院的霓虹灯熠熠生辉，亮起李金鸿的大名。

从首搭永春社，李金鸿相当是挂二牌，并且不钻锅本戏，但李万春的本戏都比较大，李金鸿即使是演压轴戏，上场的时间不过晚间 8 点，这是什么概念。当时晚场演出一般 7 点开始，一晚上的戏要唱 4 个多小时，接近 12 点才会结束。压轴戏 8 点就开演了，跟打泡开场也差不多，戏园的观众还是按惯例不往前赶。8 点钟的戏园子要么座儿还未上几成，要么正陆续进场熙熙攘攘，有几个人是坐着看戏的，这样演起戏来的李金鸿难免失落。之后随光华社挂头牌在天津出演北洋戏院，实为报效母校的拳拳之心，也展露了一把戏校高材生的实力。李金鸿是愿意为母校效力的，但也要考虑到自己的生计，毕竟从行头到跟包再到持续不断地学习，都是需要投入真金白银的。在光华社效力一月后，金鸿回到北京，正值夏季，休息调整身体，同时继续学习，储备更多艺术能量，以作长远打算。此前在京城搭班永春社演出期间，叶盛章对李金鸿已有比较好的印象。刚在津沽唱红的李金鸿又得到了中国大戏院的关注，于是一边有中国大戏院经理孟少臣的建议，一边又有长期服务马连良的扶风社、协助杨宝森办起宝华社的著名的“经励科”李华亭的介绍，谈

及天津观众对李金鸿印象之好，于是“富社大班”正式邀约李金鸿再次赴津。

富社大班，由满归来后，在京曾公演数场，成绩颇佳，近远征天津出演中国，更有李金鸿加入，阵容颇强，上座亦特别良好，票价亦极低廉，前排不过一元六角，可谓戏好价廉！……

中国派人正式商谈此事后，金鸿之父兄即首先提出条件两件，亦与入永春社之始大同小异也，一即牌位问题，须挂并牌戏报贴出并亦须仿金少山与新艳秋例，二即包银问题，据闻金鸿此次每日代价为二百元，所携之配角徐和才与任志秋则由中国开付，并牌事经征得盛章同意后，其五弟世长亦表示让步，情愿屈就三牌，此固为顾及富社之全盘书面也。

金鸿为戏校毕业生，亦与科班相仿，所谓亦为曾受七载寒窗之人物，或单演各戏，或合演各戏必特殊便利……①

图 3-6 《新天津》演出广告，1941 年 7 月 18 日

图 3-7 《新天津》演出广告，1941 年 7 月 25 日

① 《立言画刊》1941 年 7 月 19 日第 147 期，第 15 页。

当时《新天津》报刊载的中国大戏院演出广告，确实如《立言画刊》所言，叶盛章、李金鸿并列，每天演出的戏码，李金鸿的也单列出来。

此期演出自1941年7月18日至8月4日，共18天，其中周日是日夜两场，总计21场。自7月18日夜始，李金鸿以《金山寺》打泡，其中有2场是双出，大小剧目共计出演23出次，其中8出次是在叶盛章为主的大戏中担任主要配演，10出次是李金鸿为主的折子戏，另有5出次相当于对儿戏的折子戏。所演剧目有：《金山寺》《演火棍》《百草山》《摇钱树》《泗洲城》《蟠桃会》《虹霓关》《辛安驿》《得意缘》《小放牛》《打瓜园》《打樱桃》等，包含了纯武旦的短打出手戏，允文允武的刀马戏，还有花旦戏，有比较全面的展示。另外，除了叶盛章的大戏《酒丐》《佛手桔·盗银壶》有重复上演之外，其他李金鸿的剧目除了一头一尾《金山寺》之外，18天里没有翻头，一来展示了会戏甚多的实力，二来也可见《金山寺》确实成为李金鸿的代表作。

以下为李金鸿此期演出的具体情况列表。

| 日期 | 剧目 | 说明 |
|---|---|---|
| 7月18日 | 金山寺 | 主演 |
| 7月19日 | 佛手桔·盗银壶 | 大戏主配 |
| 7月20日周日 | 日场：蟠桃会　夜场：虹霓关 | 主演　一天两场 |
| 7月21日 | 酒丐 | 大戏主配 |
| 7月22日 | 演火棍 | 主演 |
| 7月23日 | 打樱桃 | 对儿戏 |
| 7月24日 | 欧阳德 | 大戏主配 |
| 7月25日 | 辛安驿 | 主演 |
| 7月26日 | 小放牛　打瓜园 | 对儿戏　一场双出 |
| 7月27日周日 | 日场：得意缘　夜场：金石盟 | 对儿戏　一天两场 |
| 7月28日 | 百草山　三岔口 | 主演　主配　一场双出 |
| 7月29日 | 白泰官 | 大戏主配 |
| 7月30日 | 酒丐 | 大戏主配 |
| 7月31日 | 摇钱树 | 主演 |
| 8月1日 | 佛手桔·盗银壶 | 大戏主配 |
| 8月2日 | 酒丐 | 大戏主配 |
| 8月3日周日 | 日场：泗洲城　夜场：金山寺 | 主演　一天两场 |
| 8月4日 | 酒丐 | 大戏主配 |

随着声誉的日长，在这次天津演出期间，“拜客”一事也显得更为重要。所谓“拜客”是当时戏界的一个规矩，艺人走码头时的重要事务。“拜客”拜的都是当地有头有脸的大人物，政界、军界、商界、文化新闻界等要人得登门去拜访，其目的就是希望这些有权有势或有话语权的人，能够给些帮助，支持票房或撰写文章，也就是所谓的“捧角”。李金鸿有赖族兄家中的关系，这次赴津演出期间，也还真是拜了些要人，其中有清王室的庆王爷。庆王爷与族兄家常有来往，在北京的住宅只隔一条胡同，庆王府的后门正好与族兄家的前门相连。王府的人也都酷爱京剧昆曲，经常票戏。此期演出时，庆王爷恰好住在天津，这样一位重要的客人不可错过。见王爷，得按王室的规矩，于是李金鸿事先学习了怎样请安等礼节。对于这次的“拜客”，李金鸿印象非常深。庆王爷在天津的宅邸很大，府中就有戏台。宅子大门是个铁门，有传达门房，进了大门走过一段小坡路才到正宅。递上名片后，管家送进去，喊了声“请”，这才进屋。庆王爷就坐在椅子上，李金鸿很小心地请了安，也不太敢直面瞅王爷，就感觉王爷的个子不算太高，是个高鼻梁的人。但是王爷倒很是和气，说“别客气，坐下吧”，让坐下聊天。王爷的三个儿子就站在他身后。之前就听说他们都非常喜欢京剧，大儿子喜欢演刀马旦，二儿子喜欢演武生，四儿子喜欢唱老生。时间不长的闲谈也都是台上这些事，李金鸿还记得庆王爷提到前辈花脸黄三念白咬字怎么好。“拜客”之后，庆王爷对李金鸿演的戏，选定了三出，演多少天，包多少天。

这就是“拜客”的意义所在。生存是第一位的，有了本事还必须有支持。当时的京剧市场非常活跃，好演员层出不穷，观众总是会喜新厌旧。江山代有才人出，新角儿的出现，旧角儿的更替，频率非常快，竞争很残酷。新角儿需要客人的捧场，老角儿需要维护观众群。从礼节上，“拜客”也是对支持自己的座儿的诚挚感谢，我奉献好的艺事，您欣赏我的表演，尽管相得益彰，但又不得不说，座儿是掏了钱买票看戏，角儿才能挣到包银。所以演员一是要拿出真功夫，二是要时常创新，保持新鲜感，三是要维护好自己的观众群。这就是市场，理性的市场，残酷的市场。

这段时间与富连成大班在天津的合作非常顺畅，经过了津门再次洗礼，文武全才李金鸿，彻底在津沽站稳脚跟。回京后继续与富社大班合作。1941年8月23日《新民报》载，“叶李在京合作”一文，提到叶盛章与李金鸿在天津的合作“珠联璧合”，返京后叶盛兰加入，并将与李金鸿合演《得意缘》。自此后一段时间，李金鸿一直与叶氏兄弟合作，除了自己本工的武旦戏，与叶盛章合作的对儿戏及叶盛章的本戏之外，又多了与叶盛兰合作的《得意缘》《虹霓关》《双合印》等戏。

葉李在京合作

葉盛蘭李金鴻首演得意緣

葉盛章前此赴津與李金鴻合作洵屬珠聯璧合，近返京後，葉盛蘭亦決加入合演，後經友撮合，仍與李金鴻合作，已定每期公演四場，現準於星期一廿五日夜出演廣德，大軸由盛章演全部雁翎甲，壓軸葉盛蘭李金鴻合演得意緣下山，葉世長任志秋合演藥酒會，黃元慶演花蝴蝶

图 3-8 《新民报》报道“叶李在京合作”，1941 年 8 月 23 日

廣德戲院

今日夜戲 李玉茹 趙金年 王金璐 全部姑嫂英雄

明日夜戲 葉盛章 葉盛蘭 李金鴻 雙合印 溪皇莊 陽平關

廿一夜戲 博 奕 華 紀玉良 江世升 雙 劇 一 進 二 宮 本 虹 霓 關

图 3-9 《新民报》演出广告，1941 年 10 月 19 日

图 3-10 李金鸿与叶盛兰《得意缘》①

叶盛章主工武丑，与金鸿的合作主要是武戏及《小放牛》类的对儿戏。长李金鸿九岁的叶盛兰，工小生，李金鸿与之合作的戏较多刀马旦、花旦的戏。说起来，叶盛兰是前辈，出科富连成，彼时已在京剧舞台摸爬滚打了十余年，能与刚出道不久的李金鸿合作《得意缘》《虹霓关》等戏，也可以看出对他的高度认可。这些戏是小生和旦角合作的，相当于对儿戏，而实际上仍是以旦角略占主角地位。因此《立言画刊》也有这样一说，“金鸿在富社大班唱戏，盛兰跟他唱得意缘、虹霓关许多旦角正工戏，盛兰也是喜欢好的，要不以他往日的脾气和秉性，决不肯为金鸿配卢昆粟与王伯党”，同时也有对李金鸿不足的评价，“他对金鸿的批评是再致力于青衣正工戏后起的旦角谁也比不了”，

① 刊载于《三六九画报》1941 年第 11 卷第 14 期。

叶盛兰的评价可谓期许甚高。

1941 年《三六九画报》刊载了李金鸿与叶盛兰合作的《虹霓关》剧照，并以“二美俱”为题做文字说明，“本应是‘四美俱’，因为符合二周年纪念，所以改为‘二美俱’，左为青年旦角中最美之李金鸿，右为小生之美的人物叶盛兰合摄之《虹霓关》”。

图 3-11　李金鸿与叶盛兰《虹霓关》①

1943 年《游艺画刊》再次刊载了这张经典的照片，并附介绍：

> 《虹霓关》是充满桃色气息的一出戏，上图李金鸿所扮之东方氏，妙目含情，与叶盛兰所饰之王伯党，双目炯炯，充满欲焰，此亮相恰到好处。摄影时金鸿甫退出光华社，方加入富社大班，在北京长期出演于华乐戏院。现在李与叶均已大红，距摄影时虽仅一年，而有白云苍狗之感焉！②

① 刊载于《三六九画报》1941 年 12 卷 3 期。
② 《游艺画刊》1943 年第 6 卷第 4 期，第 3 页。

该剧照是《虹霓关》一剧最为经典的代表相，生旦单手提枪相靠，另一臂拉山膀，两人对视。从照片中我们来品品李金鸿的美。一为扮相，眉目清秀且有淡雅之气；二为腰肢，足下跐跷微露，蛮腰微倚伯党，玲珑袅娜；三为眼神，注目伯党，含情脉脉，但又似有似无，恰是这难得的“分寸”最让人心痒，给了看客足够的想象空间。而李金鸿的表演未见得如报道所提，具“桃色气息”，眼神也是含蓄的所谓“欲焰”，只是此戏本身带有桃色的含义，有些演员会往桃色的方向去演。而李金鸿演此戏则是美媚而不淫，依然是以大气为要义，是按照梅兰芳的风格去演的。

与富社大班叶氏兄弟固定的合作一直持续到 1942 年 4 月。富社大班的戏主要还是以叶盛章的本戏为主，《刺巴杰·酸枣岭·巴骆和》《佛手桔·盗银壶》《酒丐》《欧阳德》《智化盗冠》《藏珍楼》等，从《新民报》载演出广告来看，1941 年下半年，李金鸿本人的主戏，与叶盛章、叶盛兰合作的戏，均有安排，1942 年春节过后，个人主演的戏渐少，主要是叶盛章的本戏，也不排除广告排版有限只列了本戏。这期间与杨宝森班社的合作也渐渐多起来，且多与叶盛兰一起挂二牌，合作剧目有：《虹霓关》《双合印》《悦来店》《胭脂虎》，或每人单出：《百草山》《岳家庄》；《金山寺》《飞虎山》等。自 1941 年下半年始，京城的各大戏院和其他班社时常邀约进行合作演出。李金鸿渐渐成为京城京剧舞台的红人。自搭班以来一年多的时间，金鸿在京津两地彻底站稳了脚跟，被誉为“小名旦”。

且看 1941 年末报刊给李金鸿的总结：

在今年这一年，梨园中可以算是相当多事了……在新人才发展方面，最值得庆幸的，就是李金鸿在梨园界奠定了小名旦的地位。

……戏校解散后月余，值李万春由上海回京。那时永春社因正缺旦角，便约金鸿加入，于是金鸿算正式搭班了……后来光华社去津，金鸿以久居永春社终非长计。乃应约去津，任大梁唱一月，返京未久，天津中国戏院即约其与叶盛章合作出演。自是津沽人士，无不知文武全才李金鸿的了。

自搭入富连成后的李金鸿，可以算是他最得意的时期了。文戏有世长盛兰为辅，武戏有盛章为辅，一展所长，尽量发挥天才。

近日合作戏，义务戏正盛，金鸿之武戏已代替了宋德珠，文戏代替了毛世来，而开销较宋毛为小，于是各处争为约请（挑班者比不挑班者开销多数倍）。且每演必受观众热烈欢迎，可见金鸿一年来的成就，非比寻常了。

虽然他现在已经列在名角里，但我们看他的举止言谈全无习气，这也是他成功的要素，并且每天除去喊嗓练功外，并从吴富琴韩世昌等学戏，一年来所学的戏，较在校时多有数倍。

总而言之，今年梨园界声势最盛的人，要算是李金鸿了，并且由他努力的观点来说，将来的李金鸿更要有惊人的成绩，表现在我们眼前，我们也很期待着他呢。①

異軍突起之小名旦：

李金鴻專輯

・段黃寄・

□右李金鴻之本來面目□

□上戰宛城之放大鏡頭□

□下李金鴻之化裝藝術□

□李金鴻戰宛城裝象□

小名旦：李金鴻

・哈段黃・

所謂四小名旦者，各有其美點然亦有其微玷，惟後起之李金鴻，不特材質大堪造就，而私底下姿容，場上台風，均有後來居上之勢！

金鴻習武旦，峭健可媲美於宋德珠，且更富於花衫天才，一自「獨占花魁」排演後，春明平章劇事者，無不盛稱金鴻所飾之劉四姨，一身青緞衣褲，襯諸明豔姿首，真是罵人—與女生之白玉薇，同為人所最重視者，潛勢之大，李・白可以並肩。

金鴻之長，武功有宋德珠之飄率，身段台風，均較宋為豐滿挺秀，惟目下亦病嗓，音在「嗆口兒」中，使能恢復，則四小名旦除李世芳外，均將瞠乎其後矣。

图 3-12　异军突起之小名旦李金鸿专辑②

---

① 《今年的李金鸿》，《三六九画报》1941 年第 12 卷第 14 期，第 22 页。

② 《半月戏剧》1941 年第 3 卷第 10 期。

“北京学戏，天津唱红，上海挣包银”，这是角儿成名的必经之路。李金鸿从 1931 年在中华戏曲专科学校开始学艺，毕业后搭班永春社，挑班光华社，再挂并牌搭富社大班，用 10 年的时间完成了演艺生涯重要的两步，在 1941 年底 1942 年初，每年冬季大演合作戏的时候，成为京城各大戏院争相邀约的红人。离开学校独立谋生仅一年就在京津京剧市场争得一席之地，“奠定了小名旦的地位”，可谓厚积薄发。

## 五、大唱合作戏——与马连良、谭富英演《摘缨会》

所谓合作戏，用现在的词儿就是强强联合。演员平日的演出会归属相对固定的班社，或自己挑班，或搭固定班，或搭散班。合作戏则是戏院从经营的角度考虑，采取分别邀约的办法，把各行的角儿们都集中在一台戏里，想看谁，这一晚上就都能看到，对观众的吸引力足够大，票房自然就更好。有些传统戏本身就非常适合安排合作戏，比如《龙凤呈祥》《红鬃烈马》《四郎探母》《法门寺》《摘缨会》等，称作“拴角儿”的戏，这些戏行当齐全，文武场都有，并且每个行当都有独立展示的表演段落，观赏性很强。当时的好角儿们都会独立挑班，较难有机会在一起演出，这种合作戏的方式，能让观众全方位地过足戏瘾，所以每到年末，就是合作戏大演的黄金时间，是戏院给观众的年终大餐，也是观众回馈戏院的机会。再一个角度说，角儿就是这些角儿，戏也就是这些戏，从年头演到年尾，再精彩也会有审美疲劳，所以这种合作戏也相当是给疲惫的演出市场打一剂强心针，把角儿和座儿都刺激一回，带些新鲜感，并在品鉴回味中步

图 3-13 《新民报》演出广告 1941 年 10 月 24 日

入下一个年头。另外，合作戏也是各种内容的义演采取的形式，目的同样是为了赢得更多经济效益。

1941年秋冬，李金鸿成为京城各大戏院各类合作戏、义务戏邀约的红人。

1941年10月25日，长安戏院，开场《天官赐福》——全体登场，《打侄上坟》——李世霖，《连环套》——侯喜瑞、周瑞安、王福山，《打瓜园》——叶盛章、李金鸿，《审头刺汤》——马连良、南铁生、萧长华。

1941年11月5日，长安戏院，昆曲合作大会，《火判》——侯玉山，《金山寺》——李金鸿，《春香闹学》——白玉薇，《游园惊梦》——黄玉华、储金鹏、田玉林，《贞娥刺虎》——韩世昌。11月3日《新民报》第6版刊载文章：感慨话昆弋，对这场昆曲合作演出做了详尽介绍：

> ……再前则为李金鸿之降香水门，自饰白蛇，白香素艳，雪洁冰清，以其"秋水为神玉为骨，芙蓉如面柳如眉"之扮相，唱"醉花阴"一套，种种身段，美如缟袂姑射，花开左掖，梨绽东风，所有上船下船舞动青龙禅杖等动作，恍若玉龙妖矫，它如大战伽蓝神风火神与鹤童鹿童等，则所谓"银枪队里肉飞仙"也。至于表情更似粉泪阑干，玉容寂寞，表现"情妖"芳心欲碎。加以莲钩蹴凤，玉笋银菱，扶掖青儿之跳步，不殊云阶月地，玉儿不负东昏。配以任志秋饰青儿，裙带新蒲亦复碧罗呈艳……①

仍然是这出《金山寺》，金鸿的代表作，经过了戏校的初学，对梅兰芳的观摩吸收，再经过向韩世昌集中的昆曲剧目的学习，这次与韩世昌同台在昆曲合作大会上出演，必然有着不一样的意义，也有不一样的诠释，尽管路数已然成熟于胸。对于昆曲的欣赏，这出《金山寺》重点看的不是惊险出手，而是与【醉花阴】【喜迁莺】【出队子】【刮地风】【四门子】【水仙子】这一大套曲牌相配的无唱不舞的身段，还有白娘子"芳心欲碎"的情感表现，再辅以深厚的跷功及武打，是包含了人物和技术的最高级的表演。这出《金山寺》是李金鸿后来教得最多、受益学生最多，也是笔者最爱的一出戏。

---

① 《感慨话昆弋》，《新民报》1941年11月3日第6版。

1941 年 11 月 27 日，长安大戏院，《扈家庄》——李金鸿，全部《娟娟》——李世芳、毛世来。这场规模和影响并不算太大的合作，却是很有意思，拴了三个旦角儿，其中两位位列“四小名旦”，是富连成社科里红起来的，李世芳以青衣、花衫行为主工，毛世来偏花旦，表演风格也不尽相同，各有精彩。李金鸿的《扈家庄》虽是武戏却是经过王瑶卿的指点，带有刀马风格的，又是唱昆曲，仍是展示文武兼擅的能力。这样的戏码安排，三位旦角儿的风格既有区分，又不会因过于火炽给这台旦角儿戏突兀的感觉。这三位从扮相上都有一拼，再配合有文有武的戏码，观众也算是饱了眼福。而这种一台旦角儿的合作也是比较少见的。

《摘缨会》是典型的合作戏，老生、旦角、花脸、小生、丑，行当全，各角色也分别有施展的空间，这出戏，在短短的两个月内，李金鸿分别与马连良、谭富英合作，同台的还有金少山、叶盛兰、萧长华等，两次合作戏，只换了老生，其余四位均未换。

先是与马连良的合作。1941 年 11 月 30 日，长安戏院，《小放牛》——筱翠花、马富禄，《穆柯寨·穆天王》——李世芳、裘盛戎、刘连荣，《摘缨会》——马连良、金少山、李金鸿、叶盛兰、萧长华。

再看与谭富英的合作。这期间有集中的四场合作戏，一并列出。

中华同义会的两场冬赈义务戏：

1942 年 1 月 17 日，长安大戏院，《长寿星》——李多奎，《金钱豹》——周瑞安，《乌龙院》——杨宝森、毛世来、孙盛武，《长坂坡》——孙毓堃、南铁生、曹连孝、侯喜瑞、迟月亭、许德义、张蝶芬，《能仁寺》——尚小云、姜妙香、筱翠花、马富禄、高富远，《摘缨会》——谭富英、金少山、李金鸿、叶盛兰、萧长华。

1942 年 1 月 18 日，长安大戏院，《挑滑车》——杨盛春、韩盛信，《小放牛》——宋

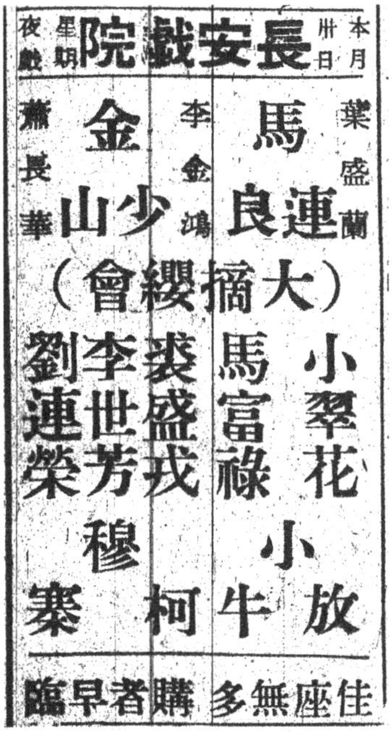


图 3-14 《戏剧报》演出广告，1941 年 11 月 30 日

德珠、慈少泉，《千金一笑》——李世芳、贾世珍、江世玉，《洗浮山》——李万春，《铁弓缘》——荀慧生、徐和才、朱仙斌，《打渔杀家》——马连良、张君秋、叶盛章、刘连荣、李洪福。

北京新闻协会主办的两场合作戏：

1942 年 1 月 21 日，长安大戏院，《铁龙山》——李盛春、杨洪春、韩盛信、张连廷、苏盛轼，《黄金台》——谭富英、金少山、萧长华、萧盛萱，二本《虹霓关》—— 尚小云、任志秋、姜妙香、高富远，《双沙河》——荀慧生、金少山、筱翠花、马富禄、尚富霞、徐和才。

1942 年 1 月 22 日，星期四，长安大戏院，《大四五花洞》——李万春、李世芳、毛世来、宋德珠、李金鸿、贯盛习、裘盛戎、朱盛富、高富全、贾多才、蓝月春、孙盛武、慈少泉、张永禄、刘斌升，《龙凤呈祥》——马连良、张君秋、王凤卿、孙毓堃、叶盛兰、李多奎、侯喜瑞、刘连荣、李洪福、马春樵、高连峰。

这两次四场义务戏，应该是 1942 年初，阴历年根京城规模最大的，金鸿各参加一场。从整个戏码人员安排可以看出，京城的角儿们基本都聚齐了。从马连良、谭富英、杨宝森，四大须生之三，到尚小云、荀慧生四大名旦之二，从孙毓堃、李万春、叶盛兰、姜妙香等当红武生、小生，到金少山、侯喜瑞、萧长华、马富禄等净丑大家，生旦净丑各行大角儿都到位，再到李世芳、张君秋、毛世来、宋德珠，四小名旦。除了在外埠的，京城此时名角儿一览无余。从戏码上看，李金鸿参演的两场戏，一场是《五花洞》，展示武旦稳健火爆兼妩媚婀娜的风采。另一场则是正工青衣戏，《摘缨会》的许姬，要唱一段慢板，还有与老生的念白对唱等表演。

图 3-15 《新民报》演出广告，1942 年 1 月 17 日

这是近两个月来第二次《摘缨会》的合作，这次除了马连良换为谭富英，其余四位主演没变。在这两场义演中均有四小

名旦的身影，但却没出演大轴中的许姬，当然也能看到虽然排在前面但是戏份会更重些，比如李世芳的《穆柯寨·穆天王》，毛世来的《乌龙院》，宋德珠的《小放牛》。但我们仍可以毫不含糊地确信，李金鸿与马连良及谭富英合作演出，并且出演的是正工青衣行当的角色，必定有着相当的与这些大角儿们站在一起的本事。尽管在第一次与马连良合作时，金鸿也是非常紧张的，但能与马连良站在一起，且不久又与谭富英站在一起，只凭勇气是不可能的，观众如果不认可，是绝不会有第二次的。李金鸿无论从扮相到嗓音、表演、台风，都是不逊色的，如果有什么差强人意的地方，想来也就是他略显娇小的身材及青衣唱功的功力火候，毕竟此时的金鸿还不到 19 岁。

有关《摘缨会》的表演现场，从景孤血的描述中感受一二。

十一月三十日晚，长安戏院有一场庆祝合作戏，大轴《摘缨会》马温如（作者注：即马连良）之楚庄王，金少山之先蔑，叶芝如（作者注：即叶盛兰）之唐狡，萧和庄（作者注：即萧长华）之襄老，以小名旦李金鸿助饰许姬，其妙有入“五凤齐飞入翰林”也……四宫女引许姬于【小开门】中念二句上。金鸿饰许姬，戴凤冠，于例应着宫妆，是夕则着黄帔，据金鸿自言，以其身躯较矮，宫衣恐致臃肿，故以黄帔代之，魏莲芳亦有时如此也。金鸿作宫妆者此为首见（虽非全幅宫妆，亦具其意）。而以其远山芙蓉之颊，愈似姚黄国色。凤冠珠綫既大，其面益呈长秀，如古美人。凡小圆脸与无下巴者俱不宜戴凤冠，而瘦嶞峻嶒者亦不宜戴凤冠，必作弧圆不稍削露者，乃如红熟林檎。其最美者厥在准上眉眼之中，所谓山明水秀者全在此际，更有所谓盈盈欲语者亦在此点。两颐既润且净，细端详之，则眉是眉，眼是眼，鼻是鼻，口是口。夫人安有不眉是眉，眼是眼，鼻是鼻，口是口者？而实际上确有眉是眉，眼是眼，而鼻不是鼻或口不是口者，如此则全“砸”矣。于是我更明了中国文士形容美女辄曰如画中人，盖人之生也，眉、眼、鼻、口未必皆上选者，而画师既费一番工夫，自然以其假意最美之眉、眼、鼻、口汇于一纸，所以真不如假，然而孰忆又有假不如真者，如李金鸿之扮相哉？是剧吾虽坐而聆剧，心实惴惴，极“没罪找枷扛”之感想。因马温如

> 演剧选配素严，金鸿以扮相论，自无可以贻人口实。尤其温如此夕所饰之庄王，神色异常细腻，于金鸿念至“愚昧言词冒犯我主”之时，扬额做出“哪有此话”之意境。惜乎金鸿之许姬于聆“劝梓童”一大段唱工时，未能方流璇玉，做花中之娇容三变。然至“同入罗帐”，二人共立台心，不殊凤尾黄蕉与一树寒梅花相辉映，所谓“微寒仙诀帔泥金”者。“台威”之隆，殆无与比伦矣。闻马自云：是夕检场人于大段“劝梓童”中倏去挪椅，以致影响观众视线，几欲怒而□之……《摘缨会》一剧，至此无再述，而一月十七晚中华同义总会所主办之冬赈大义务戏中亦有《摘缨会》一剧，除却庄王一角易为谭富英外，若金少山之先蔑，李金鸿之许姬，叶盛兰之唐狡，萧长华之襄老一仍旧贯……诚以金鸿固属天生丽种，然在马谭金萧叶之诸人中，实不可谓非末学新进乃亦攀龙附凤扶摇直上。总计京市四大须生（马、谭、杨、奚），金鸿得与配戏者有其三，以其豆蔻初胎，洵为幸运。尚愿深体同业先进提携之意孜孜用工，毋附此二夕中荣誉。辻听花之言曰：“有厚望焉！”……①

景孤血对李金鸿的关注自戏校后期就开始了，特别是对李金鸿在《独占花魁》中之刘四姨的表演甚为赞赏。从这篇评论中摘取有关李金鸿的部分，仍能看出这位伯乐对金鸿的扮相、气质一直以来的高度认可，尤其对扮相之美，是从来不吝笔墨，亦感无法抒发到位的状态。对金鸿的台风气质也是极为欣赏，认可年仅 18 岁的金鸿与长自己 22 岁的马连良“共立台心”毫无不相匹配之感，且相辉映“台威”甚隆，实属不易。同时也提出不足之憾，在楚庄王大段唱工时，许姬未能做出应有的回应表演，怕是他此时刚唱完慢板，与楚庄王道白表演完自己的戏后，心内有了些如释重负，忽略了接下来与对手表演中的配合。文中也提到了后来与谭富英再次合作的此剧，和金鸿受到提携的幸运，甚至拿辻听花之言“有厚望焉”来表达对金鸿的期望。辻听花是日本人，是 19 世纪初在中国的著名京剧研究者，曾任《顺天时报》编辑，四大名旦的投票产生就与其主持的活动有关。景孤血借用了辻听花“有厚望

① 陈志明、王维贤选编：《立言画刊京剧资料选编》，学苑出版社，2009 年，第 840—844 页，《孤血谈剧——记马、金、李之〈摘缨会〉》，《立言画刊》1941 年 12 月 20 日第 169 期。

焉”这四个字，其典故未能查得其详，但总离不了对当时某位艺人的期待，故借来一用，以期表达对金鸿的厚望。此篇中提到四大须生“配戏者有其三”，而其后不久，唯余的奚啸伯，也有了与金鸿的合作。

1941 年至 1943 年期间，李金鸿在北京参加的义务戏、合作戏，再选取部分罗列如下：

1941 年 12 月 19 日，长安戏院，杨宝森、黄玉麟、李金鸿、裘盛戎、孙盛武等人合作，《摇钱树》《汾河湾》《法门寺》。

1941 年 12 月 27 日，长安戏院，秦玉梅、陈少霖、李金鸿、王金璐、侯喜瑞、叶盛兰、马富禄等人合作，全部《得意缘》。

1942 年 1 月 30 日，长安戏院，《四杰村》——李盛斌、刘砚亭、朱盛富，《双摇会》——计砚芬、于莲仙、李盛芳，《铁弓缘》——李玉芝、贾多才，《杏花村》——李金鸿、孙盛武，《宇宙锋》——南铁生、刘连荣，《铁龙山》——孙毓堃、许德义，《失街亭》——孟小冬、金少山、萧长华、裘盛戎。

1942 年 2 月 1 日，长安戏院，《嫦娥奔月》——李世芳，《马上缘》——荀慧生，《金山寺》——尚小云、白云生、李金鸿、杨盛春，《打棍出箱》——谭富英、刘砚亭，《战宛城》——筱翠花、孙毓堃、叶盛章、侯喜瑞。

1942 年 6 月 11 日，长安戏院，程继先、李洪春、李金鸿、李和曾、王金璐、萧长华，《坐楼杀惜》《临江会》。

1942 年 8 月 8 日，长安戏院，谭富英、金少山、李金鸿、杨盛春、姜妙香、王泉奎，《挑帘裁衣》《失街亭》《坐帐斩谡》。

1942 年 9 月 13 日，中和戏院，尚小云、筱翠花、王凤卿、李金鸿、尚富霞、尚长春，《断桥》《金山寺》《御碑亭》。

1943 年 1 月 29 日，开明戏院，《巴骆和》——李金鸿、马德成、侯喜瑞，《廉锦枫》——李世芳，《金榜乐・御碑亭・大团圆》——孟小冬、李玉芝、马富禄、叶盛兰、张春彦。

1943 年 3 月 25 日，长安戏院，《大战宛城》——孙毓堃、李金鸿、侯喜瑞、王福山，《红鬃烈马》——谭富英、张君秋、李多奎、姜妙香。

1943 年 4 月 16 日，开明戏院，《小放牛》——李金鸿、萧长华，《连环套》——高盛麟、侯喜瑞，《坐楼杀惜》——马连良、筱翠花。

在与前辈和高水平同行的这些合作戏中，李金鸿快速成长着。

## 六、搭班谦和社

张君秋是四小名旦之一，曾搭马连良的扶风社演出。1941 年，张君秋的岳父、北京梨园公会的会长赵砚奎开始为张君秋筹备组班，亲自出面找演员，每一行都是双角，可想这个演出团队实力之雄厚。曾有报载：

> 犹忆十年前君秋初组谦和社，班底将北平各行几乎包揽无遗，问之于尚小云，小云不敢保险，再微询王瑶卿，王见名单说头晕，盖所列皆是第一流，而且用双份，小生叶盛兰、尚富霞，老生时慧宝，张春彦，贯盛习，丑行萧长华、萧盛萱父子，贯盛吉，李盛芳；旦行阎世善，李金鸿，任志秋，张蝶芬；武生孙毓堃（杨派仅存，俞派独传）；老旦李多奎，净行侯喜瑞，范宝亭，李春恒，刘砚亭，萧英翔等……由乃岳赵砚奎出面，在开明贴全本《探母》，当日倾盆大雨，卖了个满堂红……①

这篇报道是回忆当时的盛况，包含了各行陆续加入谦和社的人员。比如，阎世善是在李金鸿离开谦和社后加入的，两人并未同时在谦和社出演。从名单中可以看出，谦和社确实是集中了各行的名角，强强联合实力雄厚，每场戏演起来都几乎如合作戏一样的过瘾了，这其中就有李金鸿的一份力量。在成班之前，对李金鸿的参与，也曾有评论说两个小名旦拴在一起，叫座力必是相当可观。根据当年报刊广告所载，李金鸿的戏码基本列在压轴或中轴的位置，从这一点来看，确实有两个小名旦拴一起之势。

谦和社的首场演出在 1942 年 3 月 28 日，开明戏院，当天李金鸿出演的是与孙毓堃、侯喜瑞合作的压轴戏《战宛城》，大轴是全本《探母回令》。

> 张君秋之谦和社，上星期六夜场首次出演开明，前三日票即售罄，压轴孙毓堃、李金鸿、侯喜瑞之《战宛城》下后，台上守旧桌

---

① 丽芷：《六月雪与张君秋》，《大公晚报》1949 年 9 月 17 日第 2 版。

围椅帔焕然一新，君秋出台得满堂碰头好，唱做异常卖力，纪玉良，姜妙香，萧长华，李多奎，王少亭等人，亦颇尽衫托之妙，全剧于午夜圆满告终，从此谦和社奠定江山矣。

……君秋现更与李金鸿研究全部《白蛇传》，二人分饰前后白蛇。①

再看1942年4月11日星期六的夜戏安排。《胭脂虎》——时慧宝、任志秋、尚富霞、何盛清等，《英雄会》——侯喜瑞、范宝亭、高连甲等，《打龙袍》——李多奎、王泉奎、韦三奎等，《小放牛》——李金鸿、王福山，《霸王别姬》——张君秋、孙毓堃等。李金鸿与王福山的《小放牛》在压轴的位置，可见其地位的重要。②

说起来张君秋与李金鸿的渊源颇深，二人算是双料的兄弟，既是学艺的师兄弟，又是生活的把兄弟。张君秋的开蒙师父李凌枫，也教过金鸿很多正工青衣戏。之后两人又同时拜师尚小云，就是在拜师尚小云时，尚小云一句“你俩干脆拜了兄弟”，于是师兄弟又当场结为金兰。李金鸿在谦和社演出期间，施展自己擅长的武旦、花旦戏，《青石山》《演火棍》《虹桥赠珠》《扈家庄》，与孙毓堃、侯喜瑞合作《战宛城》，与王福山合作《小放牛》，与萧盛萱合作《小上坟》，与孙毓堃、王福山、尚富霞等合作《武松与潘金莲》，绑跷演很吃功的《扫地挂画》等。与擅长唱工文戏的君秋两人搭配起来，相得益彰，使得班中的旦角戏文武兼备，让看客大饱眼福。

这对兄弟还在同一出剧目中相携相助。在谦和社演出《金山寺》一剧，金鸿有时单演，有时在张君秋贴全部《金山寺·雷峰塔》时，为张君秋配演青儿，是金山水斗开打部分热闹武戏的担当。《金山寺》是金鸿的成名作，自己演时饰演白娘子，歌舞并重兼火爆开打。这出戏的演法，有其灵活的一面，前面由六段曲牌管着，无论谁出演都是以载歌载舞的细腻表演为重点，后面的武戏部分就相对灵活，根据演员的文武擅长来决定。或完全以白娘子为主，前面歌舞后面开打，突出文武兼备，这种演法，武戏部分白娘子的开打比较火炽。如果演白娘子的演员偏文些，武打部分会较为简略，或者增加青儿的

① 《立言画刊》1942年4月4日第184期，第14页。

② 杜广沛收藏，张帆、李树盛策划，娄悦撰文：《旧京老戏单——从宣统到民国》，中国文联出版社，2004年，第138页。

开打戏份来烘托。张君秋是以青衣唱工戏更为擅长的，演《金山寺》武戏部分，有时可依托李金鸿饰演的青儿施展本事掀起高潮。两人在谦和社的相互扶持合作就这样和谐展开，持续了有一年的时间。多年以后，两人又在中国戏曲学院成为同事，张君秋总会说“咱们可是亲把兄弟。”这种扶持更是延续到了后辈。《金山寺·断桥·雷峰塔》是张君秋经过长期舞台实践积累流传下来的张派代表作，张派的传人们在学这其中《金山寺》一折时，一直按照张君秋的要求，“去找李金鸿学”，于是从杨淑蕊、关静兰到王蓉蓉、赵秀君，都是向李金鸿学了这出《金山寺》。

北京的角儿们去天津和上海演出，一期一周两周或一月两月，每天都要演，赶上周日及节日还要加日场。北京各戏院的演出基本是各班轮着，或由戏院随时约角儿。有的班社有相对固定的戏院，比如富社大班在华乐，谦和社在开明，但也有灵活的一面，这样有很多演员可以比较自由地与各个班社及戏院合作。谦和社的演出不是每天都有，因此在空余时间，金鸿仍能应邀出演合作戏，与富社大班的合作也不断，时常与叶盛兰出演《得意缘》《虹霓关》等戏。

谦和社成立后，因其阵容齐整，一度得到观众的热烈欢迎，演出效果奇佳，得到各地各大剧院的关注，多次受邀赴天津中国大戏院演出。李金鸿此前已是在天津大红的，作为主力之一也是一面号召的旗帜。

> ……张之谦和社，人才济济，为各班之冠，计有老生贯盛习，时慧宝，武生孙毓堃，花面侯喜瑞，武旦李金鸿等，均为一时上选，故其声势喧赫，睥睨一时。虽马连良程砚秋等，亦难分其余势，因之成班迄今，颇为顾曲家所爱戴，现中国戏院鉴于张之声誉，度其来津出演，成绩必佳……①

1942年10月17日至10月28日，天津中国大戏院，张君秋谦和社演出12天，周日两场，共计14场，金鸿出演的剧目有：《金山寺》2场，《战宛城》2场，《翠屏山》《打樱桃》《青石山》《瑞草园》《杨排风》《盗灵芝》《小放牛》

① 《谦和社将来津 继谭富英出演中国》，《新天津画报》1942年9月11日第3版。

《虹霓关》《辛安驿》《探亲家》。

在演出期间，仍时常出现对李金鸿表演的报道。

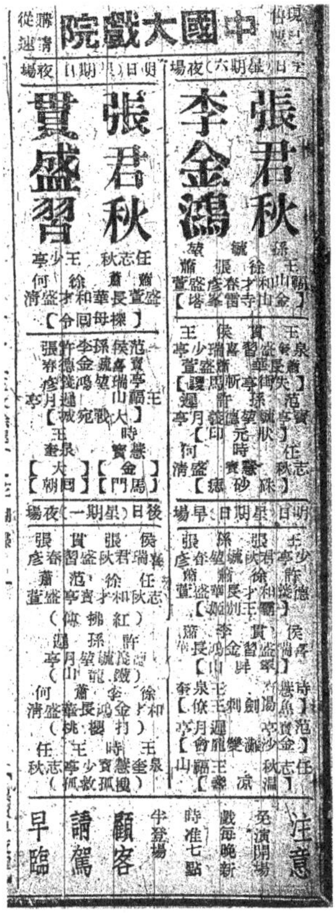

图3-16 《新天津》演出广告，1942年10月17日

> 武戏中之神怪戏，以青石山为最佳，今日舞台上，演者已不多见，中国大戏院昨日曾由武旦李金鸿与孙毓堃等演出，特别精彩，卖符捉妖，更为全剧之火炽处，虽神怪戏，亦为人所欢迎也。
>
> 此剧由狐狸精变化人形，以美貌迷惑周公子演起，直至捉妖止，节目可分八场，如“幻身”“祭墓”“郊遇”“定情”“幽合”“现形”“求医”“卖符”“捉妖”，此剧前场，注重小生与旦角之唱工身段，后场则重武功，身段，特别繁重，剧情亦颇有趣，捉妖时滑稽百出，以萧长华演来，更为精彩，如此名剧，为近日不多演者，宜乎名贵也。①

> 小武旦李金鸿，连日中国演《打樱桃》《青石山》等剧，精彩甚多，深博各界赞美，金鸿堪称九阵风后之第一武旦云。②

10月21日《新天津》同版两篇与金鸿有关，篇幅不大，是对金鸿几日演出的评价，特别是对《青石山》一剧的介绍，谈到是出很好的文武兼擅的戏，但上演的却不多，因此得到欢迎。此剧在当下的舞台上也较为鲜见，并且现在的演法基本压缩的仅余“卖符”“捉妖”了，重点展示的就是武技，前场文戏部分的身段表演遗憾难见。而当时的这类戏，恰是金鸿拿手的，既有身段表演，又有武技开打，再与孙毓堃、萧长华合作起来，必然精彩至极。

① 《青石山卖符捉妖》，《新天津》1942年10月21日。
② 《李金鸿武工纯熟》，《新天津》1942年10月21日。

> 小放牛一剧，本是村女牧童之故事，是由小曲编成戏剧的。因词句中有“杏花村”三字，此戏又名“杏花村”，极幽雅之至，演此戏最早者，为柳子班，当年名伶侯俊山即“老十三旦”，一演此戏极博好评，今筱翠花，马富禄，亦曾演之，最近来津之李金鸿亦擅长此戏。
>
> 按此戏以村女牧童二人连唱带做，场面火炽异常，可以说是歌舞的名剧，尤其是村女，必须踩跷，方显身段窈窕，若以大脚片上场，则索然乏味了，原踩跷为戏内最精彩而重要的技巧，于美观，身段上，亦有重要的关系，否则即失去旧剧固有之价值也。
>
> 李金鸿演此，饰村女之身段，极合小儿女之态度，跷工既稳准，身材亦袅娜，台步风流，更其余事也。①

这篇谈到小放牛的文章，是在此戏上演的前一天刊发的，对这出载歌载舞的戏简单介绍，对李金鸿的跷功、身段，还有表演的“小儿女”神态，重点进行推介。以李金鸿的天然条件和跷功身段功，这类三小歌舞戏确实是非常适合的，再加上金鸿很看重表演，必然能很好地表现出村姑的俏皮灵动。

李金鸿是天津人，来天津演出自戏校期间就开始了，1941 年搭班谋生后，分别随光华社、富社大班在天津演出两次，已经是天津戏迷眼里的红人，在京城受邀参加各种大规模合作戏的声势也传到天津，故会有“红紫当头”的评价。以上几篇有关金鸿的报道，看上去都与所演的戏码有关，不是单纯的捧角文章，也算是对金鸿比较客观的关注和鼓励。

此期演出之后不久，1943 年初 2 月 5 日（农历大年初一）至 25 日金鸿又受邀与吴素秋、贯大元，在天津中国大戏院出演一期，是特别约请的位置，与头牌并列单列，可见金鸿在天津的票房号召力。本期戏码安排还有《思凡》，据李金鸿自己的回忆，《思凡》一戏经常上演，但在笔者查阅的不甚完整的资料中，列出《思凡》戏码的较少，或者也有此戏招牌作用不够而未列入广告的原因，亦可见昆曲式微，更可见金鸿对昆曲之重视。

---

① 《李金鸿之小放牛》，《新天津》1942 年 10 月 23 日。

在谦和社的演出陆续持续了有一年，1943年春，李金鸿受邀与李世芳赴上海演出，回到北京后就离开了谦和社，此后几年经常赴沪淘金。搭班合作就是这样，按照合约期满再议，彼此间有互相选择的自由。坊间曾有说法认为李金鸿文戏没法跟君秋相比，但武戏及花旦类的表演戏却颇占上风，有“喧宾夺主”之意。也还有谈到他是演白娘子的，不愿再给君秋配青蛇了。还有说谦和社请的都是硬角，这种“名星制”确实卖座好，但挑费相应也大，时间久了承担不起，于是孙毓堃、贯盛习、李多奎相继离开。当红艺人的各种消息，向来是世人闲时关注的，了解些皮毛不必过于看重。在那个京剧市场竞争激烈的时代，即便是把兄弟，面对生存时，分分合合都正常，凭本事吃饭，好说好商量，不合作了也不影响日常交往，有合适的时机还可以再度合作。1947年10月15日至10月27日，逗留上海一年之久返京后的李金鸿，再次受邀赴天津中国大戏院，与张君秋同台演出。

1943年的李金鸿离开学校独立谋生已两载有余，自首搭永春社到挑班光华社，再搭富社大班、谦和社，已经在京津两地积累了相当的舞台经验和人气，媒体报道日多，并且也有了固定的拥趸，报刊常见专为李金鸿撰写的赞赏诗文。

见李生金鸿泗州水母造像，丰姿眼秀，绰有馀妍，漫题吾绝既以赏其才质，更以祝其奋发也。

藐姑神女玉芙蓉，
几许风流掩角溶，
却恨化工留一半，
不教宛若见游龙。
梅老秋凋云黯黄，
珊枝挺秀正纷芳，
漫因身手饶刚健，
只作桃花马上装。①

① 眷鸿簃主：《见李生金鸿泗州水母造像》，《三六九画报》，1943年第20卷第7期，第22页。

图 3-17　李金鸿生活照①

**飞鸿歌——为李金鸿作　眷鸿簃主**

翠微爽气春葱茏，山川灵秀有所钟，却嫌粉黛幻娇女，偏教蕴毓生明童。移恨九天结仙李，题名两字翩惊鸿。跨容不让临春阁，细腰羞死章华宫，阑于偶动似能语，眉目欲画殊难工，峭峭双肩耸玉树，纤纤十指舒春葱。有时乔装媚莲步，苗条嫩柳迴春风。有时盘鸦效花面，轻盈一朵青芙蓉，有时轻装缚裤幻女侠，吴钩射月欺猿公。有时貂蝉雉羽貌贵主，平阳英武输雍容，红氍毹步作驰骋，平原想象骄青骢，玉梨花枪偶拈弄，迴风落雪云迷濛。舞刀挥戈不经意，四座眙眵眠蛰虫，浑忌李郎现身手，但看天女驱使天龙八部天花乱落祇园中。曾见靓妆般水母婀娜细步盘游龙，轻风习习生鹤氅，一口汲尽西江虹，又见了髻饰哪吒，乾坤圈具炉锤功，弄丸承蜩果何有，浑脱剑器谁曾逢，更见出奇制胜状鸮妇，时妆明艳裁青绒，沥沥黄莺轻娇语，思之欲醉听者聋，复闻荆钗布裙作幽女，歌声乍动梁尘空，九阜仙鹤想清矫，重楼檐马听琤瑽。如此长才讵世有，弱冠竟已声名崇，冲天惊人自易事，王廷久养毛习羽丰中，允文允武好身手，天不爱惜孰铸镕，宝爱固当珍国器，成全莫使嗟苍翁，呜乎哉君不见梅花水边已衰老，芙蓉江上失鲜红，秋风凄凉白

① 刊载于《游艺画刊》1943 年第 6 卷第 10 期。

云澹，阵风久已息其雄，眼看人物日凋谢，谁为之继难其踪，我歌此曲岂私好，愿我大千手抚五弦客齐来送此飞鸿冲。①

“小名旦”李金鸿的京剧职业生涯已入正轨，演出虽繁忙但却日益熟悉，名声已在外，艺事渐渐成熟，生活有了保障。他学艺、演艺之外的生活渐渐丰富起来，有了走在时代前沿的实力，从玩自行车开始，李金鸿对新鲜事物永葆兴趣的一面由此开始显露，此后赴沪开汽车，中华人民共和国成立后骑摩托，玩摄影摄像。这些看上去是休闲娱乐的内容，也是他不保守、眼界开阔、对新事物积极追求、能够广纳博取的表现。

此时，大码头上海的观众也开始翘首盼望，能早日一睹“小名旦”李金鸿的风采。

## 七、沪上演艺

在京津两地已扎实立足的“小名旦”李金鸿，早就得到沪上的关注和期待，盼望能一睹这位文武全才的风采，所以开始有人联系他赴沪演出事宜。而此时的李金鸿却是有着自己的志愿，要把唱工戏继续加强，在演出之余，仍在努力学习，练习嗓音，练习文戏，拓宽戏路，持续长本事，积极做着准备，不急不躁，稳扎稳打。直到1943年5月，上海黄金大戏院与李世芳递出橄榄枝，李金鸿才正式开启了每年的沪上演艺生涯，一直持续到中华人民共和国成立前，繁华的大上海成为他主要的演艺场所和收入来源。黄金大戏院和号称“远东第一舞台”的天蟾舞台，当时这两所上海最著名的出演京剧的场所，成为金鸿施展才华的主要空间。特别是1930年建成的、专演旧剧的黄金大戏院，全面见证了李金鸿在沪上的风采。

过去挑班的大多是生、旦两行，再准确些就是老生、青衣两行，但因市场的需求，演员不像现在归行过窄，老生、青衣是主行，以唱功戏为主，但也一定兼擅做表的戏，这样才会有丰富的戏码，才有可能更吸引观众。每天的演出也都会文戏武戏搭配，必然就会有各行当演员各司其职。一般来说武

① 刊载于《三六九画报》1943年第20卷第9期，第22页。

旦戏如《泗洲城》《红桃山》《取金陵》等，都是打泡戏，安排在开场，是很不重要的位置。但在李金鸿赴沪演艺期间，类似的戏都排在中轴，甚至压轴，并且武旦、刀马、花旦戏兼演，展示了较为宽广的戏路和丰富的表演技能。上海的观众看戏的口味亦如这个城市，胸怀开放、五彩斑斓，南下的武旦出色的“打出手”技艺及文武兼擅的能力，很是受到观众的喜爱。

《申报》是20世纪初上海本地报纸，每天都会登载各类演艺场所的广告，京剧、沪剧、越剧、电影、话剧，上海滩的繁华可见一斑。中国大戏院、天蟾舞台、黄金大戏院、更新舞台、皇后大舞台等是京剧演出的主要场所，在每日的演出预告中，与剧场名字同样醒目的就是演员，头牌字号最大最黑在中间，两侧有时是相同的字号，或为挂并牌合作对手，或为二牌重要力量，由字号大小及位置来显示这场演出卖的是哪位角儿的哪出戏，一目了然。笔者查阅了当年的《申报》，每一天的演出信息清晰地展现在眼前，那些角儿的名字，那些或熟悉或陌生的戏码，还有热闹非凡的剧院。

## 随李世芳承芳社首次赴沪，粉丝群名为“金属”

1943年5月20日至7月5日，应黄金大戏院负责约角儿的马志忠之邀，李金鸿作为特约演员，以“文武花旦”为号召，与李世芳、迟世恭，在荀慧生之后接演上海黄金大戏院。

图3-18 《申报》演出广告，1943年5月17日

5月17日，《申报》登出了演出预告，李世芳是梅兰芳的爱徒，故而搬出梅兰芳“亲自监场导演”吸引观众，老生是迟世恭，“文武花旦”李金鸿为特约，另有袁世海、俞振飞等人助力，此前在黄金大戏院演出的是荀慧生。同时期各大剧院演出的有：天蟾舞台李少春、白玉薇、袁世海、叶盛章、刘斌崑、班世超等。更新舞台谭富英、梁小鸾、杨盛春等。皇后大戏院童芷苓、宋宝罗、裘盛戎、李仲林等。金城大戏院毛世来、林树森、梁慧超、艾世菊、陈少霖、金

少臣、裘世戎、朱盛富等。

这是李金鸿第一次正式集中赴沪演出。从 1943 年 5 月 20 日始，到 7 月 5 日止，46 天中休息 2 天，出演 44 天，其中周日、端午节加日场，另有一场日场义务戏，共计演出 54 场 59 出戏（有时一场双出）。演出剧目有：《金山寺》、全部《杨排风五打》《摇钱树》《大泗洲城》《取金陵》《锯大缸》《蟠桃会》《红桃山》《盗仙草》《虹霓关》《双姣奇缘》、全本《蝴蝶梦·大劈棺》《宋江闹院·坐楼杀惜》《大战宛城》《小放牛》《大翠屏山》《小上坟》《探亲家》、全部《四郎探母》、全部《王宝钏》《辕门斩子》《百花公主》、反串《黄鹤楼》。其中《金山寺》仍为个人杰作演出 5 次，全部《杨排风五打》演出 4 次。

在此期间应天蟾舞台及叶盛章的邀约，情商合作演出 7 场，剧目是《酒丐》《佛手橘》《白泰官》《青石山》。参加沪上大规模的赈灾义务戏演出 4 场，剧目是《大泗洲城》《青石山》《盗仙草》。参加赈灾播音 1 次。

李金鸿与李世芳关系一向很好，李世芳大两岁，结婚时李金鸿是伴郎。本期演出，黄金大戏院的邀约过程，有个细节故事，就是《金山寺》。这出戏也是梅兰芳常演的，李世芳 1942 年 5 月赴沪期间也曾演出，但效果并不太好，主要是打出手武技确属不大对工，之后基本就不再贴这出了。而这出戏恰好是李金鸿的代表作，从随戏校赴青岛以此戏大火以来，又经过了三年的磨炼和研

图 3-19 《申报》演出广告，
1943 年 6 月 5 日

图 3-20 《申报》演出广告，
1943 年 5 月 27 日

究，无论从歌舞表演到开打，都已经炉火纯青，因此在这次首次赴沪时，打泡就是这出《金山寺》，并且在一个半月的时间里演了 5 次。李世芳宗梅兰芳戏路，主要剧目有《宇宙锋》《凤还巢》《洛神》《霸王别姬》《四郎探母》《红线盗盒》等，另有一些较为传统的，当时各班必演的戏中的旦角，是不对路的，如《宋江杀惜》《战宛城》《小放牛》《小上坟》等，还有《王宝钏》《双姣奇缘》中重要的配演代战、孙玉姣，这些角色李金鸿全能来，所以此期演出李金鸿戏份不轻，地位也较高，从戏码的排列就能看出，像《金山寺》《杨排风》（五打），都排在压轴位置，即使是武旦典型的打泡戏像《红桃山》也都排在中轴，《取金陵》排过压轴，后面接李世芳与迟世恭的《四郎探母》。

图 3-21 《申报》演出广告，1943 年 6 月 19 日

图 3-22 《申报》义务戏演出广告，1943 年 6 月 30 日

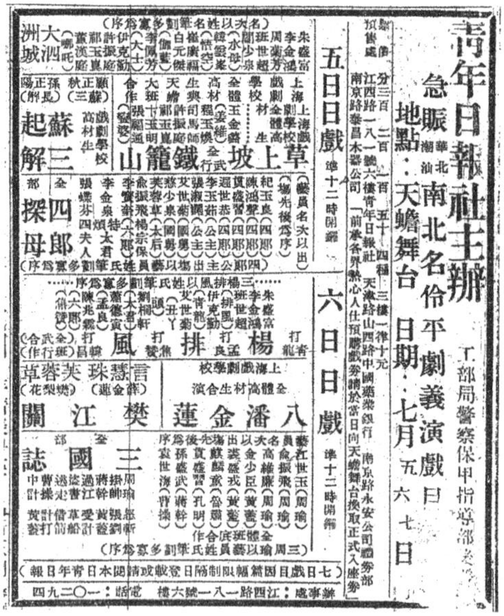


图 3-23《申报》义务戏演出广告，1943 年 7 月 5 日

此期演出临近尾声时，李金鸿参加了两次大规模的赈灾义务戏，分别在鑫记大舞台和天蟾舞台上演，集中了在沪的全体名伶。此段时间南下的北伶较多，阵容异常强大，周信芳、贯盛习、迟世恭、纪玉良、俞振飞、盖叫天、王金璐、芙蓉草、言慧珠、童芷苓、李玉茹、裘盛戎、袁世海、孙盛武、艾世菊等均在列。两次义务戏都上演了《大泗洲城》，7 月 3 日一场由阎世善、李金鸿、朱盛富、班世超分饰水母，7 月 5 日一场由朱盛富、李金鸿、周菊芳、班世超、阎少泉分饰水母。7 月 6 日《杨排风》四打，由朱盛富、李金鸿、班世超分饰杨排风。名武旦同台竞技令沪上观众大饱眼福。

在这期演出过程中，5 月 29 日至 6 月 3 日，李金鸿受天蟾舞台邀请，“过班天蟾”与叶盛章合作《酒丐》《佛手橘・盗银壶》《白泰官》等叶氏的代表剧目。这次过班主要是因李少春有事回京，叶盛章独撑台面，配角阵容稍懈，遂邀金鸿临时加入。过班演出日程相当紧张。比如在 5 月 30 日这天，黄金大戏院中午 11 时开锣的日戏，第二出有李金鸿与迟世恭、艾世菊等人合作的《大战宛城》，晚间 7 时开锣的夜戏第三出有与艾世菊合作的《小放牛》，前面两出为《双摇会》《伐子都》。同时，天蟾舞台晚间 7 时开锣《两将军》《汾河湾》之后是全部《酒丐》。天蟾舞台在今云南中路、福州路口，黄金大戏院在今金陵东路、西藏南路口，相距约 1 公里。按《申报》当天刊出的这个演出日程，李金鸿下午在黄金大戏院先唱了《战宛城》，晚上再唱了第三出的《小放牛》之后，从黄金大戏院赶到天蟾舞台再演《酒丐》。这样的“赶包”，只有经过无数场演出实践的演员才能游刃有余，并且同样赶包的演出不止一次两次。过班不易，赶包得有赶包的本事。当年《申报》的演出广告，黄金大戏院和天蟾舞台经常并列刊出，由此我们可以更直观地了解李金鸿过班赶包的情况。

图 3-24 《申报》演出广告，1943 年 5 月 30 日

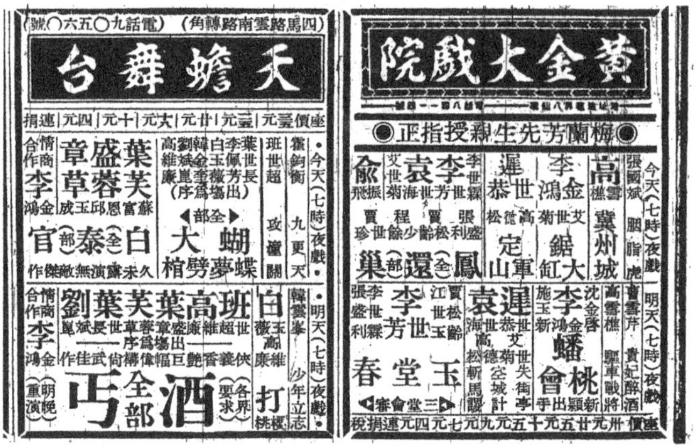


图 3-25 《申报》演出广告，1943 年 6 月 2 日

关于本期演出的情况，再从当时报刊报道中做一了解。

（上海特约通讯）……承芳社全体迟世恭，李金鸿等一行，由李春林，耿世忠率领，已于五月十八日到达上海，分拜各方，拟于五月二十日开锣演唱，泡戏三天戏码分配如左：第一天：玉堂春，第二天：四郎探母，第三天：廉锦枫，世芳此次有李金鸿，袁世海，俞振飞，迟世恭等人为辅，未来成绩当可乐观。（图为李金鸿）①

（本刊特讯）小名旦李金鸿与李世芳合作，去沪出演黄金戏院，金鸿此行共带傍角鼓佬胡琴跟包伙计十人，乃母亦同行，开销浩大，据确讯：金鸿此次应约除与老生迟世恭牌位平行外，月得包银亦极尽麻烦之能事，最先金鸿索一万二千元，后黄金由九千递至一万，金鸿始同意。随行人等开销后，金鸿可净余五六千元之谱，黄金之惯出大价，金鸿亦足以自豪矣！②

李世芳此次再度南来，班中唯有李金鸿一人，最为出色，风头

① 《李世芳预定二十日出演〈沪黄金〉：三天分演〈玉堂春〉〈探母〉〈廉锦枫〉等戏：有李金鸿等人为助前途乐观》，《立言画刊》1943 年 5 月 22 日第 243 期，第 10 页。

② 《李金鸿月得一万：随李世芳去沪包银惊人数字》，《立言画刊》1943 年 5 月 29 日第 244 期，第 11 页。

亦健，台下人缘殊佳，捧之者甚力，此子武功，跷工，身上，开打……凡属武旦诸戏，均所擅长，且为人性情不骄不傲，凡事低心下气肯学肯为，诚可造之才，我于打泡首日，往观之后，便下过断语，认定此子必能走红，我报同人，对李某亦独多夸奖赞誉文字，足见其具有真实本领，人人看后，皆同我感，金鸿之有今日，自在我意料之中，且果不出我之所料也。①

当今伶界旦才，“四大”凋零，“四小”□茸，“四坤”老去，惟余后起群坤，疯魔当世耳！男旦唯一李金鸿，色艺声容，差强人意，今方与小梅同班，闻“黄金”售座之“磁性”，幸赖此“金属”焉。（捧金鸿者皆归于金属）

后起清才海内空，粉将密意付征鸿；歌台巾帼袅娜甚，金粉撑持属此雄！

（注）雄字有二义，雄才与雄雌也。“金粉撑持”句一作“奋起须眉挽颓风”。②

1943年的李金鸿已经有了自己的粉丝群，称为“金属”。从媒体的报道中，我们可以侧面了解到，此期李世芳的演出，相助的团队实力很强，李金鸿作为旦角的二牌，是很重要的票房担当。果然是赴沪淘金，能够支撑较为庞大的十人团队的开销，并且还有不错的盈余。孝顺的金鸿终于也能带着母亲一睹繁华的上海滩。从粉丝为金鸿作的诗“后起清才海内空，粉将密意付征鸿；歌台巾帼袅娜甚，金粉撑持属此雄”又能够了解到当时坤旦已然兴起，传统的男旦势力渐弱。李金鸿在沪演出时曾遇到有关的趣事，当时有亲戚去看《金山寺》，听到观众中一直有人争论分不清是男演员还是女演员，演出完看到卸装后的李金鸿才恍然大悟。可见他在舞台上的表演，展现的古典女性之美，达到了乱真的效果。媒体的介绍除了艺事又看到了对金鸿人品的评价，“性情不骄不傲，凡事低心下气肯学肯为”，人品见艺品，因此有关人品的评价殊为珍贵。也正应了萧长华提醒的那句话，“千万别在台上不像个女

① 《捧李金鸿》，《力报》1943年6月15日第4版。
② 二虫居士：《捧李金鸿》，《海报》1943年6月19日第3版。

的，台下不像个男的”。李金鸿在台上展示的是地地道道的古典女子，在台下则是谦谦君子。

即便成绩优秀，搭班的艰辛却是依然的，上海演出京剧的剧场有很多，这一时期就恰恰汇集了朱盛富、阎世善、班世超等几位均为富连成出科的优秀武旦，同样也在真刀实枪地献艺。李金鸿打着“文武花旦”的招牌，也必然有压力。在这种生态下生存的演员会被激发无尽的能量。我们再来换个角度看看，“根底甚佳各剧极受台下之欢迎”的金鸿，在艺术上到底达到了什么样的水平。王瑶卿的弟子芙蓉草（赵桐珊），本事很强，能戏甚多，在李金鸿赴沪演出期间也多次与金鸿同台演出，包括《双姣奇缘》《樊江关》等戏，在《金山寺》中来过青儿，台上台下对他的了解更为全面，在本期演出中，对李金鸿有如下评价：

> 李金鸿这趟上海，芙蓉草时常给他拨正拨正玩意儿，听说赵曾经这样批评过金鸿，他说：“金鸿错是不错，不过尚需相当用功。他唱旦角的条件无一不备，以他现在唱戏成绩来说，够上演戏的资格了，离唱戏似乎还差一点，这是需要他努力的。”金鸿在沪对赵执弟子礼甚恭。①

对于一个演员来说，无论演到什么位置，红到什么程度，始终能够有人说实话，指出不足，是特别难得的幸事，只要你永远想进步。从芙蓉草的评价中，有对李金鸿的高度肯定“唱旦角的条件无一不备”，“够上演戏的资格了”，同样也指出问题，含蓄但掷地有声，“离唱戏似乎还差一点”。怎么理解这句话呢？“够上演戏……离唱戏还差一点”，实际上芙蓉草看得是很精准的，就京剧的四功“唱念做打”来说，李金鸿的“念做打”三功均已成熟到“够资格”，但“唱”功想必仍有不足，也仍有进步的空间。打小经历了四五个行当的尝试最终归到武旦行的李金鸿，娴熟掌握了武旦行当的“打”功，又向诸多前辈老师学习，丰富了花旦行当的“念做”功，尽管也大量补习了青衣唱功戏，但“唱”这一功位列四功之首，确实是最难把握的，尤其是深度把

---

① 《芙蓉草嘴中李金鸿：唱戏演戏又有分别》，《立言画刊》1943年7月31日第253期，第10页。

握，非正工青衣开蒙并长期练习实践，是不可能达到一定水准的。李金鸿深知武旦行的局限，科内和出科后都在积极努力地加强“唱念做”的全方位练习，拓展戏路，但唱功之难，所需投入的精力是极大的。金鸿要学艺补弱项，更要演艺谋生，以现下较多的演出生计，是没有办法完全投入对“唱”功的练习，因此“唱”这一功必然成为其娴熟技艺中相对而言的短板。这也就是芙蓉草所说“离唱戏似乎还差一点”，算是很含蓄但精准的指点了。而金鸿也始终保持着上进心，即使已获“小名旦”之誉，仍然在努力提高着自己的艺事水准，就在此期演出期间，5 月 22 日，李金鸿磕头拜在梅兰芳门下，寻求名师指点。

首次赴沪，稳扎稳打跻身上海滩京剧一线市场的李金鸿，作为一名职业演员，本期演出中施展所长赢得了“金属”的捧场，也得到了演出市场的青睐。在与李世芳合作到 7 月 5 日期满后，李金鸿又受邀继续在天蟾舞台和黄金大戏院续演至 8 月，同台合作的有李玉茹、贯盛习、芙蓉草、王金璐、俞振飞、孙盛武、艾世菊等。此期与王金璐合作《夺太仓》《湘江会》《青石山》，与艾世菊合作《锯大缸》，与孙盛武合作《小上坟》，与贯盛习合作《庆顶珠》《珠帘寨》，集体合作《美人鱼》《王宝钏》《铁镜公主·四郎探母》等，也必然上演了拿手杰作《金山寺》。

### 与杨宝森出演黄金大戏院，位列特角

李金鸿与杨宝森的合作，自 1941 年下半年就开始了，那时他主要在富社大班演出，也同时接受各种邀约，期间就多次与杨宝森合作。从《新民报》广告中显示相当挂二牌的旦角，常以《金山寺》《摇钱树》《青石山》等戏，或与叶盛兰合作《虹霓关》，为杨宝森垫场，也同杨宝森合作过《打渔杀家》《珠帘寨》《游龙戏凤》等戏，同台的还有梁慧超。在北京、天津都有过演出。1943 年 10 月、11 月期间杨宝森借由沪返京之便，途经徐州、济南演出，金鸿受邀由京赴徐，出演了《金山寺》《杨排风》《摇钱树》《盗仙草》《虹霓关》

图 3-26 《新民报》演出广告，1942 年 1 月 11 日

《樊江关》等拿手好戏，同样极受欢迎。至 1943 年年末跨年之时，杨宝森与周素英在天津中国大戏院出演两周至 1944 年 1 月 10 日，李金鸿亦受邀参演。之后中国大戏院与叶盛章签约，李金鸿又续约再演一期至 1 月 17 日。这之后回到北京，一段时间相对固定地在杨宝森的宝华社出演于华乐戏院。由临时邀约到固定的合作伙伴，于是就有了 1944 年同杨宝森赴沪的演出。

> 黄金大戏院由童芷苓雷喜福演至二十七号止，后队新角邀妥杨宝森、李玉芝、李多奎以外，闻刀马名旦李金鸿亦由黄金以巨额包银聘定同来，此次黄金之轴，命之谓“一杨三李”合作，亦无不可，至于武生一席挽留梁慧超蝉联，花脸为金少臣。①

1944 年 4 月 2 日，《申报》正式刊登黄金大戏院演出预告，头牌老生杨宝森，旦角李玉芝挂二牌，武生梁慧超位列其三，李金鸿为特角之位单列，另有姜妙香、孙盛武、金少臣、哈宝山、艾世菊、苏连汉等主要演员，还有基本阵容：董俊峰、梁一鸣、刘斌崑、吴富琴、小三麻子、程少馀、苗胜春、吴继兰等。其后的演出广告中，孙盛武、金少臣未出现，王泉奎加入。

图 3-27 《申报》演出广告，1944 年 4 月 2 日

本期在黄金大戏院的演出，以 1944 年 4 月 7 日起到 5 月 30 日间的可查

① 《戏世界》（上海）1944 年 3 月 25 日 4035 期。

资料统计来看，54 天金鸿上演约 20 个剧目，一天未断，其间的 8 个周日均为下午、晚上两场，其中有两场是双出。共演出 64 出次，合作的演员及剧目：杨宝森《庆顶珠》《盗魂铃》，姜妙香《穆柯寨》《虹霓关》，艾世菊《小放牛》《锯大缸》《巴骆和》，梁慧超《战宛城》《青石山》《武松与潘金莲》等。其中重复上演较多的剧目有：《金山寺》12 次，《盘丝洞》7 次，《扈家庄》6 次，《杨排风》4 次，《战宛城》4 次，《穆柯寨》3 次。另有《盗仙草》《五花洞》《虹桥赠珠》《取金陵》、反串《打面缸》等戏。

4 月 7 日首场演出展示全班人才，打泡为小三麻子、董俊峰的《华容道》，第二出李金鸿、商四亮、梁慧超、程少馀的《青石山》，第三出是李玉芝、姜妙香的《玉堂春》，第四出大轴为杨宝森、王泉奎、苏连汉、艾世菊、曹世嘉的《失街亭·空城计·斩马谡》。5 月 30 日末场 6 出戏，前面三出是《水淹七军》《岳家庄》《草桥关》，第四出中轴是李金鸿的《金山寺》，压轴是杨宝森、李玉芝、梁慧超的《黑水国》，大轴按当时演出惯例以大反串结束，杨宝森、李玉芝、李金鸿、姜妙香、王泉奎反串《打面缸》。

这期演出持续近两个月，一天未歇，金鸿演出的独立剧目较多，擅长的戏都得到充分的展示，且戏码位置安排也都较重要，多在中轴，《杨排风》《盗仙草》《虹霓关》《小放牛》等戏排过压轴位置。成名杰作《金山寺》演出多达 12 场，且多在压轴。另安排较多的《盘丝洞》7 场，《扈家庄》6 场，多安排在与其他几折连演的本戏中，如全部《金石盟》——翠屏山·巧连环·扈家庄；《金钱豹·盘丝洞·盗魂铃》。这些戏也大多安排在观众较多票房比较重要的周日。这种商业演出，会根据实际的票房情况随时调整安排，所以可以了解到《金山寺》仍然是受观众喜爱的金鸿的代表剧目。演出场次较多的剧目都是融表演与武打出手于一身的，或者是各行当合作的《青石山》《锯大缸》等。有些剧情，有各行当的角儿，有好看的身段、表演，再配合精彩的武打、出手等，能够更多吸引观众。这一点，即便是在武生张云溪、武丑张春华挑班的演出中也同样，此为后话。

仍然通过当年《申报》的演出广告，对本期演出情况更直观地做一了解。

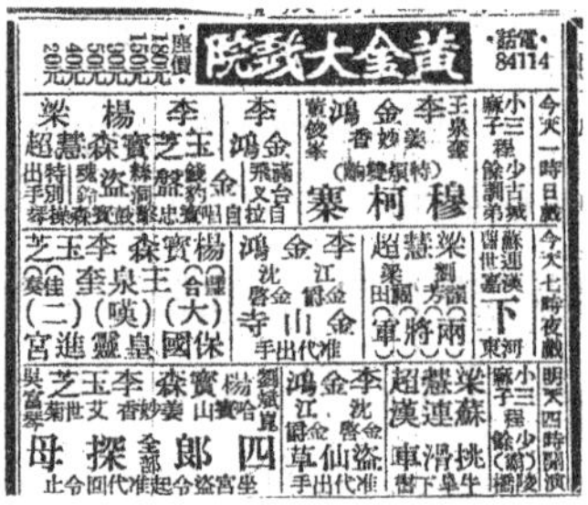


图 3-28 《申报》演出广告，1944 年 4 月 9 日

图 3-29 《申报》演出广告，1944 年 4 月 14 日

图 3-30 《申报》演出广告，1944 年 4 月 18 日

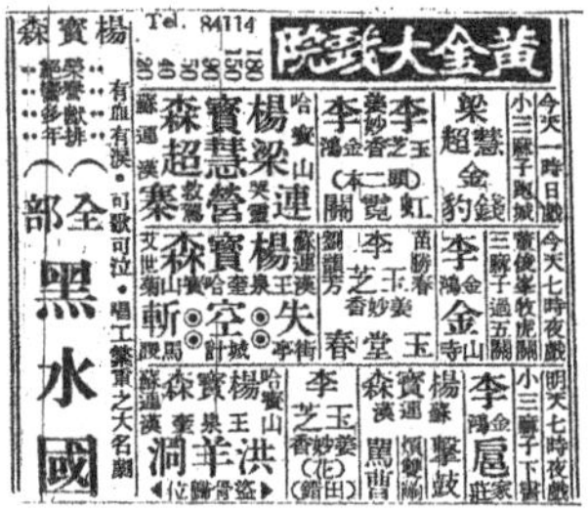


图 3-31 《申报》演出广告，1944 年 5 月 7 日

图 3-32 《申报》演出广告，1944 年 5 月 13 日

再来看看媒体方面的信息。

> 日前在某友处遇一青年，身穿西服，眉目英俊；经友人介绍，始知乃李金鸿。北平戏专学校金字班旦角之高才生也……
>
> 昨晚金鸿演小放牛一戏于黄金戏院，吾特往观之，扮相甚美，腰腿均具工夫，跷工尤佳，确得九阵风薪传。艾世菊之牧童亦不亚王长林，此虽小戏，吾极满意，故述其源流如此。①

再说回本期演出金鸿的地位。这一期，黄金大戏院邀请的是正当红的老生杨宝森挂头牌，李玉芝挂二牌旦角，李金鸿则是单出头的“特角”，“以巨额包银聘定同来”。这个“巨额”到底是多少呢，《立言画刊》有载，金鸿 1943 年随李世芳一同赴沪演出时的包银是每月中联币一万。这次是三万，且与挂二牌的李玉芝相同。② 这些费用包含了随带的下手、鼓琴、衣箱、容妆等

① 少卿：《记李金鸿》，《海报》1944 年 4 月 20 日第 3 版。
② 《立言画刊》1944 年 4 月 1 日第 288 期，第 11 页。

一行，约有 6 人左右。金鸿在水牌上“单出头”的概念是不能等同于挂几牌的。且看如下有关“特角”的解释：

> 李金鸿在于今日已演变成一特角，特角者，不必为头二三牌，在其本身另有一种地位，可以不必再以牌论，今之有此价值地位者，张春彦，李多奎，侯喜瑞，王泉奎，叶盛兰，马德成，袁世海，萧长华，马富禄等皆是，其风头之健有时或且超过主角，有时列于开场，不觉其小，有时列于大轴，亦觉绰然，或者单挑一二场，亦可叫座几百……①

“特角”貌似未居头牌，甚至连二牌都不算，但其地位已经不需“以牌论”，所以在水牌上是单列出来的，以其扎实全面的技艺能力吸引观众，有着特殊的票房号召力。“特角”首先水准必须高，再者一定会得多，能以一当十，才够得上“特”的地位。再来看作者所列的“特角”名单。张春彦是著名的“里子老生”，可以不挂头牌挑班唱戏，但以四大名旦为首的很多旦角演员都曾由他配戏，特别是与程砚秋合作甚多，属于搁在哪出戏里都成，无论主角配角全拿得起来。在台上有火候，不抢戏，极尽绿叶衬托之效。与金仲仁、马富禄、赵桐珊被誉为配角中的四大金刚，是各大班社不可缺少的良配。再看这个“特角”名单，李多奎是老旦，侯喜瑞、王泉奎、袁世海是花脸，叶盛兰是小生，马德成是武生，萧长华、马富禄是丑，很显然，这些“特角”的行当，都不是老生、青衣这两个从历史上就沿袭下来的重要行当，但却是舞台上不可或缺的，因此才有“特角”的存在。而李金鸿作为武旦出身兼修刀马、花旦、花衫的旦角，能列入“特角”之列亦属不易。

已入“特角”之列的金鸿，对艺事的发展和前途仍然有着自己的思考。在此期演出时，金鸿没有放过同台合作的姜妙香，就便向姜妙香学习小生戏，仍然在努力地提高自己演小生的能力。

> 小名旦李金鸿，前次随杨宝森在沪出台黄金戏院，为沪人印象

① 古雪：《对于李金鸿新年后之期望》，《游艺画刊》1945 年 10 卷 1 期（新年号）。

至佳，金鸿素喜小生戏，在沪时与姜妙香同台黄金，姜氏喜金鸿之才，乃新授白门楼，北归之前金鸿此戏已全经姜氏亲授，北归后拟最近一演，此外并仍从票界名宿包丹庭学八大锤车轮大战之陆文龙，亦在近期露演之例。①

就是这样有着长远的眼光，和眼前一步一个脚印扎实的积累，才造就了文武全才、旦生（小生）兼长的李金鸿，也才有了十余年后在中国京剧院接替叶盛兰出演小生角色的李金鸿，在杜近芳的代表剧目《谢瑶环》首演中担任袁行健的李金鸿，在中国戏曲学院教授小生剧目的李金鸿。

### 与张云溪、张春华合作出演天蟾舞台

1945 年 4 月 23 日，《申报》刊出天蟾舞台的演出预告，“又是一批京朝少壮派 打破上海剧坛之沉寂空气！”，“如此阵容 几曾见过 匹配齐整 好戏无穷 现已安抵 注意演期”。本期演出也有称为“五头牌号召”，指的是张云溪、张椿（即春，下同）华、李金鸿、金妙声、王铁侠五人。此后连续几日预告并列出戏码，揭开此期沪上演出之幕。

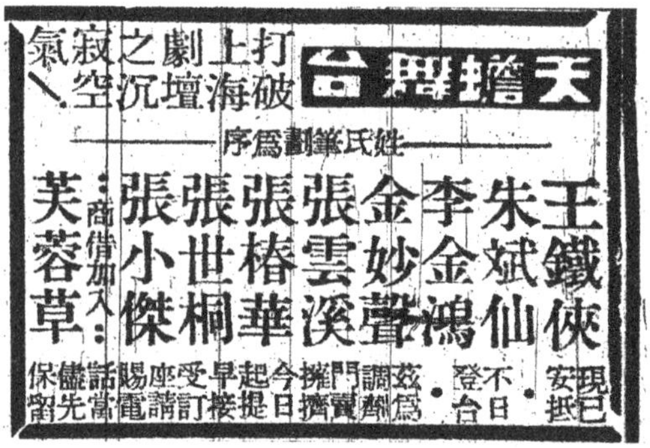

图 3-33 《申报》演出广告，1945 年 4 月 24 日

根据《申报》载演出广告，此期自 1945 年 4 月 27 日至 7 月 23 日，88 天中李金鸿有 8 天夜场未安排，逢周日加日场，端午节加日场，6 月 12 日加日

① 《李金鸿从姜妙香学戏：白门楼最近露演：仍从包丹庭学〈八大锤〉》，《立言画刊》1944 年 6 月 17 日第 299 期，第 9 页。

场义演，7月23日末场按惯例为义演，共计演出约95场，总计演出约124出次，上演剧目约29出。李金鸿在周日的两场演出中一般都演三出甚至四出，比如，6月14日端午节加演日场《金山寺》《法门寺》《龙潭鲍骆》，夜场《金山寺》《混元盒》。7月1日周日日场《大泗洲城》《五花洞》《酒丐》，夜场全部《武松》(《打店》)。平日也有一晚两出甚至三出的时候。演得比较多的主戏及对儿戏：《金山寺》7场、《杨排风》7场、《武松打店》7场、《泗洲城》5场、《五花洞》5场、《小放牛》4场。主要配演：《三岔口》14场、《金钱豹》13场、头本《马玉龙》8场、《龙潭鲍骆》7场。除最后一场按惯例的全体反串《蚆蜡庙》，李金鸿还反串过一场《八大锤》的陆文龙，小生戏一直以这种反串的形式在实践积累着。

以下两图可以了解一天两场三出或四出剧目的情况。

图3-34 《申报》演出广告，1945年6月14日

图3-35 《申报》演出广告，1945年7月1日

这里有两出戏要单提一下。一是《金钱豹》，当时演出有四本，按能查到的戏考剧本来看，前半部有金钱豹欲强行娶邓洪之女的情节，邓洪遇到唐僧师徒后，孙悟空与猪八戒化身邓洪之女和丫环，伺机降妖。这里的邓姑娘是旦角应工，丫环是武旦应工，两个旦角有化身的谐趣表演，丫环还有与金钱豹化身的书生开打的段落。再看《三岔口》，我们现下看到的是中华人民共和国成立后改编的，老本中刘利华夫妻并非义士，实为开黑店的，最终的结果是被任堂惠和焦赞双双杀死，早年是武生、武丑、武旦、武净四行“齐聚一堂”的武戏，主要展示黑暗中开打的技术，讲究编排别致，惊险生动。据考，清道光四年“庆升平班”即有此剧目，咸丰初年《都门纪略》记载有“双奎班”张七搬演过。1879年，谭鑫培首次去上海还贴演过此戏，并将《三岔口》

的表演包含在“谭派”表演艺术范畴中。该版本有七场，通篇演完大约需要50分钟。[①]此期这两出戏是张云溪和张椿华的主演，李金鸿作为主要配演助力。在《三岔口》的演出广告中都会列出张云溪、张椿华、李金鸿三人的名字，想来刘妻的精彩开打戏份也不少。

这个班主打的牌是武生张云溪和武丑张椿华，因此重点展示的就是武戏，所以在本期演出中，金鸿主要应的是武旦的活，并且本戏较多，比如全本《武松》《石秀》《龙潭鲍骆》《大溪皇庄》《酒丐》《金钱豹》《忠义侠马玉龙》等。按当时演出时长，夜戏晚7点开始，演到11点半左右结束，基本上两三出文武兼有的折子戏配一个大的或两个稍小规模的本戏，或者头尾武戏中间加文戏，再或者几出规模相同的折子戏。张云溪、张椿华每场基本都是双出，李金鸿也经常双出。《武松打店》《大三岔口》《大泗洲城》等成为该班的大轴戏。如4月30日戏码：《三盗九龙杯》《双姣奇缘》《武松打店》，李金鸿双出，分饰孙玉姣、孙二娘。5月5日戏码：《小放牛》《薛平贵王宝钏》《龙潭鲍骆》，李金鸿双出，一头一尾。5月6日《大泗洲城》位列大轴，打出张云溪、张椿华、李金鸿三人的名字，而不只是突出武旦，并称之为“角儿捧角儿”。李金鸿的武戏在本期演出中得到充分展示。同时，偏重表演做派的花旦戏依然占有不少戏份，《翠屏山》《战宛城》等都有安排。而《金山寺》被誉为“南北有名第一杰作”，仍是上演最多，并且是较多地排在周日晚场这个重要的卖座时间。《杨排风》也安排较多。5月4日的广告中曾这样推广：“杨排风是李金鸿艺员的杀手锏，南北无敌，三岔口由张云溪张椿华合演更是如火如荼，今两剧合并出演一气呵成盛会不可错过！”本期也有部分武旦戏及小戏如，《红桃山》《青石山》《探亲》等作为打泡开场。

本期旦角除李金鸿外，另有青衣金妙声，担纲文戏，还先后有芙蓉草、王熙春主要应工花旦做派戏。芙蓉草与李金鸿有合作，如《金山寺》的青儿，《双姣奇缘》的宋巧娇，《五花洞》双金莲，《虹霓关》李金鸿头本，芙蓉草二本。后半程芙蓉草离开王熙春加入，之前李金鸿演的《翠屏山》由其接演。全部《武松》李金鸿主要出演“打店”一折，“挑帘裁衣”一折由芙蓉草及王熙春出演。

在此期间有报刊对金鸿艺事的简略介绍。

---

① 范齐英、李光辉：《小议京剧〈三岔口〉的表现性》，《大众文艺》2008年第7期，第50—51页。

……这里除了他的扮相足以作盛大的夸奖外，其次对于他的花旦戏也很值得一提，他的嗓音之婉和，远非其他武旦可以比拟，所以他自己对于文戏的兴趣亦远较武戏为大，如《翠屏山》《大名府》《拾玉镯》《武松与潘金莲》等都堪称为他的拿手杰作，这其中当然也不无一些原因，过去他得王瑶卿指授的时间亦相当多，四大名旦中除荀慧生而外，都是他的业师，但拜尚小云为时最早，同时并与张君秋拜了把兄弟，不仅这些，他的昆戏亦曾从昆曲名家韩世昌研习多年，所以他至少可以称得上是一位“色”“艺”双绝的“刀马花旦”了罢！①

以扮相，嗓子而论，则今日之武旦，尤推李金鸿居首，李伶身材嫌矮，然绑跷上台，则修短合度，缺陷尽失矣！

李系北平戏校高才生，数度来沪，屡博佳评，客岁“天蟾”邀张云溪，张椿华，金妙声，王铁侠，及李等南来，以五头牌号召演出……②

沪上演出这是第三个年头了，李金鸿在上海滩的繁华霓虹中，有了一席之地，黄金也好，天蟾也罢，渐渐把金鸿当作了有一定票房号召的北伶中必邀的一位。每日的演出也渐渐成为常规工作，按部就班地进行，每晚一个活、两个活甚至三个活，都不在话下，越发地游刃有余。唱戏谋生艰苦，此期三个月的演出，金鸿也渐渐地给自己有了放松的生活。赶上晚上戏份不那么重，白天也会四处走走，在十里洋场开开眼界，中华戏校培养的开放思维，在上海滩得以信马由缰。而金鸿开眼的方向也始终是围绕着对艺术的关注，开阔视野提高表演水准的追求，未在渐渐习以为常的演出生活中磨灭。昆曲、越剧、沪剧、滑稽戏、评话、评弹，各类民族艺术都成为金鸿关注的方向。越剧发源于浙江嵊州，是活跃在江浙一带的戏曲代表剧种，来到上海，一定要看地道的越剧，李金鸿和张云溪就曾一起去观看袁雪芬的《绝代艳后》，观摩了解不同剧种演员的技艺，从戏曲大家庭中汲取营养。除此之外，丰富的电影、

① 卜中：《李金鸿》，《前线日报》1946 年 8 月 26 日第 10 版。
② 沈吟：《漫谈李金鸿》，《罗宾汉》1946 年 7 月 1 日第 4 版。

话剧等各门类艺术也给了李金鸿在休息之余的滋养。

此期演出完毕回北京的时候，正赶上抗战即将结束，日本将要投降前的混乱。在乘火车回北京的这一路上，遇到美国飞机与日本人开战，就在火车顶上很低地盘旋着。遇此情景，火车司机将车头与列车车厢脱钩，飞快地开到可隐蔽的地方躲起来。被扔下的列车车厢停在铁轨上，乘客们都狼狈地扔下行李逃离车厢，跑到附近的河沟里躲起来。李金鸿聪明，就直接钻到车底下躲避。飞机离火车很近，趴在铁轨上扬头顺着车厢缝都能看见飞机上的飞行员，连发射的子弹都能看到，很大。等飞机飞走了，火车司机才把火车头再开出来退到车厢处，接上挂钩再接着向前开。一路上遇到好几次，慌乱躲避的过程中李金鸿把脚也崴了。好不容易火车才开到天津，知道日本要投降了，大家这才忘却这一路的惊吓，摆脱亡国奴的喜悦之情不言而喻。

在那个乱世，出外谋生很是冒险，但只是待在北京，不出去演戏又挣不着钱，所以很多京伶都会走外码头，去各地演出。李金鸿开始搭班谋生时，日本侵华已有几年，所以东北一带一直是没敢去的，其他各地也都是小心翼翼地应约前往，主要以上海为主。外出谋生在艰苦中还要受屈辱，日本兵和汉奸有时会故意找演员麻烦。有一次与杨宝森去济南的路上，在火车上被认出来，就没收了良民证，想尽办法托人才要回来，否则寸步难行。随身的行李被翻得乱七八糟，随意拿走想拿的东西，这些事都时有发生。刚烈的程砚秋因不给日本人唱义务戏，在北京东站与找碴的汉奸特务对打一番，这是大家都知道的事了，也是程砚秋隐居到青龙桥种地的一个引子。这段时间，李金鸿也曾去青龙桥看望程砚秋老师，倾诉谋生的艰辛，与老师在对艺术的探讨中获取乱世中难得的愉悦。

图 3-36 《申报》演出广告，1946 年 8 月 22 日

## 签约黄金大戏院与言慧珠、周信芳等人同台献艺

1946 年 6 月，李金鸿受程砚秋之邀，赴沪参加三场重要的义务戏，与梅兰芳、

程砚秋、马连良等同台演出《四五花洞》《红鬃烈马》。之后继续接受黄金大戏院的邀约，成为黄金的“坐包”演员，也就是固定班底，留在上海演出，这次一直逗留到1947年8月才返京。期间先后与黄桂秋、高盛麟、言慧珠、迟世恭、俞振飞、周信芳、李玉茹等人同台合作，并曾赴苏州短期演出。

1946年8月期间，主要与黄桂秋、王琴生、俞振飞、高盛麟等人合作，继续演出擅长的《金山寺》《杨排风》等戏，且多安排在周日有双场演出。曾与高盛麟、刘连荣、王富英等人演出《战宛城》。期间曾贴演八本《雁门关》，较为鲜见。

图3-37 《申报》演出广告，1946年8月27日

图3-38 《申报》演出广告，1946年8月29日

图3-39 《申报》演出广告，1946年8月31日

图3-40 《申报》演出广告，1946年9月4日

此后约半月期间，黄金大戏院由高盛麟、李金鸿担任主要演员，期间两人轮流大轴或合作。在全部《金石盟》中李金鸿前饰潘巧云，后饰扈三娘，高盛麟一人饰石秀。两人合作全部《武松与潘金莲》《打渔杀家》等戏，曾有这两出一晚连演。或如：李金鸿《金山寺》压轴，高盛麟《战太平》大轴；高盛麟、裘世戎的《连环套》压轴，李金鸿《杨排风》大轴。李金鸿还以《大英杰烈》《红梅阁》出演大轴，并曾上演《梅龙镇》，这几出戏均较为鲜见。

自9月16日起，黄金大戏院，以言慧珠为主挑班出演，李金鸿和高盛麟就又回归到基本班底的状态。这段时间，以《申报》载1946年10月的演出广告为例，共演出33场，李金鸿参演剧目计有16出，个别场次双出或三出，共计演出37出次。这段时间出演本戏较多，个人折子主戏上演不多，仅6出8次，《金山寺》《杨排风》两出代表作分别安排了两场，其中一场《杨排风》也只演了打焦赞、打韩昌两打。另有《穆柯寨》《泗洲城》《取金陵》《打杠子》等戏。还有参与配演的《双摇会》《双沙河》《四郎探母》《大溪皇庄》等戏。大致来看，金鸿的演出从剧目及数量上均显示出戏份不重，整个演出很显然是以平剧皇后言慧珠为唯一核心的，老生迟世恭地位及戏份尚可，俞振飞、高盛麟的发挥空间也不甚大。仅就这一个月的戏码来看，仍是文武唱做搭配均衡的，有剧情故事的本戏比较受欢迎，安排较多。据李金鸿本人回忆，这段时间还曾与言慧珠合作演出昆曲《游园》饰春香。这期演出基本中规中矩，按自己的擅长，侧重偏武功又带些表演的部分，主要是配合言慧珠。

有一出戏这里略费笔墨多说两句。《百鸟朝凤》，在黄金大戏院预告中是这样介绍的，首先有一句简单的点题“欲知王大娘什么锯大缸究竟是人是鬼，非看百鸟朝凤不可”，还有一句具体的介绍“六出老戏连贯演出 丑别骄 莽杀窑 桃花血 闹六神 钵中莲 锯大缸”①。《百鸟朝凤》是翁偶虹根据明传奇《钵中莲》的故事创编的。在此戏之前，武旦传统戏《百草山》带《锯大缸》即是本故事的最后部分。情节上来看，对王大娘（殷凤珠）和她那口缸的来历含混不清，实际上是有前情的。现下武旦依然常演，从故事上就凝练为闹妖的旱魃被善良的土地协助扫除的故事，前有展示花旦表演的补缸，后有被降的全套开打武戏。翁偶虹补齐了故事，从技术上扩展了花旦、魂子旦、刺杀旦

① 黄金大戏院演出广告，《申报》1946年10月7日。

的表演。在1946年初和1948年秋，中华戏校同学们组成的校友剧团在天津演出时，李金鸿曾上演这出全部的《百鸟朝凤》，展示了自己全面的表演能力。

图3-41 《申报》演出广告，1947年4月3日

自1946年11月下旬起，一直到1947年8月，黄金大戏院是麒麟童挂头牌，这期间以主要演员身份参与的陆续有李玉茹、俞振飞、高盛麟、裘盛戎等人。这期间以麒麟童的做派戏为主的，主打的戏有：《四进士》《明末遗恨》《临江驿》《凤凰山》《追韩信》《葫芦峪》《贩马记》《姜太公》《斩经堂》《青风亭》等，旦角挂牌的李玉茹戏路较宽，唱功做派戏均擅，因此，李金鸿主要的任务就是旦角的武戏担当。已经与黄金戏院签约为班底演员的李金鸿，对牌位没有了特殊要求，就自己擅长的配合即可，以武旦的折子戏或花旦的对儿戏居多，戏码位置也由中轴渐渐二出或打泡了，常贴的戏都是比较熟悉的：《金山寺》《杨排风》《取金陵》《扈家庄》《摇钱树》《盗仙草》《红桃山》《泗洲城》《打杠子》等。武旦戏比较多安排在打泡位置，为麒麟童的《四进士》《明末遗恨》等本戏垫场。另外就是参演本戏中的一折或配演，《盘丝洞》（打出手）、《巴骆和》《武松与潘金莲》（杀嫂）、《九花娘·剑峰山》等。这期间与高盛麟合作过《战宛城》《武松打店》，分别与李玉茹、芙蓉草合作过《樊江关》，与小百岁、艾世菊合作过《小放牛》。没有了地位上的要求，再加上已经在京剧市场上摸爬滚打了几年，出演的也都是熟悉得不能再熟悉的戏码，对于李金鸿来说，基本就是达到轻松挣包银的目标。

这段时间李金鸿还参加了不少义务戏的演出，分别是 1947 年 1 月 8 日、9 日两场筹募同人清寒救济金，在天蟾舞台合演《大泗洲城》，与周菊芳、阎少泉、班世超分饰水母，同台的还有梅兰芳、程砚秋、杨宝森、谭富英、萧长华、叶盛兰、周信芳、芙蓉草、李少春、袁世海等人。1947 年 2 月 27 日、28 日李世芳罹难善后义演，在中国大戏院，其中 27 日与阎世善分饰红蟒出演《八五花洞》，28 日与阎世善分饰杨排风出演全部《杨排风》，再赶《大溪皇庄》十二美跑车，这两天演出均为日场，夜场继续在黄金大戏院演出《取金陵》《小放牛》。3 月 22 日难童收容所筹建校舍工场义演，在大光明戏院，与艾世菊合作演出《小放牛》。4 月 30 日，为中小学筹募基金义演，出演《杨排风》。

图 3-42 《申报》义演演出广告，1947 年 1 月 8 日

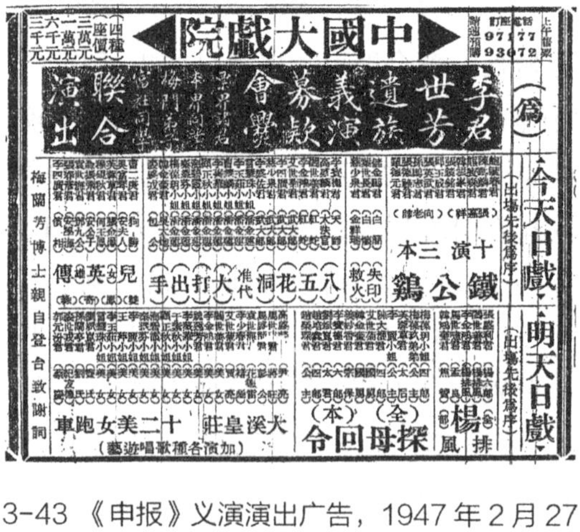


图 3-43 《申报》义演演出广告，1947 年 2 月 27 日

周信芳是黄金大戏院的股东之一，也兼做着剧院的经营，黄金大戏院就相当于是自己的驻场，无论从作为演员的职业生计，还是到经营剧场的努力，周信芳付出良多。单就 1947 年 1 月至 8 月，《申报》及《大公报》刊载的黄金大戏院的演出广告来看，这 8 个月余持续不断地演出，周信芳几乎每天都出现在舞台上，或者本戏或者双出。以至于有媒体报其偏于“固执”，对自己的艺术影响力有些过于自信，实际上黄金的票房已经开始走下坡路。这样大强度的演出，现在的演员是无法想象的，周信芳做出了自己最大的努力。然而这么长时间的演出，对于观众来说，再好的角儿也会造成审美疲劳，尽管上演的戏码在不断地变化，但长达近一年的演出也很难再有新鲜感。当然在那个年代，百姓的娱乐相对还集中在剧场里，这也促成一两个演员挑班，再有几个主要演员配合，能论月按年一天不间断地唱戏成为可能。想方设法地编新戏成为一个重要的手段，而李金鸿位置的渐弱也与此有关。

> 武旦李金鸿自去岁搭妥黄金大戏院后，初颇为该院当局所器重，盖其时麒麟童以老戏号召，李金鸿每在中场演出，固颇能一展身手也。
>
> 自今春始，麒之老戏，已不叫座，乃以私房小本戏号召。李于麒剧，有格格不相入之感，然“黄金”方面又无放弃李伶之意，不得已将李之戏码，提前至开锣第二。唯因上戏过早，每逢李金鸿之惊险出手登场，台下尚小猫三只四只，使李颇为难堪。①

以上可见，李金鸿本期在黄金与麒麟童合作，最初因多上演老戏，所以得以施展所长。然而进入 1947 年后，因老戏已开始不上座的原因，不得不调整戏码，适应观众的口味。麒麟童陆续推出了自己独创的本戏，戏中也无李金鸿应工的角色。在这种状况下就有些受限了，戏码的位置由中轴渐渐列在开场或第二，但黄金戏院对金鸿的看重仍在，金鸿也向来对艺事是很认真的，依然拳不离手地日日练习，即使台下只有几个观众，也要保证最佳的表演状态。这期间，还因白天练功伤了脚，休息了几天。

在最初以老戏为主的时段，李金鸿的本事很是吸引了一批观众。特别是

---

① 沈吟：《李金鸿要求戏码移后》，《铁报》，1947 年 1 月 30 日第 5 版。

《战宛城》一剧。曾有一段时间李少春在更新舞台，高盛麟在黄金大戏院，都会贴这出。李金鸿是绑跷演的，跷功很受观众认可，特别是“刺婶”一段，成为观众欣赏的亮点，很多观众甚至就冲这一折来的。曾有一天演出时戏大了，当时管事的就说不带“刺婶”了。于是头里演完李金鸿就卸了妆，出了剧场回住所。谁知该到“刺婶”时剧场里的观众没看到，不答应了，非得要演完“刺婶”才成。于是汽车把李金鸿追回剧场，重又上妆演完“刺婶”，看了金鸿踩跷的圆场、跪蹉、绞柱、下腰、抢背等被刺的表演，观众才满意散去。同样的情况，后来还曾遇到过一次。

尽管李金鸿有着自己对艺术所坚持的准则，自打来上海演出也是第 5 个年头了，手里至少有 30 出戏，是手到擒来的熟练活儿。演到此时，逐渐只应打泡戏，轻松的同时，这种长时间重复演出形成的熟练必然会给演员带来问题。所谓戏要三分生，过于熟悉剧场、熟悉舞台，难免趋于油滑或草率，再加上戏码及位置的渐轻，即便如金鸿对艺事的严谨，也会产生微妙的变化，观众看多了也会有变化。也许这种相对规律的生活，正是李金鸿所追求的，凭多年艰辛的努力，没有大富大贵，不温不火，养家糊口，绰绰有余。然而，变化也在这种趋于平淡的生活中渐渐产生。此时的金鸿也才 24 岁，还有很长远的发展空间，舞台上微妙的变化金鸿感觉到了，对自己未来的隐忧也逐渐萌生，关心金鸿的人也有了担忧。

> 李金鸿的玩意儿，虽是不错，但无戏可与麒麟童合作，单挑一出则戏码又未免嫌长，加上李在“黄金”的时候，也实在太久了，几出武旦戏，反正是那几套出手，看的人也看腻了，号召力已近于零不远，所以李在“黄金”的地位，也就变成跟班底差不多，常常要打入冷宫了。
>
> 阎世善，班世超都到了南方，四小武旦中还留在北方的就剩下宋德珠一个……现在北方可以说是没有一个能看得上眼的武旦，李金鸿既离开北方久了，为什么不回去呢？难道说一定要弄到“黄金”把他用厌了为止吗？①

---

① 《李金鸿！曷不归？》，《海天》1947 年。

这次来上海还有条件比较好的固定住所，是程砚秋介绍的，李金鸿与沈金啓、储金鹏留宿在一位谭派老生票友王准臣家，每月交点食宿费。这位王准臣非常爱戏，曾任更新舞台（后更名中国大戏院）经理，与业内很多大角都交往过甚，有时赶上义务戏不好排戏码，都由他出面摆平。王家院里有两个小洋楼，其中一个是专供客人住的，还有专门做饭的大师傅，手艺很好，特别是红烧鱼段，多年来仍令金鸿念念不忘。王准臣的女儿王蕙蘅也是票友，跟随程砚秋学程派戏，唱得很好，但身上没怎么动过，就向李金鸿学习《虹霓关》《金山寺》，每日在家打把子、拉身上，还帮助她以曲会友。后来父女两人北上，李金鸿在京城尽地主之谊，又陪王蕙蘅在天津演过这两出戏，配王伯党和青儿。住在此处，在上海滩的灯红酒绿中难得地闹中取静，李金鸿闲时又大量地观摩戏剧演出，与朋友交流艺事，在上海的生活得以稳妥安置。

这样安稳的生活，是李金鸿打小难得遇到的。幼时家境的困顿，学艺演艺成长的艰辛，确属不易。想想看，在黄金大戏院搭了长期班，每月有固定的包银，也很是适应上海的气候和生活环境，住得舒服，有吃有喝。自搭班谋生起，就奔着要成角儿的目标，并且6年多来或并牌或二牌或特牌，已然有了“小名旦”的地位，而此时却基本就是黄金的班底了。这样名利不争的状态初显端倪，似乎也符合金鸿的淡泊性格，故而他一时也沉浸在难得的舒适生活中，下意识地回避面对自己的未来。但是在看到报上登出文章《李金鸿！曷不归！》后，金鸿倏忽被拉回现实中，恍然一惊，从闲适中清醒过来。仔细回顾这一年来的生活，特别是舞台上的表演，确实因时间长、戏码重复、重要程度降低有些提不起精神。再加上会迎合观众口味，原来京潮派的艺术风格和追求也有所减弱，因此心中对观众及媒体的诚恳提醒很是感谢。于是他趁歇夏之时，舍弃一时安逸，坚定辞班北返。金鸿此举又得到赞赏，关注金鸿的人也始终对他有所期待。即使在金鸿离开上海之后，仍然有对他辞班返京支持的声音：

……李金鸿系北平戏曲学校毕业生，出科后尝锋芒毕露，大有压倒宋德珠之势，稍后即趋沉寂，尤以近年渐消壮志。唯在台上这份玩艺，是坐科的底子。胜彼坤角武旦良多，扮相嗓子都是料，而跷工尤峻严，尝观彼《穆柯寨》一折，虽屈唱开锣戏，仍一本老路，额子插翎，扎靠衬裙外，竟踩硬跷登场，深服其幼工之滋实。

……李金鸿常唱开锣戏，究属有损令誉，亏得他不小觑自己，来一个辞班不干，藉知还具心胸……其实上海是万恶渊薮，苟若不唱戏的话，为自己前途着想，李金鸿是早就该走！①

这是李金鸿在沪上逗留最长的一段时间，自1946年6月应程砚秋之邀抵沪，8月即受邀黄金大戏院，一直演到1947年7月31日，这一年的演出，从数量到戏码安排的分量，都在渐渐走下坡，到后来一个月大约只有1/3的时间在演出。虽然对于上海的生活环境，颇有些眷恋，也会冒出是否能在上海就此发展下去的想法。然而还是看出不得不回的形势，尽管在上海的收入会比在北京要好得多。

1947年8月13日，李金鸿乘船离开上海，经天津返回北京。自1943年起，金鸿每年赴沪演出一段时间，除了这次日久地位渐轻，每次都有较好的演出效果和口碑，成为观众喜欢的北伶中的一位，同样以扮相和文武兼擅的功力征服了沪上观众，也完成了赴沪献艺掘金的目标，与母亲和弟弟相依为命的生活总算牢靠了些。

乱世谋生，总是动荡和辛酸更多些，返京后要面对越来越熟悉的舞台和市场，是继续过往老戏的日常搬演，还是寻找新的方向和目标。在沪上一年之久，京城的观众却恰恰久违了李金鸿，祸福总是相倚，喜忧从来参半，一身本事的李金鸿很快又投入京津的演出市场。

---

① 龙象：《李金鸿早就该走》，《导报（无锡）》1947年9月12日第3版。

# 第四章

# 新生

## 一、追随焦菊隐的“新平剧运动”

时间进入1947年，距离新世界的诞生越来越近，李金鸿也即将面临新生。

沪上演艺五载，金鸿在舞台上摸爬滚打成长为成熟的艺人。1947年从上海返平后，休整了小半个月，就又继续着在京津的演出生计。9月12日在庆乐打出“上海新回首演新声”的广告，打泡贴的仍是代表作《金山寺》。京津的演出模式不同上海，特别是北京，演出强度要比上海小，这一时期基本每周演两三场，到秋冬10月、11月期间又受邀天津中国大戏院，先后与张君秋、李鸣盛，谭富英、梁小鸾两班合作演出月余，依然是排在“特角”的位置，戏码也照旧是武旦、花旦的戏，按部就班谋生计。没过多久，在新世界的黎明前夕，迎来了与母校和老校长焦菊隐的机缘，也迎来了对戏剧表演的新认知。

焦菊隐是在抗战暴发后离开北平的，一直没有放下对旧剧的倡导和革新，抗战胜利后返回北平，正值中华戏校9月1日的校庆，毕业生们多已业成，适逢抗战结束，焦校长返回，大家都很激动兴奋，百余位学生筹划了纪念演出，每人签名制作纪念册赠予焦校长。凡此种种，明显流露出中华戏校的新式新味，这种新已经融入学生们的血液，聚会也好，纪念册也罢，甚至距离当下的我们感觉都很近，带着一股子新鲜蒸腾的气息。这次聚会中焦校长提到希望能恢复戏校，而此时戏校的复兴只是载体，通过对戏剧的改良发展，来实现文化对大众的引领才是根本的任务。于是一个包含了平剧、话剧、舞蹈、电影等多种艺术形式的新组织诞生了，这就是北平艺术馆。北平艺术馆址，在灯市口飞仙影院（后改名为建国东堂）后边。李金鸿一直以来就对焦校长在艺术上的见识有着深刻的印象，且有意追随有着革新理念、创新意识和举措的焦校长。所以李金鸿在听说焦校长这个新式艺术馆的倡议后，毫不迟疑地与王金璐、高玉倩等同学参加了北平艺术馆。这个北平艺术馆，不只是有京剧，参加话剧演出的有黄宗江、夏淳、于是之、孙道临等人，排过《丽人行》《上海屋檐下》等戏。参加舞蹈演出的有戴爱莲、叶浅予等人。

1948年1月1日，北平艺术馆正式宣告成立，此前平剧团（这一时期京剧也称平剧）就创排上演了《桃花扇》，与此一同揭幕的，被称为新平剧运动。

旧剧发源于北平，一直到现在，北平（实际不只在北平）大多数的剧院里所演的还是旧剧，但近几年来，旧剧显见没落了，一部分是电影话剧拉去了它的主顾，但主要原因却是旧剧本身所暴露的缺陷和伶人本身组织的不良。人们欣赏旧剧的要求在进步，旧剧已到了必须革新的时期。北平艺术馆的成立，其中一项目的，便在改革旧剧，这一新平剧运动现正在发展中。

北平艺术馆成立于本年元旦日，主其事者是前在北平主持戏剧学校的焦菊隐，参加 的有名戏剧家刘念渠，查强麟（作者注：即夏淳）等人。他们的工作范围不止于平剧，话剧（已开始做）、电影、音乐、舞蹈（尚未开始）都是要做的。这里只想介绍一下新平剧。平剧团由馆长焦菊隐亲自领导。

两股逆流

艺术馆平剧团的基本演员，多是昔日戏剧学校的学生，有王金璐（武生），傅德威（净），高玉倩（旦），李金鸿（武旦），沈金波（生），殷金振（武丑），李一车（丑）。原来人位还多，但有的受不了国剧公会一部分人的压迫，剩下的是这几人。

一星期以前，艺术馆举行了一次新平剧座谈会，参加的人包括了戏剧理论家与演员，由新民报“天桥”版的编者马彦详主持。记者在这会上听他们说新平剧运动遭遇着二股逆流。一股是国剧公会的少数人，他们认为新平剧是“摧残国剧”，对参加新平剧的演员说：“你们如果参加艺术馆的新平剧，以后各班永远不再用你们。”但这些受够了“角儿”的气的二三牌伶人，在这新组织里，已感到自由，大多数未为所动，并且向社会上说出了过去的痛苦，对一般伶人有了不小的影响。另一股逆流，是所谓旧剧“改革”家，这些人所做的只是改改唱词，编编新腔，捧捧角儿，名为“改革”，实为复古，齐如山便是被指为此一逆流中的人，和马彦详、焦菊隐等人，已打过热闹的笔战。

革新途径

根据“戏剧是表演现实”的理论，焦菊隐他们遵循着以下的路子从事于新平剧运用。

> 革新伶人的淫靡生活，改造成为艺术而工作的演员。革新后台组织，旧剧的人事制度和组织行政完全是为了钱，重脑门儿，争牌位。必须打倒与“角儿”狼狈为奸的经励科。以为国家社会人民服务的立场选择剧本。建立导演制度，导演必须是懂得戏剧理论并能运用戏剧理论者，不断学习。①

这篇报道中详细阐明了北平艺术馆平剧团“新平剧运动”的改良革新方向，颇有些中华人民共和国成立之初戏改的前奏之意。首先是改人，要革除伶人的生活陋习，培养成“为艺术工作的演员”。再就是改制，革除以经励科为代表的戏班体制。还有改戏，更为彻底，旧剧基本不演，从剧本选择上，以为国家为人民服务的内容为主要。当时李金鸿等人参加北平艺术馆，签了份合约，“北平艺术馆戏剧部平剧组演员议定书”，从这份合约中能够更清晰地了解焦菊隐对戏班体制的革新内容。其中规定了按月付薪，赴外埠演出的要求等，“除艺术馆之外，一切戏班经常演出均不参加；艺术馆所派之角色，绝对担任……不争角色只以整个戏剧为重；演剧时本人不带任何伙计……场面一切由艺术馆负责。”这几条规定显露出与戏班完全不同的管理方式和全新的戏剧概念。首先断绝演员与旧戏班的联系，不允许参加任何戏班的演出，断了演员滋生陋习的土壤，包括细化到不允许带伙计等。厘清演员的身份，演员乃戏中人物扮演者，而非座儿眼里的角儿，强调除主演之外的所有演员都是同样的重要，同样是为戏剧服务的，强化“戏”的概念，减弱“角儿”的意识。从北平艺术馆这份合约的措辞中能明显感觉出对旧习俗的严厉否定，和对所立规矩的严格强调，可以感受出焦菊隐改革戏班制度的决心。参加北平艺术馆的这些中华戏校的毕业生，能够与焦校长的改良意图达成共识，并积极响应。更何况焦校长是了解当时现状的，对这些演员们的待遇关爱到位，每个人每月有固定薪酬，足够维持一家四口的生活。从当时报载演出广告版可以看出，在以牌位姓名最醒目的旧剧广告群中，北平艺术馆的《桃花扇》广告成为一股清流。

---

① 宋绍柏：《北平艺术馆成立 新平剧运动积极开展 准备今春赴沪演出》，《申报》1948 年 2 月 7 日。

图 4-1 《华北日报》演出广告，1947 年 12 月 13 日

此时的社会动荡不安，新旧世界的更替必然包含文化的暗流涌动。北平艺术馆平剧团成立之始，将编排演出的剧目称为“新平剧”，从概念上就强调了与旧剧之分，观众自然要看看这个新到底新在哪。平剧团首先排了《桃花扇》，同时齐如山主持的北平国剧学会也排了《桃花扇》。同样是对平剧进行改良，焦菊隐、齐如山由笔仗打到了舞台上。

图 4-2 《华北日报》演出广告，1948 年 1 月 19 日

从当年这份华北日报的演出广告中，我们看到了两版《桃花扇》的对垒。齐如山主持的北平国剧学会排演的这版，打出了“七机关委托”的官方牌，显见当局的支持。广告中除了编剧、导演，仍然较为醒目地列出了主演的名字，前面还有三出老戏垫场。北平艺术馆这边是“新平剧”，只打出了编剧和导演

的名字，未列演员，加注了学生团体购票八折的信息。未列演员也许与版面大小有关，参照12月13日演出的广告，以出场序列出部分演员，后加注“等六十人”。从广告上看出的不同即是如此。北平艺术馆的《桃花扇》首轮演出了5场，第二轮1月16日至27日演出12天，有时日夜两场。4月25日至5月4日再演一轮。齐如山版的《桃花扇》只1月19日至22日演出4场。从上演的场次可略知演出情况。再从以下评论中来看演出效果。

> 艺术馆平剧团的打泡戏，是新排的《桃花扇》，已经演出二次，共三十余场，卖座始终不衰，收入有盈余，压倒了同时上演的旧剧《桃花扇》，论者都认为是成功的，为旧剧革新奠下了基础。第二次上演，采用分幕制，取消了过场与检场，采用灯光，布景，皆甚精进。演员因此也发挥了创造天才。如饰香君的高玉倩，三次被打中，演出的是三种不同的表情……其他修改之处尚多，总之，一切都逼真合理，不至因旧势力的威胁利诱而倒台，其成功是可预期的。[①]

李金鸿清楚记得，北平艺术馆平剧团的《桃花扇》，由欧阳予倩整理剧本，焦菊隐导演，融入新的艺术手法，汲取了外国话剧形式，进行东西方艺术相结合的大胆尝试，这种创新强调了戏的故事情节，一切皆与戏的情节紧密结合。改为分幕制，减去一切无用的过场，根据剧情内容设置了布景、道具，去掉检场，用上了灯光，用布景代替了守旧，还加了景片、小道具，从形式上一改旧剧的作风，洋溢着一种新气象。李金鸿的弟弟李士芬当时也参加了艺术馆工作，在其中搞灯光。那时的灯光变压器，是在一个小水缸中放了盐，用一根电线连着，把炉箅子一放，灯就亮了。今天看来只是很简单原始的使用灯光技术的方法，但当时已是新鲜和先进的了。新平剧的舞台革新更多是借鉴了话剧的理念，有限的布景、道具、灯光是以“为戏剧服务”的原则使用的，抛去形式上的有限革新，更为重要的内容上的变化，包括戏的主题，也包括与旧剧有所区别的表演，这些因素融合在一起，造就了新平剧的清新气息。

对于李金鸿来说，新平剧区别于旧剧的“新”不仅是形式上的，更重要的

① 宋绍柏：《北平艺术馆成立 新平剧运动积极开展 准备今春赴沪演出》，《申报》1948年2月7日。

是新的表演理念给了他长远深刻的影响。“表演”两个字的含义由朦胧转为清晰，开始从以演技艺为主向重演人物、深入剧情，加强表演的真实上努力和提高。过去注重技艺，拳不离手，曲不离口，唱念做打各功是最重要的，演的戏也基本都是固定的情节和路子。特别是武旦戏，从表演人物的角度更偏弱。花旦、花衫戏有些人物表演，并曾受到赞许，但距离深入琢磨人物，再通过技法表现仍有差距。从观众的角度，看的也多是技术，技术到家台下就认。李金鸿自小学戏，在中华戏校的学习，以及族兄及身边亲友的氛围，都给了他较为正确的审美引领。在出科后近十年的舞台演出中一直在不断向前辈学习，尚小云、梅兰芳、程砚秋、萧长华、韩世昌，这些高人都给过他很重要的教益，确立了正确的艺术观，造就了李金鸿大气的表演风格，没有受市场影响接续戏班的表演糟粕，已属难得。只是对于表演这件事，虽然也有些除技术之外的想法，懂得跟戏情戏理要有关系，但也只是潜意识的不自觉的有一些人物表演状态，努力表现出大气端庄的美感和舞台风格。特别是常演的旧剧，都是观众非常熟悉的，更多的是赏技赏美了。但在此次的新平剧演出中，李金鸿有了主动地从演技艺向演人物的意识变化。在焦菊隐等人的引导下，演员都认真地研究起剧情，研究起自己所表演的这个人物，有什么经历，是什么性格，怎么样能演得接近这个人物。以往演员和观众都默认的“戏是假的，技术是真的”，在经过多年历练后的李金鸿脑子中开始动摇，“真实”这两个字，头一次变得重要起来，剧情的真实，人物的真实，表演的真实，成为这次演出中的努力方向，以往所有的技术技巧开始有了与人物相关的含义。由此给李金鸿带来思考，他想到有句话来形容过去的演法“说书的嘴，唱戏的腿”，讲的是演戏以角儿为中心，往往根据角儿的情况而定，随时“马前”或“马后”。马前就是角儿要早点上场，前边的戏就得快些演，结果就是在台上犹如“走马灯”一般，很草率很“水”的状态。“马后”则是角儿上得要晚，再想办法拖延时间，增加无意义的同样很“水”的表演。这种所谓的灵活，实则忽略了剧情和戏本身的表演节奏，是对观众的不负责任，也是对其他演员的轻视。这类糟粕从根本上讲，就是完全将戏剧表演当作技术的卖弄。作为戏曲特点和优势的程式表演，演变为纯粹的形式，而忽略了“戏”本身内容的重要，忽略了人物的活生生，长久以来成为导致京剧影响力渐弱的一个原因。

在《桃花扇》的演出过程中，观众不只单纯看唱念做打了，在台上演戏的高玉倩、王金璐、李金鸿，似乎也把多年练习得已经长在身上的本事忽略掉了，有了跟随人物命运的体验，开始尝试带着人物性格的展示，尽管还不甚自然，但却在努力尝试如何将过去烂熟于身，沦为形式的技术融入人物的表现中。而实际上戏界针对形式至上的“旧剧”的改良，一直也在进行着，通过技术来烘托人物命运打动观众，比如《荒山泪》《春闺梦》等，有很多也流传至今。戏曲首先是“戏”，内容与形式永远是无法割裂的，只有达到水乳交融才会实现观演的至高体验。从演员表演的角度来说，最高级的表演就是将由生活中提炼美化了的程式，再化为自如的生活化的表演状态。

当时的李金鸿对于新平剧在内容上的追求也有些特殊的感觉，并从剧场演出的效果中感受到一种澎湃的令人振奋的力量。1948年年初的北平，距离和平解放，还有一年的时间。是的，此时的焦菊隐，此时的北平艺术馆，此时的新平剧运动，正是代表了即将主持新政的新世界的声音。新平剧、新世界，旧剧、旧社会，焦菊隐的北平艺术馆正是在中国共产党的领导下创办的。① 作为对戏曲和西方戏剧均有深入研究的焦菊隐，也对旧剧长久以来存在的刻板的形式表演存疑，希望戏曲能够通过有血有肉的人物，和跌宕起伏的情节来实现其在感化教化民众方面所要达到的目的，希望通过发挥导演对剧目的综合把控，打破戏曲程式给演员表演的束缚，希望能通过程式来表达人物情绪，更希望在探索中寻找到戏曲程式表演能够与写实表现相关联的可能。

> 新平剧有几个特点：第一是要反映现实，无论其故事人物是否来自历史或来自创造，必须是活生生的生活描写——是今日老百姓们正处在的水深火热的生活之写照，和正义的控诉。第二，新平剧的剧中人物，是有血有肉的，这些人物，可以通过程式化的演技，把内心的情绪充分透露出来：他们不再是傀儡，不再是活动的泥胎。第三，全剧是靠导演做一综合而适当的处理的，没有明星，没有主角配角，没有只凭技巧的卖弄，整个却是一出生活的戏。最末，新平剧拟从旧技巧中找出一条接近写实表现的路子，它可能采用灯光布景来造气氛，但也同时不需要这些附属的表演媒介。②

① 焦菊隐：《千言万语说不尽》，《戏剧报》1959年10月13日。
② 焦菊隐：《琵琶行的演出》，《大公报》（天津）1948年6月15日。

图 4-3 《华北日报》演出广告，
1948 年 5 月 6 日

因此，某种角度上来说，焦菊隐的新平剧运动，从内容上正是通过新平剧向广大民众进行宣传教育的载体，从形式上探索程式技术与剧情人物的关系。演员在表演方面努力尝试，去融入真实思想，尽管表现尚不够完美，但戏本身的内容和这种改良的态度对大众的影响才有可能是更为重要的。

《桃花扇》是在和平门内松树胡同排练的，成功上演后，焦菊隐又把英国莎士比亚名著《罗密欧与朱丽叶》改编为《铸情记》，1948 年 4 月 18 日在长安戏院上演。李金鸿在《铸情记》剧中饰演戴公子。这其间还有个小插曲，戏里有舞剑、斗剑等内容，如果能有一口漂亮的宝剑必会增色不少。李金鸿想到英年早逝的好友李世芳，生前在戏里曾用过一口犀利莹彩的宝剑，于是找到李世芳的父亲李子健商借。李子健颇为大方，痛快地让金鸿拿去用。此时的李金鸿已经开始有了编导工作的尝试，指导扮朱丽叶的张玉英，进行剑舞和形体表演的动作设计。

在演出一段时间后，当局关注到这个组织的影响开始设限，“北平艺术馆”这个组织名称由“戏曲学校剧团”代替，起到了掩护的作用。《铸情记》演过后，平剧团又搬到司法部街，信谊药厂里一个大厅中排了《陈园园》一剧。排出后正准备在吉祥戏院演出，但由于《铸情记》中有隐含讽刺“四大家族”的台词，而当时看戏的人又大都是青年学生，当局出手开始禁戏、抓人，《陈圆圆》一剧未及上演，北平艺术馆被迫彻底解散。

根据当年报载，北平艺术馆平剧团在 1947 年至 1948 年期间大致有如下演出：

1947 年 12 月 10 日——12 月 14 日，《桃花扇》，长安戏院。

1948 年 1 月 16 日——1 月 27 日，《桃花扇》，建国东堂。

1948年4月18日——4月24日，《铸情记》，长安戏院，北平艺术馆改称戏曲学校剧团。

1948年4月25日——5月4日，《桃花扇》，长安戏院。

1948年5月5日——5月6日，《铸情记》，长安戏院。

北平艺术馆，到解散这一天，甚至直到北平和平解放那一天，李金鸿才算是彻底明白了这个组织存在的意义，明白了焦校长这期间进行的新平剧运动的初衷，明白了排演这些戏的用意，明白了自己在北平艺术馆期间这些演出发挥了怎么样的作用。而只有不到一年时间的新平剧的排练演出，可以说给了李金鸿艺术追求新的方向，至关重要的一点，就是在25岁的李金鸿脑子中更加清晰地种下了一颗“表演”的种子，这是一种全新的体会，是从技术到戏的认知，是对自己多年来轻车熟路的技艺与所饰人物关系的重新看待。对技与戏的关系的思考，由此渐渐渗入、深入李金鸿的艺术生涯，并且逐渐带领他走上编导之路，也为未来的表演和教育事业开启了新的方向。

## 二、在校友剧团担任舞台监督

“校友剧团”这个名称，在抗战胜利后的1946年春节期间，就打出来了。当时一拨戏校的同学组团命名“校友剧团”在天津美琪大戏院演出月余，其中超过一半的时间是日夜两场，演出风格保持了中华戏校一直以来的习惯，演员不强调排次，广告中的人名字号同样，只是王金璐、李金鸿、高玉倩、陈永玲排在前面。合作的大戏多，各展所长，看的是团队的整体水平。根据市场需要随时调整剧目，开始是传统折子戏，很快就以戏校创排的本戏大戏为主，《百鸟朝凤》《白虹贯日》《鸳鸯泪》《美人鱼》《江山美人》《碧血桃花》等，续期后期又采取老戏码编排组合的方法，“十二属相”“巾帼十艳”“九种戏大展览”等，报纸的广告也与众不同，特别是大戏，做详尽介绍，以招揽观众，一切都是为了票房。2月2日至3月8日，35天，共演出59场。李金鸿基本场场有戏，《金山寺》《杨排风》等戏都排过大轴。反串小生3次，包括全部《陆文龙》和《三国志》中的周瑜。

1948年初夏，北平艺术馆解散，此时距北平和平解放只有半年的时间，正是北平最动乱的时候。李金鸿和戏校的同学们面临生计问题。之前参加北平艺术馆时，经励科方面的人曾发话“凡参加北平艺术馆的人哪个班都不能约”。这时李洪春仗义出面，用他的执照，带着大家去了天津劝业场的天华景戏院演出。执照也是旧剧体制的一部分，是那时北京戏曲界部分人掌握的一种权力，以此来控制演员。自 9 月 10 日至 11 月 13 日，演出日夜两场一天不落，人歇戏不停，65 天共计演出 129 场，以李洪春的关公戏，王金璐的武生、老生戏，李金鸿的除青衣外旦角各行戏码为主，配合合作大戏轮流上演。这期间，李金鸿出演大小戏码五十余出，把自己的本事痛快地进行了展示。武旦戏：《杨排风》(五打)、《青石山》《湘江会》《夺太仓》《朝金顶》《取金陵》《金山寺》《红桃山》《盗仙草》《泗洲城》《摇钱树》《扈三娘》《大破天门阵》等，刀马花衫花旦戏：《大英杰烈》《东方夫人》《姑嫂英雄》《得意缘》《双摇会》《翠屏山》《战宛城》《小放牛》《小上坟》《打面缸》《探亲家》《打樱桃》《坐楼杀惜》《宏碧缘》等，大戏合作戏：《韩世忠与梁红玉》《武松与潘金莲》《百鸟朝凤》《酸枣岭 · 刺巴杰 · 巴骆和》《御碑亭 · 金榜乐 · 大团圆》《双姣奇缘》《红鬃烈马》《珠帘寨》《庆顶珠》《儿女英雄传》等。戏校的同学可以说心里憋了一股火，年轻的伙伴们借舞台大施拳脚，进行了释放。演出之余李金鸿仍然坚持着对艺事执着追求的态度，常去观摩北昆名旦田菊林、评剧名角小玉舫的戏。

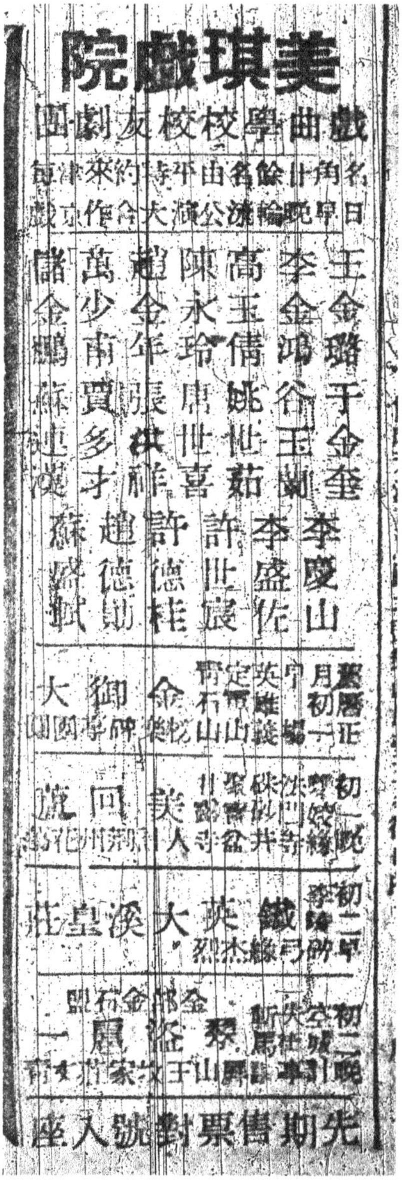

图 4-4 《大公报天津》演出广告，1946 年 1 月 27 日

1949 年 1 月北平和平演放。此时在

田汉的支持下，焦菊隐与李宗义、马彦详等人商议再次组织恢复了“校友剧团”，并在王府井附近的美琪戏院——后成为中国青年艺术剧院院址，再次开始了新平剧的演出。这段时间校友剧团新排了崔牧写的剧本《九件衣》，剧情是地主欺压农民的故事。还排了《新蝴蝶梦》，是批判庄子消极思想的内容。《桃花扇》也再次复排重演，这些戏继续着新平剧的改良方向，从内容上教化、鼓舞大众，形式上大家也都逐渐摸索出以戏剧为中心的表演方式。已经解放的北平，社会秩序逐渐恢复，演出生活也越来越平静轻松，舞台上的青年人也越发活跃起来。在《桃花扇》中，王金璐饰演杨龙友，李金鸿饰演郑妥娘。杨龙友“逃难”一场，遇到郑妥娘举起一个烧饼，问“杨老爷您饿不饿呀？我这里还有个您向来不屑一吃的烧饼！”这里的表演，李金鸿以犀利的语气，极为轻蔑的眼神，高高地举着烧饼，讽刺杨龙友穷途末路、饥寒交加的狼狈相。戏里拿的是真烧饼，本来是作道具用的，王金璐每次竟都真的在台上撩起胡子将烧饼吃了，这虚实结合的戏外之戏把观众都逗笑了。经过多年历练的青年艺人，已经吃透了戏曲舞台的虚实相生，赏戏多年的观众也默契地享受着这种真真假假间的审美愉悦。

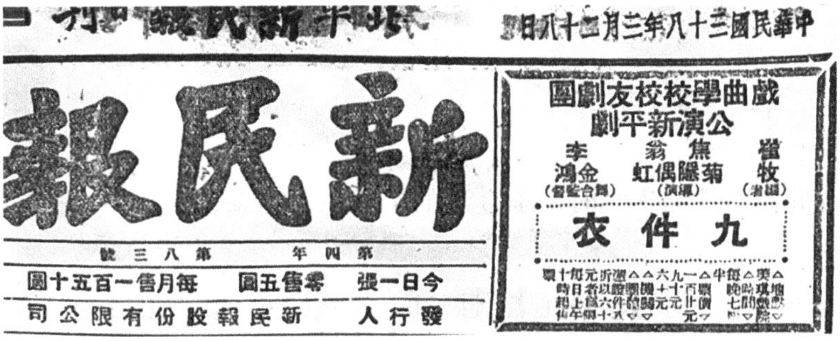


图4-5 《新民报》演出广告，1949年3月28日

在排《九件衣》时，李金鸿有了一个明确的新身份“舞台监督”，在当时的金鸿看来，对这个新名号也并没有什么特殊的感觉，基本就是戏班里的“座钟先生”，把握整出戏从表演到音乐到舞美各环节的衔接，保证演出的顺利进行。但在演出的广告中，编剧、导演、舞台监督的姓名代替了旧剧广告中的演员姓名。同样是姓名大字，这次金鸿不再是二牌或特牌，而是以“舞台监督”的身份出现。30年后的1980年12月北京天桥剧场，由中国戏曲学院实验京

剧团与大专班联合演出的《四郎探母》，成为当时的一个标志性事件，在这次演出中，李金鸿再次以“舞台监督”的身份出现，此时的他已经是中国戏曲教育最高学府的一名教师和管理者。

不久，校友剧团又带着新戏赴天津演出，在天津遇到了延安平剧院的队伍，演出《闯王进长安》等新戏，戏校的同学李和曾等人从石家庄赶过来与延安平剧院联合演出。延安平剧院、校友剧团，两个有着同样改良新风气的剧团在天津会师了，彼此惺惺相惜很是亲近，阿甲的爱人方华还专门来校友剧团看望这些青年人，两个剧团的战友们相处非常融洽，互相观摩。回北京后，校友剧团曾通过在延安平剧院工作的薛恩厚出面，表达了希望能与延安平剧院的人一起工作的想法，但未能如愿。不久，校友剧团也再次不了了之。在新世界的大门刚要打开之时，一切尚无定数，生计、前途，李金鸿再次陷入迷茫。

李金鸿自加入北平艺术馆，排演新平剧以来，由演员到舞台监督，有了新的尝试，眼界更加开阔，从舞台艺术到体制管理上都受到了新理念的影响。与此同时环顾四周，感受到新世界来临的气息，26 岁的金鸿怀揣着一身本事和热血，充满了对新世界的期待。

## 三、李金鸿结婚了

在新世界即将诞生之时，李金鸿的生活也开启新篇。1948 年 12 月 5 日，李金鸿与李慧英结婚了。

李金鸿童年的时候，曾在老家订过一门娃娃亲，是一位王姓女子。娃娃亲这种事在当时很平常，长大后按老礼是要正式拜堂结亲的。在李金鸿连续几年赴沪演出期间，解除了这门娃娃亲，之后李金鸿就与李慧英交往了。李慧英是李万春的胞妹，李金鸿独立谋生首次搭班即是李万春的永春社，这么多年过去，又兜兜转转再续前缘，且维系更紧了。李慧英是李家唯一的闺女，李母对这个掌上明珠甚是疼爱，两家一直有交往，两个年轻人之间自然也相熟，对李金鸿的了解让李慧英心里很踏实，这样一位青年名伶，虽然不是极红的大名角儿，但有本事养家，人又稳重，业内口碑很好，两家知根知底，所以也甚为属意。社会虽然动荡，百姓的日子还是要过，李金鸿迎娶李慧英之日，北平正是即将黎明前的黑暗，尽管仪式上略简单了些，但传统习俗仍一样没少。用了三顶轿子，迎亲太太、送亲太太、新娘子分乘。轿子的帐杆是用很讲究的专用布料，用剪子现剪来用的，以证明是第一次用，新婚新物件，讲究处处皆新。证婚人请的是翁偶虹先生，在骡马市大街的“宾宴春”酒楼举办的婚礼。那条大街不是很宽，还有有轨电车，这三顶轿子经过的排场也算是响亮了，街头巷尾都知道，小名旦李金鸿，那个大眼睛高鼻梁，台上时而矫健脆帅，时而袅袅婷婷的帅小伙成家了。同样按照当时盛行的风气，报上也登出了新婚声明，广而周知。

在新中国即将来临之际，李金鸿完成立业成家的人生大事。幼年丧父，学艺谋生，与母亲相依为命的李金鸿从此有了自己的家，有了除母亲外最亲的人。新家安在大半截胡同 10 号。

那时的北平，社会一片混乱，夜间断电宵禁，人心惶惶，国民党到处抓壮丁，新婚不久的李金鸿就中了签，一时有些着慌，就向依赖依靠的焦菊隐校长说了这件事，焦校长给金鸿出了主意，让他去找到马彦祥，通过四维剧校想想办法。四维剧校前身是四维平剧社儿童训练班，早先是科班性质，集中了一批抗战中的难童和梨园子弟，后来田汉接手管理。局势动荡，四维剧社生计困难，田汉不得不以接受了一份不愿为国民党做的工作为代价，让国民党青年远征军 207 师收编了训练班，后改组为四维儿童戏剧学校，简称四维剧校，订校训写校歌，指导孩子们在战乱磨炼中努力向新文艺工作者成长。此后剧校从昆明到上海，再到东北，颠沛流离仍坚持着没有解散，并先后成立个四个分校，中华人民共和国成立前夕三分校回到北平，隶属于国民党青年军 208 师。①

李金鸿去马彦祥在东交民巷的办公室，请他帮助写了介绍信，拿着介绍信到位于西苑的“四维剧校”，找到校长冯玉昆。冯玉昆了解情况后，想了个办法，让李金鸿教两出戏，这样就算是他们的教官。于是冯玉昆写了证明，李金鸿拿去交给派出所，有了这个教官的身份，才把壮丁一事搪塞过去。事已解决，教戏的承诺必须履行，李金鸿约了一直合作的师哥赵德勋，给剧校的学生谢维蓉（谢锐青）、王维蕊（王诗英）说《金山寺》。躲过抓壮丁的风头后也没在四维剧校继续逗留。北平和平解放，1949 年 5 月，四维剧校由军

① 《从四维剧校到中国戏曲学校》，中国戏曲学院网站：https://60th.nacta.edu.cn/jygx/gxhg/748.htm。

管处接管，中华人民共和国成立后成立戏曲改进局戏曲实验学校，这就是后来的中国戏曲学校，现在的中国戏曲学院。原来，李金鸿与中国戏曲学院的渊源也打从 1949 年之前就开始了，当时的李金鸿也没有想到自己后半生的事业将与中国戏曲学院紧紧联系在一起，没想到自己最终在中国戏曲学院这个戏曲教育的最高学府，担负起了传承的使命，把自己一生勤勉追求的京剧艺术传给了新时代的京剧工作者。

## 四、参加第一次文代会

1949 年 7 月 2 日，中华全国文学艺术工作者代表大会（第一次文代会）在北平举行。这次大会的召开，标志着我国新民主主义革命时期文学艺术历史的结束，和社会主义时期文学艺术历史的开始。也标志着中国现代文学阶段的终结，中国当代文学的开端。这次大会是解放区与国统区的文艺工作者的大会师，在新中国文艺史上具有里程碑的意义。李金鸿作为代表荣幸地参加了大会，走进中南海怀仁堂，与文化艺术界的精英代表一同，聆听毛主席、周总理的讲话，激动并振奋地憧憬着新中国的开端，憧憬着演艺事业的伟大变革。

1949 年 10 月 2 日，“中华戏曲改革委员会”在北京成立，后又改为“文化部戏曲改进局”，很快在北京、上海、天津等地都举办了讲习班，使戏曲界的人了解戏曲事业发展与改革的重要意义。“北京戏曲界讲习班于 1949 年 8 月 8 日在民主剧院举行了开学典礼。参加首届讲习班的有 502 人，其中有京剧界的 246 人。学习时间为 8 周，每周一、三、五上午授课。讲习班聘请欧阳予倩、田汉、洪深、杨绍萱、马少波、阿甲 、王亚平、张梦庚等有关部门负责人及专家授课，共讲了 24 个题目。内容包括革命人生观、政治修养，以及旧剧改革的问题等。”[①] 李金鸿参加了讲习班的学习，延续着多年来对知识的渴求，带着对新中国的美好向往，认真听课，提高认识，努力把自己的思想跟党和政府的文艺方针统一起来。

李金鸿和 4 亿中国人一起迎来了新世界的诞生，也开始了艺术人生的又

① 北京市艺术研究所、上海艺术研究所编著，《中国京剧史》（下卷第一分册），中国戏剧出版社，1990 年，第 6 页。

一篇章。

## 五、从永春社到首都实验京剧团

中华人民共和国成立后社会各方面的除旧、整饬和布新在陆续推进中。李金鸿依然面临着生计问题，北京的戏院恢复了部分演出。此时，岳父李永利打来电报，希望他能去南方帮助李万春永春社的演出。岳父开口了，岂有不照办之理，于是李金鸿暂停了在北京的演出，与妻子李慧英及合作多年的赵德勋、马鸣哲一同去了无锡，参加永春社的演出。这段时间演出场场客满，李万春常演《武松》，李金鸿还是演《金山寺》《杨排风》等代表作。积累了多年的舞台经验，又年富力强，恰是演戏的好年龄，再经过新平剧的洗练，对演戏有了更深入的钻研，台上的表现越发出色。加上当时无锡唱武旦的演员没有绑跷的，于是李金鸿的武旦戏又受到热烈欢迎，出现过已买了票的观众，看当天没有安排李金鸿的戏码退票的情况，也出现过在演一至十本《武松》之后又安排加演李金鸿的《盗仙草》的情况。

无锡热热闹闹的演出之后，永春社接着又先后去了南京、郑州演出。在郑州帮助鸣春社学生徐鸣策所在的班社演戏。海报一贴，可不得了，永春社主力全都在水牌上，观众立时蜂拥而至，一时间不单坐票卖满，还卖了站票。几场演出下来，挣了个盆满钵满，票房收入除去给永春社的，给徐鸣策全团每人做了一套单衣，一套棉服，还买了食物等必需品，解决了一时困难。当地铁路局又约永春社在广场演出，铁路修通后给了特殊待遇，一列火车最后一节供乘务员休息的车厢，成了永春社的包厢，就这样又到了湖北武汉。

武汉火车站附近有个汉口人民剧场，地理位置很好，是武汉市最热闹的地方。京剧的演出市场，除了京津沪三地，济南、青岛、南京、长沙、沈阳及武汉等地也都是大码头，有着深厚的观众基础，懂戏的人很多。在武汉的演出同样很轰动。1950 年的春节，李金鸿夫妻就是随永春社在武汉过的。武汉冬天的冷让人记忆深刻，屋子里都是用炭盆取暖，不知为什么耗子还多，吃的东西都要吊起来放，也是一景。在武汉的演出，李万春贴了《霸王别姬》，李金鸿饰演虞姬，同样很受欢迎，前后演了得有一个多月。武汉大码头热闹一场之后，永春社又开赴了湖南长沙。刚巧马连良的胡琴李慕良先生的父亲就住在剧场对面，还碰见与李万春关系非常好的名武生李仲林，免不了一阵热聊。梨园同行在全国各地都有舞台，这一路也都是熟人相见、分外亲切。

刚刚成立的中国，百废待兴，尽管百姓还有文化生活的需求，但演出条件相比京津沪等地却实在是简陋。在长沙的演出是在桃花巷内的黄金剧院，观众席都是木头的长条板凳。尽管如此，永春社的好戏依然一天天的爆满。湘地食辣，一直以来口味清淡的李金鸿在吃食上小有不适应，但总是吃过苦的，饱腹没问题，再加上每天的演出都非常成功，舞台上的李金鸿也是成就感爆棚。这一次还上演了《火烧红莲寺》。这出戏颇有些来头。20 世纪 40 年代初，李金鸿曾参演此戏，饰演红姑。这种戏不像传统戏，基本都是说一下戏的梗概，大概框架，然后演员就自己编词，编动作，就这样上去演。那时就有剧场顶上挂钢丝，走空中飞人的了。说起使用飞人技法，个头偏小，功夫灵捷的李金鸿不止一次用过。在与叶盛章合作演出的《酒丐》一戏中，叶盛章饰演酒丐，李金鸿饰演小姐，剧中有个情节是酒丐救小姐，背着她走，就是用个滑轮从下场门滑到上场门。这些招数都是在那个激烈竞争的演出环境中，绞尽脑汁来吸引观众的办法。如今这种飞人术已经在影视剧中成为常态，科技的进步辅助了拍摄技术，而戏曲舞台尽管也在不断地创新和探索，但沿用这种简陋的飞人术的却也不多，特别是从演员表演的角度，在发展的同时也在不断地强化着传统。

这一通演出从无锡到南京、郑州，再到武汉、长沙，从冬至春，持续了小半年，李金鸿还兼做着联系演出的行政事务性工作。长沙演出后，李金鸿负责打前站去江西南昌联系演出。从校友剧团演新平剧担任舞台监督，再到此时的行政工作，李金鸿的管理能力也逐渐开始显露。多年后在中国戏曲学院，担任实验京剧团团长、表演系副主任，看起来也都是水到渠成。性格温和的李金鸿，单凭这温文尔雅的亲和力就让事先成了一半。永春社又在南昌继续演出。然而随着时间已进入夏季，天气越来越热，观众日渐稀少。此时妻子李慧英已有身孕，随同行走已显艰难，就向李万春辞行离开南昌，就近到了上海，借住在了义父家。1950 年 8 月，长女李璐生降生，李金鸿荣升为父亲，岳母也从北京来到上海照顾女儿。

在上海期间，言慧珠约请李金鸿合作演戏。吃的就是戏饭，有人约演出为什么不演呢，于是李金鸿写信去南昌，把这个情况跟李万春讲明，请赵德勋师哥到上海来协助演出，并同时将李金鸿的戏服等行头带到上海。这段时间李金鸿又与言慧珠合演了梅派戏《廉锦枫》《西施》等，还在《四郎探母》中饰演萧太后。不得不再次钦佩李金鸿的多才多艺。萧太后这个角色，按现在说，那得是特别有分量的大青衣应工的，可不是随便一个青衣或旦角演员就能接的。就像霸王项羽、关羽关老爷这类人物，没有大量的舞台积累，没有深厚的内涵，没有对人物的深刻认识，甚至不到一定年龄，都是演不出这个人物的状态的。人物的气质气场，与演员本身有直接关系。27岁的李金鸿，穿上元宝底，梳着旗头垫子，披上旗蟒，手捏佛珠，满面傲娇，稳稳当当地踱步而出……能想象得到李金鸿扑面而来的君临天下的气势，就是萧太后的劲儿！这段时间李金鸿还随言慧珠到苏州开明剧场演出。此后，又应黄桂秋之约与王金璐一起到南通，在易俗剧场接张文娟之后演戏。在此期间，李金鸿第一次见到杜近芳，对她印象很深，看到了杜近芳非常好的条件。而此时的李金鸿也不会想到，他会成为辅助这位中华人民共和国成立后成长起来的艺术家的一份重要的力量：在表演、形体的指导方面，在剧目的创编方面，以及同台的合作。

再回到上海，中国大戏院又递出橄榄枝，约李金鸿演戏。此时妻子已经出了月子一阵，岳母就陪着女儿和外孙女回了北京，踏实在家休养。多年后李金鸿身边的学生都默默地仰望着这位儒雅、讲究、利落、干净、喜欢清淡上海口味的小老头，都以为先生是南方人。沪上几年的演艺把李金鸿熏养出了上海滩洋气的味道。李金鸿对上海确实有份特殊的喜欢，也曾想过是否就此留在上海发展事业。然而命运就是这样，此时北京又有演出邀约，更何况家已经安在北京，女儿又刚刚出生，于是李金鸿踏实返回京城。尽管有“人生有如下棋，走的棋子不同，命运的安排也就完全不同了”的感叹和些许对上海的留恋，但最终扎根北京的李金鸿依然没有辜负自己一身的本事，也应了那句“在北京学戏”的规矩，成为全国各地到北京学戏的旦角，必须要拜访的一位高明的先生。

与此同时，永春社的日子也越来越不好过，山重水复，否极泰来，在这艰难支撑中正孕育着一个新中国首都剧团的诞生。

北京有个开明戏院，就是后来的珠市口电影院。中华人民共和国刚成立时改名“民主剧场”，经理叫傅世钧，早年是中共地下党员，打掩护的身份就是永春社的管事迟景泉的学徒。在内乱时期，李万春曾在国民党要抓捕小傅时出面担保救过他。永春社南下谋生，到南昌时，境遇越发艰难，甚至连回京的路费都筹不齐。当时各地都在筹办新政府下的新剧团，在武汉筹备建团的高盛麟曾邀李万春到武汉组团，可是永春社一团人的家眷都在北京，不能就扎根在武汉，因此只是应约去武汉演了一阵。就在这窘迫之时，傅世钧如同天降般跟迟景泉一起又出现了，并且是受当时北京市市长彭真委派专程来接全团回京。于是，正为返京一事作难的李万春和永春社全体成员，如释重负般返回北京。很快就在彭真市长的直接关心下，由文化事业管理处帮助，拨了陕西巷的一个二层小楼作为团址，定名首都实验京剧团，除了原来的基本人员，还帮助组织了多位艺术上有成就、有威望的名演员，如李盛藻、俞砚霞、吴韵芳、娄振奎、赵文奎、景荣庆、苏维明、李元牧、张永禄、李鸣声、陶龙春、衡和华等。[①] 李金鸿此时也从上海回到了北京家中，自然也是继续留在团里辅佐大舅哥。同时还去艺培戏校义务教课。

首都实验京剧团，李万春任团长，苏维明、景荣庆任副团长，李金鸿任主任委员。在新中国政府帮助下成立的新团的成员们，摩拳擦掌大展身手。就在此时，戏改政策出台了。李金鸿又面临了一次选择。

## 六、放弃多年练就的跷功

1950 年 11 月 27 日至 12 月 10 日全国戏曲工作会议在北京举行，与会代表热烈讨论了戏改工作的方针政策，会议根据代表们的讨论意见，提出了《关于戏曲改进工作向中央文化部的建议》，1951 年 5 月 1 日，中央人民政府政务院发布了《关于戏曲改革工作的指示》，明确指出："人民戏曲是以民主精神与爱国精神教育广大人民的重要武器。我国戏曲遗产极为丰富，和人民有密切的联系，继承这种遗产，加以发扬光大，是十分必要的。但这种遗产中许多部分曾被封建统治者用作麻醉毒害人民的工具，因此必须分别好坏加以取舍，并在新的基础上加以改造、发展，才能符合国家与人民的利益。"[②]

政府在做戏曲改革这件事时，充分考虑到从旧社会迈入新社会的戏曲艺

---

① 周桓编著：《菊海竞渡——李万春回忆录》，中国文史出版社，1990 年，第 131 页—132 页。
② 《中央人民政府政务院关于戏曲改革工作的指示》，《人民音乐》1951 年 5 月 1 日，第 2 页。

人群体，因为这部分群体是有着深厚群众基础的戏曲艺术的载体。对于戏曲改革推进的具体方法有这样的要求：

> 一、进行改革主要地应当依靠广大艺人的通力合作，依靠他们共同审定、修改与编写剧本，并依靠报纸刊物适当地展开戏曲批评，一般地不应当依靠行政命令与禁演的办法。对人民有重要毒害的戏曲必须禁演者，应由中央文化部统一处理，各地不得擅自禁演。
>
> ……
>
> 戏曲改革是改革旧有社会文化事业中的一项严重任务，不可避免地将要遭遇许多复杂的问题，因此，戏曲改革工作必须有步骤地进行。一般地说，应当由最容易着手和最容易获得多数艺人同意的范围开始，然后逐步推广。必须防止在戏曲改革工作上的急躁情绪，和由此而来的粗暴手段。
>
> ……
>
> 六、戏曲工作应统一由各地文教主管机关领导。各省市应以条件较好的旧有剧团、剧场为基础，在企业化的原则下，采取公营、公私合营或私营公助的方式，建立示范性的剧团、剧场，有计划地、经常地演出新剧目，改进剧场管理，作为推进当地戏曲改革工作的据点。[①]

在改革过程中调动戏曲艺人充分参与，既是对戏曲艺人群体的充分尊重，也是将改革落实推进的必要方法。被后来的研究者概称为“改人改制改戏”的戏曲改革的中央文件出台了，依照文件精神要求，在落实过程中要依赖艺人群体本身，依赖已有的剧团。首都实验京剧团，当仁不让成为改革的先头部队。该团是得到北京市政府直接帮助，由永春社重组而成，必然要全力支持政府的决定。在政府的直接指导下开展工作，积极配合也是不二的选择。

具体到改革的内容，文件中第二条是这样讲的：

---

① 《中央人民政府政务院关于戏曲改革工作的指示》，《人民音乐》1951年5月1日，第2页。

二、目前戏曲改革工作应以主要力量审定流行最广的旧有剧目，对其中的不良内容和不良表演方法进行必要的和适当的修改。必须革除有重要毒害的思想内容，并应在表演方法上，删除各种野蛮的、恐怖的、猥亵的、奴化的、侮辱自己民族的、反爱国主义的成分。对旧有的或经过修改的好的剧目，应作为民族传统的剧目加以肯定，并继续发扬其中一切健康、进步、美丽的因素。在修改旧有剧本时，应注意不违背历史的真实与对人民的教育的效果。

这一条在具体落实过程中，就明确为：要澄清舞台形象，取消演出中恐怖的、迷信的、低级庸俗的，以及丑化、侮辱劳动人民的台词与表演，以健康的取代不健康的等。其中就细化到不再允许旦角演戏踩跷。

戏曲舞台上跷的诞生源自旧时女子的裹脚，早年女性不能演戏时，踩跷成为男演员饰演旦角的辅助技艺，对于观众来说，最初比较多是带有欣赏女性人物的象征意义的。但随着时代发展，女性地位的提高，缠足风俗的打破，在20世纪初，以王瑶卿为代表的艺人就已经开始了废跷的改革。在李金鸿学艺练跷的时期，观众对跷的态度已经有了变化，有从艺术的角度主张踩跷的，认为演古时的故事踩跷是合适的，主张“将踩跷作为‘美术之化装’保存下来”。也有将“废除踩跷的重要性提高到影响中国的国际形象的高度”，完全否定跷的技术功能和美学价值。①

李金鸿从开始学戏练跷功近20年的时间，夏练三伏冬练三九，吃了多少苦受了多少罪才娴熟地掌握了这门技艺，跷已经不是一个木头家伙，是他的艺术伙伴。学戏的人打小练功，经常用到的服装道具，老师都会教导，这是吃饭的家伙，可得照顾好。演员与舞台上的一切都已经融为一体。可以想见，跟随李金鸿多年的跷，为他赢得了那么多喝彩的跷功，自己最擅长的一项技艺，一旦要放弃，那确实是十二分的不舍。并且金鸿的个头偏矮，离了跷，在舞台上的优势就会减弱，这些都成为金鸿心中有想法的原因。

首都实验京剧团很快在新华戏院门口戳出水牌“响应澄清舞台的号召”，提出自即日“取消检场和废止踩跷”。对于李金鸿来说，打小吃足了苦练出来

① 黄育馥：《京剧、跷和中国的性别关系》，生活·读书·新知三联书店，1998年，第127—129页。

的最擅长的功夫受到了限制。李万春回忆：

> 废止踩跷，在我们团主要涉及李金鸿一个人。他演武旦戏，踩跷被看作是必不可少的。至于一些青衣、花旦演员，很久以前多已不踩跷了。金鸿对废止踩跷，开始很想不通。让他把从小吃大苦练成的跷功扔了，他真舍不得。但是他是我的妹婿，我们有这种亲戚关系，经我再三说明，他也就同意带这个头了。①

虽然内心是不舍的，但李金鸿也懂得顺势而为，更看到当下的新中国、新政府、新政策对艺人来说，更多的是尊重。受过中华戏校新式教育，又参加北平艺术馆出演新平剧，参加了第一次文代会，已经是新社会新文艺工作者的李金鸿，即便再不舍，再想不通，也一定会遵照执行的。更何况，李金鸿早就磨炼出艺不压身的本事，也早有忧患意识，拓展戏路，包括学习小生，已多次演出过陆文龙、周瑜等角色。离了跷对技艺没有丝毫影响，穿薄底一样唱旦角戏，还可以唱别的行当，于是废跷后，李金鸿就比较多地开始演一些小生戏。曾有一次李砚秀演出全部《红娘》一戏时，临时救场，李金鸿就在后台拿着剧本，迅速看一场词，然后上场演一场，下来后再看一场词，再接着上去演，就这样圆圆满满地演下来了。

图 4-6 《新民报》演出广告，1951 年 6 月 18 日

不再踩跷的李金鸿也逐渐适应了新的演出状态，按部就班地在中和戏院、

① 周桓编著：《菊海競渡——李万春回忆录》，中国文史出版社，1990 年，第 136 页。

开明戏院演出，有时也随团赴外地旅演。与此同时，李金鸿心中对上海的亲近仍然没有完全放下，这段时间他与言慧珠有书信来往，继续着能到上海演戏的想法。就在这时中国实验京剧团（国家京剧院前身）成立了，一团的李和曾、叶盛兰等人约李金鸿加入，盛情难却，权衡再三，李金鸿彻底打消了去上海的念头，就此参加了该团，既演又教，成为一名国家剧团的文艺工作者。

## 七、在艺培戏校义务授课，教授孙毓敏、叶红珠

在首都实验京剧团工作期间，李金鸿还同时去艺培戏校义务授课。

艺培戏校就是后来的北京市戏曲学校，原址是松柏庵，据传原来是清朝一位喜好戏曲的王爷的家庙，后来赠予梨园中人。其位置就是今天的陶然亭西，自新路东，北方昆曲剧院原院址所在。梨园行有记载，自清末就有自己的组织，最初叫精忠庙，1947 年改为北平京剧公会，1951 年春天，北京京剧公会召开了全体会员大会，决定组织艺人义演筹资，在松柏庵这所破庙中改建一所民办的艺培戏曲学校（简称“艺培戏校”）。为艺培戏校义演筹资的活动影响颇大，刘喜奎率一众女演员，郝寿臣带领徒弟，刚从香港回来在天津演出的马连良、张君秋，还有谭富英、裘盛戎、李少春，河北梆子剧团的李桂云等梨园界众贤人，均慷慨献艺捐资。① 筹备工作到位后，沈玉斌又请郝寿臣当了校长，组织了阵容强大的考试委员会，1951 年 12 月 4 日，北京的《新民报》登载了“民办艺培戏曲学校招生简章”。1952 年的 2 月 12 日，艺培戏曲学校招收的 120 名新生入学了。学生有张学津、李崇善、李玉芙、王晓临、孟俊泉、沈宝桢、宋静媛、李文敏……李金鸿作为梨园界的一员，深受萧长华“替祖师爷传道”的教导，也义不容辞地加入支持队伍中，承担起义务授课的工作。

孙毓敏也是这一届学生，但算插班的，晚到了几个月，到校后先学的是武旦，老师是李金鸿和赵德勋。

第一出戏就是《打焦赞》。为了练好杨排风比武时的耍棍花，她

① 和宝堂：《松柏庵往事（之一）》，人民音乐出版社，2001 年，第 7—11 页。

每天都认真地练“大刀花”“皮猴”，等等。可她就是怕练“串腕”，每当把棍抛起时，她总接不好，总要戳手指头。以后一练到“串腕”的时候她就发怵。要练又不敢练，不练又着急，不由得喊出：“老师，我不敢接。”

“哎，别着急，得找窍门。你看，我扔的花是直的，顺势把手一插就接住了。别着急，慢慢就找着窍门了。”李金鸿老师慢慢地开导她。看她还是不敢接，知道她是戳了手指，心理发生障碍，就把自己的皮手套拿来叫孙毓敏戴上练，还说：“戴上手套，戳一下也不疼，勇敢点儿。”孙毓敏按老师说的办法去练，不过十遍就找到了“范儿”，心里真是如释重负，打心眼儿里感谢这位循循善诱的李老师。就是今天一见到李先生，她也会想到50年前的这一幕。

她学的第二出戏是《扈家庄》。老师说，这出戏是旦角的基础戏，一定要天天练，她就每天练一遍，一直练到“文化大革命”前夕。①

多年后，已年届80的孙毓敏，回忆起李金鸿，依然对当年给她戴上皮手套练棍花的善良老师心存感念，还记得当时一个人在北京，逢年过节老师会心疼这个孤身一人在北京求学的闺女，把她叫到家里玩，吃饭。提到学戏，开始学武旦的孙毓敏，除了《打焦赞》《扈家庄》，还学了一出《思凡》。当时孙毓敏就琢磨：“老师不是教武旦的吗，怎么还教《思凡》？”至今回想起来，仍然能脱口唱出“小尼姑年方二八正青春……”，还记得动作，而已经钻研了一生，如今已成长为艺术家、教育家的孙毓敏，对这出《思凡》的价值越发有了更清晰的认知：“他绝对是我的恩师之一……我通过这个思凡，懂得了比如这个手眼腰，眼睛怎么使，跟腰怎么配合，每一个动作都是固定的，因为昆曲比较规范嘛……小时候都得学点带点功夫的戏，这是文戏的功夫。他很会教，我觉得他主要是教了元素，就是动作的元素，虽然他没说出这词吧，我现在都80了，我体会，为什么他教完了我就开窍了，原来有一点盲目的模仿……由于他教了我《思凡》，我就开窍了，我就知道手眼身法步它们之间的关系。我觉得他给我打的基础使我一个纯外行的小孩慢慢地入了门……他

① 和宝堂：《松柏庵往事（之一）》，人民音乐出版社，2001年，第112页。

教我的《扈家庄》也特别规范，跟现在的稍微有点不一样，现在的《扈家庄》更勇猛，圆场大屁股座什么的，它原来没这么勇猛，它无论如何是个吹腔昆曲戏，很规范，我一直练到27岁，所以我是很感谢李金鸿老师的……”①

手、眼、腰，元素、开窍、规范……从孙毓敏向李金鸿学习的感受中，可以看到这些舞台表演关键的环节，四功五法的规范运用，从单纯模仿到开窍会表演，并且提到小时候要学带功夫的戏，文戏就是《思凡》，而武戏正是《扈家庄》，有这两出的基础，未来的长足发展就有了扎实的根基。孙毓敏得益于此。李金鸿教得特别规范的《扈家庄》，在当时的艺培戏校还有一位武旦学生宋静媛，学得特别好，经常演出，还到中南海给中央领导演出过，在世界青年联欢节上获得嘉奖，因此得雅号“宋一出”。其实她主演的武旦戏是很多的，只不过这出《扈家庄》确实与众不同。当时曾有人说是因为个人条件太好了，为此李金鸿和赵德勋为她抱不平地说：“宋静媛为了练好这出《扈家庄》，仅头盔上的翎子就换了28对，不练能那么好吗？”②严师出高徒，对在严格的训练下，刻苦练习取得成绩的学生，再严厉的老师都会心存爱惜，如自己的孩子般。而与此同时也有别的孩子一门心思地想学《思凡》，想学《金山寺》，却没落着学，这位打小就透着明白的就是后来成为程派名师的李文敏。

李文敏也是艺培戏校第一届招收的“一百单八将”之一，进校就学正工青衣，学戏特别开窍，也是打小受到的家庭熏陶，他父亲李春林是余叔岩和梅兰芳的大管事，与姚玉芙同为梅大爷的左膀右臂。在这样的家庭环境中长大，戏班里的事知道得多，学东西自然也快，还经常能指点同学。说起来也是太明白了，就显得有些挑剔，老师教《庵堂认母》一类的戏她就不爱学，总想到李金鸿老师那儿去学《思凡》和《金山寺》，说那才是打基础的戏呢。③也一定是打小就从父辈口中听到过李金鸿的高低了。尽管李文敏没能有机缘跟李金鸿学这两出戏，多年后，李文敏的学生张火丁、李海燕在读青研班期间向李金鸿学习了《金山寺》。张火丁在钻研了一年多的这出《金山寺》后，排演了一直喜欢的《白蛇传》，其中“索夫”一折选用了双剑的一段【四门子】，也成为张火丁版《白蛇传》的特色之一。

---

① 2019年9月13日，孙毓敏采访记录。
② 和宝堂：《松柏庵往事（之一）》，人民音乐出版社，2001年，第111页。
③ 同上，第290页。

叶红珠也是艺培戏校的学生，是中华人民共和国成立后李金鸿正式收的第一个徒弟。祖父是富连成掌门叶春善，其父叶盛长（叶世长）排行老五。叶家一门多从事京剧事业，叶春善长子叶龙章，为富社后期社长；次子叶荫章，为司鼓；三子叶盛章，一代名丑；四子叶盛兰，小生全才，自成流派；五子叶世长，擅长做工老生。在这样的梨园世家中成长的叶红珠，6 岁就在家里跟哥哥叶蓬、叶少兰一起开始练功，8 岁的时候，考入艺培戏校归行武旦。这时三伯叶盛章、四伯叶盛兰就说得找个老师啊，就拜李金鸿吧。对李金鸿，叶盛章、叶盛兰是熟得不能再熟了。李金鸿初搭班不久就受邀与叶盛章在天津并挂头牌，与叶氏兄弟合作日久。两位伯父选择了李金鸿作为叶红珠的师父，自然也如同当年邀请金鸿合作演艺是一个道理，认定了他的艺术水平。叶红珠还清晰地记得 8 岁时在西单的雨花台饭庄正式拜师，之后就经常去北大吉巷李金鸿家学戏，一块学戏的还有李万春的女儿李淑媛。还遇上过赵丹的女儿，舞蹈演员赵青，因为排舞剧《梁祝》，请李金鸿给说戏曲身段，以及跟舞蹈怎么结合。此时李金鸿在艺培戏校带着课，这样，学校和家里两边都教着。说起拜师，叶红珠从戏校毕业后，1960 年由官方组织了大拜师活动，把中国京剧院和北京京剧团的一些艺术家和青年演员、学生，分别做了分配，拜李金鸿的是叶红珠和中国京剧院的刘琪，这样叶红珠等于行了两次拜师礼。打拜师以来，叶红珠陆续学了《盗草》《挡马》《打焦赞》《扈家庄》《金山寺》等戏，可以说是当时跟李金鸿时间最长学得最多的学生了。李金鸿在中国京剧院上演《无底洞》后，也传给了叶红珠，包括这出戏的景、服装等都直接拿过来用。这出戏叶红珠一直唱了很久，并且在南昌、上海等各地旅演时都唱过。

从 8 岁开始就跟着李金鸿的叶红珠，觉得他跟一般武旦不一样，不单是冲，特别美，扮相也漂亮。特别是他的身段完全是那种古典女性的柔美，跟一般男旦的板正又不一样。打小跟李金鸿学戏之初，因为家庭原因，有种自然的亲近，就像是自己的长辈，跟孩子们都特好，但学戏的时候却是很害怕的。父亲和几位伯父都有说过“该打打”的意思，李金鸿在教戏时很严厉，达不到要求的地方，决不让你草率地就这么过去，这使叶红珠非常受益。叶红珠还记得在家里说《金山寺》的时候，走不出来，那时还年轻的李金鸿有些着急，在屋里来回走，然后问：“明白了么？”对于十来岁的叶红珠来说，跟李金鸿学习，特别是《金山寺》这种戏，在当时确实不容易。现在回想起来，对李金鸿的艺术特点都是随着年龄渐长慢慢理解到的。李金鸿对形体表演的要求是一致协调的，是如同太极一样的身法运用，牵一发动全局。尤其是亮相，不是停滞的，是把整个身体调动聚合起来，持续释放精气神。叶红珠还有一种感觉，在表演过程中似乎找不到具体的点，就像梅兰芳、李少春的那种感觉“好像在骨头里，在心里，进入血液，你要是不能进入的话是学不到他的东西”①。这种摸不到的“感觉”是一种特殊的聚合凝神、流动贯通，最终将娴熟的技法化在身上，达到“无意者十”的韵律味道。

提起李金鸿让李红艳拜叶红珠这件事，也令叶红珠很有感触，认为是先生有意抬举。当时李金鸿让李红艳拜叶红珠，说：“红珠的路子，各方面都是我的，我传的。”这里其实也包含了对徒弟的了解和信任，认可叶红珠能够继承自己的衣钵。从 8 岁开始几十年下来，师徒亲如父女，后来不具体学戏了，但年节去看先生也是在聊戏，仍然从中受益。李金鸿喜欢喝日本的茶，喜欢日本的大棉袄，叶红珠都给办妥了，也很欣慰地看到老师冬天老穿着那件大棉袄。对李金鸿的开放思想，叶红珠也印象深刻，喝红酒，喝咖啡，很洋范儿。那时因为叶红珠的个头小，李金鸿还曾让她试试踩跷，把自己的跷都给了叶红珠，告诉她怎么绑怎么练，只是练得有点晚，最终放弃了。中国戏曲学校刚刚恢复传统戏教学时，史若虚校长曾请叶红珠去代过课，以史若虚的选人眼光，想必也是看上了叶红珠从李金鸿这一脉传下来的艺术风格。②

艺培戏校首届学生开学，李金鸿就成为特聘教员，每月领取大约价值二百斤小米的车马费，同时继续在首都实验京剧团演戏，剧团的演出是真正养家糊口的经济来源，教学基本就是尽义务，但是作为老师的责任心却是特别强。当时李金鸿经常是与赵德勋师兄一起下课后就骑车上剧场“赶包”演出。上半天课，教的又是小孩子，教学这事甚至比自己唱戏更累，要示范要讲解，得想方设法得让学生明白，需要的不仅是耐心，更得有体力。讲话多了耗气很严重，而气息又是演员上台最关键的体能基础。这样上完课再骑车去演出，骑车时都恨不得打盹，到剧场就只剩躺倒的份儿了。连一向严厉的剧团的大管事于斌安先生一看他们没精打采的样子都心软了，“你们俩是骑车三闭眼，连命都不顾啦”。打破后台常规说：“你们在旗靶箱上睡一会儿，到上场时我再

① 2019 年 9 月 24 日，叶红珠采访记录。
② 2019 年 9 月 24 日，根据叶红珠、石宏图采访记录整理。

叫醒你们。”这样奔波于课堂和剧场，既要演出顾生活，又丢不下戏校的学生，依然是那句“替祖师爷传道，可不能误人子弟呀”①。

中华人民共和国成立后的李金鸿，认识到新中国、共产党使自己的社会地位得到了提高，感受到了被人尊重，因此心存感激，在艺培戏校的义务教学，包括一些义务演出都是更加踊跃地参加，义不容辞。这样的生活与过去相比，少了些随意、随性和动荡，多了充实、价值和稳定。在艺培戏校教学的工作一直延续到李金鸿加入中国京剧院之后。30年后成为北京市戏曲学校（现北京戏曲艺术职业学院）校长的孙毓敏，又再次把李金鸿请回学校继续教旦角必学的功夫戏《思凡》。

① 和宝堂：《松柏庵往事（之一）》，人民音乐出版社，2001年，第218页。

# 第五章

# 在中国京剧院工作

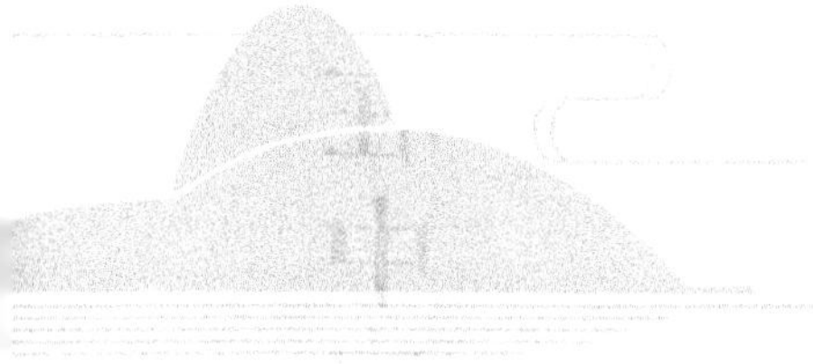

李金鸿评传

## 一、加入中国京剧院

中国国家京剧院是文化部直属的国家级剧院。其前身是1942年在党中央的关怀下成立的延安平剧研究院。毛泽东主席曾为该院题词“推陈出新”，中华人民共和国成立后先后改组为文化部戏曲改进局所属京剧研究院、中国戏曲研究院所属京剧实验工作一、二、三团，1953年三个团合并为中国京剧团，在此基础上，于1955年1月成立了中国京剧院。

1952年，改组后时称“中国实验京剧团”成立，分为三个团，一团的叶盛兰、李和曾热情邀约李金鸿加入。中华人民共和国成立之初，能够加入国字头的院团工作，又有同行的推荐邀请，权衡再三，李金鸿彻底打消了之前想去上海的念头，就此参加了中国实验京剧团。那时戏改政策已出台，不提倡男演女、女演男，所以李金鸿是以教员身份去的，同时还预先说定，每天上午仍要到艺培戏校义务教课，下午到剧团上班。

做出这一选择在那个特殊的历史时期也并不是很容易的。这个不容易其一是“实验”二字，这是中华人民共和国成立之初，党和政府文化建设的必经过程，特别是戏曲，由旧社会在百姓中有较大影响力的繁荣中走过来，到底要以什么样的方式继续存在和发展下去，一切都在摸索中。所以当时文化部直属的戏曲院团包括戏曲学校都冠以“实验”二字，既然是实验，就意味着未来是模糊的，结果是不明晰的，对于这样不明确的前途，艺人们总是要斟酌再三的。特别是当时有一些京剧团采取的是赎买性质，在原来角儿挑的班基础上，进行重组整合，一定程度保留了原有的体制，李万春、马连良、张君秋、赵燕侠等均是以挑班的形式组成的剧团，有的仍是以姓名命名，“马连良剧团”“赵燕侠剧团”等。李金鸿虽然不是挑班的角儿，但也有了一定的艺术地位，在当时也是在一部分持观望态度的艺人中做出了自己的选择。这个不容易其二是“戏改”二字，中华人民共和国成立之初的戏曲改革，对于李金鸿来说，最主要的就是唱旦角戏受了限制，废止踩跷就是更具体的一个影响，去国家直属的“实验京剧团”工作，是不是就彻底没戏唱了？确实李金鸿在加入时，是以教学为主的。已经在舞台上风生水起、得心应手了十多年，又刚而立之年，正是演员最炉火纯青的年龄，相比之前李万春的“首都实验京剧团”来说，在这个剧团工作可能上台的机会很少，甚至就只是教学了，李金鸿如何甘心。但是再回头看李金鸿的学习成长经历，又能得出一个必然的结论，中华戏曲专科学校给了李金鸿开放的视野和观念，各行当大师的指导和舞台积累给了李金鸿博学多能，北平艺术馆又给了李金鸿编创方面的试水体验，戏曲无论如何变革，离不开舞台上的唱念做打。而中华戏曲专科学校，程砚秋、焦菊隐等在旧社会的家国情怀影响，从旧社会到新社会的见闻，中华人民共和国成立后作为代表参加了第一次文代会等经历，更给了李金鸿政治头脑，他认定了新政党领导下的新政府，会揭开新社会的新篇章，跟着中国共产党走，一定是不会错的。

1952 年 11 月，经过慎重选择，顺势而为的李金鸿，成为国家直属的中国实验京剧团一名新文艺工作者，作为一团艺术研究组的成员[①]，既教又演，开启了新的人生。

初到一团，由于武旦行当还没有适合的女演员，所以尽管限制了男旦演戏，李金鸿还一直唱些武旦、刀马旦的戏，比如《扈家庄》《打焦赞》《盗仙草》《穆柯寨》《四杰村》《嘉兴府》等。同时应些小生的配演，《奇双会》的李保童，《罗成叫关》的罗春，在这个时候，虽然出演的是些小角色，但始终有心的李金鸿没有浪费与叶盛兰同台演出的时间，这也是日后能接演小生主戏的必然。就这样每日上午在艺培戏校教戏，下午在京剧院上班又演出，每天朝九晚九忙忙碌碌，比起原来只是下午或晚上唱戏的功夫，又是另一种辛苦，好在演出的戏份都不算重，并且场次也不多。从旧社会唱到新社会的金鸿，适应了这个一视同仁、尊重艺人的新社会。很快，金鸿接到了在中国京剧院的第一个新剧目的角色，《柳荫记》的四九。

《柳荫记》是根据川剧移植改编的，由叶盛兰、杜近芳主演。这出戏的成功在此不再赘述，只提王瑶卿直接参与指导的创腔工作，黄克保有文章《王瑶卿与京剧〈柳荫记〉》[②]详细记录了王瑶卿的创腔原则和具体方法，窃以为可以作为京剧作曲的教材。

---

① 彭维：《国家京剧院剧目研究》，中国戏剧出版社，2018 年，第 22 页。
② 黄克保：《戏曲表演研究》，中国戏剧出版社，1992 年，第 262 页。

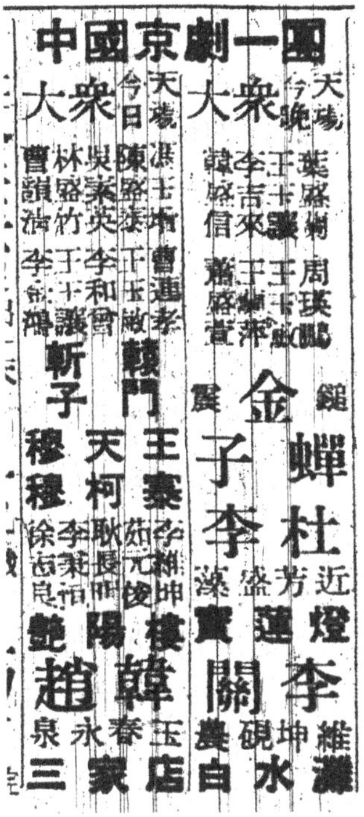


图 5-1 《北京日报》演出广告，1953 年 2 月 16 日

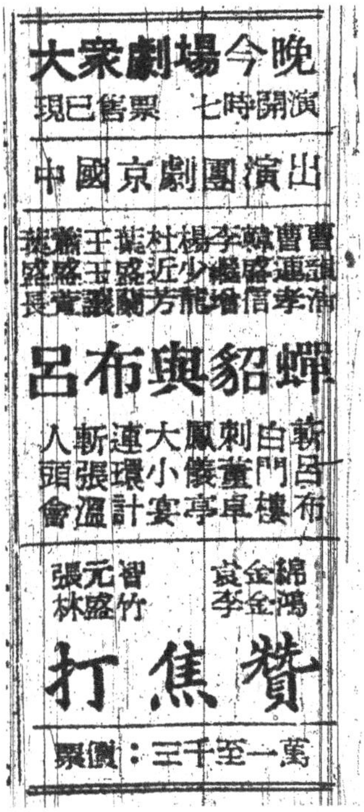


图 5-2 《北京日报》演出广告，1953 年 4 月 11 日

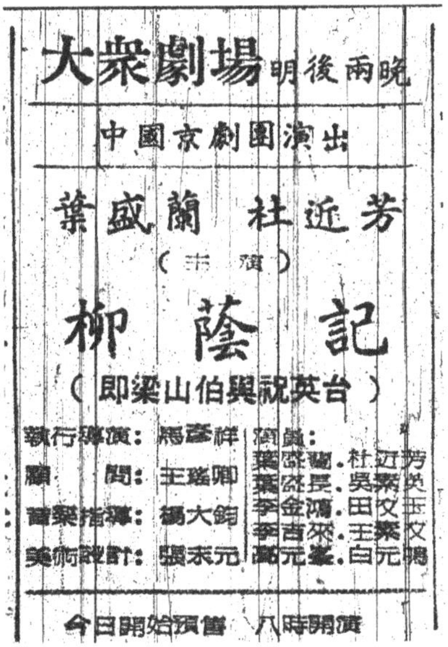


图 5-3 《北京日报》演出广告，1953 年 7 月 10 日

说回李金鸿的四九。读者或有疑问，这么个小小的配演有什么可说的，是的，如果李金鸿也是带着这样的态度出演四九，就确实没有任何价值可谈了。在中华戏校成长、在北平艺术馆磨炼过的金鸿，此时身体里那颗“表演”的种子已彻底萌发，即使是这样一个所谓的小角色，都让他演出了戏，成为他在挚爱的舞台上创作的作品。四九是梁山伯的随身书童，李金鸿的个头来这活确实合适。从台步来看，以小生脚步为基础，有着《泗洲城》挑担的功底，在保持舞台步法平稳前提下，要走出挑着担的小书童的青春活跃气息。在形体表演方面，能够放下程式的负担，有着生活化的自然表现。从《思凡》中表演的细腻层次，可以推理至此，只要符合人物的性格和情境，所有的表演都是合理且准确的。李金鸿认准了“以整个戏剧为重”的原则，一切都围绕着“戏”来做文章。遗憾今天看不到这个经过他一丝不苟精心创造的四九的形象，但庆幸我们还能听到四九的声音，中国京剧音配像工程《柳荫记》中四九的原声就是李金鸿。舞台上的一切都是表演的工具和手段，声音更是传情达意的，所谓声情并茂即是与声音相关的表演所追求的境界，让我们从四九的原声中仔细回味李金鸿如何用声音来创造人物。叶少兰是这样评价的：

> 最感动人的非常小的一个活，就是《柳荫记》的四九，李老师的这个四九，都把我给演哭了。尤其是最后那个去报信，“他死啦”，就这一句台词，那个语气那个感情。包括前面四九跟银心的戏，对话。我觉得这位老先生不得了啊，他是在创作人物啊，他不是在台上像以前演个童儿，他真把这人物演出来了，他把这个戏提高了。那个四九你们都没看过，到现在你就听录音，李金鸿先生四九的录音，能听出戏来。他并没有说，我这么大一个武旦艺术家，我演四九？就是来个活就行了。可以说他把这个四九演活了。我们可以证实一句话，什么叫艺德啊，他就是一个典范。①

艺德源自为人，金鸿的人品一直以来有口皆碑。艺德落脚在敬业态度，无论大小角色都是戏剧的一部分，一切为了戏。李金鸿的人品很自然地流露

① 2020年4月22日，叶少兰采访记录。

在对艺术的态度中，他是真的热爱这个舞台，热爱这门艺术，由此珍视每一个角色，享受每个角色完美呈现给观众的那种成就感。

《柳荫记》集中上演了大约两个月后，李金鸿继续出演一些武旦、刀马旦的折子戏和其他行当的配演角色，都是以一种极为认真的态度去完成的，其中有的是传统戏，需要的是功，有的是新编戏，需要的是人物创造。

图 5-4 《响马传》李少春饰秦琼 李金鸿饰王周[①]

比如李少春的《响马传》，其中观阵一场，李金鸿饰演王周，这场戏看演员的做功，包括厚底圆场，以及观阵的工架表演。禄兴才曾看过这出戏，评价说："入阵那段，那不简单，那可是李少春，那脚底下那功夫，金鸿老师在边上一点不软哪。"[②] 王周与秦琼的动作有些是一致的，比较考验形体表演的顺畅协调能力。同时两人要密切配合，包括调度及与锣鼓音乐的合槽。这种两个演员一起表演的段落，水平如果相差过大就会失去精彩，甚至主演的光彩都会减弱，所以舞台上的合作伙伴一定要尽可能强，戏才会更好看。李少春的本事是众所周知的，能够跟李少春默契自如地配合，自然显露出李金鸿的功底。以后来人看，可能会想，李金鸿真是太不容易了，唱旦角的厚底功这

① 北京市艺术研究所、上海艺术研究所编著:《中国京剧史》(下卷第一分册)，中国戏剧出版社，1990 年，第 14 页。

② 2020 年 8 月 2 日，禄兴才采访记录。

么棒，身上这么顺，能给李少春配王周。然而如果了解李金鸿早年的艺术经历，就会释然。

在杜近芳的《白蛇传》一剧中，李金鸿担任开打部分的排练指导，同时曾饰演鹿童。这个鹿童，包括了走边，与鹤童【折桂令】的唱做，更包括了在“对剑”中对杜近芳严丝合缝的“傍”。对于这个武生应工的活，按叶少兰的印象，“李先生并没有在台上表现出他是个武旦，带着脂粉气，没有，他就是个武生，漂漂亮亮的一个短打武生”①。形容短打武生的扮相英俊、身段边式，帅、美有韵味，一般就用“漂亮”一词即可概括。叶少兰这一句，不需作者多言，观者自去想象舞台上“漂漂亮亮的一个短打武生”李金鸿。

在袁世海的《九江口》中，李金鸿来过船夫，相当于是龙套了。船夫中还有李金泉、孙盛武，跟年轻演员一起。跑船一段，在袁世海很有激情地带着跑起来之后，有时会跑七圈，这几位老先生扮演的船夫就一直跟在后面跑着圆场。②从艺术的角度来看，这几位圆场功力深厚，从艺德的角度，曾经都是了不得的人物，只要工作需要，都是毫无怨言地认真对待。这样一种爱业、敬业的精神，都是值得当下的演员们学习和反思的。

## 二、在中国京剧院教学
## ——“所有旦角都要跟李金鸿学《思凡》”

李金鸿到中国京剧院是以教员身份去的，对旦角演员进行训练和指导，这其中最主要的一位就是杜近芳。刚到剧院不久，马少波院长就提出了，所有旦角演员都要跟李金鸿学习昆曲《思凡》。选了《思凡》这出戏，足见马少波的懂戏及对李金鸿的了解。确实，《思凡》一戏对旦角的唱念、身段、表演的训练是再好不过的了，是一出全方位进行规范和提升的剧目。正如在艺培戏校学了此戏的孙毓敏经过一生的艺术磨炼，认识到这出戏是所有旦角文戏基础必学的一出功夫戏。首先有着昆曲严格、规范的歌舞综合表现，动作与唱都要非常严谨地配合起来。从“技”的层面，眼、手、腰、步都有极为讲究和富于变化的表现，对旦角的形体呈现的综合能力有极高的训练价值。从

① 2020 年 4 月 22 日，叶少兰采访记录。
② 2019 年 8 月 29 日，根据康秉钧采访记录整理。

“戏”的角度，蕴含色空丰富的内心变化，被有的学者称为“心理戏”，一人的独角戏，如果没有丰富的内心情感的外化，是无法吸引观众的，因此在对人物的体验与技术的表现的融合方面也是极有训练价值的。于是在京剧院的练功厅，杜近芳、李慧芳、侯玉兰、云燕铭、江新蓉等一众旦角演员都开始跟李金鸿学《思凡》。

李金鸿自中华戏曲专科学校毕业独立谋生后，一直在广纳博学，其中重点向韩世昌学习了大量昆曲剧目，《思凡》就是自韩世昌处习得，对身段及表演方面的提高起到了很大作用。在这次教戏之前，认真负责的李金鸿又去找了韩世昌投戏。而此时，韩世昌正在朝鲜舞蹈家崔承喜的舞蹈班进行戏曲方面的指导，于是，李金鸿也加入其中，进行戏曲表演示范。

崔承喜是20世纪初与梅兰芳同时代的朝鲜的一位著名舞蹈家，她不仅积极投身本民族舞蹈的创作、表演与推广，在中国民族舞蹈的发展进程中也起到至关重要的导向作用。早在20世纪40年代崔承喜就多次欣赏梅兰芳、尚小云等人的演出，积极开展研究工作。她认为“在中国的古典戏曲中，蕴藏着十分丰富而优美的个人舞蹈素材，倘若我们以此为基础，创立崭新的中国舞蹈艺术，就必将比西方的芭蕾艺术更加优异”①。1951年崔承喜在中央戏剧学院开办“崔承喜舞蹈研究班”，把她倡导建立中国自己的民族舞蹈体系的具体做法进行实践。“请来白云生、韩世昌等几位昆曲、京剧界的著名老先生，边向他们学习边整理中国舞蹈教材。把生、旦、净、末、丑的各类动作，让老先生领着几个学生一遍遍地做，崔先生在一旁边看边记录，并亲自动手按行当分类、剪裁、编辑。第二步再细分，把各行当的动作按动作寓意归类并分段配音乐。舞蹈研究班正式开课后，中国舞蹈教材第一次进了课堂。”②这个研究班培养了一批后来成为中国民族舞蹈中坚力量的人才。著名的芭蕾舞剧《红色娘子军》的编导之一蒋祖慧，也在当年的舞蹈研究班中受益，学了许多戏曲的东西，提到崔承喜与李金鸿的交集，“像《霸王别姬》里的舞剑，《扈家庄》里扈三娘的起霸……崔承喜还化装成一个小生，跟著名武旦演员李金鸿拍了一张照片”③。戏曲中蕴含着中国传统艺术的精华，成为各门类艺术在寻

① 李爱顺、丛光：《崔承喜对中国舞蹈的影响》，《延边大学学报（社会科学版）》1994年第2期，第51页。

② 斯琴塔日哈：《缅怀崔承喜先生》，《舞蹈》2002年第3期，第32页。

③ 李向东：《听蒋祖慧谈著名舞蹈家崔承喜》，《世纪》2011年第2期，第31页。

找中国传统文化元素过程中的宝库。韩世昌曾担任北京人民艺术剧院舞蹈队教师。李金鸿在崔承喜的舞蹈培训班贡献了戏曲形体表演方面的才能，也曾教过舞蹈家赵青戏曲身段，并对戏曲与舞剧创作的结合进行指导。

认真的李金鸿找到韩世昌温习《思凡》，在后海大翔凤胡同的剧院内，请韩世昌进行了细致的加工。温故知新，特别是经过了多年的舞台历练，这一番的投戏，对韩世昌在《思凡》中的表演有了更深刻的体会，对这出戏的教学价值也有了更全面的认知。李金鸿温习好后再回到京剧院的排练厅教授此戏，也由此时开始了对新一代艺术家杜近芳成长的默默相助。非常刻苦有毅力的杜近芳把这出难度很高的戏学下来，并且演出。1954 年京剧院到西南演出，贺龙元帅还曾提到此戏。

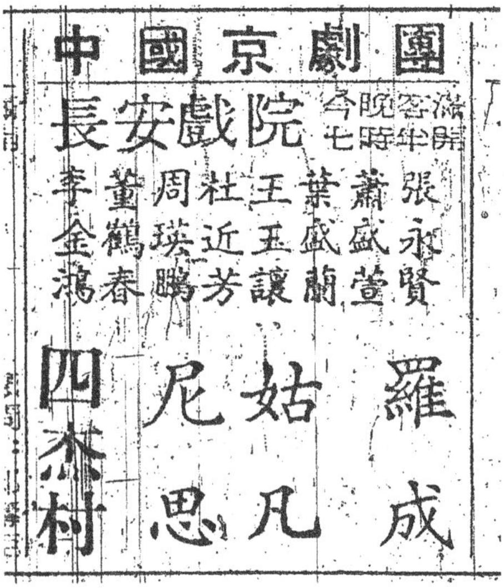


图 5-5 《北京日报》演出广告，1954 年 10 月 23 日

《思凡》作为一出旦行演员必修的基础剧目，其极高的训练价值，在李金鸿的教育生涯中得到酣畅淋漓的表现，从艺培戏曲学校教孙毓敏，中国京剧院教杜近芳，再到后来教授杨凤一，传自韩世昌，传回北昆。

初到中国京剧院工作，是教员身份，李金鸿的主要工作就是教学，除了教《思凡》这样具体的剧目，还会指导杜近芳等青年演员进行全面的基本功训练，包括腰腿、武功、身段、把子甚至打出手等。杜近芳在补基础课，往全面发展的方向努力，李金鸿成为主要的辅助力量。

在中国京剧院的练功场里，记者看到著名青年旦角杜近芳正在汗流浃背地练武功。她练完圆场、云步、碎步、趋步这些基本功，又拿起“大鼎”（双手着地倒立），大打出手，动作矫健，精力充沛。

近芳长于青衣和闺门旦，缺少武功的功底。为了弥补这一不足，她从一个月前开始练武功，决心做到“一专多能”。他的教练李金鸿说：“杜近芳练功很认真，她一个月前还立不起‘大鼎’，现在每天练功时能拿四次‘大鼎’，每次可以倒立一分多钟。”正谈着，杜近芳又开始了她的新课目——“十杆枪”，练的是刀马旦必须掌握的投枪、接枪、踢枪功夫。①

李金鸿还根据团里的工作需要，进行剧目的编排指导，场次的衔接，如何删减连贯，特别是形体表演部分，是李金鸿最拿手，也是大家公认的。会的戏太多了，而这些戏中的那么多动作就是一个个表演元素，重新组合编排起来就是一个新的人物形象。李金鸿帮助杜近芳编排了《白蛇传》的“盗草”一折，设计《廉锦枫》的身段舞蹈，设计《佘赛花》的身段表演。对于团里的每项工作李金鸿都是兢兢业业，热情地参加。对于刻苦努力的演员，他都来者不拒，真诚地帮助每一位同事。

到了1960年前后，剧院接收了一批戏校毕业生，还招收了一批有些基础的青年学生，李金鸿继续做着边演边教的工作。此时北京市倡导了一次大规模的大拜师活动，遴选了一些艺术家和青年演员，按行当集中进行拜师。当时拜李金鸿的是刚从中国戏曲学校毕业不久分配到中国京剧院的刘琪，还有北京京剧团的叶红珠，这两位后来都成长为武旦艺术家。而叶红珠早在1953年8岁时就由叶家各位叔伯选定拜了李金鸿。

① 《勤学苦练 精益求精 北京文艺工作者大力提高作品的思想性和艺术性·为了学得更多本领杜近芳语文习武》，《人民日报》1959年6月13日，第6版。

图 5-6　李金鸿晚年与徒弟叶红珠（右）、刘琪（左）

当时刚进入中国京剧院学员班的康秉钧回忆起李金鸿颇多感慨。“先生个儿不高，高鼻梁，一笑两个酒窝，还有个虎牙，见到学生从来都是乐着的，没发过脾气，特别亲切，中午跟学生们一块吃饭，也老是笑眯眯的，跟学生们都是讲，‘丫头，你这不错……小子，今儿特别好’，始终是关心鼓励的，并且没有那种‘我是老师你是学生’摆谱的样子，又是老师又是家长的感觉。”李金鸿微笑善良的形象深深印在学生的脑子里，但是上课时又是非常的严格。那时候一上课，一排学生：刘琪、李丽、夏美珍、刘丽芳、杨学敏、郑维平、马东来……李金鸿教的《金山寺》，彭真市长还看过，“当时李金鸿在后台把场，演出结束后彭真市长上台，跟大家合影，马少波带着老师们一块，彭真市长还跟李金鸿说‘教得好’”①。

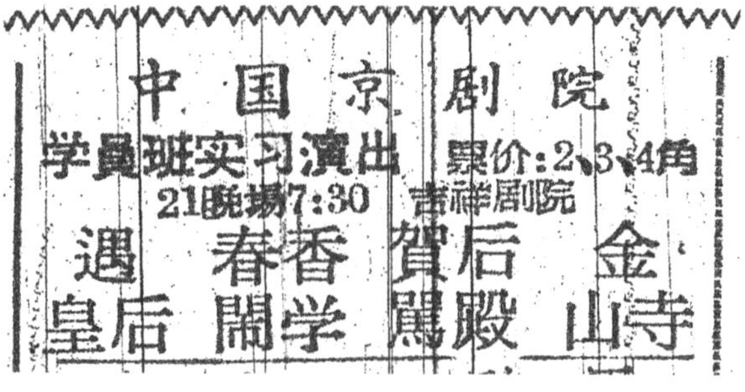

中国京剧院
学員班实习演出　票价:2、3、4角
21晚場7:30　吉祥剧院
遇皇后　春香鬧学　賀后罵殿　金山寺

图 5-7 《北京日报》演出广告，1962 年 8 月 20 日

① 2019 年 8 月 29 日，康秉钧采访记录。

李金鸿不仅教旦角，还教小生，教的是学员班里唯一的小生杨明华。杨明华对李金鸿教学时的严格印象很深，会有些惧意。他经常说："不对，再来，对吗？你自己想想。"有一点不对都不行，让学生反复来，自己琢磨哪不对。这种不反复示范、激发学生自己思考的方法，也确实让大多习惯于模仿学习的学生不适应。但严格之下又是有耐心的，多次反复后会有提示，应该怎样，再来，并且鼓励"好，有点意思，再来一遍"，不厌其烦。杨明华感觉到李金鸿很重视人物的表演，对于技术并不是特别的要劲，在说到表演时特别细腻。在学习过程中，杨明华还发现，李金鸿非常有头脑，即使是他没唱过的戏，也能非常准确地把叶盛兰的唱念特点，明明白白讲清楚。比如《柳荫记》"访友"一场，李金鸿并没唱过，但却能把唱念的劲头节奏说得非常清楚到位。当时杨明华学完后，琴师给调嗓，说跟叶先生一音不差。[①] 日常不显山不露水的李金鸿，在《柳荫记》中演四九的李金鸿，在叶盛兰不再登台时，能全部接演小生戏，能跟杜近芳搭戏，能给学生说得非常细致，可见他的有心，他的厚实基础，他的聪慧头脑。

新中国的各项事业蓬勃发展，艺术团体也在各项建设中积极发挥作用。李金鸿以对新中国的满腔热爱，对广大人民群众的满腔热忱，对艺术一以贯之的严谨追求，投入到教学、演出的各项工作中。1954 年正是抗美援朝战争期间，中国京剧院用戏曲艺术的力量，为部队将士加油鼓劲，经常进行慰问解放军的演出，李金鸿也参与其中。外交事业是新中国面临的一项非常重要的工作，正在全面积极地推进。京剧作为代表了本民族的艺术，在文化外交工作中发挥了重要的作用。

## 三、参与文化外交工作

文化无国界，文化外交因其独具的"润物无声"的渗透力和感染力，成为一个国家对外战略的重要组成部分。这种对外交流，侧重于政府的主导作用，强调传播本国的文化价值观，能够发挥政治、经济和军事手段难以达到的独特作用。新中国成立后，面临错综复杂的国际环境，党中央高度重视对

① 2019 年 11 月 25 日，根据杨明华采访记录整理。

外文化交流工作，且有明确的战略目标，周恩来总理曾在多次谈话中指出：文化交流、经济交流是我们外交的两翼。还有一个重要的指导思想，就是以民间文化外交为“开路先锋”，推动政治外交，并强调在文化交流方面“毫不吝惜我们的力量”①。京剧在中华人民共和国成立之初，经过戏改去糟粕留精华，以新的面貌保持着青春活力，成为最能够代表有着悠久历史的新中国文化的标志。因此在新中国“毫不吝惜”推进文化外交的进程中，在国家级京剧团工作的李金鸿，也积极投身到这项有着重要意义的工作中，期间对自己从事多年的这门艺术有了全新的认识，感受到了作为新中国的一名文艺工作者受到的尊重，也亲身体验到这门艺术在新中国外交工作中发挥的重要作用。李金鸿先后在 1955 年、1957 年参加了第五届、第六届世界青年与学生和平友谊联欢节，1955 年、1960 年分别赴欧洲、拉丁美洲等地 10 个国家进行访问交流演出。

### 两次参加世界青年与学生和平友谊联欢节

世界青年与学生和平友谊联欢节（以下简称“世青节”）是由世界民主青年联盟组织的左派国际综合性青年活动。第一届世青节于 1947 年 7 月在捷克斯洛伐克首都布拉格举行，参加者来自世界各国进步或民主的青年组织，活动包括各国代表团座谈、参观、联欢演出，还有文艺、体育比赛。前七届世青节（1947—1959）每两年举办一届，此后由于国际环境变化，间隔时间拉长并不固定。② 世青节可以说是社会主义阵营的青年盛会，也是展示各国文化的盛会。新中国在成立前夕，1949 年 6 月首次派队参加在匈牙利首都布达佩斯举办的第二届世青节，由解放区一批青年文艺工作者组成的中国青年文工团，所带节目都是在解放区广为流行的大秧歌、腰鼓舞、民歌等。新中国成立后，1951 年派出中国青年文工团赴柏林参加第三届世青节，节目丰富了许多，有歌舞杂技晚会，包括张云溪、张春华、张世桐表演的京剧《三岔口》《闹龙宫》，还有歌剧《白毛女》。此后又五次派代表团参加世青节，在文艺、体

---

① 龚青：《改革开放前中国文化外交述论》，中共中央文献研究室科研管理部编，《新中国60 年研究文集（2）》，中央文献出版社，2009 年 10 月出版。

② 李晓丹：《世界青年联欢节：乘着“和平与友谊”的翅膀》，《音乐生活》2006 年第 11 期，第 26 页。

育比赛中总共获奖130多项。①

第五届世青节，1955年7月31日至8月14日在波兰首都华沙举行。中国派出了700余人的艺术团和体育队，艺术团在半月内演出了155场，节目令人百看不厌。②新中国参加这种世界交流的活动，意在展示一个全新的国家风貌，要派出能够代表国家最高水平的演出团队，筛选出最精彩的节目。当时已加入中国京剧团的李金鸿是教员兼演员，很早就投入到这次节目排练中。联欢节的文艺演出及比赛都是以时间较短的节目形式来进行的，根据活动的要求，从优秀传统剧目中选取了一些精彩的表演片段，精排了《白蛇传》的"盗草""水斗"两折，在《穆柯寨》基础上编排了"双射雁"。这几个节目，从扮相上有短打有大靠，从技术上截选了走边、马趟子、把子、出手、翻打等精华，有部分唱念，能够从表演、音乐、舞美等各方面展示京剧的综合艺术特点。李金鸿的编导能力也得到更多展示。在这次联欢节上，"水漫金山""双射雁"获得一等奖③，"盗草"获表演奖。

图5-8　1955年参加第五届世青节，与徐玉川（左）、云燕铭（右）在华沙

联欢节期间，中国青年艺术团的演出，成为人们注意的中心，而其中的

① 周丽娟：《对外文化交流与新中国外交》，文化艺术出版社，2010年，第11—12页。
② 丁冬：《第五届世界青年联欢节散记》，《世界知识》1955年第9期，第23页。
③ 《中国戏剧的国际声誉》（据新华社讯、人民日报通讯整理），《戏剧报》1955年5月16日。

京剧节目赢得了更多的瞩目。哑剧评判委员会主席皮·巴勒特雷米盛赞了中国青年艺术团的演出："有着许多世纪历史的中国戏剧艺术是人体和音乐抒情的完美结合……中国演员的表演是'那么容易、自然、简单和真实'，简直使人觉得他们不是在演戏。"① 作为代表着新中国面貌的文艺工作者，在世界各国友人面前，展示本国本民族的艺术，并赢得极高的赞誉，李金鸿沉浸在自豪喜悦中。从外国友人身上感受到的对京剧艺术及演员的景仰和尊重，给李金鸿带来旧社会从未有过的由衷的畅快心情。演出团在波兰各大城市进行了巡演，还参加了各类参观交流活动，了解有关历史和现状。李金鸿清晰记得参观奥斯维辛集中营时，展示的头发、假牙等物品令人毛骨悚然，听当年从集中营死里逃生的讲解员述说法西斯的罪行，令人发指。当时第二次世界大战已结束了10年，但波兰人民对德国人依然保持着警惕的心态。为演出团开车的是一位德国司机，当他向当地人问路时，还会遇到给他乱指路的情况。在波兰所见女性多，男性少，这也是战争造成的后果。波兰当时的条件还很艰苦，在华沙时中国代表团住在学校里，原来住学校的老师就暂时挪住到帐篷中。在传播新中国的传统艺术的同时，李金鸿也感受到了战争的残酷及和平的宝贵。波兰的演出任务完成得非常圆满，很快，李金鸿等人又接受了新的任务，直接从华沙赴北欧继续巡演。

第六届世青节，于1957年7月29日至8月10日在苏维埃共和国莫斯科举办，堪称空前盛大，来自全球131个国家的三万多名艺术家将世界文化交流推向高潮。② 中国青年代表团由团中央书记处第一书记胡耀邦率1200人组成，共有88个节目参加了各类演唱、演奏、舞蹈等艺术竞赛，共获得83枚奖章。③ 按照组委会的设定，我们的戏曲节目，经过删减编排，参加的是"哑剧""东方古典歌曲""东方古典舞蹈"等组别的比赛。在这次联欢节中，李金鸿与杜近芳演出了《拾玉镯》《虹霓关》④，获得表演金奖。

① 《中国戏剧的国际声誉》（据新华社讯、人民日报通讯整理），《戏剧报》1955年5月16日。
② 石崑宾：《从第六届世界青年联欢节归来》，《中国穆斯林》1957年第4期。
③ 李晓丹：《世界青年联欢节：乘着"和平与友谊"的翅膀》，《音乐生活》2006年第11期，第28页。
④ 杜近芳口述，张正贵、陆蕾采写：《杜近芳口述实录》，人民出版社，2019年，第121页。

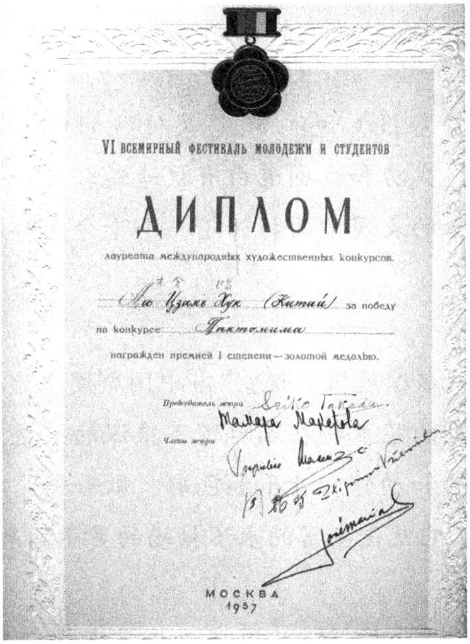


图 5-9　1957 年第六届世青节金奖证书

## 随中国古典歌舞剧团赴北欧演出

在 1955 年波兰的第五届世青节上，京剧艺术展示出的极大魅力得到了中央政府的重视，于是代表团马上接到新任务，由对外文委负责，楚图南任团长，马少波任副团长，以艺术团中京剧节目为基础组成中国古典歌舞剧团，从华沙起程直接赴北欧芬兰、瑞典、挪威、丹麦、冰岛访问。重新组织的节目，有《雁荡山》《断桥》《人面桃花》等戏。李金鸿接到的演出任务是《拾玉镯》的傅朋，《贵妃醉酒》的高力士，同时协助做些管理工作，包括舞台监督方面，确保演出的顺利进行，还有日常行程的辅助管理。去北欧的路线是从华沙返回莫斯科再到芬兰，从芬兰乘船到瑞典，再转挪威、丹麦，最后到冰岛。全部行程结束后，经瑞典转机回到莫斯科，再乘火车回国。中华人民共和国成立之初的国际交往都是把莫斯科作为出访的中转地，往返都是先到莫斯科，再由莫斯科去其他国家城市。

这一趟北欧五国的巡演，从 8 月到 12 月，历时 4 个月，一路受到当地观众的热烈欢迎，对戏曲艺术极为欣赏，各国的媒体对京剧给予了极大的关注。副团长马少波在回国途中梳理了各国的报道，全面记录了这一行各国对京剧艺术的赞誉。

芬兰《赫尔辛基报》说："有悠久传统的中国歌剧把歌唱、音乐、舞蹈、哑剧、武功和戏剧道白有机地结合在一起。对于西方观众来说，它在艺术的表现方面打开了一个十分新鲜的和动人心魄的天地。"

瑞典《斯德哥尔摩晨报》说："当中国剧团在皇家剧院首次演出后，人们确信京剧的艺术将在瑞典留下很深的痕迹。对于那些梦想戏剧能够达到语言和动作、音乐和色彩、歌和舞、人和布幕相调和的圆满的人来说，它就是丰富的永不枯竭的灵感的泉源。"

挪威《奥斯陆晨报》说："现在无论是怎么赞扬也不会是过奖的！……我们完全被这种精美生动的艺术所表现出来的优雅、智慧和力量所迷住了。世界上最古老的文化通过这种艺术找到了它的表现方法。几千年的神话、传说、诗篇和深奥的人们的经历，都以最宏伟的规模加以叙述说明。其想象力和准确性几乎是无可匹敌的。表演绝没有给人们一种人文博物馆的印象，相反，它一直充满了生命。传统的格式又富有生动的现实。"

丹麦《每日新闻》以"京剧再度使皇家剧院的观众拜倒于它的脚下"为题著文说："看一晚上的京剧演出，真是值得一生回忆的：神妙、幽默，对于身体和灵魂的自如的掌握。"

挪威晚邮报这样说："我们压倒一切的感觉是：仅只以人体的模仿与动作来表演的可能性是多么无限哪……京剧，它在某一方面把西方割裂的东西结合起来了……中国人昨天晚上告诉我们智力的尽头正是艺术的开端……"

丹麦哥本哈根的《社会民主党人报》说："中国戏剧典型的表现，

对于我们来说是令人难以置信的生活现实与艺术形象的结合……是一种完全脱出自然主义的戏剧；形式严格，充满了想象力，它不限定时间，却紧紧溶化在时间里……”

丹麦国土人民报刊载斯皮·穆洛克里斯顿生教授的长篇论文，其中这样说：“……道白都变成了音乐，动作都变成了舞蹈，戏装和化装都变成了绘画，人物都成了典型。这就是艺术的想象重新形成了的现实，而不是要破坏或脱离现实。相反的是从现实中提炼出来主要的东西，给它以夸张，以致我们可以更清楚地了解它，这也就是艺术的真正意义……我们看到的是一种完全文明的艺术，假如大部分观众看了以后不甘拜下风的话，那才怪呢！”

被丹麦人推崇为“丹麦的梅兰芳”的丹麦最著名的演员雷乌麦尔这样对我们说：“面对着你们古老的文化传统，我们没有话可说，只感到自己是白痴！”①

从马少波的记录中，我们了解到北欧第一次欣赏到京剧的当地艺术家或普通观众对京剧艺术高妙魅力的认识。从这些赞誉中，能够看出观众的审美水平。也不得不承认，当局者迷，作为向观众展示出如此精妙艺术的演员们，恐怕仍是身在庐山中，没有过如此的思考、总结和提炼。“把歌唱、音乐、舞蹈、哑剧、武功和戏剧道白有机地结合在一起。”这是我们表演的综合性。“艺术的想象重新形成了的现实，而不是要破坏或脱离现实。相反的是从现实中提炼出来主要的东西，给它以夸张，以致我们可以更清楚地了解它，这也就是艺术的真正意义。”这是我们夸张的表现形式，是来源于生活，进行了艺术想象加工后的呈现，以此将生活与艺术区别开。“是一种完全脱出自然主义的戏剧；形式严格，充满了想象力，它不限定时间，却紧紧溶化在时间里。”这是我们的程式和虚拟。当地观众也看到了令人赞不绝口的美妙艺术，是舞台上的艺术家，多年磨炼成竹于胸的技艺，才有了“对于身体和灵魂的自如的

① 马少波：《京剧艺术在北欧》，《戏剧报》1956年1月31日。

掌握”，才得以“充分地表现了他们所要表达的东西”，使观众“在那些假设性的动作里找到完整的美的感觉”。艺术家的技艺、京剧艺术的美震撼了北欧民众。

此行的北欧五国，所到之处，基本都没有见过京剧，对新中国也无甚了解。甚至因缺乏沟通，又受到反苏、反共宣传的影响，导致大多数人会认为共产党领导的国家是不要民族文化传统的。此次访问演出以最真实的表现改变了错误的观念。有着精湛技艺的演出团队，奉献的精彩演出是赢得赞誉的基础，访问团也做足了宣传工作。例如，在瑞典首都斯德哥尔摩的皇家剧院，每天演出前，要先将戏装摆在展厅展览，给观众一个预热的准备，现场观众看到色彩艳丽、绣活生动的戏装都赞叹不已，激起了更大的兴趣。访问团还向各国赠送《古本戏曲丛刊》等礼物。从各方面都体现出新中国对古老的民族文化传统的保护及发展。中国京剧的艺术魅力征服了欧洲，也传递了当下的中国国情，播下了友谊的种子。

李金鸿虽然演出任务并不繁重，但却一直保持着最佳状态，认真对待每一个角色，完成好演出任务，热情协助团里做好有关工作。在演出中感受到新中国艺术工作者的扬眉吐气，还有很多小故事也很有意思。芬兰气候寒冷，森林茂密，取暖多以燃烧木头为主。在芬兰首都赫尔辛基，中国大使馆设宴包饺子欢迎演出团。从芬兰到瑞典乘船行驶在波罗的海上，风浪很大，晕船的体验也令人记忆深刻。瑞典对本国文化的推广也非常下功夫，如果外国人学习他们的语言，都会得到奖励。演出到丹麦，是在首都哥本哈根进行的。丹麦是一个以畜牧业为主的国家，人民热情好客，也非常喜欢中国的京剧艺术。在异国他乡，驻丹麦中国大使馆的接待更是拿出了茅台酒，宴请这些用京剧征服了北欧人的艺术家，全团成员与大使馆的工作人员“他乡遇故酒”，少不了一通开怀畅饮。到了冰岛这个火山频繁爆发的国家，看到这里的暖气是利用自然资源采用地下热能，当时虽是冬天，但雪下在地上就化了。同样在受到热烈欢迎的演出结束后，大使馆准备了丰富的夜宵，有大盘的通心粉，被团员们当作了一路没见的家乡的面条。演出团顺利完成巡演任务，乘飞机经瑞典，赶上下大雪，一番等待才又转机到莫斯科。从莫斯科乘火车回国这一路就异常轻松了，虽然七天的旅途也很辛苦，但这一路团长楚图南一直都在与演出团的成员交谈，很是关心大家，旅途虽然漫长却是在非常融洽亲切的气氛中度过，由此李金鸿又感受到政府官员带来的国家层面的尊重和温暖。

中华人民共和国成立前，李金鸿唱戏谋生，大多时候是跑单帮，带着助演，带着行头赶赴一地与剧场签约，唱戏赚包银，完全是为了生计。打小学戏苦练，在梨园界有了些名号，有了影响力和拥趸，也是丝毫不敢懈怠，一期演完要提前再计划后面的演出，激烈的竞争中不敢闲下来。出国演出，更别提代表国家，这在过去是不敢想的。在新中国，李金鸿作为国家京剧院的成员，当仁不让地成为文化外交任务中的一分子。得到北欧人民的极大赞誉，也让李金鸿感受到这种欣赏与过去演出时得到的喝彩声的区别。北欧这几个国家，民众受教育程度高，审美水平相应也较高。一路演出的剧场基本都是当地皇家剧院级别的，观演氛围非常好。每到一国，驻外的各级官员在演出后也都亲自到演出团驻地看望大家。因此这一路，也是见了世面，在极佳的文化氛围中，激发了为国争光的荣誉感，进而体现在舞台上，更加提升了表演的质量和内涵，谢幕时观众都是长时间鼓掌，最后全体起立。每到此时，李金鸿由衷地感受到一种自豪感，那是在旧社会演出时绝没有的感受。自豪于自己的艺术能够得到世界人民的喜爱，能够为自己的国家赢得尊重；自豪于自己的国家正在扬眉吐气，树立起全面的自信，在世界大家庭中争得一席之地。李金鸿也对自己从事了20余年的京剧艺术又开启了全新的、更加深刻且神圣的认知。此行北欧各国虽然也有对新中国的不了解甚至误解，但当地的政治局势还比较稳定，使得访问和演出得以顺利进行。一路行程虽然也很辛苦，但不需要再去惦记各种繁杂事务，这样一种充满自豪感和轻松状态的演出行程，给李金鸿留下了很深刻的印象，喜欢摄影的李金鸿也一路背着照相机留下了很多愉快场景的照片。

### 1960年赴南、北美洲演出

1960年4月初，由中国京剧院和中央歌舞团组成的近百人的中国艺术团，从北京出发，经瑞士伯尔尼周转调整后，第一次访问了拉丁美洲的委内瑞拉、哥伦比亚、古巴和北美洲的加拿大等国，此行原计划还有墨西哥，因故取消。将近年底时回国，在七个多月的时间里，又开展了一次大规模的极为重要的文化外交活动。

出访团成立后，立即将全体团员集中到东四旅馆进行出国前的准备，对出访意义，出访国家国情，复杂的国际环境，此行可能遇到的困难和突发状况，应遵守的纪律等等进行全面的介绍和强调。临行前陈毅外长接见讲话，幽默地说："到了还未同中国建交的南、北美洲国家，只要一演《大闹天宫》就是胜利。"因为这是新中国成立后第一次派出文艺代表团同时访问南美和北美，并且这四国距离美国很近，甚至接壤，可以说是杀到了美国的后院。按中央政府的指示，是有着找机会到美国的计划。因此，此行意义深远，通过民间形式的文化交流，增进与南、北美洲人民的相互了解、加深友谊，进而促进建交。从最终的结果来看，访问结束后就首先与古巴实现了建交。同时还有一个背景事件，1956 年我国组织艺术团首次访问南美洲的智利、乌拉圭、巴西、阿根廷四国。回程时部分同志因飞机失事不幸遇难，此次派出阵容强大并且是时值黄金年华的一流艺术家远征，文化部领导表示"真有点舍不得"，面对着祖国的召唤，领导们在隆重的欢送宴会上，鼓励大家要有"马革裹尸还"的英雄气概！①这次出访的意义令李金鸿深感庄重。

代表团团长是对外文委秘书长陈忠经，副团长是张东川。中国京剧院参加的人员以一团为主，有李少春、袁世海、杜近芳等人，还带了两个青年演员夏美珍和刘琪，刘琪是李金鸿的徒弟，这次主要出演《虹桥赠珠》。李金鸿承担的演出任务仍是应工小生角色，有《拾玉镯》的傅朋，《醉酒》的裴力士，《虹桥赠珠》的白泳，还有《白蛇传》"盗草"一折的鹿童。这次出访不是只有侧重武打和做派表演的折子戏，还带了大戏《白蛇传》《野猪林》，因叶盛兰未能出访，由李少春出演《白蛇传》许仙，"大嗓许仙"说的就是本次出访。近百人的出访团，各项工作都繁杂零乱，因此，全团实行层级管理，李少春、袁世海担任京剧队队长，全团成员分成若干小组，李金鸿担任了其中一个组的组长，组员有李少春、袁世海、杜近芳、孙盛武、娄振奎、钮凤华、夏美珍、刘琪。这个组也被戏称为"角儿组"。在剧院没有任何行政职务的李金鸿，在这样一次有着特殊重要意义的出访任务中担任了"角儿组"组长，可见组织的信任，可见李金鸿的为人与能力。熟悉京剧行业的人都明白，"角儿"这个词的含义，台上的光彩和付出决定了角儿的地位，即使是新中国的新剧团，对于这些角儿的管理也要把握一定分寸。能担任"角儿组"组长，首先与这

① 周丽娟：《对外文化交流与新中国外交》，文化艺术出版社，2010 年，第 68 页。

些角儿的关系一定都是相处融洽的，能够顺畅交流，无论艺术上还是生活中，有共同语言，相互间是尊重和信任的。这种尊重包括对艺术及人品的认可。虽然在此行的演出中李金鸿算不上角儿，但在1949年以前是响当当的“小名旦”，有着京津沪各大码头闯荡的经历，与李少春、袁世海、孙盛武等人都有过合作，彼此的能力和水准很熟悉，这是艺术认可的基础。杜近芳承担着重要的演出任务，是重点保护对象，而李金鸿对杜近芳，可称为其师，教戏、练功、编排剧目，都少不了李金鸿，因而也是尊重有加。其他几位更不用提，有同事还有学生。除了业务能力，李金鸿最宝贵的谦和的人品，也是与同仁很好相处的基础，面对一些小问题时也会很圆满地处理。这个组交给李金鸿，再合适不过了，团领导也是再放心不过了。这一路，李金鸿本着对出访工作、演出任务负责的精神，做好“角儿”的各项事务工作，从通知行程和作息时间，到嘘寒问暖，从台上演出的保障到生活里的各方面需求，可以说是无微不至，期间还要解决些小意外，保证了角儿们一路健康顺利地演出。除了小组长，此次出访李金鸿还承担了艺术团的摄影工作，相当于随团记者。摄影是他的爱好之一，也很是钻研，此前京剧院成立摄像组时，李金鸿就加入其中，把爱好和工作很好地结合。因此在这次出访中，李金鸿与李少春之弟李幼春还共同承担了摄影任务。

一切准备就绪，艺术团团员们满怀壮烈的豪情出发了。此行中转落地在已与我国建交的瑞士首都伯尔尼，全团进行休整，并对节目进行彩排、演出。在中国驻瑞大使馆中，李金鸿还见到了在那儿工作的程砚秋的大公子程永光，异国相遇故交，欣喜非常。在瑞士的演出同样也受到了观众的热烈欢迎。之后代表团就从瑞士乘机赴委内瑞拉，途经大西洋，在法属一个非洲国家转机，一下飞机，满眼所见都是黑人，瞬间感受到热带国家的风貌，颇感新奇。代表团人数较多，所乘飞机座席有限，接着又分两批出发。距离目的地越来越近，这一路全体团员更加提高警惕，在飞机上轮流值班。

1960年4月16日，代表团终于抵达了南美洲北部的委内瑞拉首都加拉加斯。此时的委内瑞拉，正值国内发生政变，出于安全考虑，第一批人员在山顶旅馆不能下山，只能通过住在市里的中国华侨电话联系、了解情况。与此同时，第二批人员乘坐的班机被迫停在离城三刻钟航程的一个荷属小岛上，迟到了很久，着实让人担了一阵心。这时陈忠经团长召集第一批团员开会，告诉大家，虽然我国与委内瑞拉还未建交，但是他们现任总统与新中国是友好的。但如果政变成功了，也许会面临被关起来的境遇，要做好精神准备。所幸政变未遂，晚到的第二批人也会合了，大家暂时松口气开始准备演出。但就在到了剧场排练时，在后台还能听到外边马队在跑，投放的催泪弹的雾气飘入后台，立时使很多人眼泪直流，体验了外国的兵荒马乱。揪着的心一直到演出前，剧场外的大街上才逐渐安静下来。虽有惊险，但却没挡住委内瑞拉人民对新中国人民的友好情谊。随着演出时间临近，观众陆续来到剧场观看演出。演出顺利进行，观众也非常投入，报以热烈的掌声。敌对势力的干扰也未得逞，因为从演出开始，中央歌舞团的舞蹈和歌唱节目就非常精彩，直至最后的京剧演出更是将全场气氛推向高潮。

> 在委内瑞拉当时的动荡环境里，一个外国剧团演出是有着不少困难的。剧院经理为此非常担忧，但事实不得不使他大为惊奇：在这种情况下却场场满员，并大大超过了不久以前就在这同一剧院演出的英国芭蕾舞剧团所获得的艺术成就（这是剧院工人们的一致评语）。当我们在三万多人观看的广场演出中表示了对于委内瑞拉独立一百五十周年的祝贺，传达了中国人民对于委内瑞拉的友谊时，他们——为了反对军事叛乱、为了坚决保卫委内瑞拉的自由和独立而正在进行斗争的委内瑞拉人民马上给予我们极其强烈的热情的回答。①

中国艺术团从 4 月 26 日到 5 月 8 日，分别在市剧院、市中心的西蒙·玻利瓦尔广场和著名的国立中央大学剧场顺利演出了 12 场，直接观看演出的观众 4.5 万人以上，通过电视看到演出的约五十万观众。特别令人欣慰的是《野猪林》《白蛇传》这两出内涵深刻、具有民族文化底蕴的全本文戏，每次演出都引起了文化习俗相差甚远的远方观众们非凡的兴趣和喜爱，不单看得懂，而且被京剧艺术深深地打动了！②艺术团以精湛的京剧和歌舞艺术，赢得了委

① 张东川：《处处洋溢着人民的友谊——忆中国艺术团在拉丁美洲和加拿大的演出》，《戏剧报》1960 年 12 月 26 日。

② 袁菁执笔：《袁世海自述》，山西人民出版社，2017 年，第 1073 页。

内瑞拉人民的尊重，也成功地播下了中委两国人民的友谊种子。

在经历了初到委内瑞拉的紧张局面后，演出顺利进行并取得圆满成功，日常生活也逐渐轻松起来。艺术团的住地在一个小山顶上的古城堡建筑中，李金鸿和李少春同住一个房间。每天坐缆车上下山，专注于排练、演出。晚上演出完回到住地后，李金鸿都会跟李少春聊天很久，再或者就冲洗相片，李少春则一直随身携带笔墨，画画消遣。为安全起见，白天也不允许去其他地方，休息充足，就在山上活动活动。演出之余，李金鸿还带着李幼春、娄振奎一起负责采买生活用品，还买了闪光灯，虽然这一路上拿着很沉，但为出访留下了宝贵的资料。

此行第二站到了高原国家哥伦比亚，也是还未与我国建交的国家，艺术团在机场入关时每人都要按十指手印，到达旅馆后还拿照片一一核对，气氛很有些紧张。刚到旅馆的当晚还有人企图要进房间搜查，被旅馆负责人严词拒绝。哥伦比亚人民给予的正义帮助，使艺术团深受感动。艺术团也以最成功的演出回馈了友好的哥伦比亚人民。演出过程中因京剧团人员不够，歌剧院的女演员们还饰演宫女协助演出，也成为此次出访中的一段佳话。中国代表团内紧外松，演出之余陈忠经团长领着大家各处参观，当地的华侨也给予了热情的接待。大家欣赏充满南美风格的建筑、观看斗牛表演、品尝世界闻名的哥伦比亚咖啡。初到哥伦比亚的紧张，随着演出的成功逐渐消散，中华文化的种子播撒在哥伦比亚。

图 5-10 1960 年出访古巴，菲德尔·卡斯特罗总理接见，与李金鸿握手

1960年6月2日，艺术团到达位于加勒比西北部的古巴首都哈瓦那，更深切地体会到了“海内存知己，天涯若比邻”的感觉。古巴是社会主义国家，感觉很是温暖亲近，当地政府安排艺术团住在靠海边的一处很豪华的住地，有很高的防汛墙。艺术团抵达不久，古巴总理的弟弟国防部长劳尔·卡斯特罗就亲自到旅馆里看望了团长陈忠经。菲德尔·卡斯特罗总理于百忙中和他的老战友格瓦拉少校，一同观看了艺术团的综合演出，演出后上台接见演员，恰好与李金鸿握手时有记者按下快门，并把照片送给了李金鸿，这份难得的纪念，李金鸿多年来一直保存着。

古巴提供文化普及，所有演出票价很低，演出继续受到观众热烈欢迎。正好赶上古巴的国庆日，艺术团被邀请参加庆祝活动。负责团里摄影工作的李金鸿，被批准到主席台上观看，戴着派发的遮阳大草帽拍摄到许多宝贵镜头。6月15日，艺术团特别赴马埃斯特腊山区进行慰问演出，这是古巴革命胜利以前，卡斯特罗总理曾经领导人民打游击的革命根据地，相当于我们的井冈山。当晚就在营地山坡上进行了演出，从各处赶来的山区人民尽享了一份中国艺术大餐。此后，古巴接待人员还带领艺术团参观了古巴人民的夜生活，观看舞蹈表演和博彩场所。参观了糖厂、烟厂，见识了世界闻名的古巴雪茄烟的制作工艺。艺术团还参加过一次嘉年华会。处处留心皆学问，即使在这样放松的时候，李金鸿也会时刻带着对艺术的敏感，注意到一种吹奏乐器很像我们的海笛，声音高亢嘹亮。在古巴各处参观最不适应的是大轿车空调太凉，此行的中方负责人，驻古巴外交代表曾涛，为团员们熬绿豆汤解暑，使大家深感温暖。在古巴几个城市巡演后又回到哈瓦那，劳尔·卡斯特罗特地宴请了全团，并向每位团员赠送了礼物。

近两个月的时间里，中国艺术团奔波于古巴6个省份，进行广场演出，并通过电视广播，和古巴人民有了相当普遍的接触，无论是在山区慰问时与当地人民真诚地互赠礼物，还是在哈瓦那体育宫精心搭起的百花舞台上演出，一路走来，古巴上到卡斯特罗总理，下到每一位观看演出的人民，都如同亲人般的亲切和热情。1960年7月28日，艺术团带着满满的情谊圆满结束了在古巴为时58天的访问。此后不久，1960年9月28日，中古正式建交。

按照预定计划，结束古巴的访问后，艺术团本应赴墨西哥演出，但因故未能成行，遂决定直接赴北美洲的加拿大。此时由于国际环境紧张，去加拿大的交通成了问题，恰巧有一艘苏联的货船途经古巴，船长慨然应允搭乘。于是船上备好了足够的粮食和水，团员们收拾好行装就悄然上船了，货轮绕过美国海岸线向加拿大东部港口哈里法克斯航行。轮船行驶在大西洋上，尽管有不少人因晕船难过，但有了五昼夜的相对平静的生活，没有演出任务和交流活动，没有敌对势力的搅局，面对碧海蓝天，大家的心情非常轻松舒畅，有时间就在甲板上练功、散步，还帮助厨师打下手。在船上这五天，李金鸿还充分利用时间给刘琪和夏美珍说《思凡》，刘琪在这次出访中主要出演《虹桥赠珠》。据刘琪的回忆，这次出访中曾有过杜近芳生病替其出演《拾玉镯》的经历。提起此事，她对李金鸿颇有怀念和感激之情。“李金鸿老师就像‘善良的父亲’这么个人，这一路对我和夏美珍跟对孩子似的，从不发脾气。善良，真善良。特别是带着我演《拾玉镯》，没有一句说不行不对的。”① 刘琪替生病的杜近芳演《拾玉镯》，这也并不是出发前安排的，只是因为刘琪实为有心之人，非常用功，一路看杜近芳演出看会的，并且自己私下里练习，才有了这个救场的机会。而李金鸿是一直陪杜近芳来傅朋的，对这个戏非常熟悉。尽管刘琪私下很用功拿下了这出戏，但毕竟是救场，不熟悉，李金鸿默默地配合她顺利完成演出，真正做到提携与合作。一位老师陪自己演出并且没有指手画脚，托着自己圆满地演下来，给了刘琪莫大的鼓励。“善良的父亲”，李金鸿之善即是如此。

五昼夜的大西洋货轮航行顺利抵达加拿大东海岸的哈里法克斯，艺术团乘上火车奔向西海岸的温哥华。加拿大在8月份时气温基本如北京的仲秋，又是刚从热带气候的古巴过来，凉意颇足，刚抵达温哥华入住旅馆时，更感到了气氛的凉意。团员们在旅馆看书练功，到演出时受到的热烈欢迎依然是意料之中的，演出结束时，热情的华侨朋友们给艺术团送来了花卷、香肠等夜宵，李金鸿又见到了久违的家乡面食，甭提多高兴了。在加拿大演出的一路之上，每次演完戏都有华侨朋友自发地分两边站在剧场门口保护艺术团成员上车，华侨们这样的细心周到和关心使艺术团成员们深受感动，体会到了温暖的同胞之情。

艺术团副团长张东川，对在温哥华的演出效果做了如下记录：

---

① 2019年7月4日，刘琪采访记录。

由于日程关系，我们在温哥华不得不破例于星期日举行了本戏《白蛇传》的公演。按习惯那里星期日不能演戏，否则也是没有多少人去看的。原因是有不少人要做礼拜，或是进行他们生活方式的休息。但中国艺术团演出的广告一出来，将近三千座位的剧院的戏票，很快就全部售光了。《白蛇传》在艺术上受到了很大的欢迎，一家《邮电报》曾这样描写："京剧团把最精彩的表演留到昨天才拿出来。《白蛇传》这个动人的神妙的民间传说，不仅光辉地表现了京剧在音乐、舞蹈等方面的大胆，以及音响、动作上纯净的诗意，而且连最外行的观众也能领会其中的情趣。"不仅在加拿大，在委内瑞拉和古巴我们都演出了《白蛇传》和另一个本戏《野猪林》。这两个戏都引起了观众很大的兴趣和喜爱，他们并给予了很高的评价。使我又一次感到，只要根据国外观众的情况和具体条件，有计划地介绍完整的本戏是完全可行的。而且应该把京剧和其他戏剧艺术的全貌逐步介绍给国外。

……我想引用加拿大《新闻报》对于京剧的一段评论："这种戏剧的程式是如此的完美，以至我们不断地为它的精细、完美和关于利用一切舞台因素而惊叹！"接着写道："包括了一切戏剧语言：脸谱、哑剧、姿式、对白、歌舞、服装、布景……这一切因素构成了一个和谐的整体，并互补长短，创造了一种放之四海皆准的语言，任何障碍也不能阻止这种语言在任何地方被任何人所了解。"①

演出受到的欢迎程度超出想象，即便是打破了当地人的生活习惯，在周日演，都获得满堂彩。特别是带来了对完整的本戏、文戏是否适合对外交流的思考。最早出访都以《三岔口》《秋江》《拾玉镯》《别姬》《闹天宫》等折子戏为主，重点展示的是歌舞性比较强，或者虚拟特点比较典型的表演、武打等。这次带了《白蛇传》《野猪林》两出整晚的本戏，在完整的故事情节中展示京剧唱念做打的综合技艺，观赏过程中根本不存在语言不通而看不懂

① 张东川：《处处洋溢着人民的友谊——忆中国艺术团在拉丁美洲和加拿大的演出》，《戏剧报》1960年12月26日。

的问题，反而因有了完整的故事，带来了更好的效果。“连最外行的观众也能领会其中的情趣”，故艺术欣赏不分语言不分内外行，只有一个标准，那就是：是否能够打动观众。新中国的京剧艺术家们把“以歌舞演故事”的京剧，“歌舞”和“故事”这两个环节完美地融合，呈现出最有情趣的美好艺术。

在温哥华的开幕式演出圆满成功后，艺术团一路向东，经过多伦多、渥太华和蒙特利尔等 7 个城市，做了为期两个月的访问演出。在那个历史时期，在与美国接壤的加拿大，各种意外状况时有发生，艺术团的处境更紧张。但演出获得极佳赞誉，吸引了很多美国人也去观看，包括加拿大当地的侨民，还有专门从美国赶来的，美国使馆还下令不允许侨民去看，甚至通过宗教团体进行游行，却不想反而成了变相的广告，有的游行者等队伍一解散就直接掏出提前购好的戏票进剧场看戏了。在展示我们的京剧艺术的同时，艺术团也观看了歌剧演出，并与当地的艺术家们展开交流。当地艺术家坦率地说，因为电视的普及，新排的歌剧一公演就被录制下来，演出就无人看了。影视艺术对剧场艺术的冲击已经出现，对于当时的李金鸿来说暂时还没能有太多感觉，及至今日，影视虽然对戏曲发展有所冲击，但也成为戏曲传播的另一种渠道。然而剧场艺术的魅力却是观演双方无法抵抗的诱惑，也是任何传播手段无法代替的。

图 5-11　1960 年出访加拿大与当地艺术家交流（右二李金鸿）

中国艺术团一路的演出都获得大量好评，演出结束后在准备离开时又面临安全问题，于是仍然采取兵不厌诈的政策，佯装乘机实际乘船横渡大西洋到希腊。那是一艘很大的船，李金鸿还是与李少春住一间。出访任务接近尾声，一路在各种状况下过关斩将均获得巨大的成功，这几天海上的生活又进入相对轻松的状态中，谷春章还与船员比赛乒乓球。只是后来海上起了大风浪，无人幸免地都晕船，甲板和餐厅也都清静无人了。顺利抵达希腊后，艺术团又经法国巴黎稍事休整，参观了著名的埃菲尔铁塔、凯旋门等地，再乘火车到瑞士首都伯尔尼。此时中国大使馆的同志们包饺子迎接凯旋的艺术团。吃到饺子，这才有了要回家的感觉。在瑞士又演出了几场，随后乘火车经捷克直奔苏联首都莫斯科，在大使馆的周到安排下稍事休整，再乘火车经满洲里回国，圆满完成这次艰巨的文化外交任务，安全返回。自 1960 年 4 月出发，此时的北京已是冬季。

新中国成立后，以对外文化交流形式出现的文化外交，成为国家整体外交的一个重要组成部分。这种对外交流在艺术展示的过程中，同时向西方传递了中国传统文化中的美学及哲学思想，对新中国打开外交局面，广交朋友和塑造国家形象，发挥了特殊的作用。李金鸿有幸参与其中，认真演好每一个舞台角色，做好“角儿”组的管理和服务，还承担了摄影的任务，以极大的热情尽可能地投入到各项工作中。尽管一路面临紧张的局势，有水土不服、饮食不适，但更多的是在展示本国文化，领略各国风情过程中满溢的舒畅心情。从外国观众的评价中，对从事了近 30 年的京剧艺术又有了全新的认知，对能够为新中国外交工作做一份贡献甚为自豪。美好的经历也长久地留在李金鸿的记忆中。

## 四、《无底洞》再展武旦风采

中华人民共和国成立后，因戏改废跷，又不提倡男演女、女演男，女武旦演员也极少，因此武旦行当的戏演出都比较少，李金鸿有时会演出武旦的折子小戏。而由《无底洞》开始，李金鸿迎来了一段重新展示武旦风采的时光，这次的展示，与全国第一次戏曲剧目工作会议有关。

1956 年 6 月 1 日至 15 日，全国第一次戏曲剧目工作会议在北京召开，对

1949年以后戏改以来戏曲的现状进行分析。文化部副部长刘芝明在开幕式上做了《关于戏曲剧目工作问题》的报告，用大量事实说明上演剧目贫乏单调的情况。会议还探讨了戏曲剧目整理、改编的标准问题。中国戏曲研究院副院长张庚作了《打破清规戒律，端正衡量戏曲剧目的标准》的专题报告，集中对通过艺术进行教育必须掌握艺术的特点这一观点进行阐发，认为艺术手法的运用并不妨碍它的现实意义，也不妨碍它的人民性，不能按主观意愿随意篡改传统剧目。与会代表们在如何正确衡量剧目的问题上，取得了如下的共识：（一）凡是能鼓舞人们奋发向上、给人以美感和精神愉快的剧目，都应予以肯定。（二）对人民性理解得太狭隘，因而抹杀了戏曲艺术中很多好东西。不能“唯成分论”。（三）以往由于教条主义和庸俗社会学观点，所产生的许多清规戒律，今后必须坚决破除。① 从这几点共识中可以看出，对戏曲舞台内容与形式的关系有了更客观的认识，强调了艺术的审美作用，为优秀传统剧目的恢复整理拓宽了道路。此次会议对戏曲剧目的挖掘、整理和改编、创作工作都具有深刻的指导意义，特别是对扩大与丰富上演剧目，起到了积极的促进作用，会后，全国各地出现了挖掘、整理和上演传统剧目的热潮。

中国京剧院同样贯彻会议精神，受到会议精神的启发，明确了对传统剧目深入挖掘整理的方向，于是一系列传统剧目列入整理计划。《无底洞》也正式列入中国京剧院一团的重点计划。而实际上，在戏曲工作会议召开前，剧院即已有意向恢复武旦行当的大戏，这又与上海的武旦张美娟有些关系。1954年底中国组团赴印度、缅甸、印度尼西亚三国进行文化交流演出，在这次演出的筹备过程中，除了中国京剧院的主要力量，周恩来总理亲自点将上海的武旦张美娟加入，希望“让国际上知道我国的女武旦也能打出手”②。出访之前，张美娟及四位出手合作者一同提前来到北京进行排练，并在接受审查及回国汇报时获得各方赞誉。中国京剧院的领导看到了张美娟武旦戏的火爆，就有了想法恢复武旦大戏，李金鸿等人即提出排演《无底洞》的建议。戏曲工作会议后，为剧目的恢复明确了方向，于是确定了由景孤血进行剧本的整理改编，郑亦秋、何金海为导演，配合布景、灯光、服装等美术设计和制作，

---

① 北京市艺术研究所、上海艺术研究所编著:《中国京剧史》(下卷第一分册)，中国戏剧出版社，1990年，第80—81页。

② 忻鼎亮：《武旦奇葩张美娟》，上海人民出版社，2015年，第165页。

以突出故事的神话色彩为主导，李金鸿的武旦艺术青春得到再次焕发。

《无底洞》是一出京剧传统剧目，故事源自《西游记》第80—83回，讲的是唐僧师徒四人赴西天取经路过陷空山，玉鼠精掳唐僧入洞，后众神下界降伏玉鼠精的故事。属于较早成型的《西游记》故事系列的剧目之一。自乾隆年间始有关演出记录的书籍中，如《燕兰小谱》《日下看花记》等都有记载，是当时花部伶人擅长的剧目之一。[①] 京剧形成后，也成为武旦行必演的一出剧目，朱文英、朱桂芳等人均擅演此剧，也是李金鸿在1949年前经常演出的剧目之一。该剧最初的演出样式也分全本和折子等。据1923—1933年出版之《国剧画报》影印的故宫博物院提供的清宫戏目载，《无底洞》为四刻钟，[②] 应是过去较为常见的演法。

图5-12 《无底洞》剧本封面

《无底洞》的剧本，笔者查阅到三种。一种是李万春藏本，一种是苏连汉藏本，均载于1959年北京市戏曲编导委员会编辑、北京出版社出版的《京剧汇编》第52集中。李万春藏本有37场，场次较多，由白鼠盗琉璃灯被李靖降伏放归开始，到白鼠坐洞变形欲擒唐僧，与孙悟空、猪八戒周旋，擒唐僧入洞沐浴拜堂，再到孙悟空入洞再战白鼠、盗牌，至灵霄殿状告李靖，众神降妖。苏连汉藏本剧情相对简练，共7场，从孙悟空盗牌开始，相较李万春本加有白鼠摆阵斗孙悟空、猪八戒、沙和尚的情节。最后大开打类似《安天会》，打一轮李靖唱四句【二黄】，共唱三番。这两个本子中降妖时的天兵天将也略有不同。

① 张庚、郭汉城主编：《中国戏曲通史》，中国戏剧出版社，2006年，第49—50页。
② 傅谨主编：《京剧历史文献汇编（清代卷）八 笔记及其他》，凤凰出版传媒集团，凤凰出版社，2011年，第540页。

第三种就是由景孤血整理，李金鸿主演，中国京剧院一团1956年排演的《无底洞》，1958年4月由北京宝文堂书店出版单行本，编者为方便各地剧团排演参考，舞台指示部分标注较详尽，同时还附剧照五张，得窥舞台展示一斑。共12场，每场框架大致如下。剧本中每场只以数字标注，以下每场名目为作者根据剧本，参照过去演出场次名称简要概括。

第一场，玉鼠坐洞。无底洞场景，八小鼠、四鼠精、四女妖引玉鼠上，唱【粉蝶儿】堆像，上高台归座，定场诗、报名、定场白，简述拜天王为父之事，与众议掳唐僧之事。玉鼠着打衣打裤系腰巾子披斗篷执蝇麈，头戴额子翎子，两边垂绣球绸子。

第二场，唐僧取经。唐僧内唱【西皮倒板】，师徒四人上，扯四门，接唱四句【原板】，孙悟空探路下，唐僧接唱摇板，下。

第三场，松林变形。松林场景，玉鼠自缚树上，唐僧欲救玉鼠，孙悟空拦阻无果，携玉鼠一同前行。二幕落，圆场，至镇海寺投宿。玉鼠着裤子袄，花旦扮相，念京白。

第四场，玉鼠食僧。本场基本是过场，玉鼠只一段念白陈述无机会下手，只好吃了几个小和尚。

第五场，八戒偷吃。本场为八戒谐趣表演，为下一场略设伏笔。

第六场，辨明妖身。老僧怀疑八戒食僧，孙悟空道明鼠精是妖。

第七场，化身戏妖。本场段落较长，且有二幕配合灯光转场，后接悟空、八戒探洞。孙悟空化身小沙弥探玉鼠，两人有抓闪腾挪的表演及念白。后二人开打，包括徒手对打、单剑、剑棍对打。玉鼠着打衣打裤系腰巾子，大头面牌。闭二幕，八戒、沙僧上，悟空与八戒招土地询问妖迹。连场，灯光暗转，二幕启，山洞口。孙悟空、八戒探洞，此处有因风大难入洞的表演，悟空使翻技，八戒使谐技，蹿洞下。暗转，“无底洞”景。演“陷空山”之“陷”，八戒上屡陷，悟空频救，无奈出洞。

第八场，劝唐藏唐。玉鼠劝唐依从，京白，唱【散板】。闻悟空前来，遂拟计藏唐。唱【小江儿水】。

第九场，探洞盗牌。无底洞景，悟空走边，唱【折桂令】，上高台见神牌，下高，拟告状下。

第十场，天王发兵。李靖唱【二黄倒板回龙】，太白金星带悟空上告状。

李靖唱【二黄摇板】两段。议请西方猫神，令众神将降妖。

第十一场，悟空、八戒过场。

第十二场，众神降妖。悟空玉鼠大刀棍。哪吒玉鼠大刀枪。二郎玉鼠对刀，接六股档，上天梯接八股档，哪吒大妖打大刀双刀。悟空大妖打双刀棍。玉鼠神将快枪，小档子接出手，小三丁，换双鞭出手，四人出手，换双枪，十杆枪出手，哪吒拿大刀上换与玉鼠，玉鼠大刀下场。悟空大妖打快双刀棍，接十一股档，玉鼠上与二妖三神将二郎档子。李靖召猫神。猫神上作猫形舞，与大妖档子，与玉鼠打九刀半，打抢背，跳座蹉步，败下。跳大猫形，上鼠形，追鼠形到上场门下。玉鼠翻上，虎跳扒虎，猫神翻上砸出来，手把子，走跤，背口袋、过包、登加官，抓抢背，擒住。

图 5-13 《无底洞》剧本载剧照“玉鼠坐洞”

图 5-14 《无底洞》剧本载剧照“唐僧取经”

从这个剧本来看，与李万春藏本较为传统的演法，大致有几点不同，一是删减了鼠精与李靖过去的渊源故事，从玉鼠坐洞开场，在定场白有几句交代了拜李靖为义父的事情，既保留了故事的完整性，又显得更简练。二是增加了八戒偷吃芥菜疙瘩的表演，删去了孙悟空与猪八戒共同化身和尚探鼠精的表演，只留孙悟空与鼠精的斗法，并且设计了两人一抓一躲扑闪腾挪的表演，再接两人的手把子、剑、棍的小开打，比较干练且有机趣。三是增加了猪八戒“陷”的表演，使得“陷空山”之地的情节更加充实和有特点。四是猫形由二郎神变换改为李靖由西方招来。至于传统本中八戒与鼠精的大段调戏念白，擒唐僧后众鼠精沐浴等都做删减。

对于这个剧本的改编，作者景孤血专门写了一篇文章进行详细介绍。剧本整理的过程，贯穿了景孤血与导演和主演的细致商讨。

首先是对整个故事框架进行的梳理。保持了故事的完整性，不采用悟空盗牌开始的演法，开场为玉鼠坐洞，交代前情故事，然后变化女子诱骗唐僧。对是否保留悟空变大桃钻入玉鼠腹中的情节进行了重点推敲，先是排除了过去彩头班机关布景的噱头演法，在对玉鼠采用“乌龙绞柱”等扑跌武技表现悟空钻入玉鼠腹内的表演进行研究的时候，李金鸿参与了意见，一是提出本场玉鼠精花旦扮相，梳大头戴水钻头面，如加入扑跌技巧必会导致妆面的凌乱。二是从技术的繁简安排及整出戏节奏的角度出发，最后降妖是大量的开打出手翻打等技术表演，此处不宜再安排繁琐的武技。三是从演员体力的角度考虑，为确保最精彩的武打呈现，也不宜安排，以免最后高潮部分打折扣。

> 他（作者注：李金鸿）从角色角度上还提出了这样做法在演员体力方面能否胜任的问题。因为玉鼠精的演技，在这出“无底洞”中，确是很吃力的，尤其是后边的“打出手”，手、眼、身、法、步，必须全神贯注。和猫神的扑跌，也如兔起鹘落，惊险紧张，间不容发。如果在这里先来一套“乌龙绞柱”之类的扑跌，恐怕就要后难为继了。因此，双方一再商讨，最后取得一致，决定删去这节……①

在剧本整理过程中与主要演员一起协商，应该是使剧目最终呈现完美效果的必经渠道。首先一个前提，编剧熟知舞台唱念做打各项技巧的样貌，才能与演员顺畅沟通，确定最佳表演状态的技术安排。正如景孤血谈到的“但是更重要的，还在于整理老戏，必须考虑全面，如技术表演、舞台形象、演员体力等，都是不应忽略的”②。

在故事情节与技术安排的关系及做法方面，强调了传统剧目中的技术是精华之所在，必须想方设法保留，那么剧本的故事就要围绕这些技术的展示来设计安排，这样故事与技术就比较好地融合，不会有“扞格”之感。当然也对这种做法是否可用于所有的剧目创作提出设问，认为并非是适用剧目创作的唯一法则。对于整理传统剧目来讲，因这些技术是经过多年舞台演出考

① 景孤血：《整理〈无底洞〉的一些体会》，《戏曲研究》1957年第3期，第67页。
② 同上。

验的优良传统，是适用的，这种先考虑技术再整理剧本的办法，“也仅适用于情节比较简单，人物已成定型的传统老戏”。但对于创作或改编剧目，或者故事情节人物性格相对复杂的，即便是传统戏，也不一定适合这种先技后文本的方法，就会显主观和略有偏狭。在保留技术的同时，也并没有排斥创造，本着“发挥群戏特点和演员特长”的原则，添加了如下表演。一是根据饰演猪八戒的何金海的特点，虽然体胖但很灵活，擅长武技，在“探洞”一场，增加了表现猪八戒步履维艰的舞蹈，用来表现“陷空山”之“陷”的环境。二是增加了孙悟空化身小和尚时的翻跌舞蹈，同样与演员特长结合，并符合此刻孙悟空与玉鼠精斗法的剧情。这部分设计采用武丑行当应工，运用武丑的谐技，显示猴子的顽劣，增添了喜剧色彩，使得两人的舞蹈与武打均在简练中显出趣味。三是根据扮演唐僧的曹韵清的条件，增添“行路”的唱段，由老的吹腔改唱【西皮原板】，使得舞台效果更加饱满。除了技术的增加，人物安排上也有删减，比如，对天兵天将的精简，老本中有巨灵神、马赵温刘四天君，在此剧中作用不大也无甚特点，就精简了。①

图 5-15 《无底洞》剧本载剧照“化身戏妖”

对于本剧中可以算作戏核的部分——“猫形”的处理也进行了比较深入

① 景孤血：《整理〈无底洞〉的一些体会》，《戏曲研究》1957 年第 3 期，第 68 页。

的研究和探讨。过程中有主张去掉也有主张保留的，还有主张留的话得有东西。从景孤血的本意是坚持保留的，因为“它和其他戏剧杂技中的老虎、狮子等形同为一类，都须具有舞蹈工夫，以两个人钻在猫形里面做出种种跳踏舞蹈，摇头摆尾，探爪伸腰，摹仿猫的动作”①。这个猫形与巨灵神等不可相比，不是可有可无的，而是不可或缺的。这一观点又与李金鸿达成一致，而李金鸿考虑的仍然是表演呈现的最佳状态。这场跳猫，正是在擒妖大开打，玉鼠精与孙悟空、哪吒、二郎神分别打过大刀棍、大刀枪、对刀，接各种档子并打完全套出手，耍大刀下场之后。演员刚刚完成整出戏里最繁重的武技部分，气力消耗非常大，而后面还有被擒前的翻扑、走跤等仍然具有高难水平的技巧表演。因此这场跳猫的作用，就不仅仅是“猫形”捕“鼠形”的故事趣味，更有着重要的给演员休息缓冲的作用，演员必须缓口气才能完成后面精彩的翻扑，这个戏才能在最高潮的状态下结束。因此说，很多传统戏的剧本框架都是建立在舞台实践基础上的，一些看似无甚意义的场次其实发挥的是醉翁之意不在酒的作用，并不仅是为剧情的衔接而编，很多是从保证表演的角度来安排的。在确定保留“跳猫”一场后，由美术组安振山负责设计制成猫、鼠形。猫形就有如“狮子舞”中“狮形”一样，也由两人扮演。由高登甲、李洪春二位回忆当年这部分表演的特技，编排出猫“磨爪挠坑，就如人在战斗前的怒火中烧擦拳摩掌一样”②的舞蹈，这场猫捕鼠的表演同样受到观众的欢迎。而由此景孤血对剧本的整理有了进一步的方向，从应用的角度提出“剧本说明必须包括动作形象，不应仅拘限于文字一隅”③。这一点显示了编剧的思路与功底，强调了剧本的舞台脚本功能，这样在读剧本的时候，就能对整个戏的呈现有一个基本的轮廓，而这个轮廓如果遇到有着丰富舞台经验的“座钟”先生，就几乎可以在脑子中演一出戏了。至关重要！这是很值得当下的编剧思考和实践的。

① 景孤血：《整理〈无底洞〉的一些体会》，《戏曲研究》1957年第3期，第68页。
② 同上。
③ 同上，第69页。

图 5-16 《无底洞》剧本载剧照“猫形擒鼠”

本剧的改编整理，也有留有遗憾的地方。一个是与舞台美术有关的。景孤血是非常熟悉舞台表演的，因此与表演相关的部分都非常顺畅地进行了整理加工。然而对舞台美术方面确实有些忽略之处，这也是与他过往较多传统戏观演经验有关。现代剧场使用布景，在当时的技术支撑也相对简陋，换景时间较长，而未留出足够的幕前戏，造成换景的不便，试演后又经过修改和美术组的努力，才对换场的松懈有所补救。另一个是与文戏有关的。虽然这是一出以武打为主的剧目，但文戏场次的比重是比较大的，对于文戏部分的精雕细刻，作者本身还不甚满意，距离全剧“文武平衡”的目标仍有差距。

通过景孤血的文章，了解到《无底洞》一剧的改编过程及呈现状态。遗憾《无底洞》演出现场的信息，所获不多。只从李金鸿本人留下的一点文字资料，和观看过此剧的前辈，如李金鸿徒弟叶红珠、刘琪及叶少兰等人口中听得一二，加以汇集。从当年报刊所载演出广告中了解此剧上演时的盛况。

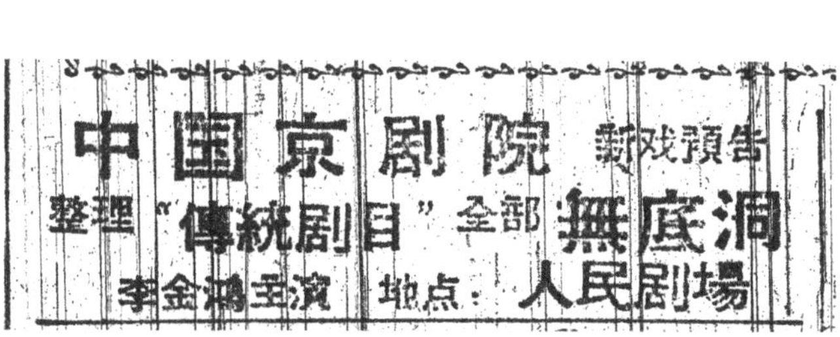


图 5-17 《北京日报》演出广告，1956 年 12 月 10 日

图 5-18 《北京日报》演出广告，1956 年 12 月 14 日

图 5-19 《北京日报》演出广告，1956 年 12 月 26 日

1956 年 12 月 10 日至 12 日，北京日报广告版，连续三天打出中国京剧院新戏预告，整理传统剧目全部“无底洞”，李金鸿主演。12 月 14 日至 15 日登出《无底洞》演出信息，包含主创团队的详细名单。12 月 16 日，《无底洞》在人民剧场正式首演，连演三天四场，16 日为日夜两场。紧接着在 1957 年元旦期间，又在四天内出演六场，30 日日场、31 日、1 日均为日夜两场，2 日晚场。看到这几份广告，不由想起李金鸿中华人民共和国成立前在京津沪的演出，一天两场三出或四出，一晚赶包两个剧场，在 1949 年后的新中国的国家院团，重新整理编排的《无底洞》一剧，也出现了一天当中出演日夜两场的安排。这样的安排可能也有对舞台装置的考虑，装一次台就尽量多演几场。舞台制作了逼真的洞穴及森林布景，再配合灯光很是新颖，为戏增色。服装、盔头都是设计新做的，坐洞一场，玉鼠着打衣裤披白斗篷，斗篷上的绣活都是小鼠形，打衣打裤是灰缎子绣紫花的，色彩图案都非常讲究。特别是专门设计的鼠盔，相当是样儿。特意保留的“跳猫”一场的猫形和鼠形服饰设计都非常精致形象，一上场就有好。①

整个剧目近两小时，李金鸿饰玉鼠精，李元瑞饰孙悟空，刘鸣啸饰悟空

① 2019 年 9 月 24 日，叶红珠采访记录整理。

化身，何金海饰猪八戒，曹韵清饰唐僧，赵文奎饰天王，茹元俊饰二郎神，冯玉增饰土地，李甫春饰太白金星，周瑛鹏饰猫神，耿长明等饰猫鼠形，殷金振、高盛虹、朱喜春等饰大鼠，袁金绵、施玉新等饰八小鼠，还有哪吒、八神将、镇海寺众僧、四女妖等。司鼓赓金群，司笛迟景荣。

文场部分，尽管从剧本的角度是景孤血尚有遗憾的部分，然而，有了李金鸿的表演，就能实现“人保戏”的效果。展示出李金鸿在花旦表演方面深厚的功底。对于玉鼠精的刻画，由面部表情到形体均围绕“妖”来呈现妩媚惑人的表现，十足吸引了观众。李金鸿的徒弟叶红珠回忆当年看的玉鼠精，有这样的描述“就跟小和尚斗法之前，你猜不着的那种身上，有一个摆，就几步，一边走一边摆，这边也摆那边也摆，好看得不得了，哎哟真好看”。还提到“他不单是冲，就是特别美，扮相漂亮，身上，手势，都好看，特别美，而且也特别冲，末场擒鼠翻上，大猫翻前扑，然后就抄跤，包括蹬加官，过包，转包，这一套东西，最后抱起来，要人。冲的特别冲”①。另一个徒弟刘琪是这样描述的“前半出花旦的东西，身段表演，与小和尚追逐的戏好，脸上有戏，妩媚，大眼睛一睁一注的，变脸，都拿大眼睛说话，出手也好”②。两位当今的武旦艺术家在回忆起师父的表演，都对孙悟空化身小和尚与玉鼠斗法的表演印象深刻。尽管我们看不到李金鸿那极美的“摆”到底是什么样子的，但可以想象推测出这些表演包括了脚步的劲头，腰部的灵活，面目的妩媚，眼神的戏，通体尽显婀娜之妖姿，虽“妖”极“美”，传递给观众非常享受的视觉观感。同时在武打部分又是非常的冲，尽显刚柔之极致。叶少兰也观看过《无底洞》，虽然印象不太深，但还留有整体观感：“给我的印象就是，他多少年没停一样，太精彩了。老前辈，现在年轻人得好好学，拿起来就有，你说他得多深的基本功啊，而且还加了很多最早没有的东西，又有新的创作。”③尽管没有对现场表演的细致描述，但“多少年没停”“拿起来就有”就可知李金鸿在武旦技艺方面的功底之深。

整个戏的武打设计很精心别致，既保留了老戏的精华，且有独具匠心的设计。剧本中的提示也比较详尽。玉鼠执女大刀，分别与孙悟空大刀棍，与

---

① 2019年9月24日，叶红珠采访记录。
② 2019年7月4日，刘琪采访记录。
③ 2020年4月22日，叶少兰采访记录。

哪吒大刀枪，与二郎神对刀，后接小鼠与神将的档子。玉鼠再上打小快枪接出手。从出手来说，也是金鸿早年的看家本事，从两人、四人，鞭、双枪，全套十杆枪的出手，并且“首创在做打出手的动作时，加入音乐伴奏”①。最后一场擒鼠时，玉鼠翻“虎跳扑虎”上，在“扑虎”还未起身之前，周瑛鹏饰演的猫神紧接着翻“前扑”从玉鼠身前翻过，并且还用腰中劲使“前扑”在腾空刹那间再向上起来一块，两人的翻扑配合异常精彩，剧场立时炸锅，②在刚刚结束的十杆枪出手高潮之后又掀起最后的高潮。落地之后“盖玉鼠抢背，亮住。起音乐，扑一个、扑两个，打手把子，上八掌，披头一腿，‘背口袋’、‘抄过包’，‘蹬加官’，抓抢背回来，一盖两盖，猫神挟起玉鼠，众神将上前围住。”③这是《无底洞》剧本中的表演动作提示的描述。最后“猫神挟起玉鼠”就相当于“要人”，是武旦神怪戏降妖情节必用的一个技术，以李金鸿的身量，走起这类技巧恰是手到擒来。这类绝活目前仍可在川剧《金山寺》，男小青与白蛇的各种托举技艺表演中见其繁复精彩。

《无底洞》的首场演出非常成功，多次谢幕，并且在随后的演出中持续保持了轰动的势头。一直陆续上演到1960年，仅只查到的北京日报刊载的演出广告，自1956年12月16日首演至月底上演了6场，1957年演了17场，1958年4场，1959年9场，1960年初1场，共计37场。1957年、1958年、1959年这三年元旦当天都安排了此戏，春节期间也都有，成为中国京剧院一团武旦代表剧目。最初与此戏同台演出的有《小放牛》《打督邮》两戏。这三出戏在一段时间组成固定搭配，一时有“放不完的牛，打不完的督邮，演不完的无底洞”之说。《戏剧报》曾载“中国京剧院一团整理的传统剧目‘无底洞’，是由李金鸿、李元瑞、周瑛鹏、茹元俊、何金海、赵文奎、刘鸣啸、曹韵清等中级演员和青年演员主演的，这出色彩浓郁的神话戏演出很成功。”④京剧院此后一段时间掀起演武旦戏热潮，李金鸿又相继演出过《杨排风》（三打）、《朝金顶》《战金山》等戏，还有《青石山》也经景孤血先生整理上演，综合武旦、青衣、花旦的表演，使这出戏更加丰富与完整。

关于此戏的报道，仅只查到一篇，从中再做简略了解。

① 王文章、吴江主编：《中国京剧艺术百科全书》下，中央编译出版社，2011年，第883页。
② 李金鸿自述资料。
③ 景孤血整理：《京剧〈无底洞〉》，中国京剧院一团演出本，北京宝文堂书店，1958年，第34页。
④ 张延华：《我看中国京剧院》，《戏剧报》1957年5月31日。

## 看无底洞有感

田因

京剧中的武旦戏，近年来几乎绝迹于舞台了。

最近看了中国京剧院演出的“无底洞”，一面高兴，同时也颇有点感触。

这出戏，取材于《西游记》第八十回至第八十三回的故事。描写具有一副慈悲心肠的唐三藏由于救了一个不应该救的生命，结果反而惹出祸害来。这出戏说明了人道主义应该有是非的原则才对。

这是出老戏，京剧院的同志们，在传统技术的基础上，进行了加工整理，丰富了故事情节，叫人看得清楚明白。优秀的武旦的武打技术，也适当地给以发展。看了两小时的演出，觉得津津有味，尤其是武旦表演的绝技，打出手，更令人叫绝、兴奋。

但是这样的好戏，过去硬是被清规戒律禁锢着。说什么武旦戏全是妖怪戏，内容不好。打出手，是不合理的，两敌交锋，怎么还能交换兵器呢？结果，许多武旦戏不能上演了，许多演武旦的演员，改行了，失业了。演“无底洞”的优秀演员李金鸿就被埋没了六七年的时间。

其实，武旦戏是很不好演的，它有独特的艺术风格。武旦也是京剧中万不可少的角色。演武旦的人，必须苦学苦练，花费巨大的劳动才能把戏演好。

其实，观众喜爱文戏，也喜爱武戏。在武戏中，观众喜爱武生武净，也喜爱武旦武丑。可惜近年来武旦武丑是那样不被看中，武戏的发展和提高是那样微小！

角色多样化，剧目才丰富。在一个剧种或一个剧团之内，也应该是“百花齐放，百家争鸣”吧！①

在《无底洞》成功上演后，最初以教员身份加入中国京剧院的李金鸿，

① 《人民日报》1956年12月30日第8版。

正式成为阵容整齐、强手云集，演出永远客满，号称为“天下第一团”的中国京剧院一团的一名演员。作为演员的李金鸿，在这段时间里，再次体验了在新中国的舞台上为广大劳动人民表演带来的成就感。在演武旦的同时也还演着小生。比如《蝴蝶杯》中田玉川，其中田云山由李盛藻饰演，夫人由雪艳琴饰演，芦林由王玉让饰演。这出戏是根据是翁偶虹先生在中华戏校时改编的《凤双飞》整理的，演出效果也很好，李金鸿在戏校时就曾参演。还与杜近芳合作《悦来店》《凤还巢》等戏。这一时期每次演出前，李金鸿都会提前想想“今天上台是走小步？”“明天上台是走大步？”，在旦角和小生之间灵活切换着，也成为很有意思的经历。在李金鸿本人的感觉是“有意思”，但作为当下的演员，这种“有意思”就是极其艰难的事了。只有经过那个竞争激烈的年代，积累了大量舞台实践经验，勤奋刻苦，广学博才的李金鸿们，才会有这种“有意思的经历”，而这种经历，在与李金鸿同期的演员中，在20世纪50年代的京剧舞台上，也是罕见的。学富五车，李金鸿是也。

1960年下半年，李金鸿随团出访拉美，返京后不久，又开始了小生行当表演集中展示的时期。

## 五、接演小生，创排《谢瑶环》袁行健

自《无底洞》开始，李金鸿以武旦戏兼小生戏，在舞台上活跃了一段时间，很快，1958年“大跃进”运动开始了，作为上层建筑的文化艺术，必然也要跟进，于是文化政策有了新的方向，剧团的主要创作任务又开始转向现代戏。中国京剧院的《白毛女》就是这个阶段排演的。这段时间传统戏的上演在日常演出中还占一定比例，但《无底洞》等戏掀起了一阵武旦戏热潮后，慢慢又归于平静了。1960年底京剧院赴南美、加拿大出访回国不久，一团新排的新编历史剧《金田风雷》，因主演叶盛兰身体不适，由李金鸿替演戏中韦昌辉一角。在圆满完成这出剧目的任务后，李金鸿正式开始改演小生，自此开启了集中出演小生行当的一个时期。接演的角色包括，《群英会》周瑜、《玉堂春》王金龙、《桃花扇》侯朝宗、《桃花村》卞玑、《佘赛花》杨继业等。

中华人民共和国成立前在舞台上最活跃的时候，李金鸿就一直博采众长，拓宽戏路，以避免太专于武旦所受的限制，因此花旦、花衫、刀马等戏都经

常上演，特别还学习了很多小生戏，也上演过《八大锤》等戏，1949年后废跷，在首都实验京剧团期间，李金鸿就开始演不少小生角色。到京剧院工作后，最初尽管演出不多，但也没断了同时出演武旦及小生。开始时多是配演，从《奇双会》的李保童，《罗成》的罗春，到《醉酒》的裴力士，《拾玉镯》的傅朋，渐渐与杜近芳合作《玉堂春》的王金龙、《凤还巢》的穆居易。此时《金田风雷》的救场顺理成章，正式改演小生一事也水到渠成。这样的结果不是偶然，首先是李金鸿具备了出演小生行当的技艺能力，得到同事的认可，特别是与杜近芳的合作比较顺畅，其中包含了杜近芳对李金鸿从艺术到为人且一直辅助她的认定。而这些年来，叶盛兰这位早年合作伙伴的小生艺术，一直也是李金鸿默默关注的目标。金鸿审时度势，也深知机会总是青睐有准备的人。

图5-20 《北京日报》演出广告，1959年1月17日

再说回叶盛兰。著名京剧小生艺术家，叶派小生创始人，富连成社长叶春善四子，1914年生人，大李金鸿9岁，坐科富连成，初习旦角，改工小生，开创京剧小生挑班先例，有“活周瑜”“活吕布”之誉。1958年在反右运动后期被戴上“右派”帽子。[1]然而，因其艺术地位无可取代，仍然参与演出。在1959年迎接中华人民共和国成立十周年的排练中，叶盛兰又承担了两台新戏：

① 北京市艺术研究所、上海艺术研究所编著：《中国京剧史》（中卷），中国戏剧出版社，1990年，第622—623页。

《赤壁之战》和《西厢记》的重任。[①] 两出戏齐头并进同时排练，每天上午排一出，下午排另一出，在集中演出多场后，叶盛兰从嗓音到体力都因巨大的消耗而疲惫不堪，终于无法再参加演出，只能长期休养。这个时期，正是新编历史剧《金田风雷》刚刚上演，李金鸿由韦昌辉这个角色开始，就接下了叶盛兰的大量小生角色。

新编历史京剧《金田风雷》，1960 年排演，是马少波、王颉竹与翁偶虹共同编创的，讲述的是太平天国洪秀全等人金田起义的英雄故事。"审奸"一场即是韦昌辉的重头戏。京剧音配像工程中，叶少兰为叶盛兰配像了这一折。这场表演，有一段【二六】唱腔，并且设计了很多表演动作，"饰演韦昌辉的叶盛兰，在最后智审内奸周锡能的一场戏里，他用袍带功的唱、念、做、表，塑造出一个新的起义英雄人物的智勇形象"。[②] 李金鸿接演的就是这个"唱念做表"俱全的角色，可以想见李金鸿多年来在小生行当表演积累的能量。《群英会·借东风·华容道》是一团常演的剧目，李金鸿接演周瑜完全按照叶盛兰的路子来，嗓音够调门，唱得有味道，功更不必说，做表也十分到位，遗憾就是个头矮些，形象上吃亏，也因此厚底自然就高些，更显出李金鸿的功底。

图 5-21　与杜近芳合作《拾玉镯》[③]

李金鸿与叶家兄弟有过多年的舞台合作，一直相处很好。与叶盛兰那张经典的《虹霓关》剧照就是早年两人风华正茂、初露锋芒时的留影。确定改演小生后，李金鸿更是发挥了他一如既往的谦逊之风和对艺术的严谨态度，更直接地向叶盛兰学习。叶少兰回忆了当时李金鸿去家里向父亲学戏的场景，话语中饱含着对李金鸿的敬佩。

参加中国京剧院后，缺少了发挥

① 中国京剧院编著，叶少兰主编：《京剧大师叶盛兰》，商务印书馆，2014 年，第 239 页。
② 翁偶虹：《翁偶虹编剧生涯》，同心出版社，2008 年，第 363 页。
③ 张正贵、尹松健：《国韵瑰宝——中国梨园大家影画传杜近芳卷》，黑龙江美术出版社，2021 年，第 85 页。

自己专长技能的时候，他更多参与了表演小生艺术。他用功、钻研，对艺术敬畏，认真负责。他那时候跟我父亲在一个团，实际上以前他演旦角的时候跟我父亲合作演出。但现在他要演小生了，他就非常谦虚地跟我父亲求教。他是一个艺术家，但是又非常谦虚、好学，对艺术兢兢业业，认真负责的一位艺术家，非常值得敬佩。我记得那时候他为了把小生演好，几乎截长不短地到家去，非常虚心地求教、学习。你看他在中国京剧院，我父亲不演《佘赛花》杨继业的时候，李金鸿先生演。他还和杜近芳演《拾玉镯》，他还认认真真地跟我父亲学《群英会》。是在家里学、排，而且他非常认真。学完后我父亲休息了，总是跟我一起，说“我走一遍，我哪不对你千万提醒我”。作为一个艺术家就这么谦虚，他不是说学完路子就走了，不是，他到另一个房间，到南屋，自己去默排。所以为什么后来他能演，一般没有一定功力的，谁能演《群英会》的周瑜啊，不是那么好演的。①

图5-22 《北京日报》演出广告，1961年11月24日

为了演好小生，除了直接向叶盛兰学习，李金鸿还尽一切可能求教。此时刚调进一团的冯志孝经常去马连良家学戏，李金鸿也一起前往，马连良既

① 2020年4月22日，叶少兰采访记录。

说老生也说小生，常常一说就到夜里一两点钟。李金鸿还请教江世玉、孙盛武、李世霖等，不分行当，只要是对他出演的小生角色能够有所教益，他都谦虚地去请教，这些同仁们也感动于他的谦逊，都对他给予了很大帮助。而此时的李金鸿在博采众长的基础上，更早已能够运用自己的理解和感悟，运用自己多年的舞台经验来钻研戏中角色。虽然离开了自己最擅长的旦行，但能够有小生行当这些角色人物去让自己继续在京剧艺术的领域进行探索，并且能够在舞台上展示给观众，对于一个演员来说不啻是一种幸福。李金鸿就这样通过小生行当继续执着于对表演艺术的追求。

在正式担任小生演员之后，经常上演《群英会》《佘赛花》《桃花村》《凤还巢》等戏，不完全统计，1961 年 11—12 月期间在北京就出演了 6 场《群英会》，5 场《佘赛花》。在 1961 年到 1962 年期间，还常常去外地演出，这段时间曾经到过河北、南宁、长沙、汉口等地，票房都很好，受到各地观众的热烈欢迎。但获得赞誉的同时，这种外出演出在当时也是非常辛苦的，特别是赶上南方城市炎热的夏季，在这段时间的旅演中，也许是旅演的辛苦与水土不服，身体的免疫力受到影响，1962 年从汉口演出回北京后，李金鸿得了急性肝炎，病症比较严重，只能休养，好在及时治疗一段时间后恢复了。此时《谢瑶环》一戏开始创排。剧中的小生角色袁行健，由李金鸿饰演。

图 5-23 《北京日报》
1962 年 2 月 10 日

《谢瑶环》是杜近芳的一出代表剧目，是田汉根据碗碗腔《女巡按》改编的。1961 年 1 月田汉在西安观看了青年演员温喜爱演出的《女巡按》，女扮男装是碗碗腔、秦腔的表演传统，剧中有多个场次展现谢瑶环女扮男装的表演技艺。[①] 田汉对这出戏很感兴趣，想到杜近芳曾演出《柳荫记》《花木兰》等戏，都有女扮男装的表演，于是为杜近芳量身打造改编了这出《谢瑶环》。就在排练进入到紧张

① 谢雍君：《1950、60 年代田汉戏曲演剧述论》，《艺海》2019 年第 10 期，第 5 页。

的阶段，有一天，李金鸿突然发高烧，查出是急性阑尾炎，需要马上动手术。可是新戏正在排练的裉节儿，李金鸿马上打电话给李少春请假，排练只好暂停。手术出院后没多久李金鸿马上又投入到排戏中，最终没有耽误《谢瑶环》的正常演出，这出戏上演后成为杜近芳传承至今的一出经典剧目，而其中袁行健一角的原排，正是李金鸿，并且是在急性阑尾炎手术后圆满完成的。

图 5-24 《谢瑶环》演出后合影，左二为李金鸿所饰袁行健[①]

《谢瑶环》上演后又引起了极大的轰动，但没演几场就受到针对田汉先生的政治迫害的影响没能再继续上演。“载舟之水也翻舟”“为民请命”等戏词和内容成为定罪的原因。一直到“文化大革命”结束后，1979 年，中国京剧院在人民剧场恢复演出了京剧《谢瑶环》，剧中袁行健一角由叶少兰扮演，在原排基础上加了些唱段。叶少兰很明确地讲“包括那时候最早《谢瑶环》，我父亲没演过，是李先生的原排。现在都说好像我父亲当初演这个，后来李先生演，不是，袁行健的原创是李金鸿先生”[②]。杜近芳与叶少兰恢复《白蛇传》时，又得到了李金鸿的帮助。“因为李老师对这个戏太熟悉了，他不单熟悉小生，旦角他也熟悉，有些东西是他设计的。所以李先生给了我好大的帮助，花费不少脑筋，他都能回忆起来，他还能走出来，对我启发非常大，毫无保留。”[③] 对许仙及白素贞的表演恢复，李金鸿也起到了重要的作用。

① 杜近芳口述，张正贵、陆蕾采写：《杜近芳口述实录》，人民出版社，2019 年 11 月。
② 2020 年 4 月 22 日，叶少兰采访记录。
③ 2020 年 4 月 22 日，叶少兰采访记录。

从 1960 年年底开始，李金鸿正式担任小生行当的演出任务，继续以精益求精的态度，兢兢业业地学习研究，接演了中国京剧院一团原来由叶盛兰出演的大量角色，并创排了《谢瑶环》中袁行健一角。1963 年因患肝炎休息了一段时间，此后国家的文化政策有了更明确的导向，进行现代戏集中上演的阶段，传统戏基本不见了踪影，于是李金鸿的艺术工作又较为明确地转向了编导。

## 六、做编导

1958 年 3 月 5 日，文化部颁布《关于大力繁荣艺术创作的通知》，指出“现在急需创作反映我国当前的和近一年来的伟大变革，歌颂我国伟大社会主义建设者的英雄业绩的艺术作品”。同年 6 月 13 日至 7 月 14 日，文化部召开了“戏曲表现现代生活座谈会”，提出戏曲工作方针。同年 8 月 7 日，《人民日报》发表的《戏曲工作者应该为表现现代生活而努力》社论中指出，“表现现代生活是今后戏曲工作的发展方向”，并提出“以现代剧目为纲，推动戏曲工作的全面大跃进”。这一系列的重要文件及会议精神中，虽然也有提到继续对传统剧目进行挖掘、整理和发展，但最重要的目标是“以现代剧目为纲”，于是，全国各戏曲剧种院团掀起了创作现代戏的高潮。

与此同时，传统戏的演出越来越少，一些大的京剧院团还勉强有些保留，地方剧种院团几乎全部上马现代戏。1958 年当年文化部就组织了全国各剧种部分戏曲院团的现代戏联合公演。杭州市越剧团《十分钟》《一日千里》，湖南花鼓戏剧团《战鼓催春》，还有在一天时间里编排出的河南豫剧院三团《比比看》，湖南花鼓戏剧团《降龙王》等。① 仅从这些戏名中就能看到明显的“大跃进”风格。当然，也有比较成功的剧目，如中国京剧院的《白毛女》，河南豫剧院三团的《朝阳沟》等，都流传至今。政策出来的当年就出产了大量的现代戏剧目，经过几年的持续创作，1964 年全国范围内开始了现代戏汇演，据《戏剧报》载，共有 20 余个省（自治区）分别举办了省内的现代戏汇演，包括戏曲、话剧、歌剧、曲艺等各种艺术形式。各地的戏曲剧种非常丰

① 李刚：《光辉灿烂的社会主义之花——评现代戏联合公演》，《戏剧报》1958 年 6 月 30 日。

富，湖南一省就有湘剧、祁剧、汉剧、京剧、湘昆、辰河戏、巴陵戏、荆河戏、花灯戏、花鼓戏、丝弦戏等11个剧种。①

1964年6月5日，京剧现代戏观摩演出大会在北京举行，历时两个月，共有全国19个省、市、自治区的28个京剧表演团体的35个剧目进行演出，参与的演职工作人员达两千余名。《奇袭白虎团》《芦荡火种》《革命自有后来人》《六号门》《黛婼》等就是在这次大会上演出的。② 自本次大会后，北京的舞台上，传统戏的踪影就更加罕见了，再到1965年、1966年，几乎销声匿迹，就连培养戏曲人才更依赖传统戏的戏校也都开始上演现代戏。

1965年，现代戏会演继续进行，这一年是以地区划片，以对1964年各省创作的优秀现代戏剧目集中汇报交流的形式进行的，分为华东、东北、华北、中南、西北、西南等几个大的地区，进行观摩演出大会。在这次观摩大会时，李金鸿作为中国京剧院观摩团成员之一，前往兰州观摩演出。演出中，看到了新疆京剧团的《天山花红》，并对其中的主演马名群的舞台功力和火候印象深刻，在后来马名群由新疆调到中国戏曲学院的过程中，发表了专业方面的评价意见，起到了重要的作用。这些点滴事情中饱含李金鸿对后辈的扶持，令当事人长久感念于怀。

在这段大演现代戏的年代，小生行当显出一定的局限性。当下人民革命生活的题材，青年人用小嗓来表演，确实有比较不协调的感觉。中国京剧院1958年创排的《白毛女》中的大春，是由叶盛兰饰演的，念白均采用了大嗓，唱腔主要还是小嗓的状态，但也尽可能弱化小嗓的感觉。这一时期，姜妙香曾专门谈了小生如何适应现代戏创作。由提问题开始，姜妙香首先回顾了京剧小生唱小嗓的由来，实际是“表现青年人生理上的、性格上的特征，多是以声调高亢为其歌唱特色”。还提到了萧长华先生谈到的小生“龙调”唱腔，“是用宽嗓（指落音很宽）唱的，腔调比较接近老生的腔，声调非常高亢……多半用于武小生的角色……文小生就不用‘龙调’，可能是因为要表现这些人物的儒雅、文静，所以就用尖嗓与宽嗓混合的唱法……”，姜妙香对小生的小嗓概念进行说明，这是一种艺术形式的表达，与人物的表现也是相协调的。但也很明确地认为现代戏中的革命英雄人物用小嗓是不合适的，提出如何用

---

① 根据1964年《戏剧报》陆续刊载的有关内容整理。

② 《京剧现代戏观摩演出大会闭幕》，《人民音乐》1964年9月27日。

大嗓的思路："用大嗓唱小生腔，使小生的唱法、劲头。"对运用大嗓的实际情况提出有针对性的建议：大嗓好的"可以使大嗓唱小生原来的唱腔"，大嗓不很好的"可以将调面的唱腔改为调底的唱腔"。还非常细致地考虑到由小嗓改大嗓有可能带来的问题并提出建议。①从姜妙香的这篇文章，可以看到，在大排现代戏的时期，小生行当的演员确实普遍遇到了表演方面比较要害的问题，戏曲舞台表演的基本技术形式"唱念做打"，"唱念"是非常重要部分，即便姜妙香给出了比较可行的建议，但在现代戏中以小生行当应工的角色人物，也是实实在在地不多。因此，改演小生没几年的李金鸿，此时就又面临了选择，开始主动参与编导工作。

李金鸿的编导工作尝试可以说始自中华戏曲专科学校时期，戏校新式的办学理念中包含了鼓励和指导学生自主创作，所以学生时代就有过参与学生组织排练简单节目的编创经历，给了李金鸿编创工作最朦胧的意识。此后多年搭班的演出中，也使他积累了非常多的舞台演出经验，包括在演出中遇到各种状况的调整，同台演员合作中的各种灵活适应，在扎实的技术基础上，也练就了自如的应对。在李金鸿的演出经历中，除了自己的武旦主戏之外，很多刀马旦、花衫、花旦的戏都与不同的演员有过合作，比如《穆柯寨》《樊江关》《战宛城》《挑帘裁衣》《翠屏山》《小放牛》等都有过与两位以上甚至多达四、五位演员的合作演出。在这样的演出过程中的磨合和应变，包括了对不同戏路的把握，以及合作演员间互相配合过程中的表演变化，从而也带来更丰富的表演手段。这种应对变化是建立在大量的剧目技法积累基础上的调整组织，相当于技术的编排。大量的观摩又是一个基础，李金鸿自学戏开始就养成了观摩的习惯，京剧、昆曲，其他戏曲剧种，以及话剧、电影等各门类艺术，百练不如一看的积累，在眼界的开阔方面又是非常重要的。在北平艺术馆期间《桃花扇》《铸情记》等戏的编演，又使李金鸿从主观理念上，有了"从演技艺为主向演人物的转变，从深入剧情加强表演的真实上开始努力"的变化，在这个过程中，戏里的很多表演就有了自己的揣摩设计。到校友剧团排演《九件衣》等戏时，李金鸿承担了舞台监督的工作，锻炼了对剧目的全面把控能力。多年来各种方式的积累，使得李金鸿在登台演出的机会

① 姜妙香：《谈谈京剧小生唱大嗓问题》，《戏剧报》1964年2月15日。

越来越少的时候，又加入到了编导的队伍。这又一次看上去的顺理成章，依然得益于多年舞台实践的丰厚积累，也离不开金鸿主观上对编导工作有意识的重视。

1949 年，李金鸿刚到中国京剧院工作，主要是教员身份，也是一团艺术研究组的成员之一。在日常教学演出中就已经开展小规模编导工作，比如参加“世青节”拿奖的《双射雁》《水漫金山》。这种编排，基本是在传统戏基础上进行一些增减、重组，还有原剧的样貌。为杜近芳的一些戏进行身段设计，此时的设计就有了更深一步的创作，是采用传统戏中的元素来创造新的人物了。包括《佘赛花》《廉锦枫》等戏及《谢瑶环》一剧中袁行健的创造等等，都越来越多地展露出李金鸿的编导能力。李金鸿还曾参与其他艺术门类的创作工作。中国青年艺术剧院为庆祝新中国成立十周年，排练由田汉编写的《文成公主》之际，向京剧院请求帮助，马少波派李金鸿去做技术指导，任务是设计其中唐朝人的舞蹈。在演出的节目单演职员表中显示的是“身段指导”。叶少兰还记得在“大跃进”期间，空军的刘亚楼司令员邀请叶盛兰去给排一个女飞行员的节目。叶盛兰说一定要请上李金鸿一起，因为其中女飞行员的表演，有很多舞蹈，必须由李金鸿来设计。于是这个节目就是由叶盛兰和李金鸿共同编排设计并上演的。

1964 年各省开展现代戏汇演和京剧现代戏观摩演出大会，出演小生行当 3 年多的李金鸿面临无戏可演的状态，向来谦虚谨慎的他，在剧院中一直都是毫无怨言地认真参加各项工作，对于从事多年的京剧艺术抱有深深的情感，即使上不了台，也要尽可能多地参与其中。这样，为了能多做工作，发挥出表演之外的才能，李金鸿积极地参加现代戏的排练工作，并开始有意识地跟随郑亦秋学习导演。郑亦秋是中国京剧院的导演，早年学演京剧老生，有着传统戏的基础，又受新戏剧观影响，在中国京剧院大量新编、整理、移植改编创作的剧目中，独立执导或与他人合作导演的有五十余部，包括：《白蛇传》《初出茅庐》《穆桂英挂帅》《杨门女将》《九江口》《佘赛花》《谢瑶环》《李清照》《吕布与貂蝉》《周仁献嫂》《白毛女》《蝶恋花》等。[①] 李金鸿同样有着传统戏曲的深厚积累，有了初步的编创尝试，再正式跟随郑亦秋学习导演，

① 彭维：《国家京剧院剧目研究》，中国戏剧出版社，2018 年，第 31 页。

确实是一条很现实的路，能够帮助他把一身的本事，通过导演这个职业，再赋予演员和剧目，呈现在舞台。虽然不再是自己亲自去表演，但也是能够继续在自己热爱的艺术、热爱的舞台上去施展的一个途径。因此，李金鸿也非常珍惜参与导演工作的机会，继续开始谦虚谨慎的学习，如同当年刚出科时遍访名师的小名旦一样，永远对艺术保持着新鲜的追求热情。这期间，曾与郑亦秋合作排《山村花正红》一戏，内容是写军医针灸治病救人的故事，杜近芳饰演女大夫。参与了湖南的花鼓戏《打铜锣》、上海的京剧《送肥记》、浙江的越剧《红松店》等戏的移植。还参与了《海港》一剧的导演及排练工作，并曾到中南海怀仁堂为中央领导演出。

在《红松店》一剧担任领唱的康秉钧回忆了排练过程中的故事。《红松店》是中南区戏剧会演中广州部队战士歌剧团的歌剧，移植为花脸和老旦行当应工的一出小戏，讲的是我党红军时期女英雄韩梅与老英雄冯松，在小客店——红松店偶遇，回忆起战斗生涯时的故事，展现了关爱他人和恪守红军纪律的高尚品格，给两位当代青少年以深刻思想教育的故事。戏的最后冯松有一句词“我向你敬上老红军的敬礼”，此时李金鸿做了如下设计，静场中冯松非常庄重地敬礼，随后与韩梅推磨，紧跟着合唱队起唱，“两个老红军相遇红松店……”，这一段表演把戏推向高潮，赢得台下观众热烈的掌声。在音乐方面，当时的现代戏大都配合些民族乐器，但感觉还是显得有些单薄，李金鸿大胆提出“咱要加点洋乐呢？加点洋乐咱们试一试，就丰富了嘛”，就这样找到中央音乐学院的戴宏威，帮助设计加了西洋乐，使得这出短小但唱腔较为丰满的剧目更加有感染力。在排练中，还有个小故事，最初冯松是由袁世海饰演，他非常希望在这个戏中尝试正面人物的表演。但在排戏过程中，李金鸿让吴珏璋盯着这个活认真学习，等戏排差不多到合乐阶段了，一上弦，袁世海因故主动让位给吴珏璋，正应了李金鸿的预测。在吴珏璋接演后，也给袁世海安排了一个“角色”——艺术指导。① 从这个小插曲中就看出，李金鸿对舞台对演员的了解掌控，真正是心中有数，对角儿的了解和尊重方式也是非常到位。从这一出现代小戏的排练故事中，我们基本能够了解到李金鸿开阔前卫的视野和创作理念，以及具体到对演员能力、音乐表现和舞台节奏等方面的

① 2019 年 8 月 29 日，根据康秉钧采访记录整理。

把控水平和设计能力。

然而，有机会就此成为一名导演的路，又没能走到底。剧团很快投入到《红灯记》一戏的排练中，李金鸿与其他一些老同志又陷入无事可做的境地，被派在《红灯记》剧中饰演末场上的游击队员，成为一名高级龙套。后来因要增加武打的内容，更换了年轻的武戏演员，于是又被派至观众席上打追光。那时的追光都是人工打，打追光的位置一般在剧场顶楼，两个追光其中就有李金鸿一个。李金鸿一概服从工作安排，从舞台上请下来打追光去，同样是非常认真地完成好任务。观众席里导演阿甲坐镇指挥，李金鸿在上边边打追光边大声问“您瞧这合适吗”，阿甲回答“挺好挺好”。从台中间，到台后边，再到剧场顶上一丝不苟地打追光，可贵的有李金鸿对革命工作的认真态度，有性格中一贯的谦虚谨慎，更有对艺术持久的热爱与尊重。

就在《红灯记》排练的过程中，依然有李金鸿贡献的智慧。比如在李铁梅慷慨激昂的唱段中“提起敌寇心肺炸”时抓辫子亮相的动作，刘长瑜曾总结“是运用的古装戏武将出征前的起霸动作，整冠、勒靠绳、紧战袍等一系列身段”①，这些小的动作设计，可能只是在排练现场李金鸿很自然随意的一句提示或简单的示范，但是却起到关键的启发作用，因为恰恰就是这些看似不经意的细节，正是塑造人物最有可能出亮点的地方。而此时的李金鸿做到的是，在有需要的时候，提出一个烂熟于胸的元素，配合此时的人物造型及音乐就重塑了一个全新的形象，这其实已经是一种下意识的创造了。我们来看这个亮相，铁梅手按红灯开唱“提起敌寇”，随后在伴奏中，迈两步向前，右手把垂在身子右前的辫子抓住，左手顺着抓住辫尾，双手在胸前一高一低亮相。唱“心肺炸”时，右手掌平摊出，配合唱腔释放人物的情绪，左手仍然抓着辫尾。唱完“心肺炸”后，在“缓锣”锣鼓声中后退，配合双手微抖，再次抓住辫子，前冲两步，在“脆头”锣鼓中左手向内挽辫尾，双手微微外翻斜亮于胸前。这个抓辫子的过程就如同捋线尾、靠绸、排穗一样，左手的挽花也是旦角非常常见的动作，最后亮相的动作更是与起霸中整冠后的勒甲动作如出一辙，只是手中有了辫子这个实物。就这一点设计，使辫子像翎子一样用起来，手也不会无处可放，戏曲的造型感很具体地呈现出来。而这些

① 彭维：《国家京剧院剧目研究》，中国戏剧出版社，2018 年，第 122 页。

动作过程及亮相造型都是传统戏曲中最常见的形体表演元素。以歌舞演故事的戏曲，舞台所有的服装、道具等物件都是可以拿来与歌舞融为一体呈现美感的。可以说，多年运用娴熟的程式动作已经融入李金鸿的血液，同时经过多年表演编导的积累之后，有了导演的创作思维。而这些从传统程式中提炼出的精华，以元素、零件的形式成为李金鸿的创作工具，使得他越来越娴熟地完成新人物的塑造。李金鸿已深谙传统程式运用至新剧的创作之道。

自 1952 年 11 月到 1966 年“文化大革命”开始，在中国京剧院工作的 14 年间，李金鸿担任艺术研究组成员，从教学、兼演少量武旦戏及小生配演，到以《无底洞》再展武旦风采，到接演头路小生戏，再到做导演工作，最后到跑龙套、打追光，除了乐队的工作，几乎干遍了所有工种，还不算摄影组、出国时的“角儿组长”等。中华人民共和国成立后的戏曲改革发展，给了李金鸿展示各种能量的空间，也只有这样一个文武生旦不挡，教演编导兼长，为人亲切和善、谦虚勤恳的李金鸿，能够始终保持着对艺术执着的最佳状态投入到各种工作中，成为一名全能艺术工作者。作为中国京剧院建院之初的成员之一，在这些演、教、编导等具体工作中，也将自己身上非常瓷实的传统规范的艺术规格，以及在此基础上的创新理念及实践，带到了剧院的舞台上，影响了身边的演员。这种基础规范，又有着新面貌的国京风格，毋庸置疑，其代表是“李（少春）袁（世海）叶（盛兰）杜（近芳）”。然而，这其中也必然有着李金鸿发挥的作用。

## 七、家中变故

随着现代戏的大唱，时间进入“文化大革命”时期，李金鸿也经历了人生中的一个大坎。1968 年，他的妻子李慧英突患白血病，从发病起很快因医治无效，于 1969 年 5 月不幸病故。这时的李金鸿陷入困境，妻子住院花费了很多治疗费，原本尚显宽裕的经济状态立刻拮据起来。家中五个孩子，其中大女儿和大儿子，一个到云南插队，一个到东北插队，还有三个小的孩子，老三璐荣 13 岁，老四璐明 12 岁，老五璐生只有 7 岁。原来家里的事都是妻子打理，此时李金鸿独自拉扯三个年岁还小的孩子，立刻手忙脚乱起来。年仅 13 岁的三女儿璐荣很快担起家事，帮着带弟弟和小妹妹。这种窘境也被身边同事看在眼里，1971 年李少春的夫人介绍了在童装厂工作的同事蔡曼黎给李金鸿，两人结为夫妻。这位续弦的妻子，来到李家上照顾李金鸿的母亲，下照顾三个年纪还小的孩子，待孩子们不是亲生胜似亲生，承担起家中的负担，还拿出自己的钱贴补家用。在她对全家的悉心照料下，帮助李金鸿渡过了人生中的这一次难关，李家的孩子们长大后也都知恩图报，尽心孝顺，一家人一直幸福和睦地生活着。用三女儿李璐荣的话来讲，这位继母照顾父亲和三个孩子“功不可没”。在李金鸿后半生的教育生涯中，教过的学生也都对这位师娘印象深刻。蔡曼黎师娘是上海人，长得白白净净，很是有江南美人的气质，并且是童装厂的设计师，也是有知识的女子，把家里的一切事务打理得井井有条。桌椅地面一尘不染，三餐做得都极为讲究，吃水果要为李金鸿剥了葡萄皮，对李金鸿照顾得细致入微，李金鸿曾两次患癌症，十余年来一直保养得很好，并且没断了教学工作，与师娘的悉心照顾分不开，两人一直和睦相伴到老。遗憾师娘晚年患阿尔茨海默病，渐渐弱下来，长年受照顾的李金鸿也因此生活规律被打乱，并且对师娘的身体状态操心牵挂，身心渐疲导致癌症复发而逝，李金鸿逝去一年后，曼黎师娘也追随先生而去。假设师娘身体一直好下去，李金鸿一定还会更加长寿，受益的也将是更多从事京剧艺术的后辈。

称李金鸿“姑夫”的李卜春，是李万春的次子，对于当时李金鸿的善良和给予的帮助历历在目。有天晚上李金鸿骑自行车到家报信，跟李万春说“大哥你怎么还不走（回内蒙古）”。李金鸿已经感觉到当时的形势不太好，就赶来报信，还提醒把家里挂的戏照赶紧换了。大致安顿好后又说“上叶四叔（叶盛兰）家”。尽管在很多人眼里李金鸿是谨小慎微的，但在这种时候，还赶来报信，并且还挨家报，方见内心的善良和无畏。后来李万春落实政策回京后演出，李万春想演自己的代表剧目《武松打店》，商量这件事时，李金鸿提议，说别唱《武松打店》，刚回来又铐着出来（作者注：武松是被发配的，一出场就戴着手肘，就是手铐），闹一闹吧，让李万春唱《闹天宫》，猴戏也是其代表剧目。这个意见李万春觉得在理，就采纳了。李金鸿总是那个能在关键时刻给出实实在在主意的人，就如同给戏里设计非常有亮点的细节表演。对于后辈也是这样，1987 年中国戏曲学院附中招生，建议李卜春的儿子李磊去考，说孩子学戏有灵气。李磊后来学戏很好，只是可惜生病，李金鸿非常心疼和惋惜“孩子怎么得了这么个病”。发妻李慧英去世后，李金鸿与妻家一直相处得都很好。改革开放之后李家兄弟从台湾来，都接家里吃喝玩，就还是个姐夫的样子，始终是一家人一样。李卜春还记得生活当中有很多小事也能看出姑夫的为人。比如很环保，原来抽烟的时候，自己拿个空烟盒，走到哪都把烟灰掸在烟盒里，烟头熄灭后放在烟盒里，常说的话就是“别让人讨厌”。比如很喜爱小动物，家里养过八哥，后来死了，他挺伤心也就没再养，然后就在窗台上养野鸟，每天早上撒小米，老两口就在那看，得有几十上百只。还见过李金鸿上楼见到楼道有菜叶、烟头等垃圾就顺手拣回家扔垃圾袋里。① 李卜春的妹妹李新华对姑夫李金鸿给出 16 个字的评价“勤恳工作，认真教学，低调做人，善待他人。”动乱年代虽然丧妻，多年来却与妻家一直相处仍如一家人，并且在很多事上还出了重要的主意，就是善良、有头脑的李金鸿。

## 八、“水稻班长”安抚人心　劳动不忘思考育人

1969 年下半年，“红艺五七干校”在北京小汤山挂牌，这所干校可以说是专为样板团的问题成员而设，因此当时民间有个词儿叫“板刷”，意思是从样板团刷下来的人，是对被下放群体很形象的描述。下放到干校的分为四种人，“‘走资派’、有历史问题的、‘右派’、革命群众。干校以军队编制运作。四个驻京样板团——中国京剧团、北京京剧团、中央乐团和芭蕾舞剧团，以连为编制，序列分别为一、二、三、四连。全校共八百人”②。中国京剧院当时有将近一半人去了干校，最多时人员近二百人。小汤山，京北重镇，距京城中心 20 公里，有着丰富的地热资源，素有“温泉古镇”之美称，树木葱郁，环境极佳。清清的温榆河水，舒爽的军都山色，不知能否给予在干校学习劳动的人们一些心灵上的抚慰。

1972 年，李金鸿与中国京剧院一批同事下放到“红艺五七干校”，被编成一个连队。在下放的人员中，李金鸿基本是因没有什么合适工作而下放，属于革命群众，于是被安排为一个班的负责人，这回是“水稻班长”，劳动的内容主要是负责种 30 亩稻田。副班长是康秉钧，一个班 20 人左右，这个班里

① 2019 年 8 月 12 日，根据李卜春采访记录整理。
② 周光蓁：《凤凰咏中央乐团 1956—1996》，生活·读书·新知三联书店，2013 年，第 236 页。

有叶盛兰、李幼春、王明仲……去干校的人多少都会心里犯嘀咕，又在那样一种军事化的管理之下，过着严苛、艰辛的劳动和学习生活。李金鸿一直坚持光着脚在稻田里插秧，劳累一天，晚上再想办法缓解身体的不适。就这样，他一边以身作则，一边做着大家的工作，开导大家调整心态面对现实，要相信党，听党话，演革命戏做革命人。① 在这个特殊的时期，特殊的环境里，李金鸿以清醒的政治头脑，平和的心态，顺势而为的做法，安抚人心，发挥了稳住阵脚的作用，在那样艰苦的日子里，帮助大家一起渡过身心的难关。这是需要很强的耐力、开阔包容的心胸，需要强大的心理力量，才能做到的。

在干校军事化的管理下，每日起早贪黑的劳作中，这些往日叱咤舞台的艺术家们无不深深思念着自己从事的美好艺术，原来的曲不离口、拳不离手，如今成了担不离肩、锄不离手，原来每日的喊嗓练功，现如今却不被允许。可是面对将要荒废了的事业，不甘的心更是焦急万分，于是也会有人想尽办法偷偷地练习业务。但是在那样严格的监督劳动状态下，这样偷偷地练习实在是过于珍贵，更多的人还是只能默默地忍受着。干校高强度的劳动，对于这些经历了练功之苦的艺术家们，算不了什么，打小磨炼出来一股子吃苦耐劳的韧劲，和对待艺术的执着和感性，在此时也顺势而为地放在了各种劳动中。李金鸿以身作则地劳动学习，素来认真平和、随遇而安的他做起什么事都像模像样，也在这枯燥艰难的日子里寻找着精神方向。为了育好秧，与李世济一起，认真阅读育苗的农业科技书，骑车去别的连队学习浸种、选种。学会了怎么能选好种子的技术，不好的种子都会浮在水面，一定要选沉在水底又大又结实的。秧苗育好，该下田栽种之前，先要在地里放水、施底肥、垫沙土、支棚子。在施肥的过程中，曾经因为不懂有机肥的用法，导致施肥失败，结果又重新来一遍，很艰苦地返工，把已经施的有机肥又一块块刨出来，这趟返工可是费了大劲了。好不容易可以下水插秧，接着就又与蚂蟥相遇，常常会有蚂蟥吸在腿上，紧着忙活用手使劲拍才能下去。就这样辛苦地劳作。汗水没有白流，到秋收时，水稻每亩产量有九百斤。认真育种、插秧、种稻的李金鸿，行动受到监督，思想却可以自由放飞，在种水稻的过程中，没有放过与艺术相关联的思考。他总结出，首先必须选好种子，然后在生长的各

① 2019年8月29日，根据康秉钧采访记录整理。

环节都要精心对待，才能有好的收成。由此受到启发，想到育人也是一样，培养好演员首先要发现好苗子，精心选出、细心呵护，才能茁壮成长，成为栋梁。李金鸿无时无刻不心心念念着自己从事的京剧艺术，苦中作乐，苦中思考。

认真种水稻时的思考，没过多久果真用在了人才选拔培养的事业中。李金鸿的职业生涯又迈入了一个新的领域，由舞台到教室，发挥出更大的能量。

# 第六章

# 在中国戏曲学院工作

# 一、开启教师生涯

“中央五七艺术大学”（以下简称“五七艺大”），建立于“文化大革命”时期“1973年8月13日，国务院批准中央直属9所艺术院校合并，总称‘中央五七艺术大学’，下设三院三校，即：音乐学院、戏剧学院、美术学院和戏曲学校、舞蹈学校、电影学校”①。1977年9月，撤销“五七艺大”建制，各校恢复原来的名称和办学体制，“五七艺大”这个“文化大革命”的产物就此消失，然而，它却成为李金鸿后半生的转折点。在“五七红艺干校”带着大家认认真真种了一年多水稻的李金鸿，由李少春建议，调到“五七艺大”教学，正式开启了李金鸿后半生的为师生涯。

1973年国庆节前，李金鸿等十余人先被安排集中学习了一周，正赶上各校回到原址，戏曲学校回到原宣武区里仁街3号，然后开始正式工作。他首先参加了招收新生的工作，恰好把在干校种水稻时选苗的思考付诸实践。按当时的招生原则，要面向远郊贫困地区的工农兵，克服交通的不便，走很多路到远郊区县大兴、顺义、平谷等地学校选才。1974年，学校面向全国招生，到河北石家庄、遵化、唐山等地，跑遍城里、农村各小学去挑选苗子。从河北回京不久，又去东北哈尔滨、鹤岗等大、小城市及煤矿的小学校。这一趟还见到了云燕铭、孙荣慧等老朋友。接着又去天津，既招学生又招“京舞体三结合”的练功师资班。此后又去烟台、青岛接了几个学生。这段招生工作，跑了不少地方，旅途劳顿，但总归是离开了稻田，没有了军代表的管理，又是培养京剧接班人的工作，李金鸿心中颇感轻松和愉快，这种愉快已经久违了，因此也是乐此不疲。工作之余，也渐渐恢复了过往热爱生活的情趣。依同事所托，他从青岛带了虎皮鹦鹉回来，在返京的火车上，一片莺声呖呖中，李金鸿与新招的学生愉快地回到北京。

当时学生还都在学现代戏，最初李金鸿教授的课程是基本功，对于学生来说，又是一大幸事，这类基础课恰恰可以加强传统技法的练习。同时李金

① 中央教育科学研究所编：《中华人民共和国教育大事记（1949—1982）》，教育科学出版社，1984年，第454页。

鸿发挥指导作用，带领青年教师开始搞教研，研究怎么样按政策既做好“京舞体三结合”，又能够练好京剧舞台需要的基本功。当时的形体训练都要配合钢琴伴奏，教基本功的老师们也要先练芭蕾舞基本动作小踢腿等，然后再带着学生上课。总结了那一阶段的教学后，李金鸿感到练基本功还应按京剧艺术表演规律，慢慢在课堂上不再以钢琴伴奏练功，采取了自己的基本功训练方法。首先为节约时间，让学生课前就压好腿，上课后就开始踢腿，就像小时候在中华戏校练功时一样，学生排列成一个大圆圈，从正腿、旁腿、十字腿等转圈踢，不能停。累了就跑圆场，然后再搬腿、涮腰等。这样不间断的练习强度，学生们虽然发怵，但功夫却是长得很快。孩子们对老师虽然敬畏，却也会尝试磨老师，转移老师的注意力，想尽办法偷懒，这个过程中总会有个别比较机灵的专门负责跟老师“交涉”，各方面条件比较好经常受到夸奖的郑子茹就是这个“代表”，也因此牢牢记住上基本功课时李金鸿的一丝不苟，和骨子里的“威严与端庄”。

记得有一次，李老师来到了课堂，上课前，我大胆和李老师说：“李老师，今天能少练点吗？”李老师以他那双具有魅力，并带有一丝诡秘的眼睛瞟了我一眼，说：“拿枪（扈三娘的戟），跑圆场！”孩子们全傻眼了，连举枪又背枪，一跑就是百十来圈，全给跑得老实了。李老师却视若无睹、面不改色，依然沉着自如地结束了这堂课。

现在想起来，若没有李老师当年对我们的严格训练（当然还包括很多其他老师也是如此敬业的），我在舞台上，甚至在社会上，都不会很有自信的。

李老师是位善良可亲、令人尊重的老前辈，他对我来说是很神秘的。因为李老师扮演武旦，所以我小时候总在猜想他的样子，但就是想象不出，感觉他一直是个谜。他与生俱来的那种威严与端庄，以及他的艺术成就，是令后生敬仰的。李老师曾主张我改刀马旦，我当时高兴极了，可惜当领导和专家要来看我表演的时候，平时挺好的小嗓那天没顶功，改行一事也就不了了之了。但我依旧很庆幸曾经和李金鸿、刘琪二位老师学习过两个版本的《扈家庄》，这为我后来胜任《对花枪》中姜桂芝这一角色，奠定了良好的基础。[①]

看到郑子茹的回忆，不由使笔者想起1984年刚考入中国戏曲学院读中专时同样的感受。中专84班是李金鸿负责从新疆、青海、山西三地招生进来的，女孩子两组早功课，其中一组就是李金鸿带。现在想起来，早功课由李金鸿上，这得是多幸福的事，也看到那时的学校，那时的老师脑子里根本就没有什么身份地位的意识，艺术家级的老师都可以代早功课，一切都是为了学生的成长。每天早上6点刚过，我们都睡眼惺松地挣扎着到教室，慢慢精神了就嬉笑打闹着。这时听到走廊里一声咳嗽“咳——”，如同当年金仲荪校长到校门口时踩的黄包车的脚铃。教室门外穿着雪白球鞋，身量娇小步履轻盈的李金鸿的提示，迅速让学生进入到了上课状态，呼啦都跑到把杆前乖乖地压腿。这就是李金鸿的“威”，提前在教室门口跟孩子们打招呼“我来了”，让孩子们迅速严肃认真起来，投入学习状态中，压好腿后就不停地踢腿、跑圆场，整个过程没有多余的话，似乎也没有特别地盯着每个孩子看，但就是没人敢偷懒，好像老师低着头都能瞟到每个人的状态，看你是不是用足了劲。矮小的李金鸿默默的一节课，给了课堂凝重的气氛，无形中提高了练功的质量，这就是李金鸿为师的力量。

## 二、成为珍贵录像资料工作组中唯一的旦角代表

这段时间有一年，李金鸿还突然被调去西苑饭店参加了一个重要工作。那是1976年，由文化部组织进行了封闭集中的戏曲传统剧目录制工作。在这个工作组中，有几位是负责剧目策划和排练，李金泉、赓金群、李金鸿、何金海、袁金绵、苏维明，时称“五金一苏”。按戏曲行的说法，这几位之所以是骨干力量，就是因为都是戏包袱，肚子里的戏太多了，文化部指示一下，马上就开始准备，工作包括：整理剧本、安排演员、排戏、录音、录像。当时的李金鸿离开中国京剧院也已经近五年，但是在这项工作进行时，工作组调用了他，而且是唯一一位应工旦角的，可见对李金鸿的能力，业内是有目共

① 董德光主编：《谈艺》（中），学苑出版社，2010年，第107页。

睹的。

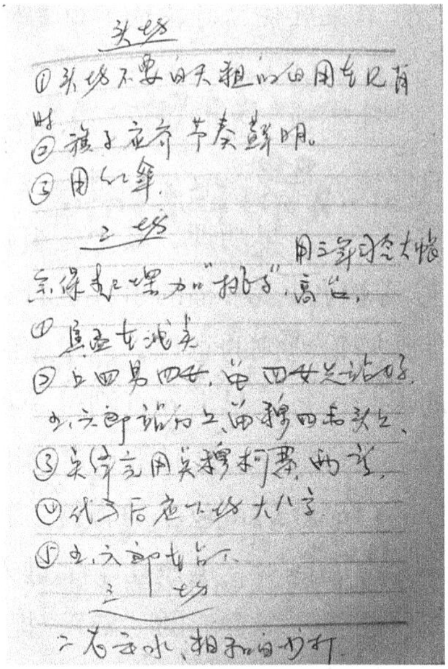

图6-1　李金鸿排练工作手稿

在这次录像工作中，《天门阵》一戏经过编排成为保留剧目，这也是令李金鸿比较得意的一出戏。原来的全部《穆桂英》中“穆柯寨”“穆天王”“辕门斩子”这三折，是比较重要的，较为完整的三出折子戏。“天门阵”相对简单，只有一打一散也就十分钟的戏，在这次录像时改为一出较为完整的折子戏，与前面三折的时间及技艺展示更加均衡。由李金鸿、何金海、袁金绵三人组成小组，先整理剧本，编好故事和文本，添加了穆桂英展示几样兵器，请来五郎助阵的内容，这样多了念白文戏，再增加丰富的武打。在整理排练过程中，工作组以精益求精的态度不断改进，从人物的扮相到服装道具的样式图案，从龙套的调度到整齐度要求，从每个阵的特点表现到演员技术的设计，还有锣鼓经的使用等等。每排练一次，李金鸿都认真记下发现的问题，再一起商量解决，细致到了彩排后对旦角化妆贴片子的调整。剧中穆桂英由中国京剧院的武旦郭锦华饰演，她是中国戏校在 1949 年后正式招收的第一批 50 班的学生，武功好也有嗓子。因为“文化大革命”，她也多年较少练功演出，这时李金鸿一边给她恢复练功，一边教戏，再指导排练，最终顺利完成录像工作。此后这出《天门阵》成为中国戏校的教学剧目，后来很多剧团演出也基本按这个戏路演，成为保留剧目。中国戏曲学院 1990 年 11 月出版的《京剧选编》中收录了全部《穆桂英》一剧，包括完整的四折，就是根据李金鸿的授课本整理的。

这次的录音录像工作，一定程度上保留了一批年富力强的中年演员的宝贵资料。2020 年中央电视台 11 频道推出了“典藏”栏目，播放一批珍贵的资料，其中就有一大部分是这次录制的。看到艺术家们的精彩演绎，看到电视屏幕上标注着“1976 年资料”的字样，相信李金鸿在天之灵也会欣慰吧。

期待能够早日看到郭锦华的《天门阵》。

# 三、在中国戏曲学校（院）的管理工作

## 担任武剧组组长

1978年初，文化部下发文件，任命史若虚为中国戏曲学校党的领导小组组长。史若虚回到学校就迅速开始了恢复学校教育回到正轨的工作。给自己定了三个目标："一是把中专学制的学校建成我国第一所戏曲大专院校，为国家培养高质量的戏曲专业人才；二是聘请社会名流担任顾问，从外地和外单位调入一批中年业务骨干，解决夫妻长期两地分居的困难，使在校教师安心工作，抓紧对现有教师的培养、提高，总之，要想方设法配备好学校的师资力量；三是以72班学生为主，成立学院实验京剧团，以解决这些学生基础不牢、学戏不多的问题，尽力使他们成为合格的戏曲专业人才。"① 我们从史若虚确定的目标来入手，从《中国戏曲学院大事记》的线索中，来了解中国戏曲学校（院）逐步推进的各项工作，回顾当年学校时不我待的工作作风，从中观察李金鸿发挥的作用。

1978年4月，学校公布了部分机构的负责人，京剧科由范进才、荀令香、王世续、丁川负责，下设武剧组，组长：李金鸿，副组长：陆建荣、张长保、马福来。5月，在学校排演场公演了教学传统戏《盗仙草》《打店》《宇宙锋》《挑滑车》，学校还专门召开教学会议，肯定了演出的成绩，并确定各年级开始赶排《闹天宫》《杨门女将》《挡马》等戏。8月，利用暑假组织京72班、音73班去部队进行慰问演出，在两周内分别在原总后勤部、海军、铁道兵等地共演出9场，包括《杨门女将》《闹天宫》《武松打店》《挡马》《打渔杀家》等戏。正值改革开放的国家积极打开国门，这一年学校接待的外宾约20批，九百余人，来自几十个国家。5月，土耳其民间舞蹈团来访，观看了73班基本功表演和《刺蚌》《雁荡山》等戏，舞蹈团团长称赞学校在教学中重视基本功的训练。6月，外国专家局组织的26国120余位专家和留学生分别来访，观看了73班基本功、水袖舞，《武松打店》《盗仙草》《雁荡山》等戏。7月，意大利参议员及驻华大使夫妇等外宾来访，观看了表演73班基本功和《虹桥赠珠》。

① 史建民、史建华、史小芸、史小苓：《忆爸爸》，《戏曲艺术》1983年第4期，第19页。

10月日本松山芭蕾舞团第三次来访，观看73班学生基本功表演及《小放牛》《虹桥赠珠》等戏。8月学校总结工作：抓运动促教学成效明显，从领导到教师干劲起来了，有些同志为了提高教学质量，经常加班加点，学生开始形成勤学苦练的风气，专业上有了较大的进步，京剧科72班半年来学习、排练了22出戏，演出了《杨门女将》《红灯照》获得了观众好评。①

从史若虚回到学校，半年的时间，我们从以上信息中能够感受到一种时不我待的急迫心情，努力弥补过去十年学生遭遇的损失，并且采取了灵活的教学实践管理办法，在半年的时间学习排练出22出戏，进行演出并获得好评。在这个过程中，从学校领导到京剧科领导再到基层教师都拧成一股绳，一切为了学生的成长，以严格的艺术水准高强度磨炼学生。这半年中立在舞台上的戏，无论从接待外宾还是对外公演，或者慰问部队的演出，都能看到武戏占了大部分，这与72班学生较为扎实的基本功、武功底子有很大关系，与每一出武戏的授课老师下的功夫有关，与武戏出人才相较文戏更快些也有关。也必然与武剧组组长李金鸿有关。前文曾述，当时学生学习的主要是基本功、毯子功、把子功、身段功这些零件，并且是“京舞体”结合的形式，剧目学的都是样板戏，从接待外宾的剧目中还能看到有《白毛女》片段，传统戏的学习几乎是零。此时进入快速恢复和传统戏补课阶段，李金鸿首先具体指导了《虹桥赠珠》的排练，更发挥了对武剧教学实践全盘把握的作用。包括因材设戏，根据学生的材料安排合适的戏码和教师。以戏带功，缺什么功安排什么戏。再到剧目排练的整体把关。此时的李金鸿，把自己多年积累的舞台经验运用到了人才培养的教学实践环节，用到了舞台实践管理的过程中。他对这一方舞台太过熟悉了，生旦净丑，锣鼓胡琴，刀枪把子，服装砌末，戏码场次，没有一样不熟悉的，并且绝不仅限于武剧，更有着对各行当艺术水准把关的能力，是真正意义上的艺术总监。

很快李金鸿被安排到另一个重要的岗位——实验团团长。

① 杜长胜、史建民编撰：《中国戏曲学院大事记1977—1992年 征求意见稿》，2016年11月，内部印刷，第28—40页。

## 担任恢复后的实验团首任团长

### 实验团的恢复

在中国戏曲学院70余年校史中，一直有一个特殊的机构，就是“实验京剧团”，简称“实验团”。这个团最早是在1954年成立的，当时叫“中国戏曲学校实习剧团”，就是为在校生实习演出组成的一个机构。1956年，更名为“中国戏曲学校实验京剧团”，同年中国戏曲学校第一届毕业生，原来老四维剧校的谢锐青等人毕业直接进入实验团工作，既担任演出任务，也辅助开展教学工作。这个机构的设置是与京剧艺术的人才培养规律有直接关联的，必须有大量的舞台实践。实验团虽然是学校所属的，但与真正的剧团相差无二，排练演出是主要的任务，除了演出传统戏，也会移植创作一些新戏。

“文化大革命”时，学校无法按原来的模式开展正常的教学，实验团更是直接解散。在逐渐恢复正常的教学秩序后，1978年9月，学校即向当时的文化部提出恢复建立实验团的问题。史若虚返回学校的三件大事之一——组建实验剧团，正式进入操作环节。1979年1月16日，当时的文化部正式下发“同意成立中国戏曲学院实验京剧团”文件，明确了该团的隶属、编制、经费来源等重要内容。3月，中国戏曲学院正式成立以学院72班毕业生为基本力量的实验京剧团。明确规定：剧团担负着对毕业生进行再培养的任务。通过不间断的、各种方式的舞台实践，有计划地把艺术上日臻成熟，又红又专的优秀人才输送到剧院、剧团和教育岗位上去。要为在校学生的观摩学习做示范演出，为学院的表演系教学提供舞台实践，逐步积累一批比较稳定的、质量较高的剧目教材。剧团还要担负繁荣文艺创作，开展艺术研究，进行革新实验的任务。该团将以一个社会主义新型的艺术团体出现在戏曲舞台。①

### 刚柔并济打造严谨的艺术氛围

此时的实验团，面临的最大问题就是，这批刚毕业的学生是以现代戏开蒙的，虽然基本功、毯子功基础打得比较扎实，但没接触过传统戏。这时的政策，已开始恢复传统戏教学，从实验团正式成立前的近一年时间，才开始学习传统戏并有了初步的实践效果，但仍是缺课较多，需要尽快对这些学生

---

① 杜长胜、史建民编撰：《中国戏曲学院大事记1977—1992年 征求意见稿》，2016年11月，内部印刷，第58—59页。

进行再培养，补上传统戏的课，在实践中提高艺术水平。无论从人才培养还是实践演出，谁来把好实验团的艺术关，这时的史若虚校长想到的一个人，就是李金鸿。于是李金鸿被派担任“文化大革命”后恢复建立的实验团的第一任团长。

这个团长，可以说是所有人都一致认可的艺术权威，也就是说在艺术水准层面，是说一不二的。当时的李金鸿已经56岁，对京剧艺术及京剧人才培养这两方面的把握已经到了炉火纯青的时期，在因材施教补传统戏，保证舞台实践的全面水准，艺术风格的全面塑造等方面，都起到了决定性的作用。又是在一年多的时间里，为实验团崭新的精神风貌和高水平的艺术水准打好扎实基础，并快速高效地开启了“文化大革命”后实验团的首次辉煌。

即使是已近花甲，有着一身的本事和深厚的功底，李金鸿继续坚持严谨自律的作风，以身作则，言传身教，对这批青年演员开展了严格的管理。首先从制度入手，定规矩。当时实验团都是刚毕业的学生，基本还保留学生时期的集体住宿的模式，但因为身份改变了，不是学生是参加工作的演员，因此，作息时间自由，没事聚聚、晚睡不起的情况比较常见。于是李金鸿首先针对这些不利日常学习排练的习惯，制定了平时不准喝酒、晚上11点必须熄灯的规矩，首先确保了正常的作息。在演出中出现的人为问题和失误，甚至还尝试了与经济挂钩、适当扣工资的手段，这样的激励做法在当下都是较为难得的。规定了早起集合点名练功喊嗓，再学戏排戏。有了这些规矩，李金鸿每天早晚监督着练功、学戏和排练，看到谁吊儿郎当，就会拄着棍“当当”地戳台板训斥“你们干什么哪”！每次演出结束都要进行总结，演员都快速脱了服装，不卸妆，乐队、舞台队等全团人员都在台上集合，逐一查找今天演出中的不足和问题，任何瑕疵都逃不过他的眼睛。这种认真和一丝不苟甚至会有些不留情面，但却让人心服口服。72班的沈迎庆回忆有一次演出《杨门女将》，“点将”那场因为上的人多，饰演孟良和焦赞的演员，在归八字儿时位置就已经进侧幕了，结果两人顺势转脸就下去了，李金鸿第二天拿着当场拍下当晚洗出的相片，给他俩看，在证据面前严厉地训斥了一顿，说：“你们俩干嘛呢，台小没办法，挤在后面也得站着，作为演员得对得起观众啊！”有了这样的经历，演员们都心服口服，“台上这点事听老爷子没错，别跟老爷子要心眼，老爷子让干嘛干嘛。”① 这种对待艺术的严谨态度和极强的原则性让大家深深折服。那种威严是由多年积累的学识和为人自然而发的，因此更有一种深刻的人格影响。虽然对艺术的严谨达到了近于严苛的程度，但在生活中，李金鸿却是平易近人、和蔼可亲的，非常关心这批年轻演员，经常嘘寒问暖，谁要是有什么不舒服，就很快拿药来，看谁穿衣服少了就提醒别感冒了，排练场或宿舍暖气不热也亲自过问。无论从生活上还是艺术发展上，谁有困难都会给予最真诚最有效的帮助。还抽时间给青年演员讲戏曲知识，帮助大家全面成长。

在全团的业务提高上李金鸿亲自抓排戏，因材施教设计戏码请老师教戏、排练。敢于拔尖，为各方面综合条件好的学生吃小灶，排新戏，但同时也努力做到根据条件来定位方向，让每个人都能够发挥出优长，有提高的可能。这使得青年演员们都有了目标和奔头，于是实验团呈现出热火朝天的练功排练氛围。在狠练基本功、狂补传统戏的同时，还兼顾编排新戏，李金鸿多年的舞台实践积累及在中国京剧院的编导经历更是如鱼得水大加施展。亲自给王京花和杨美琴排练《虹桥赠珠》，恢复《四郎探母》，排《珍妃》《慧梅》，移植《对花枪》等，都是在李金鸿任实验团团长时做的事。

经过一段时间的高强度学习和排练，实验团很快投入到对外公演中，学校排演场、广和剧场、吉祥戏院、西单剧场，平谷、顺义、密云等郊区一路演下来，剧团的艺术氛围和演出效果越来越好，开始了外地巡演。第一次去的是山东烟台、淄博、济南、周村，十余年未见过传统戏的观众大饱眼福。用当年参加过演出的赵全胜的话，“红得一塌糊涂，山崩地裂。”这次巡演的剧目有：《杨门女将》《白蛇传》《三岔口》《拾玉镯》《虹桥赠珠》《卧龙吊孝》《卖水》等，陈淑芳、徐美玲、郑子茹、董志华、吴许正、骆焕友、杨美琴等初露头角。当地观众和媒体给予高度评价，淄博剧院还赠送了一面题有“皆喜京剧后继有人，共赞演出盛况空前”的锦旗。

中国戏曲学院实验团于去年八月初赴烟台、淄博、济南做首次巡回演出，历时五十四天，共演出五十一场，观众约七万二千余人

---

① 2020年9月5日，根据沈迎庆采访记录整理。

次。这是粉碎“四人帮”之后第一批毕业生接受广大观众的检验。广大观众称赞说：“演员基本功扎实，演出态度严肃认真，舞台上朝气蓬勃。”①

李金鸿又开始了熟悉的旅演生涯，只是这一次的身份已经截然不同。在中华人民共和国成立前，是作为一名以戏谋生的艺人闯码头，去各地演出，要拜客，要与经励科周旋，尽管舞台艺术日渐精进，但谋生的压力也时刻伴随。1949年后，在中国京剧院，作为新中国的一名文艺工作者，扬眉吐气的李金鸿，服从安排服务人民，不挑不拣发挥作用，演武旦、演小生、跑龙套、做编导、打灯光。而这一次，他是作为一个剧团的管理者乃至艺术总监，带领实验团到京外演出，济南、烟台、淄博、沈阳、鞍山……李金鸿内心充满了责任感，对青年一代成才的责任，对京剧艺术的责任。因此，更加全身心地投入，既从对艺术负责的角度确保演出的顺利高质量，又带领青年演员一同展示了实验团的精神风貌，得到当地观众的赞誉。那时演出，都是自己带行李，基本就住在剧场里类似宿舍的地方，一个大房间，摆好多床，只有床板。赶上有的剧场条件差一些，演职人员又多，就只能睡大通铺，曾遇到非常拥挤的大通铺，睡觉时翻身都得喊“一二三”大家一起翻。演出结束后定的规矩，服装脱了后，先不卸妆，大家一起把剧场打扫干净，为第二天演出做好准备。全团的演员包括陈淑芳、郑子茹、曲美玲等主演，都是刚演出完水衣子湿透透的，一起先扫剧场，从二楼到一楼，从观众席到后台。收拾得干干净净，李金鸿也跟着一起扫。后台不许抽烟，负责大衣箱的蒋世林抽烟斗，正在外面抽着，该勒头了，放下烟斗进来干完活再出去抽。这一路下来，各地剧场都对实验团留下极佳的印象，舞台上严肃认真，功好、戏演得好，台下更是素质高，评价说没有一个剧团能做到这么有规矩。旅演还带着大师傅，自己做饭。李金鸿非常注意对饮食的把关，有时看到伙食不到位，就真跟负责管事的人嚷嚷。还明令禁止喝酒，就是有宴请时，也不能多喝。②戏比天大，从各方面的严格管理，为的就是能让演出繁重的演职员们能够有好的身体保障，确保演出质量。巡演在社会效益和经济效益方面都取得了非常好的效果，

① 石砚：《简讯》，《戏曲艺术》1980年第1期，第22页。
② 2020年9月5日，根据沈迎庆采访记录整理。

每次都还能有盈余上缴学校。与此同时，李金鸿也很注意劳逸结合，带领青年人开眼界，演出闲暇组织大家参观《聊斋》作者蒲松龄故居等地，也没有错过号称“陶瓷之都”的博山，带了许多瓷器回来。李金鸿就是这样，对艺术严谨至上，对生活充满热情。

此时正是改革开放全面开启的时期，民族艺术成为重要窗口，这期间，学校经常会接待外国友人来访，其中有很多国家的首脑级贵宾。1979 年 12 月 6 日，文化部举办文艺晚会，日本首相大平正芳等贵宾观看了由中国戏曲学院实验京剧团、中央音乐学院、北京舞蹈学院、东方歌舞团等单位青年演员联合演出的京剧《虹桥赠珠》和音乐、舞蹈节目。

> ……在演出中，全体人员精神集中，情绪饱满。《虹桥赠珠》中使人眼花缭乱的开打、出手踢枪，动作准确，配合紧密，没出差错，四次博得了热烈的掌声。大平首相和夫人等贵宾看了很满意。演出结束后，大平首相等走上舞台和演员一一握手，并高兴地对大家说：“演出很成功。”第二天，大平首相还对陪同人员讲：“昨天的晚会不错。那出《虹桥赠珠》很成功。”大平夫人接着说：“特别是其中的踢枪很精彩。”①

### 移植《对花枪》

《对花枪》是实验团 1980 年为郑子茹量身打造，移植改编的京剧老旦剧目，现已成为老旦行当教学和演出的保留剧目。在编创过程中，无论是作为剧团管理者还是教师的李金鸿，展露了独具慧眼的识才辨才的伯乐之功，推动了《对花枪》在京剧舞台的诞生。

《对花枪》由实验团副团长奎生改编剧本，杨韵清担任导演，杨韵清的爱人，在中国京剧院工作的关雅浓设计唱腔，吕兆芳、李景德设计开打。剧中有连续 110 句的大段反二黄唱段，包含了中三眼、原板、快二六、慢三眼、垛板等板式。这部分最精彩吃功的唱段的保留，李金鸿起到了关键的作用。作为编创团队的一员，他坚持保留这段极要功夫的唱段，坚持不减唱句。在

① 士良：《大平首相观看〈虹桥赠珠〉等文艺节目》，《戏曲艺术》1980 年第 1 期，第 9 页。

服装设计上李金鸿也提出建议。传统戏的靠都是比较鲜艳的颜色，但这出戏中扎靠的姜桂枝是老旦行当，年龄较大的老年女性，不太适合鲜艳色彩的靠，选择什么颜色适合呢？李金鸿想到了《甘露寺》中乔玄所穿的香色蟒颜色很好，于是为姜桂枝首先尝试了香色靠，演出效果不错，既新颖别致，又符合人物身份。后改为墨绿色沿用至今。在表演方面，剧中姜桂枝要扎大靠穿厚底与罗义对打，还要耍枪下场。原来豫剧这出戏扎大靠，但是不穿厚底，移植时根据郑子茹的条件，以及开打的情节设计了穿厚底。这样又扎大靠又穿厚底相当于武生了。从旦行来说，武旦、刀马旦等偏武的行当也多是扎靠不会穿厚底，只有极少的女扮男装的戏会穿，如《大英杰烈》的陈秀英。对于老旦行当来说，本身就极少有这类需要武功技巧的剧目，更不用说扎大靠、穿厚底了。扎靠穿厚底，首先得有圆场功，必须平稳，靠旗不晃，提速后靠旗的飘带都得有飞起来的感觉。还要打把子，考验的是演员手眼身步全身的协调性。枪下场是战胜后个人武技的展示，包括枪花、转身、翻身等技巧。除了这些技巧，持枪的工架还必须规整、漂亮、帅气。对于一般的老旦演员来说，是极不容易的。郑子茹在学习期间是非常活跃好学的学生，向李金鸿、刘琪分别学过《扈家庄》，甚至跑到武生课堂去蹭课学习。李金鸿曾起意让郑子茹改刀马旦，只可惜在测试的当时小嗓没给力，没能改成，也因此老旦行当有了郑子茹，有了这出《对花枪》。对郑子茹的功底、刻苦精神和悟性，李金鸿了然于胸，大力推进，助力了《对花枪》的移植，在京剧史上留下一出戏和一个郑子茹。李金鸿默默地在幕后做推手。

关于《对花枪》及郑子茹得到的赞誉，也让我们从以下信息中了解。

中国戏曲学院实验京剧团从八月三十一日起为五届人大第三次会议和五届政协第三次会议演出四场《拾玉镯》和《对花枪》。在每场演出中都受到热烈地欢迎，特别是《对花枪》，每场在演员演唱时台下非常安静，演唱到精彩处掌声热烈……在演出期间，剧团收到了军事科学院负责人、五届人大代表郭化若同志的热情来信，他在信中说："观看了你们演出的《对花枪》——是根据豫剧改编的，改得好，演得好，唱舞打都好。"政协的上海代表朱锦多同志也写信说："九月六日观摩你们演出的《对花枪》，心情久久不能平静，联想很多。戏曲如何改革，特别是京剧如何改革？这个问题是文艺界以至社会上都关注的。你们的演出大大开阔了我们的眼界，无论在表导演、音乐、舞美等方面，都给人耳目一新之感，特别是青年演员和青年音乐工作者更给人一种强烈的青春气息。许多政协委员异口同声地说：'想不到今晚的戏这么好看'……"信的最后还说："我们热烈地盼望你们到上海来演出，向上海广大文艺工作者传授经验，以推进上海戏曲的改革和发展。"①

在上海听说中国戏曲学院实验京剧团青年演员郑子茹排了一出新的老旦戏《对花枪》，非常高兴，特地专程赶到北京，观摩了演出。郑子茹富有魅力的演唱紧紧吸引住我们，给我们留下了深刻的印象。

去年十一月，我们曾给郑子茹辅导过《洪母骂畴》一剧，当时就发现她接受能力、表现能力都很强；嗓子的资质较为富有，音色明亮甜脆，音域较为宽广；口齿清楚，字音纯正，没有受到矫揉造作的影响，更未被所谓"高、尖、直、硬、响"的声腔所污染。时隔半年，又看到她有这样飞速的进步。我们为京剧老旦又新排了一出成功的剧目，为老旦行中又增添了一名"拔尖"的青年演员而拍手叫好！②

《对花枪》上演后，敢于培养拔尖人才的李金鸿并没有就此止步，根据郑子茹的条件，又在设计新的剧目，曾找到翁偶虹，询问能否编排一出适合老旦打出手的戏，翁偶虹说还真可以考虑，提到《封神榜》小说中有一个讲老妖精的故事，情节很有意思，可以编出老旦打出手的戏，遗憾未果。不知现下有心有力之人能否再续此愿。

重排预演《四郎探母》

提起"文化大革命"后《四郎探母》的重新上演，曾经是那个时期非常有影响的一个大事件。我们先来简要回顾这个事件的发端。1978 年至 1979 年，在庆祝中华人民共和国成立 30 周年之际，文化部在北京举办了历时一年半的

① 小鹭：《京剧〈对花枪〉受到热烈欢迎》，《戏曲艺术》1980 年第 3 期，第 15 页。
② 王梦云、晓晨：《喜看京剧有新杰》，《人民戏剧》1980 年第 9 期，第 34—35 页。

献礼演出活动，专门设立了《会刊》编辑部，《人民戏剧》（现《中国戏剧》）杂志的郭永江在《会刊》发表了一篇小文《蔡文姬和杨延辉》，为《四郎探母》鸣不平。由此引发了支持和反对《四郎探母》上演的两派文章的热烈辩论。郭永江很懂戏，也跟戏曲圈很熟，认为这个戏应该演，为此戏的上演奔走呼号，先是推动当时风雷京剧团李鸣岩等人，在鲜鱼口大众剧场上演了"文化大革命"后第一场，可谓划时代的《四郎探母》。但演出结束就接到上级指示"这样的戏作为培养演员，内部演一演，大家观摩一下是可以的，但不要公演。"尽管提出不允许公演的意见，但在那个改革开放前的过渡时期，被这样解读：既然可以"培养演员""内部演出"，戏校就可以安排教学，并且很快开始演出片段。1980 年 4 月 1 日，中国戏曲学院实验京剧团经过恢复排练，打着"教学示范演出"的旗号，在原北京军区总医院礼堂演出了《四郎探母》全剧。由翟建东饰演前杨延辉，范永亮饰演后杨延辉。徐美玲饰演铁镜公主，刘国英饰演萧太后。高一平饰演杨六郎，郑子茹饰演佘太君。① 可以说这场"教学示范演出"就是预演，为年底实验团与大专班合作演出，且成为重大事件的《四郎探母》打好了基础，做好了舞台呈现的充分准备。李金鸿作为实验团团长亲自指导了这出戏的复排。

1980 年 12 月 3 日至 9 日，北京天桥剧场，由中国戏曲学院实验京剧团与大专班联合演出了七场《四郎探母》。这次演出是在当时《北京晚报》总编王纪刚的直接推动下得以实现的，由《北京晚报》主办，征得了当时文化部领导的同意，并由下属单位中国演出公司按指示把当年北京最好的天桥剧场安排给了这次演出。

> 1980 年 11 月 30 日，《北京晚报》的第四版刊登了一条轰动性的消息——"应广大读者和观众的要求《四郎探母》即将公演，中国戏曲学院大专班和实验京剧团联合演出，一批新秀登台献艺。"接着，《北京晚报》宣布京剧《四郎探母》将于 12 月 3 日至 9 日在天桥剧场连演七场。又在 12 月 1 日和 2 日的报纸上，连续两天介绍了中国戏曲学院实验京剧团和学院大专班的青年演员，其中老生陈俊、

---

① 吴钢：《四郎探母复出四十年记》，《中国戏剧》2019 年第 7 期、第 8 期。

翟建东、李文林、范永亮、郭玉林分别饰演杨四郎。青年花旦王蓉蓉、徐美玲、陈淑芳、张静琳分别饰演铁镜公主，杨瑞青、刘国英分别饰演萧太后，徐红、郑子茹、李丽萍分别饰演佘太君，李宏图、吴许正分别饰演杨宗保，范梅强、杨少铎分别饰演杨六郎。

天桥剧场的《四郎探母》消息传出后，可爱的观众们从凌晨起就开始来排队买票了。天亮之后，售票处的窗口一打开，一万多张戏票很快就被抢购一空……

经过30年的禁锢之后，《四郎探母》终于大张旗鼓、满宫满调地唱响在首都最大的戏剧殿堂，而且是连唱七天，场场爆满，戏曲界、文艺界、新闻界，就连各级文化宣传部门的领导都为之一振（或者是一震）。①

在郭永江、王纪刚的推动下，“文化大革命”后《四郎探母》的恢复演出，经过风雷京剧团的首次尝试，由中国戏曲学院从课堂带入剧场，进行教学示范演出，进而由大专班和实验团联合演出轰动全国。实验团那场打了政策“擦边球”的教学示范演出，可以说是最终七场演出的预演。正是有了李金鸿严格的管理，有效的培养策略，青年演员得以迅速提高技艺，树立精益求精的职业态度，将传统京剧的精华完美地呈现在舞台上。在这非同凡响的七场演出中，李金鸿的岗位是：舞台监督。

从1978年下半年筹备恢复实验团开始，李金鸿与同仁经过近两年专注投入的管理和培养，使实验团快速迈上专业演出团体的正轨，一年365天几乎天天有演出，恢复了大量传统戏，打下扎实基础，推出新编改编创作剧目，作为坚实班底与大专班联合演出了影响巨大的《四郎探母》。无论是实验团团长，还是舞台监督，李金鸿对京剧舞台和人才培养的把控越发的游刃有余，干净利落的他，在舞台侧幕微笑伫立，眼神敏锐而坚定，舞台方寸之地和处在其中的各个角色，幕后各部门，尽在他的掌握之中。而所有的演职员，只要看到他，心中踏实且充满自信。这种力量来自平生积累的满腹学识，来自戏外最严谨的态度。李金鸿用他身上散发着的力量和光芒，掌控了台前幕后

① 吴钢：《四郎探母复出四十年记》，《中国戏剧》2019年第9期。

的所有，掌控了他所热爱的京剧的精彩呈现。此时不禁想到中华戏曲专科学校的领导者们，是否能够看到50年后学校培养的学生李金鸿正在延续着当时的戏校精神——严谨的艺术，集体主义精神，积极创新的青春气息。

很快，李金鸿离开了他和同仁打造的朝气蓬勃的实验团，又承担起刚刚转制升格为大学表演系的重要工作，转向京剧高端人才培养的核心岗位。

### 担任首届学术委员会委员，表演系副主任、代主任

在实验团恢复成立并迅速步入正轨的同时，史若虚校长的工作目标之一，建立戏曲大专院校也很快实现。

1978年10月23日，《人民日报》刊登“经国务院批准最近又恢复和新建了一批高等院校”，中国戏曲学校正式扩大建制为“中国戏曲学院”。①1980年8月，中国戏曲学院成立首届学术委员会，李金鸿任委员。

中国戏曲学院转制为大学教育的开端是一个动态发展，逐步推进的过程。正式转制挂牌是1978年10月，此时李金鸿已被安排负责实验团的工作，在不到两年的时间把实验团带成一个有着较高艺术水平和优秀精神风貌的、朝气蓬勃的青年演出团队，在短时间里把实验团带入正轨，实现了良好的开端，完成了艰巨的使命，又被委以重任，安排到戏曲表演高级人才培养的新岗位。

1981年6月，李金鸿任京剧表演系副主任，此时的大学和中专尚未明确分开，中专、大专、本科等不同学历学制的学生仍在统一管理。6月30日起，学院京剧表演系73班、戏曲音乐系74班、舞台美术班78班学生举行了九场毕业汇报公演，剧目有《李慧娘》《叶含嫣》《将相和》《四杰村》《盗库银》《铁笼山》等，满台朝气蓬勃，展现出“一棵菜”精神，受到首都观众的欢迎。半年后，1982年1月，中国戏曲学院京剧表演系74班（中专）48名学生毕业，举行了六场毕业汇报公演，剧目有《打金砖》《龙凤呈祥》《红鬃烈马》《春草闯堂》《锯大缸》《岳母刺字》《坐宫》《武松杀嫂》《越虎城》《雁荡山》等。首都观众对他们表演认真、配合紧密的舞台作风及整齐、健康的艺术风格，给予了热情的赞许。1982年5月12日，中国戏曲学院第一届京剧表演系大专班应届毕业生赴沪实习公演。7月14日，京剧表演系本科78级、大专79级

① 杜长胜、史建民编撰：《中国戏曲学院大事记1977年——1992年 征求意见稿》，2016年11月，内部印刷，第45—47页。

70名毕业生在人民大会堂三楼小礼堂向中央领导汇报演出“京剧晚会”，演出《火烧裴元庆》等剧目。①

上面这些工作的完成，当然是在院系各级领导带领下全体同仁的努力。李金鸿在副主任岗位上发挥的是“业务筹划的作用，干事但不拿事，不把权，但很积极地办事。”②我们可以想见，干事不拿事的李金鸿能够发挥出的作用，包括对每出剧目艺术水准的把控和指导，对外演出各个环节的统筹把关，所有演职人员的安排调配，等等，面对师生依旧是既亲和又严格，确保了每次演出团结协作的高质量呈现。这期间还曾因赵荣欣生病，代理过一段时间主任。

图6-2　外宾来访参观李金鸿教学

李金鸿在教学管理岗位工作时与荀令香一直是上下级的关系，担任武剧组长时，荀令香是表演科主任，担任表演系副主任时，荀令香是副院长曾兼表演系主任，多年来两人搭班工作很是默契。两家住得很近，在学校谈工作，下班回家晚饭后，仍然聚在一起谈工作，话题总是绕不开人才培养。特别是学校转制后表演系应该怎么办，怎么把文剧武剧都搞起来。这两位都是有着丰富实践经验的，了解各行当的学生，对每个老师业务情况也都很了解，经常探讨的问题就是：哪位老师适合教什么戏；哪出戏对学生的培养有哪些训练价值；每个学生都适合学什么戏；哪些学生比较开窍有潜力，安排什么戏重点

① 杜长胜、史建民编撰：《中国戏曲学院大事记1977年——1992年 征求意见稿》，2016年11月，内部印刷，第119—145页。

② 2020年8月4日，赵景勃采访记录。

培养。有时两人意见有分歧也争论得很是激烈。当年的青年教师王佩孚经常跟在李金鸿身边学习，目睹了两位非常投入地教学研究。一位副院长，一位系主任，真正意义上实现了学院上层和中层的贯通，从艺术观到人才培养都有着一致的目标方向。

与在实验团的管理一样，对艺术的高标准是李金鸿执着不变的追求，性格随和的他在遇到业务问题时却是极有原则的。当年的青年教师刘坚认为，李金鸿的这种人格就如同明代哲学家王阳明所言“此心光明，亦复何言”，做事问心无愧非常的坦荡。而这种君子之风往往在业务上表现出来就是认真，非常纯粹的对艺术的较真，这是与人性相一致的。[①]对艺术的严谨，对人才培养的用心，呈现出一种强大的力量，会让人由衷地感到一种威严。当时经常有外宾来参观，李金鸿作为系领导，都会陪着看课。每次送走外宾都会回到课堂，再向教学的老师，提出刚才看课时发现的一些问题，这个时候会非常的严肃和严格，这种严谨有时甚至会有些不留情面。那时学校从外地或剧团调回一些教师，补充师资力量，其中有已有一定资历和知名度的一级演员，在初次教学汇报后，系里召开教研会，对于这些教师教学中的问题，李金鸿提起来时非常犀利。比如他提到，教学效果不符合学校的风格等，并且这些话都是当面讲的。可以想见那个时期，在艺术上有真正的专家来把关，开展教研是非常真实的，只要看到学生身上出现问题是一定要提出的，那时候的学风和教风就是这样坦诚和严格。青年教师都非常谦虚谨慎地向老教师请教学习，那是一种发自内心的对艺术和艺术权威的敬畏。在这样毫不含糊的管理下，表演系呈现出很好的学术气氛。提起那种热火朝天的氛围，曾在里仁街 3 号院工作学习过的师生印象都很深，那时有两个教研室，一个文戏教研室一个武戏教研室，老师们几乎都是天天在一起，从早上 8 点到晚上 5、6 点，这一天的时间就没断过人，没断过研讨。武戏组都在研究把子怎么打，武功怎么抄，基本功什么要领。受热烈的研讨氛围影响，高盛麟、傅德威等也经常去，不时地指点这个指导那个，完全都是围绕着怎么教学来进行，有时也争得脸红脖子粗，但都是非常纯粹地就艺术和教学来讨论的。文戏组老师们同样，每天有课没课都在办公室备课，这个戏怎么唱，脚步怎么走，表演应

---

① 2019 年 9 月 10 日，刘坚采访记录。

该什么样。在这样心无旁骛的教学教研氛围下，直接受益的学生就是72、73、74这三个班，尽管在“文化大革命”期间没有传统戏开蒙，但却在极短的时间补上传统戏这一课并展示出成绩。受益的还有1978年转制当年从剧团和社会招收的首批本科生。

1978级本科班，是中国戏曲学院由中专转制大学后招收的第一届本科班。这个班的生源比较特殊，有从剧团来的有些基础的，有现代戏开蒙的，也有学过一点传统戏的，还有嗓音条件很好的普高生。回忆起当年的学习经历，已经成长为国戏新一代教授的苏东花认为，这个班从招生到培养，虽然有摸索实验的性质，但却是集中了当时管理者的集体智慧，整个教学团队，从教育理念上，真正把因材施教发挥到了极致。文化史论等课全部请的是一流的学者，祝肇年、罗锦麟、老舍先生的爱人胡絜青等都在这个班教课，提升学生的整体素养。专业基础课有身段、声乐等。根据每个学生的特点展开教研，分析将来可能发展的方向，制订最核心的剧目课的计划。学生的基础良莠不齐，进校后先全部文戏开蒙，专攻唱念，旦角学《二进宫》《祭塔》《三击掌》《三娘教子》等戏，教师是于玉蘅、罗玉萍、吴吟秋等。进入大二开始学表演形体的剧目。[①] 作为教学副主任的李金鸿，与同事们共同进行科学的课程设计，循序渐进地进行安排，并且有着非常严谨的跟进式管理。课程进行一段时间，就会进入课堂了解情况，从李金鸿到荀令香再到史若虚都会走进课堂直接发现问题提出问题，比如基本功课上，看到压腿膝盖还鼓着包就会提出要求尽快纠正。文戏有吊嗓课，相当于坐唱，一出戏说差不多了，就集中进行会课，查找问题，循序渐进地改进，到学期末全部实习彩排作为考试。这样落实到每位学生每个课堂的教研和教学管理，使得人才培养的成效较为显著。时至今日，国戏转制后这第一届本科班的毕业生，确实实现了各扬所长的发展，有艺术家王蓉蓉，有教授苏东花，有导演陈俊，有戏曲研究者曲锦春等等。这样的教学模式及成果仍然值得当下的教育管理者与当下的实际相联系进行思考。

### 对青年教师的扶持

李金鸿无论在什么岗位上工作，一贯保持了对艺术的严谨，也保持了为

---

① 2019年11月29日，根据苏东花采访记录整理。

人的谦虚低调，并且对于晚辈都很尊重，无论专业教师还是行政岗位的教职工，对年轻的老师都称“同志”，学校专业、行政、党务等各方面的工作都积极配合。遇到问题会很谦虚地商量，并且从细微处关心青年教师的成长。这样一位曾叱咤舞台江湖的红角，从来不摆谱，不出风头，真正是一位风度翩翩的谦谦君子。

王佩孚多年来一直在李金鸿身边谦虚求教，受到很多具体的指导和帮助。王佩孚与陆建荣合作撰写的第一本书《戏曲毯子功教程》出版后，请李金鸿指导，谈的有很具体的技法描述，比如说“踩子蛮子”的要领。还对整个书的结构和内容上提出建议。提到应该有“小排头”，这些小跟头是武戏里很重要的一部分，建议找张春华老师请教。在李金鸿的建议下，王佩孚与陆建荣又下了很大功夫，随后又出了《戏曲武功特技选》，就是专写“小排头”的教材。李金鸿看到后特别高兴，说这就是继承，不写就没了。在出《戏曲把子功》的时候，王佩孚带着初稿去找李金鸿，这套是在60年代就开始整理的基础上继续编写的。李金鸿对文字的整理记录很是肯定，认为非常全面，书里记录的把子功一共120多套，包括还有刀枪花，刀的位置枪的位置等。也从三个方面提了建议。一是，要强调这应该是戏曲最官中的教材，是最规范的基础，到剧团去怎么加减变化都可以，但都是在这些基础上来产生变化的。二是，不只写套路，要强调精气神，特别是作为教材，教师在教学过程中一定要强调，把子功的精气神问题，把子功对手眼身法步的训练非常全面，但贯穿其中的精气神最主要。三是，如果有录像就好了，建议以后要一套一套地录下来，这样能更好更准确地传承，否则只是文字，动作套路有了，看不见动作到底怎么做的，动作规格，手眼身法步怎么用不清楚。[①] 从李金鸿提出的这几个方面的建议不难发现，他在舞台实践与教学上的丰富经验，包括了把子功是打套路还是打戏，规范是一切革新的基础，戏曲音像教材的重要性等等。虽然只是针对一本教材的建议，但我们可以看到李金鸿对于戏曲这门舞台艺术的深刻把握。只举关于打把子的精气神问题，舞台上的对打，都是有固定套路的，比如手把子小五套、枪小五套、小快枪、大快枪等，表现的都是打斗的战争场面。虽然是固定的套路，但每个动作都是源自生活，有其

① 2019年10月21日，根据王佩孚采访记录整理。

目的性的，你扎我挡、我刺你闪，要有真实感，才能打出战争的氛围。如果只是学会套路没用，打起来就是一道汤，只是比比划划，失去武打的真实性和惊险性，就不吸引人。把子教学过程首先要学会套路，但也容易只强调套路而忽略打斗的戏。李金鸿提的“要打出精气神”，其实强调的就是表演的技术要围绕戏情戏理来展示。尽管只是对一部教材的指点，但李金鸿提出的这三个方面的问题，可以说是在培养人才和实践环节中非常重要的方面——守正与创新的关系；技与戏的关系；戏曲的活态传承。

刘勉宗是中国戏曲学校59班的学生，毕业后留校工作。在作为青年教师与李金鸿共事期间，曾得到他的提携和指导，至今也难以忘怀。刘勉宗小时候跟李金鸿是街坊，在新街口蒋养房胡同，全胡同都知道李金鸿是中国京剧院的名演员。后来刘勉宗上学工作后就和李金鸿是同事了，又是老街坊，彼此就更熟络些。刘勉宗学言派，在学校剧场演《卧龙吊孝》时，李金鸿去看了，很是鼓励并提出建议。1981年学校排了出新戏《东郭先生》，是刘勉宗主演的，演出效果很好，中央电视台曾录像播放了多次。排戏时刘勉宗感觉东郭先生见到狼后马上表现出善良的心肠，在之前并没有铺垫，就向李金鸿请教。李金鸿出了个主意，在过完河上岸的时候加点戏，刚要下脚，发现一群蚂蚁在找吃的，马上把脚抬起来，表现出“连蚂蚁都不踩”的那种善良。除了情节，又帮助他设计表演技法，加几句道白交代给蚂蚁喂食，再配合上锣鼓经，在“大大大……台”的节奏中，脚越抬越高，表现舍不得踩蚂蚁的情绪。加了这点戏，在演出时反应特别好，很生动地表现了东郭先生仁慈的心肠。还有一出戏是学校排的《岳云》，有个角色是关铃的舅舅，叫张国祥，在拍电影之前是刘勉宗演的，从头至尾都是唱念，但他是教关铃武艺的，刘勉宗就又请教李金鸿，怎么能表现这个人物是有武艺的。李金鸿就设计在唱最后一句“可是那牛头山”时加个锣鼓经，“仓仓来起台仓”，在锣鼓里起个小云手，剑指出去，亮个武生的相，很自然地就把会武艺的特点表现出来。从这两个简单的设计中，我们可以感觉到李金鸿的强大能力，他不局限武旦行，甚至不局限旦行，无论什么行当都能说戏，能够根据剧情需要来设计表演，从构思细节故事，到设计台词、动作，再到音乐的配合，非常符合剧情又表现得很细腻很有层次，表现手段也完全是戏曲本体的，可见他积累的戏曲表演的大量素材，以及对戏曲艺术整体的把控能力。

除了对于舞台表演的帮助，李金鸿还很关注青年教师的教学发展。刘勉宗学了言派以后，就一直演言派的戏，但是作为教师没有学生教，很有些灰心，曾向李金鸿倾诉，李金鸿鼓励他说，“别灰心，学一个流派不容易，特别是言派，是很稀有的一个流派，咱们等机会，还是能传下去的。”1985 年李金鸿带队，到辽宁营口戏校去支援教学。当时营口戏校想培养一个言派的学生，李金鸿就立刻把刘勉宗推荐过去，带一个叫阎守铎的学生，师生都很下功夫，一个学期下来彩排演出特别好。后来随营口戏校去上海演出《卧龙吊孝》。第二年又去教了全部《上天台》，学生连文带武表现很出色。当时营口市市长观看演出后接见教师时，李金鸿还很正式地介绍刘勉宗，说这是教言派的青年教师。① 这样，刘勉宗在营口戏校的教学一炮打响，可以说是李金鸿铺的道。从舞台演出到教学，刘勉宗都记得李金鸿给自己的帮助和提携。作为一位前辈大家，能够很尊重青年教师并且帮助成长，一直让刘勉宗特别感激。

图 6-3　李金鸿教授笔者《金山寺》

李金鸿退休后，越来越重视传帮带的问题，他多次向学校提出，要带青年教师进入课堂，接下来他的教学代表剧目。由于各种原因一直没落实，李金鸿一方面坚持对青年教师的指导，另一方面不断向学校提议，从来都是温和的他曾经跟学院领导红过脸，可以看到他对传承工作的责任心和紧迫感。李金鸿曾跟王佩孚聊起：在他的学生里边，学东西找范儿找劲头儿，冯海荣

① 2020 年 11 月 9 日，根据刘勉宗采访记录整理。

是领会最快的，并且“范儿跟我差不多”。虽然冯海荣的实践经验很少，但作为教师继承他的东西最合适，这样传承下去不会有问题。冯海荣毕业后就一直在行政岗位，也带着课，但不能专注地继承他的东西，也有些恨铁不成钢的想法，“这孩子怎么就去做管理了”，“我这么教她，她最像，我就想传给她”，觉得怎么她也不明白。[①] 实际上笔者并不自知老师对自己的认可和评价，因为曾经有过失败的经历，造成了自卑的想法，对自己没有客观的认识，所以才不敢去想接老师的班。尽管笔者很是被动，但在李金鸿多年的坚持下，在他故去前一年即 2009 年时，终于带领笔者正式进入大学的剧目课教学课堂，一轨是京剧专业 98 级学生的《思凡》，一轨是豫剧专业 99 级学生的《虹霓关》。

时隔多年，笔者这才从王佩孚这里听到李金鸿对于自己的评价和真实的想法。实际上李金鸿是从来没有正面跟笔者说过的，只是从行动上一直坚持着带领笔者跟课堂、进课堂。愚钝如我，在老师故去十年才彻底明白。随之而来的是强烈的自责！所幸在著此书时，已辞去管理岗位，专注在教学，专注在传承老师留下的宝贵财富。希望老师在天之灵也能欣慰。

从 1978 年学校开始恢复教学秩序起，在史若虚等校领导的带领下，6 年的时间，李金鸿从武剧组组长到实验团团长，再到表演系副主任、代主任，经历三个管理岗位，几乎都相当于首届管理者，起到的是开蒙的作用，创立了相关部门的管理模式。每到一处都在不长的时间里立显管理效果，与同仁共同努力营造纯粹的人才培养氛围，打造国戏严谨规范的艺术风格。

图 6-4　李金鸿（前排右三）入党宣誓

① 2019 年 10 月 21 日，根据王佩孚采访记录整理。

1984年6月30日下午，中国戏曲学院召开庆祝建党63周年大会，会上新党员进行了入党宣誓。参加宣誓的有张君秋、白登云、李世霖、李金鸿……经历了旧社会的艺人生活，在新中国加入中国京剧院后，李金鸿就提出了入党申请，一直坚持着在党的领导下努力工作。花甲之年，在党的艺术教育事业的最前线，终于实现了夙愿，成为一名光荣的共产党员，以老骥伏枥的姿态继续投入到培养戏曲人才的工作中，1988年受聘为教授，按规定退休后，又返聘教学，继续在课堂上传授着为之奋斗一生的艺术，直到生命的终点。

## 四、教书育人　传道授业

自1973年李金鸿调入“五七艺大”，正式以一名教师身份开启教学生涯以来，最初教授专业基础课，在当时形势下研究怎么能练好基本功。“文化大革命”后恢复传统戏教学，李金鸿主要教授的剧目有《扈家庄》《打焦赞》《金山寺》《虹霓关》《思凡》《穆柯寨》《穆天王》《佘赛花》等戏，还教小生《谢瑶环》《柳荫记》等戏，有的戏旦角小生一块教。带过中专高年级和大专班、本科班、师资班、进修班及留学生，曾赴外地戏校支援教学。退休后继续上课，各地院团时常把重点培养的演员送来学习。1996年受聘青研班导师，教授了三届青研班各行当的学生。从1973年50岁时正式成为教师一直到2010年故去前一个月，这37年的教学生涯，传道授业解惑，从教好每出戏到确立艺术观，从生活上的关心到艺术发展的指引，从演员到青年教师的培养，李金鸿一生的积累在晚年又有了释放的舞台，一身的本事传递到每一位学生身上，这些学生在舞台上、在课堂上、在国内外传承传播着他的艺术，杨凤一、田冰、宋小川、王蓉蓉、李红艳、李佩泓、董圆圆、闫巍、赵秀君、邓敏、史依弘、刘桂娟、张火丁、王润菁、田村美华、李光馥、木暮三津子……很多学生都是在离开学校逐渐成长后，对老师的艺术风格有着持续的开悟，越成长悟得越多，正像赵秀君所言“如雨露滋润般”回味受益一生。

让我们从每一位受益的学生身上去感受传道授业的李金鸿。他的严谨犀利，他的温和幽默，他的慈祥关爱；他的规范大气，他的端正凝神，他的细腻表演；他对传统的坚持，他的如王瑶卿般的博学多能和对学生最关键的艺术观的指引。

图 6-5 在第三届青研班开班仪式上与田冰（左一）、李红艳（左二）、闫巍（右一）合影

说起李金鸿的教学经历，在 20 世纪 40 年代的舞台演出生涯时就开始了，那时会有些票友向他学习《金山寺》《虹霓关》这类身上戏，练习基本功、脚步、圆场，拉拉工架，掌握旦角的用腰，解决身段表演的问题。中华人民共和国成立后先是在艺培戏校义务教戏，当时教授孙毓敏等人《扈家庄》《思凡》等戏，这是属于中专开蒙阶段，需要一下一下做示范，很耐心细致地把好规范基础。等到了中国京剧院工作，就是教授团里的青年演员，杜近芳、云燕铭等一批人学习《思凡》，同时还指导练习基本功、把子功等。对于教学积累了很多经验，无论是开蒙初学，还是演员归路，都有方法有效果。调到中国戏曲学校后，先是研究怎么在当时形势下练好基本功，也很是勇敢地坚持了传统的有效的方法，因此“文化大革命”期间招收学生的基本功很是扎实，当时上课的 72 班学生都印象深刻，李金鸿的基本功课太累了，没有停的功夫，从圆场到踢腿，走各种翻身，等等，两节课满满当当的，下课后练功服都拧得出水来。就是在这样高强度、高效率的练习下，为恢复传统剧目教学打好了基础，才有可能在比较快的时间内见成果。

在李金鸿重点教授的几出代表剧目中，有三出是昆曲剧目，《扈家庄》《思凡》《金山寺》，能够看出他对昆曲剧目的重视，也显出昆曲剧目在人才培养过程中的重要作用，或者称为教学价值。很多学生在初见李金鸿时都惊讶于老师的规范、大气，惊艳于那种蕴含着高品质的与众不同的美感。“老师身上的另一种味道，非常不一样，还有这么美的”[①]。《扈家庄》是很适合开蒙的戏，起霸、戟和马鞭的马趟子、戟下场，还有整套昆曲曲牌【醉花阴】【喜迁莺】【刮地风】【水仙子】等配合载歌载舞的表演，既有脚步、圆场、翻身、涮腰、跳座等基本功，又有双臂、腰、腿协调配合的优美的身段展示，还有戟、马鞭的用法，比较全面地综合了旦角形体和手里的技术技巧，能够实现以戏带功，有很高的训练价值。田冰、杨凤一都是在恢复传统戏后首先学习的这出戏，由此掌握了规范的形体表演。田冰毕业到中国京剧院工作后，才逐渐认识到，李金鸿打下的基础多么重要，得到了剧院前辈的广泛认可。如闫巍所说“这种身段没有任何毛病，排出什么戏它都是一个大的法则，不偏不斜不怪”。对于开蒙的学生，包括基础较弱的成熟演员，李金鸿是非常细致的，一招一式，要求极为准确，力求砸实基础。第一届本科班的学生苏东花在学这出戏时，感受到李金鸿对圆场等基本功要求的严格，还非常注重人物塑造，整体表演中规中矩，形体很舒展，又融着旦角的妩媚。这种感觉非常难学，也因此感受到李金鸿的严谨、严格，并且发现学生的问题非常精准。工作之后，苏东花才了解到李金鸿早年有着在生旦各行当里几乎全摸遍了的经历，这才对为什么看人那么准，挑毛病那么犀利恍然大悟，那是吃透了行里的事才能做到的。[②]

《思凡》是李金鸿很重视的旦角综合训练的剧目，在中华人民共和国成立之初，就有孙毓敏、杜近芳等人受益，多年教下来，也是李金鸿很有经验的教学剧目。对这出昆曲戏，作为北方昆曲剧院掌门人的杨凤一，在青研班期间认真地一招一式地学习。多年来在全国各昆剧团观看过各种版本的表演，在她看来，李金鸿的《思凡》是“继承了韩派艺术的魂，韩派艺术的神韵”。比如“小尼姑年方二八”这一句，用手绕蝇麈揉来揉去的动作，那种韵味感觉，是一种柔里带刚的美。还有“布袋罗汉笑呵呵”“望夫台”等动作非常有特色。再比如“山坡羊”一段的表演，前半部分一直是坐着唱，现在很多演法都站起来了，坐着唱和站着唱的感觉和难度是完全不一样的。只有李金鸿传下来的还是坐着唱，这也是李金鸿强调一定要尊重传统的表现。在杨凤一艺术成长的道路上，多年来依赖依靠着李金鸿这个主心骨，很多剧目的排练都请老

① 2019年7月31日，闫巍采访记录。
② 2019年11月29日，根据苏东花采访记录整理。

师来指导。也在李金鸿一次患病危重时给予了老师起死回生的帮助，延长了老师三年的生命，使老师的艺术得以再多传了几年。[①]李金鸿退休后被孙毓敏请到北京戏曲职业艺术学院教《思凡》，青衣、花旦、花衫等能学的全安排一个大组学这出戏，有郭玮、常秋月、邱悦、吴燕等学生，得知王欣有跷功后，李金鸿就让她一直踩着跷学、练，直到彩排。王欣也成为比较少的得到李金鸿跷功指点的学生。王欣的跷功是北戏的崔荣英老师开蒙练习的，砸好了基础。这次学习时李金鸿把原来王欣用的跷做了小小的改良，把跷板的角度略微改缓了些，脚尖部分微微有些上翘，用起来比直板的要舒服些，但观感上却不打折扣，不会像软跷那样过于倾斜，脚后跟横着把彩裤撑出来。按李金鸿的说法，花旦没必要像武旦那么立，武旦必须立并且绑结实，才经折腾。此后王欣就都用这种稍加改良的跷，跷功也更得心应手了。学戏时，李金鸿要求跷步可以大点，不需要小碎步紧倒，比如出场时就不是小碎步，是迈开些的一步步逐渐加快些稳稳的脚步。对这个步法的适应也花费了些时间，也认识到了跷步可以有很多走法，不是只有细碎的。至今已成为电视导演的王欣依然记得【风吹荷叶煞】一段跑起来感觉颇有些吃力，拐好多弯，甚至是大直角弯。王欣感觉到老师教的很多表演的小细节非常讲究，每个眼神每个身段都要求的特别精准，表演是稳中带俏皮，整体是比较含蓄的表现，不是简单的机灵。[②]这出被孙毓敏称为旦角必学的功夫戏的《思凡》，难度很大，步法的特殊变化，用腰的极致灵活，眼神传递出的丰富层次，有不少学生也都有过学了一半没学下去的经历。这样的戏在教与学之间是要达成一种默契的，学者必须能够完全沉静下来，深入进去，还要有一定的悟性，才能探索到其中的奥妙。不然，在初学唱腔时那悠长的韵律中就都昏昏欲睡了。笔者大二时学习彩排此剧，并且在大学毕业时又拿此剧作为汇报。即便有这两次的实践经历，也依然只是会了路子，勉强按老师要求做到了“三形六劲”，而不知“心意八无意者十”在哪里。一直到十多年后才又钻进去悟出精华，恍然大悟，于是不能自拔。

《金山寺》是李金鸿的成名作，在“小名旦”舞台绽放时期，基本是每期演出打泡和大轴必安排的代表作。这出戏，很多学生都有一个强烈的感受，

---

① 2020年4月15日，根据杨凤一采访记录整理。
② 2020年9月7日，根据王欣采访记录整理。

太美了，那种古典含蓄的美，很高级，并且初学时可能领会不到太多奥妙，只有经过多年的积累，再回想起老师的要求，可能在某个瞬间会如同醍醐灌顶般悟出端倪，且随着年长会不断地有新的感悟。董圆圆经历了大专时期的课堂学习，又有为梅兰芳此剧进行配像时的再温习，感受到李金鸿追求的艺术风格与梅派是一致的，很简练很大气。正是如此，李金鸿很早就确立了以梅兰芳的艺术为标准的方向。面对这样高级的艺术，很多人在第一节课就难到进行不下去，1985 年读大专的董圆圆，对初学时遇到的困扰印象深刻。李金鸿示范了出场后，开始模仿，然后就是无数次的“回去”，一直到完全糊涂茫然，李金鸿才做出提示“我不要你变脸瞪眼，我要你那个光”，于是收获了这极为重要的、人物光彩绽放的亮相状态。李金鸿对于大学生的教学，与开蒙的教学有明显的区别，在明确规范的基础上，更多是激发学生的思维，给予舞台表演状态的引导。董圆圆强烈地感受到跟这样的老师受益是非常大的。① 张火丁是在读青研班期间慕名向李金鸿补课的，看到老师身上“太规范了，中规中矩，哪儿都是圆的，没有瘪的地儿”，似乎发现了戏曲最原始最初期的样子，是非常重要的基础，夯实了才能发展自己的表演风格。李金鸿的完美状态给张火丁留下极深的印象。学了这出《金山寺》后，张火丁排了自己喜欢的《白蛇传》，又把李金鸿请去帮着设计、修改，把“索夫”一折进行编排，选留了《金山寺》中【四门子】曲牌，双剑的一段极富韵味的表演。“盗草”一折在张春华编排的基础上，也请李金鸿给予了指导。② 由张君秋亲自安排向李金鸿学习的赵秀君，除了感受到身上的美，还深深记下了李金鸿昆曲唱腔的讲究，教【醉花阴】第一句唱“恩爱夫妻难撇掉”时，“说得特别细致，哪是尖字哪是气口，字头字辅字尾，气口一呼一吸就对了，因为准确，到现在也不忘。”

很多学生通过《金山寺》看到了李金鸿的规范和美，但更多的体会却是多少年过后才慢慢回味和悟出来的，所谓温故知新，高级的东西需要高级的头脑才能够鉴赏得到。这出戏可以说把白娘子这个人物与唱、舞等技术完全地融合在一起。从唱念来看，吐字的字头字辅字尾慢放，拖腔的过程和收音，腔与气口与呼吸的关系，有一种收放自如、吐故纳新的感觉。从形体来看，

① 2019 年 11 月 3 日，根据董圆圆采访记录整理。
② 2020 年 5 月 24 日，根据张火丁采访记录整理。

圆及子午是形的基础，意从心起，力从腰发，以气带出舞的韵味。全过程呈现出一种流动的韵致，再配合对人物准确的体验，通过眼神、表情传递出的层次丰富的情感情绪，那种含蓄隐忍，思绪万千的状态，引发观众的怜爱之情，完美得不能再完美，也是笔者最爱的一出戏。2007年11月，中国戏剧家协会“梅花奖”艺术团赴法国参加第三届巴黎中国戏曲节，演出了昆曲《白蛇传》，蔡正仁、杨凤一、王振义、谷好好、张幼麟、翁国生、李政成，七朵“梅花”同台，夺得本次戏曲节的最高奖“塞纳大奖”。杨凤一饰演白娘子，其中“金山

图6-6　指导赵秀君（右）和闫巍（左）演出《金山寺》后合影

图6-7　李金鸿教杨凤一《金山寺》

寺”一折，就是在青研班期间向李金鸿学习的。相较中专时《扈家庄》的学习，杨凤一明显感觉到老师对开蒙和成熟演员不同的教学方法，针对学生悟性的提高，是从一招一式到“教份儿”的因材施教。回忆起当年的演出，杨凤一依然有荡气回肠的感觉，“李老师的《金山寺》那就是一出大戏啊”。2018 年，中国戏曲学院赴苏州参加第八届昆剧节，上演一台本科生的折子戏，其中两出旦角戏《思凡》《金山寺》就是李金鸿传下来的代表剧目，由杨凤一担任艺术指导，笔者教授。李金鸿从韩世昌那里学来的昆曲，就这样传承着。

除昆曲剧目之外，李金鸿常教的还有京剧《虹霓关》《佘赛花》《穆柯寨》《打焦赞》等戏，到晚年时基本也只余《虹霓关》一剧经常教。这出戏也是走的梅派风格，是大气的妩媚，表演讲究眼神的爱慕，而无过分夸张的表现。从工架上更是有着极为特殊讲究的美，包括架枪的手势，鲜明的节奏变化，有分寸的技术展示，原板造型的精致，枪架子全过程以腰肢为核心的婀娜身姿，还有很多步法用腰的细节。闫巍在学这出戏时看到老师示范东方氏与王伯党二龙出水的出场，就又是一阵惊讶，“很别致的出场，太讲究了，现在哪有这种身段，随便就出来了”。李红艳在青研班期间第三次学习此戏，并进行了演出，把握了用腰的味道，感受到其中没有什么太高难的动作，看上去似乎没什么，不花哨但不失去味道，很多细节韵味的那种劲儿，恰恰最难。实在是难，但也实在是美。

图 6-8　李金鸿教李红艳《虹霓关》

李金鸿旦角小生都能唱，同样在教学时也曾经有一段时间集中教过小生，这其中受益的有宋小川、李宏图等人，教授了《谢瑶环》《佘赛花》《柳荫记》《吕布与貂蝉》《碧波潭》等戏。有的戏旦角小生一起教，这样的课堂也是极为难得一见的。宋小川从李金鸿这里习得了对小生行当气质的认识，并且成为自己一直遵循的艺术标准。那就是：小生必须儒雅、漂亮、潇洒，千万别过火，水袖、脚步、眼神、口型等各方面都要有分寸，给观众一种美的享受。学习时常听李金鸿讲叶盛兰当年在台上的状态，很有份，也很有分寸，叶盛兰怎么演，姜妙香怎么演，讲得都非常的具体。[①] 有心的李金鸿，在早年的舞台演出经历中，从来没浪费过一寸时光。对于表演的细腻讲究是宋小川学习到的又一个重要的原则。《佘赛花》中杨继业和佘赛花路遇一段，李金鸿一个眼神一个动作地讲解说明，强调演的是古时候的人，既要有表现又要含蓄。1980 年，王瑶卿诞辰百年纪念演出时，宋小川得杜近芳提携合演《柳荫记》，由郑亦秋导演和李金鸿两人共同排戏，把曾经同台时留心学到的叶盛兰的所有经验，都细致地传授给宋小川。

李金鸿在课堂上因材施教，有着很有效的教学方法，早年大多时候较为严肃，不苟言笑，无论基本功课还是剧目课，一定是提前到课堂，几节课下来满满当当，从来没有废话，极少跟学生聊闲天。示范、讲要领很细致，但也很注意启发学生自己思考，同时也很重视以戏带功。笔者大学期间学习《扈家庄》时，三个学生在里仁街 3 号院教学楼 418 教室，正好三块地毯，一人一块，头场学完后就拉戏，老师集中看中间的一人，连续拉三遍，旁边两人不许闲着一块拉三遍，然后再换到中间老师看，这样三人一口气连拉九遍。当时笔者是最后一个换到中间位置的，此时已拉过六遍，还要咬牙全力以赴在老师面前再拉三遍，可想对耐力和功的锻炼程度。这样的练习才能保证全都穿扮齐整，彩排时做到较为自如地完成。学生彩排实践时，李金鸿全过程给予关注指导。当时在后台开戏前，经常是跟张君秋、王金璐等人聚在一起，边聊着天，边盯着学生扮戏，然后把场。史依弘在青研班学习阶段的第一次汇报，李金鸿亲自到上海指导排练，演出时把场，冒着大雨在剧场，从扮戏开始，片子怎么贴，与脸型怎么配合，扮出来非常有古典味道，再一直把场

① 2019 年 9 月 5 日，根据宋小川采访录音整理。

盯下一整出《金山寺》。那天史依弘把一个古典柔美的白娘子呈现在舞台上，给整个剧场营造了宁静投入的观演氛围。

图 6-9　李金鸿教史依弘（左一）、冯蕴《金山寺》

除了在校的学生，李金鸿还曾带领教师支援外地戏校教学。1982 年去营口戏校教学时，为李红艳开蒙，那两年利用假期陆续教了《扈家庄》《虹霓关》《打焦赞》等戏，打下了高规格的基础，并且一直鼓励扶持她到进入北京京剧院工作。经常还有剧团把重点培养的青年演员送来请李金鸿指导，这种指导有归路的功能。所谓归路，就是在一定基础上的再规范，某种程度上讲也是对艺术观的指引。李佩泓、闫巍、赵秀君、李奕洁等都是这样，进团工作后，又向李金鸿学习。李金鸿教过的学生有武旦，有青衣、刀马、花衫等各行，大部分人也都归属某一流派，或者拜了师。李金鸿更像一名幕后工作者，似乎都在为别人做嫁衣，默默地把好规范的方向，把大气美的艺术观，传递给学生，打下扎实的基础，再去发展各自的流派风格。李奕洁是在 1996 年第二届中国京剧之星评选时跟李金鸿开始学习的。当时把陈正薇教授的《穆柯寨·穆天王》，按照梅兰芳的演出路子和风格又进行了加工，感觉到李金鸿表演非常细腻，非常重视人物的表现，从一下下的模仿学习中，逐渐像捅破了窗户纸一样，李奕洁开始琢磨表演，感觉开始开窍了。[①] 闫巍从刚进团工作开始一直到青研班，先后向李金鸿学习了《扈家庄》《盗草》《穆柯寨》《金山寺》《虹霓关》《思凡》等戏，在武戏的节奏和形体表演方面有了明确的方向，把最初只有冲的闫巍，调教得“有点味道了”。对于武旦艺术的观念也受到影响，“别花里胡哨净是技巧的东西，像杂技了，乏味”，那种美是美在骨子里的，舞台各方面都始终保持美感。[②]2019 年春天中央电视台戏曲频道播放了闫巍的《扈家庄》，在简短的访谈中，谈到经过多年的实践历练，目前选择演的是李金鸿的路子，规范大气，能够体现旦角刚柔相济之美的艺术风格。从闫巍身上可以看出，李金鸿给的不只是一出或几出戏，而是给予了旦角审美的方向，影响了她的艺术观。著述期间，笔者观看了闫巍受聘于中国京剧艺术基金会，为戏曲院校青年教师授课的课堂。做示范时的一招一式，从形的规范到过程的流畅和光彩的绽放，从技术的得心应手到人物状态的表现，从脚下步法的自如变化和旦角起步细节的讲究，还有舞台节奏的缓急相衬、刚柔相济，确实处处体现了李金鸿的风格，果然已经融入了血液。然而在场学习的学生，却尚未悟到这些高妙之处。

图 6-10　李金鸿教闫巍《扈家庄》

① 2021 年 2 月 28 日，根据李奕洁采访记录整理。
② 2019 年 7 月 31 日、8 月 6 日，根据闫巍采访记录整理。

除了教戏，李金鸿对学生各方面都给予关心和帮助，艺术发展、生活各方面都有着指引，真正起到导师的作用，完全从学生的角度考虑给出方向。李金鸿曾带着宋小川去向一位前辈闫庆林学习濒临失传的《双合印》，也令宋小川感动至今。李红艳当年初到北京，一直牢牢守着李金鸿，在风雷京剧团工作期间，获奖的《盗草》的走边、对剑都是李金鸿设计的。根据李红艳的条件，指导编排《无底洞》，在头场“坐洞”的表演，加入了椅子功，把椅子固定在高台上，在椅背间钻来钻去，探海、射雁、搬腿、下高，既表现出玉鼠精灵活机敏的特点，又把李红艳的优势充分运用。跟随老师学习多年李红艳提出拜师，而李金鸿却让她拜叶红珠，说：“我收你没问题，因为我一直教你，但是我岁数大了，不能给你做示范了，你拜我的徒弟叶红珠，她从小拜的我，正在舞台上演呢，你想学什么戏永远我都教你，但你要拜就拜能给你做示范的。”① 就这样，李红艳拜在了叶红珠门下。李金鸿首先考虑的是学生的发展，而他可以一直在幕后“永远都教你”。从另一个角度来讲，他也不需要通过收徒来显示自己的能力。因此，也才会有青衣、花衫、刀马、花旦、武旦等各行的学生都向李金鸿学习，但却极少有拜师的现象。“伟大”二字丝毫不过，这是李金鸿为师的高尚。

很多学生都去过李金鸿家里，品尝过师母做的饭菜，对师母的手艺和整理得一尘不染的环境也印象深刻。还有不少学生甚至住在老师家里学习，李佩泓当年学戏时不但住在家，老师还帮助她寻医问药。在与老师接触的过程中，学生们从来没听过李金鸿提过什么资历、排位这些东西。早年学习的学生对老师有课堂训练极为严厉的不苟言笑的印象，越到晚年，就更多了亲切的感觉。“高鼻梁大眼睛”“发型总是那么精神”“骑着小自行车”“穿着干净的小白鞋”“抽着烟，扎个小丝围巾在领子里头，永远整洁的仪表”“身上没有老戏班的味道，就是一个非常干净利索，温婉有气质的小老头。”生病之后依然那么干净讲究。在一位旦角艺术家、教育家的柔美气质中，在善良、幽默、温和的状态下，也能感受到李金鸿的个性，那是在高水准艺术基础上的高眼光。在曲锦春印象中“李金鸿是个很特别的人，很聪明很有脑子，是个从事艺术的教授学者，丝毫没有所谓的老戏班子的感觉。能让人感觉到他是高级

① 2020年9月6日，根据李红艳采访记录整理。

的，从生活到艺术都是高品质的，他不只是研究武旦或者旦角艺术，其他行当都能指点江山，能排戏能导戏。对武旦的要求也是不光卖弄技术，在艺术上有更高要求。”对于李金鸿的能量，宋小川更是感觉到李金鸿身上似乎有着王瑶卿的影子。是的，在京剧繁盛时期多年的舞台历练，有心的李金鸿见得太多、会得也太多，有着极为开阔的眼界和思想。他把握了旦行表演的规范与大气之美，并且完全不受行当限制，满肚子都是戏。又是极有头脑的，突破了单纯的技术层面，对于表演技法与戏情戏理的相融有了娴熟的方法。对学生的教导、指引，包含了审美方向，以及非常重要的基于传统的继承和发展的理念。

李金鸿 1973 年正式调入中国戏曲学院任教后，发挥了开蒙、规范、归路、补短的作用，教学剧目不以数量取胜，几出戏甚至一出戏就能让学生有质的变化。多年来就是这样低调、严谨地传授着京剧应守的“正”，关爱着学生的成长。而实际上很多学生都是在逐渐成长的过程中，悟出更多。一位老师在读书期间教授的东西，经过 5 年、10 年、20 年甚至更久，在不同的年龄段都可以不断地悟出新东西，这样的老师，对于学生来说是多么的宝贵。学生们从李金鸿这里获得的，有表演的技法，有细腻、讲究、有分寸的艺术追求，更有对人物表演的重视，以及运用技法表现人物的方法，至关重要的是旦角，包括小生艺术的审美方向。李金鸿就这样默默地，把自己研究了一生的京剧艺术之美传承着，影响了当今京剧舞台上已成为中流砥柱的一大批演员。

## 五、传播京昆艺术

### 在音配像工程中的工作

“中国京剧音配像精粹”（以下简称“音配像”）是一项意义深远的文化工程，其主要目的是为了京剧艺术的抢救、传留和振兴，选择的剧目大部分是 20 世纪 40 年代后期到 60 年代前期京剧舞台上的艺术珍品，有的还追溯到 20 世纪初，涉及京剧各个行当、各个流派，基本囊括了近代京剧黄金时代大部分名家的代表作。所谓音配像，就是选择著名艺术家当年演唱的录音，由后代弟子为这些录音配上图像，请曾经学演或观看过演出的老艺术家具体指导，力求按当年演出的原汁原味进行配像。

李金鸿参加了音配像工程的录制工作。担任艺术指导的剧目有：梅兰芳的《金山寺》《穆柯寨·穆天王》，言慧珠、李玉茹的《樊江关》，杜近芳、叶盛兰的《佘赛花》等。在音配像剧目中，还有部分是李金鸿的录音主演，包括：《谢瑶环》袁行健，《柳荫记》四九，《罗成》罗春，《奇双会》李保童，《桃花扇》陈定生，《玉簪记》进安，《白蛇传》鹿童，这些戏都是在国家京剧院（原中国京剧院）工作期间的演出实况。从录音中能够了解到李金鸿小生表演的艺术水准。咬字清晰，大嗓与小嗓的过渡非常顺畅自然，抑扬顿挫间富有韵味，更为难得的是声音中极为准确的情绪表达。

图6-11 录制音配像《樊江关》与梅葆玖（左二）、沈健瑾（右二）、董圆圆（左一）合影

音配像工程“第一抢的是，由健在的老艺术家给自己配像。第二抢的是，由老艺术家指导别人给自己配像。第三抢的是，由亲传弟子给老师配像。第四抢的是，由亲传弟子指导配像”①。李金鸿参与的工作主要是第四抢，亲传弟子，见过学过或参与过演出的来指导配像。从这几出指导的剧目来看，《金山寺》《穆柯寨·穆天王》均是梅兰芳的录音主演，由董圆圆配像，完全是李金鸿多年来演出和教学的路子。这两部戏，都是身段表演较为繁复的戏，请李金鸿来做指导，是经由梅葆玖认定的。在录制《金山寺》之前，梅葆玖听说

① 李瑞环：《在〈中国京剧音配像精粹〉工程总结表彰会上的讲话》，《人民日报》2007年8月4日第二版。

董圆圆在大学期间曾向李金鸿学过这出戏，就说太好了，配这出戏必须找李金鸿，因为李金鸿这出戏宗的是梅派的路子。《穆柯寨》的枪架子非常规范，风格非常简练，全化在演员有限的技术中，化在人物里，杜绝了横平竖直的僵硬，与梅派的风格是完全相通的。这与李金鸿早年拜师梅兰芳，确立自己的艺术追求，同时亲眼观看了梅兰芳的大量现场演出，并与梅兰芳合作同台这些实践和观摩经验都有关系。李金鸿从整体的舞台气质和表演风格上继承了梅派的端庄大气，尤其是形体功架表演繁重的角色，传承了梅派衣钵，得到梅门的认可。

《樊江关》也是李金鸿早年经常唱的一出戏，与芙蓉草、李玉茹、言慧珠等人都有过合作，并且樊梨花、薛金莲也都来过。这回配像的录音主演言慧珠和李玉茹，一位是当年在上海演出时的合作伙伴，一位是李金鸿在中华戏校的师妹，台上台下都是再熟悉不过的。1957 年 9 月 1 日，言慧珠来京演出时，还曾与李金鸿同台合作此剧，所以这出戏由李金鸿来指导也再合适不过。薛金莲的马趟子，没有什么特别的技巧，在吹打曲牌中很流畅地完成，能清晰看到特有的转身滑步的感觉及亮相持续释放人物神采的状态。无论马趟子还是与嫂子的争执开打，都是行云流水般的洒脱，腰及眼神的灵动蕴含着恰当的花旦风格，在一气呵成中传递着薛金莲的傲娇风采。樊梨花则有着将帅之风，很是稳重，身段简练，表演端庄，最后假装生气逗金莲认错时的表演十分细腻。姑嫂间形成鲜明的性格对比，动静相宜，相得益彰，十分生动有趣。配像的沈健瑾和董圆圆，都是非常有经验的成熟演员，李金鸿此时的要求，对形体方面把握大的风格，点到即止，重点放在对人物的揣摩，研究年龄身份、性格和心理状态，通过细节的设计来精准地表达人物性格和情绪，启发演员去寻找最适合人物的表演状态。

《佘赛花》录音主演是杜近芳，配像是唐禾香、李宏图。排练时杜近芳请来了李金鸿，帮着一起回忆说戏，不但说佘赛花，还说杨继业。这出戏也是李金鸿熟得不能再熟的，当年创排时，就是排练指导的角色了，戏里很多身段表演都是李金鸿设计的，到中国戏曲学院工作后，也是经常教学的代表剧目。在录制时由于录音的原因，行围射猎一场进行了修改，又设计增加了宝剑的运用，使射猎一场更加合理、丰满。

在音配像工程这样一个有着极为重要意义的工作中，李金鸿又贡献了自己的才华。

### 担任电视剧《梅兰芳》艺术指导

李金鸿是那种能够把传统与时代水乳交融的人，他身上有着根基深厚、最地道的京昆艺术，又有着极为开阔的眼界，不保守，不拒绝任何新事物，无论艺术还是生活处处都能看到。1949 年前搭班谋生后，生活一度得到改善，孝敬母亲为先，每日练功提高艺事的同时，也会在闲暇时，弄辆自行车玩耍，还在上海学过开汽车。1949 年后玩摩托车、摄影、摄像，都是最早的一拨，在国内外演出走哪都背着照相机或摄像机。在艺术方面更是与很多艺术门类有所交集，很早就较多关注电影、话剧，后来成为新中国的京昆艺术使者，在各门类艺术中传播着京昆艺术。在崔承喜的舞蹈班做身段示范，向舞蹈演员赵青教授戏曲身段，研究怎么跟舞蹈结合。在中国青年艺术剧院《文成公主》担任形体指导。与此同时，也从兄弟艺术中汲取着养分滋养自己的艺术，丰富自己的表演素材库。

改革开放后，文艺空前繁荣，民族艺术也越来越受到关注，很多影视作品都涉足戏曲领域或直接运用戏曲素材，此时李金鸿又开始发挥他的能量。

1994 年是梅兰芳诞生 100 周年，由天津电视台和中国梅兰芳研究会联合摄制的一部名为《梅兰芳》的电视剧上映，剧中青年梅兰芳的扮演者是毕业于中国戏曲学院的刘子蔚，他的参演是由李金鸿选定的，在拍摄的过程中也一直由李金鸿进行指导，包括扮演梅兰芳的舞台上和生活中。在筹拍选演员阶段，已经在影视界发展的刘子蔚偶然机会回学校，碰到了李金鸿，师生寒暄了几句近况就道别了。没过多久梅绍武的太太屠珍给刘子蔚打来电话，提到筹拍《梅兰芳》，李金鸿推荐他扮演梅兰芳。刘子蔚很是奇怪李金鸿老师怎么看上我了？他带着疑惑回京，经过试妆后确定了出演。一个唱武生的演员要扮演唱旦角的梅兰芳，刘子蔚没任何准备就上了，没有时间研究剧本人物，完全找不到感觉，甚至有些抗拒，担心演成武生，又担心演得太媚。进退维谷的刘子蔚紧紧抱住了“伯乐”李金鸿。于是剧中所有京剧表演的部分全部由李金鸿做艺术指导，这个指导从化妆扮戏开始到现教动作，教完就拍。《霸王别姬》《西施》，还有很多时装戏，有些戏可以按梅兰芳录像找感觉，有些戏根本就没见过，全靠李金鸿教。排戏的间隙，刘子蔚就跟李老师聊梅大师。

也了解到李金鸿为什么看中刘子蔚，一是长得有点像，气质接近，二是学过京剧上手快，三是相信武生出身的他不会演成女气的，演梅兰芳最忌讳就是台上台下不分。于是刘子蔚很注意这一点，台下宁可刚一些，必须演成男子汉，同时把旦角演员生活中的气质凝练在斯文儒雅这个方向。在自己的创作出演过程中，“要是没有李老师我中途就拽了，我就死抓着李老师，李老师就是我的救命草。”① 这部电视剧的拍摄任务比较重，压力很大，李金鸿当时已是70岁出头了，每天耗在剧组，拍戏时就把李金鸿请在导演旁边，累了就请先生在旁边歇会儿，就这样断断续续拍了有5个月。

刘子蔚努力着向梅兰芳逐渐接近。这个过程中，有从梅大师留下的资料中寻找的感觉，还有很多是直接从李金鸿身上得到的。从舞台表演的部分，李金鸿示范讲解，模仿他的样子摆造型，再纠正动作，寻找旦角柔美的形体感觉。就这样循序渐进，慢慢地熏着。刘子蔚上学期间，并没看过李老师教课，这回第一次看到李老师示范旦角动作时非常惊讶，一个男人穿着便装做旦角的表演，称得上惊艳。个头不高的李金鸿却有着扑面而来的强大气场，那种高贵典雅的气质，那么妩媚，特别有味道。一般人都只知道李金鸿是唱武旦的，但这一看却绝不是一般唱武戏演员的感觉，台步、身段的感觉非常柔美，有韵味，让刘子蔚着实吃惊，“真是太不容易了，学女人，比女人还女人，很美，不媚俗，很高雅”②。不只是表演旦角，刘子蔚也观察李金鸿生活中的状态，说话做事言行，包括拿杯子的小动作等，都会有职业气质，把这种状态也带到梅兰芳的生活表演中，再把握一个度，就比较圆满地表演出既有男子阳刚气，又有旦角气质的梅兰芳。

很多拍戏中的细节，刘子蔚都还清楚地记得。比如李金鸿会提醒他生活中走路步子别迈太大，即使是遇到着急的事，急匆匆地赶路也不能走成武生的感觉，也得有旦角台步压着轻缓的感觉。在生活中遇到有烦恼痛苦的时候，一般都会皱眉思考，李金鸿会提醒说梅先生从来不皱眉。还提醒他说话语速不能太快，口型放慢点，梅大师说话是慢条斯理的，是旦角那种神态。提醒切记梅大师的性格不是硬碰硬的，而是以柔克刚，这个方向帮助刘子蔚在剧中设计出合理的表演。更细节的还有，跟李金鸿学兰花指，李金鸿让刘子蔚

① 2020年9月8日，刘子蔚采访记录。
② 同上。

把指甲留长点，手侧着，这样有些辅助作用，很具体也很有效的方法。李金鸿还重点提醒除了外在，内心也必须得找，“你感觉你就是梅兰芳，就有那种自信，就有内在，对任何事都不卑不亢，你就找这种感觉。”[①]谈到梅大师是特别雍容华贵的，所以体现在眼神也是那种持续散发光芒的状态。虽然刘子蔚感觉自己不管外在还是内在都很不到位，但依靠李金鸿，还是找到了一点感觉。可以说最终刘子蔚演的梅兰芳，一部分从梅兰芳的资料中来，一部分则是按李金鸿的模子刻出来的。

从刘子蔚拍电视剧《梅兰芳》过程中李金鸿给予的指导，我们可以看到李金鸿对表演的把握，无论戏曲舞台表演还是影视表演，都有共通之处。包括对形体、面部表情、声音、口型的掌控，又有因地制宜的“叠褶”（戏谚，意为合理设计扬长避短）方法，更有对人物体验的重视——“你就是梅兰芳”。由外而内，有技术有方法有人戏合一的理念。这就是李金鸿，谙熟了表演艺术的真谛，驰骋在京昆舞台，又能自如浑洒在其他艺术领域。

2002年，徐帆主演的电视剧《青衣》热播，之后蒋雯丽和顾长卫夫妻开始筹拍电影《青衣》，在筹拍过程中，曾在中国戏曲学院实验团工作的沈迎庆，受托邀请京剧界的前辈艺术家做顾问，沈迎庆首先想到的就是李金鸿，于是有了一次与策划者的长谈。沈迎庆清晰记得，顾长卫、蒋雯丽夫妻等一众主创，恭恭敬敬将李金鸿奉为上宾，非常敬仰地聆听着李金鸿的侃侃而谈，从接老师，到晚饭一直聊，到送老师回家时已经凌晨。这期间，谈起京剧艺术这座宝库，从历史发展，著名的演员，到各个行当的表演，特别是有关旦角的方方面面，旦角的各行、剧目、扮相、表演特点，再具体到青衣行当应有的表演风格，以及应工青衣的演员生活中的状态，无所不谈。对剧组方面提出的问题耐心细致地回答，对拍这种题材电影的艺术把握提出自己的见解，透出对京剧艺术最认真严谨的态度。这一晚上滔滔不绝，坦诚地向筹拍剧组方托出了多年积累的财富。按沈迎庆的话“玩意儿太多了，好多我都没听过”。[②]这次的交流，想必也成为现场所有人始终受用的一次京剧艺术的饕餮盛宴。

---

① 2020年9月8日，刘子蔚采访记录。

② 2020年9月5日，根据沈迎庆采访记录整理。

## 出演影视剧

除了给予戏曲方面的指导，李金鸿还直接参与影视剧的拍摄。1998年，北京电视台制作了《咱老百姓——百部电视短剧》，总导演解芳，艺术总监郑洞天。其中一集名为《拜师》，讲述了一名青年京剧演员拜师过程中的故事，片中青年演员肖玲由北京京剧院王怡饰演，所拜的老师曹富春由李金鸿饰演。片中李金鸿基本是本色出演一位京剧界的老前辈，在家中的镜头能看到挂着那张美丽的《金山寺》中白娘子的剧照，台词的功力自不必说，字字听得清清楚，语气抑扬顿挫，表达情感也很到位，偶尔有思考的状态，眼睛显出活泛。形体动作虽然不多，但也能看出精心设计的，背手走，手搭在椅背上，讲话时腰也有着习惯性的随语气的跟随。在去剧场等肖玲的一段戏中，李金鸿饰演的曹富春穿着格子西服外罩半长黑色西装大衣，风度翩翩踱进后台，面对众演员的敬仰很是慈善地打招呼。等待过程中略显焦急，微微颦眉，掏出怀表看时间，这小道具也是精心设计的，从细节上贴切地表现人物。再到愤而离开，起身拱手“列位回见，走了”，气势夺人。有人劝解时，“临场干搁，那是要开除梨园的”掷地有声地道出梨园行的规矩。最后躺在病床上，语重心长地跟肖玲说“我知道你是为我好，我这一身的本事，真要搁棺材里，我也闭不上眼哪，孩子，你知道我要什么吗？”我们现在无法追溯这句台词的出处，但其中的含义，想必也是李金鸿的真实想法。

2005年，中国儿童电影制片厂的一部名为《飞来的青衣》（又名《天使维拉》）的电影上映，导演马崇杰，是马连良的侄子。影片讲的是一个名叫维拉的意大利女孩执着学习京剧的故事。片中有一个叫俞小梦的人物，自小学习京剧，因个子矮小只好改行当老师，后拜师苦练跷功，重新在舞台绽放光彩，这段戏中俞小梦拜的老师王兰秋，就由李金鸿扮演，俞小梦的扮演者是北京戏曲学校毕业，曾跟随李金鸿学习过《思凡》并踩跷实习的王欣。电影里李金鸿拍了两场戏，一场是俞小梦登门拜访老师，王兰秋讲述跷功并赠跷，一场是在剧场里观看俞小梦的演出。李金鸿的美丽剧照同样出现在剧中王兰秋的家里。向俞小梦讲述跷功之美，练跷之难，还有非常郑重地赠跷的镜头。剧中展示了俞小梦练跷的过程：“站砖”和“走水缸沿”，表演了《泗洲城》的文场挑水跑圆场，还有《虹霓关》的小快枪，都有着李金鸿的指导。最终剪辑的电影成片，李金鸿的戏份很少，但不多的出场镜头，很精神又不做作，是优雅慈祥的，在讲述跷功时又隐含着一股严格严谨的气势。整个表演十分自然生活，没有戏曲演员较易出现的夸张神态，讲话既自然又非常清晰，嘴里的劲头可见一斑。坐在剧场看演出时的气场十分强大，即使镜头很短，在几排人中也一眼就能被吸引过去，散发着浓浓的艺术气息。这部电影参加了日本电影节，跟《谭鑫培》一片一同播放。

李金鸿直接参加影视剧的拍摄，虽然演的都是与自己身份相同的人物，但戏中透露出的一些细节设计，仍能看出他在表演方面的思考。至于气质、气场，那是一辈子的修炼，已经是“无意者十”的状态。除了参与表演和指导，李金鸿也不排斥学生涉足影视，他曾鼓励史依弘参加影视拍摄，认为在当前京剧不景气，一是不能放弃，还要坚持练功积累，等待机会，二是可以通过参加其他类型的表演，开阔视野、丰富自己，特别是与戏曲题材相关的戏，对戏曲的传播也有帮助。晚年的李金鸿，越来越意识到传承、传播的重要，也越来越有紧迫感，不放弃任何可以传播京昆艺术的机会。

### 培养留学生

李金鸿一生收徒主要是在“文化大革命”前，正式拜师的有：赵鸿珠、叶红珠、刘琪、汪曙云、李玉棠、张春明等。调入中国戏曲学院任教后，没有再收业内演员为徒，有教无类地开展严谨、规范的教学工作。与此同时，李金鸿也依然以他一直以来开阔的胸怀，更加重视民族艺术向海外的传播，采取的方式就是教授留学生，并且正式收了两名外国学生为徒。

“我不怕学生笨或者慢，我就怕学生不努力”，李金鸿的这句话，成为李光馥一生所遵循的重要教诲。如今已成为一名舞台剧导演、教育者、中韩文化交流企划者、创办了剧团的戏剧工作者李光馥，是李金鸿正式收徒的一名韩国学生，1997 年在中国戏曲学院读本科期间认识了李金鸿，开始学习一直到读完硕士。谈起李金鸿对她的影响，她是这样表达的：“对我来说，李金鸿老师既是教中国京剧表演的老师，同时他就像一座大山，让我知道了人生中最重要的大方向。老师让我不会失去方向，虽然我有时候迷路，但是回头我还看见老师在那里。所以不怕迷路，还能往前走。”第一次见李金鸿那天，李光馥怕影响老师上课，在排练室外默默地冻着不敢进去，老师看到后让她进屋问是谁，随后就在李光馥不熟练的汉语中静静地倾听并微笑着，这第一面就让李光馥对李金鸿的敬重油然而生。本科毕业后，李光馥考取了中国戏曲学院的研究生，由李金鸿和张关正两位担任导师。在学习过程中，李光馥也时常感受到李金鸿的严厉，记得在学《穆柯寨》表现不到位时，李金鸿非常严厉的样子和声音，还打了手掌，说“以后就不会忘了”。在毕业演出、考研等重要时刻，李金鸿又一直微笑默默地在陪伴着她。如今的追忆令李光馥深感幸福。从李金鸿这里学习了《扈家庄》《穆柯寨》等戏，更从中获取大量有关京剧表演的知识和方法，这些令人难忘的教诲对李光馥的艺术观、教育观产生很大的影响。包括如何去了解人物，如何去表现在舞台；“演员要让观众看到你的优点”；人物情感与舞台动作的协调，程式化动作如何表现不同人物等。特别对李光馥后来从事的导演工作起到了重要作用，从她现在的作品当中能看到很多京剧表演元素及理念。2001 年 6 月 16 日，李金鸿 79 岁生日那天，在李光馥正式拜师仪式上，李金鸿向到场的艺术家、教育家们托付，帮助这位新徒弟，谈到“会把所知道的倾囊相赠，把她培养成一位优秀的京剧知音，为弘扬京剧，为中韩文化交流做一点贡献。”李光馥从 2015 年开始在中韩合作的戏剧创作中进行导演工作，在 2019 年第一届中国大凉山国际戏剧节上，作为韩国代表导演，参加孵化单元的“三国联合项目”，并参加研讨会，发表了学术观点。李金鸿实现了将京剧传播到海外的教育方向，这种传播不仅仅是学演京剧，而是将以京剧为代表的中华戏曲及中华美学融入外国文化当中，影响到外国人的文艺创作。李光馥不是第一个，也不是最后一个。李金鸿去世后，李光馥每次到中国有时间都会去给老师扫墓，跟老师聊聊天，就好像老师一直在身边似的。在李光馥心里李金鸿“就像一座大山。大山不会移动，就在那里，什么时候都能看得见”。①

李金鸿教过几位日本留学生，田村美华学习期间非常认真刻苦，曾彩排全部《打焦赞》，从文场的唱念表演，到武场棍的娴熟运用，脚下的步法圆场、腰腿等基本功都非常到位，几乎可以媲美专业演员。由此也使得李金鸿更加打开向留学生教学之门，而此后的又一位日本留学生木暮三津子是李金鸿晚年正式收的第二位外国徒弟。木暮在东京时就接触到京剧，并从袁英明那里听说了李金鸿的大名，于是带着忐忑又激动的心情来到中国戏曲学院。第一

① 根据李光馥提供文字材料整理。

次见到李金鸿，见老师戴着意大利狩猎帽，这样的艺术家风度深深吸引了她。李金鸿教学时温和优雅，并且教的很明确易懂，这使忐忑的木暮学习起来轻松了许多，但也有些好奇，问起老师一直这么温和吗？老师说现在严格的教学方式不符合时代，学生不一定会有进步，但学生本人要有对自己严格的学习态度。于是木暮更加刻苦努力，从练基本功开始，一点点死记硬背唱念，学会了《扈家庄》《思凡》《金山寺》《虹霓关》等戏。木暮留学期间曾接受过电视台采访，记者过来看课，看完后都很羡慕能跟那么好的老师上课，置身传统艺术的环境，在学校门口迎送老师，打开水带到教室给老师预备，还帮老师拿着上课的鞋。这是教传统艺术的老师和学生之间的信赖，才可以做到的，木暮越发感到自己的幸运。木暮十分景仰老师总是被学生包围着，每次回东京都想给老师带些东西，而老师每次都是不给她负担，只是让带扇子，说日本扇子比中国扇子小也好带。有一次给李金鸿从东京带了日本七福神的画，李金鸿笑着说："中国有八仙，可能他们过海去日本时有一位掉海里了！"下课后老师经常带木暮回家吃饭，蔡师母炖的鸡爪又肥又烂，晚饭后还陪老师和师母学会了打麻将。除了在家吃，还经常出去吃烤鸭、上海菜。跟老师吃饭时喝过石库门老酒，回到东京的木暮偶尔看到就会怀念老师。李金鸿还经常在餐厅吃完饭再点些鱼香肉丝、宫保鸡丁等菜让木暮打包带回宿舍吃，关心着木暮的生活。木暮管几次患癌的李金鸿叫作抗癌英雄，在治疗期间一点都不像病人，仍旧那么充满活力，似乎误诊了一样。他经常跟年轻人说，该吃就吃，该玩就玩，年龄大了就吃不动玩不动了。

2002 年 6 月 16 日，同样是李金鸿生日这天，木暮也正式拜在李金鸿门下，对于这位非常刻苦，并且非常诚恳地要拜师的学生，李金鸿也很是重视，同意收徒也是出于对木暮未来发展的考虑，了解日本很重视传统的师徒关系艺术流派等，觉得从事艺术工作在哪都是不容易的，觉得木暮会讲中文又懂戏曲，鼓励她从事中日文化交流的工作。在积极传播京剧艺术的同时，李金鸿始终关爱学生的成长，替学生考虑未来的发展。在拜师会上，同样对到场的艺术家们进行托付，并且嘱咐她有什么事就说，不用客气。果然学成回国的木暮找到了中日文化交流的工作，再到北京时探望老师，李金鸿由衷地替她高兴。在与老师相处这些年中，木暮也了解到老师的经历，并且听老师谈起过，有时候感觉自己和自己的艺术像一颗沉入海底的珍珠，等着被人发现，发现戏曲艺术的魅力和真实价值。木暮从李金鸿这里学到中国的戏曲艺术，老师还教给了她很多生活中为人处事的事情，处处关心帮助她。每每想起，木暮只想用“伟大”来形容自己对老师的崇敬和怀念。①

① 根据木暮三津子提供材料整理。

# 第七章

# 艺术及教育成就

8岁学艺，10岁登台，18岁搭班，30岁加入中国京剧院，50岁调入中国戏曲学校做教师，一直授业至87岁。李金鸿近80年的从艺从教生涯，与京剧、昆曲艺术深深地相融。从这一生的经历中，我们看到了他始终以开放的胸襟博采众长，没有被行当捆住手脚，从旦行到小生都有不俗的表现，又经历了编导的实践和管理岗位的历练，文武昆乱不挡已经不能够概括他的能事。这一生的积累造就了对戏曲表演技法的娴熟掌握，对京剧舞台方方面面的了如指掌，对人才培养的有效方法。对于他的艺术及教育成就，有必要进行全面的观察和提炼，希望能给同仁一些启发。

## 一、一出戏解决旦角表演所有问题

量的积累会带来质的变化，大量地学戏和实践一定会促成技艺的提升，这是毋庸置疑的。李金鸿的学艺演艺生涯就是这样，在中华戏校学习和后来经常上演的剧目达百余出。但是李金鸿的教学代表剧目，到最后基本只有四出，《扈家庄》《虹霓关》《思凡》《金山寺》，从1949年前搭班演出期间即向票友教戏，到中华人民共和国成立初期艺培戏校和中国京剧院的教学工作，再到“文化大革命”后正式调入中国戏曲学院（校）教学，教授最多的就是这几出。除此还有《佘赛花》《打焦赞》《穆柯寨》《樊江关》等，以及部分小生戏。但受益的学生们却都有相同的体会：一出戏基本就解决了旦角表演的所有问题。正如中国戏曲学院原副院长马名群所说：“他不是以教会学生某出剧目为目的，而是重在为学生打好专业基础。一招一式，一字一腔，精心教授，强调规范化，授课极为认真。”可以说李金鸿在旦角艺术的丰厚积累浓缩在了这四出戏中，这几出戏又有所侧重，有各自的训练价值，从难易程度上又有递进关系。《扈家庄》解决的是肢体、圆场、用枪和马鞭的基本规范和舞台节奏的把握。正如闫巍所说：“他不是给你说一个什么技巧，而是从四功五法，包括节奏上给你规范。”《虹霓关》有了与人物关联的柔媚的肢体和用枪的表现，极有特点且讲究。《思凡》在步法、腰、眼等方面有着非常丰富的表现手段，还有昆腔唱及念白的吐字劲头，唱与舞的过程中全身的连贯协调。按孙毓敏的话，“这是文戏的功夫戏，他很会教，不光是教数，主要是教了动作的元素……通过思凡我就知道怎么用腰了怎么用眼神手势了，我就开窍了，我就知道手眼身法步它们之间的关系……”。《金山寺》在《思凡》基础上更进一步，目标是气韵生动的表演，是人物情感的层层释放。针对学生的情况，在这四出戏中选择哪一出都可以解决旦角表演的基本问题，唱念做打全有，手眼身法步囊括。更重要的是通过一出戏的学习，在掌握技法的基础上，更有对人物表演的强调，有运用技法来表现人物的方法。掌握了技法，具备了演人物的理念，再去学演什么戏就都是手到擒来的事了。就像跟随老师多年的陈超悟到的“唱念、身段的规范及艺术思想是 1，戏是 0，学到 1 能生万物”。所以李金鸿传授的不是简单的一出戏，而是一套旦角表演的基本功法及表演规律，更蕴含着艺术观的影响。让我们再细致地来看李金鸿的旦角表演功法的要义，他的表演人物的理念和方法，还有他的育人思想。

## 二、“出不来”——激思维、传方法、传理念

在李金鸿的课堂上，很多学生都遇到“出不来”的情况，简言之就是在学习一出新剧目的出场动作时，李金鸿先做示范，学生模仿基本掌握了形后，这个出场动作会反复无数次，出来亮相后李金鸿就简单两个字“回去”，再来一次，还是“回去”，就这样一直反复到学生彻底蒙圈，此时李金鸿才会非常简单地提示问题，使学生醍醐灌顶，自此领会了受益终身的表演方法及理念。在这个“出不来”的过程中，李金鸿重点要传授的一个是表演方法，就是怎么亮相；一个是表演理念，就是带戏上场。

亮相，是戏曲舞台的一个表演手段，是形体配合眼神释放的一个相对固定的造型展示。特别是主要人物出场的第一个相，非常重要。演员上场一般至九龙口的位置，在锣鼓经或音乐中摆好造型同时配合亮眼神。这个亮相的技术，戏曲演员在初学时都会进行基本的练习，方法一般是：摆好造型，左手叉腰，右手拉山膀，眼睛随右手，山膀拉好后，头带着眼同时从手的方向快速甩头至正前方亮住，眼睛要瞪大看住一个点，也称变脸。在一些形体繁复的武戏表演中，更强调甩头变脸亮相的脆劲。经过中专几年的练习下来，都会习惯亮相是一定要甩头的。文戏中的亮相不会强调甩头变脸，但也必须

要有睁眼亮神的瞬间，这个瞬间同样在经过初步训练的演员身上会存在只瞪眼微笑而无神的状态。李金鸿主要教授的学生都是中专高年级、大学生，或是中专刚毕业工作的演员，还有已工作几年有了实践积累的演员。第一次进入李金鸿课堂，首先要改的就是这个甩头变脸的习惯，并且还会学习到亮相时眼睛的凝神，不能只是毫无内容的干瞪眼，而是要把整个人内在的神释放出来，这里的神就包括了这个人物的性格基调和此时的情绪状态。

笔者就是在大一第一堂课，向李金鸿学《扈家庄》时，经历了对亮相概念的彻底颠覆。出场第一个相摆好后，脸部要正对着最终亮相的方向，只许垂眼，不许侧头，在四击头最后一锣中，抬眼亮相。原来的是以甩头带眼神的亮相，此刻减掉了甩头的劲头，只抬眼皮，基本就不会亮了。经过多次反复后，李金鸿提示，整个人要立腰随着心劲把神放出来，但这个劲头却是练习了很久才找到。李红艳深刻地记着李金鸿说过："强调武戏变脸的误区，他说变的是眼睛并不是脸，女人要美要媚，跟大花脸似的大变脸哪行啊。"董圆圆对这个"出不来"的过程记忆犹新，《金山寺》一堂课都没出来，对于已经有了些舞台经验的她来说，多次的"出不来"把原先有的一点小自信全部消融，此时李金鸿一句话点醒"我不要你变脸瞪眼，我要你那个光，满屋都是黑的，你把灯绳一拉开，叭亮了，你要出那个感觉"。田冰遇到同样问题时得到的提示"长身"。这里的提示，一个"放光"一个"长身"，就成为亮相的要领，人物的神采持续地，源源不断地向观众释放出去的，这样的人物才是生动的，这其中依靠的又是气息的流畅贯通。乔丽也有同样的经历，学的是《思凡》，带着首届青京赛金奖光环的她，也在"出不来"的过程中彻底失去小骄傲，随后李金鸿一句"你的出场让我看到的是大奖赛乔丽的出场，而不是《思凡》中的小尼姑出场"。自此乔丽心悦诚服，见识了大学教授李金鸿的本事。

这个提示，反映的则是李金鸿表演人物的理念，也就是带人物上场，或称带戏上场。李金鸿对每出戏都会给出人物基调，非常简单的表述，但切中要害，形象地提炼出人物的精神世界，再辅以四功技法进行人物的呈现。比如《金山寺》的白娘子是"可怜"，《扈家庄》的扈三娘是"傲气"。那么在人物一出场的动作过程及第一个亮相时，就要鲜明地传递出这个人物基调，实现带戏上场，亮的相就是这个人物，而不是演员纯形式的微笑瞪眼。从亮相的方法"长身""放光"，到带人物上场，两者融合起来，持续释放"人物之光"，而不是简单的“演员之光”，这个最重要的人物出场展示才能达到最佳的状态。

“身段谱口诀”中有“瞅地取神”[①]的概念，与李金鸿不甩头变脸的亮相原则是一致的。从“身段谱口诀”的来历，到李金鸿的学艺经历，可以让我们反思，是否我们的中专开蒙教育，在这些年的传承和发展中，至少在亮相这个环节中走入了误区呢？当然普遍的“甩头变脸”式亮相也许是开蒙的必经之路，这是另一个课题。好在无论经历了哪个地方中专教育的学生或演员，遇到李金鸿，能重新认识亮相这个最基本的技法，并成为终身受益的表演要点，并且出场的第一个相只是“一”，以此“一”可以反“三”，整个舞台表演过程中神采的绽放就有了可遵循的原则。

我们再来看李金鸿采取的教学方法，在示范几次后，学生模仿练习，反反复复“回去”，不直接告诉哪里有问题，最终提示的内容，也并不是具体的形体动作。可以说他在口传心授的传统教学过程中，采取的是有节的示范，重点放在了激发学生自己去思考，而不是简单的形的模仿。在学生反复达不到要求的时候，他常说的也是“不对，再来，想明白了没有”，强调的是“想”。特别是第一次课，是重新归路的开端，需要这种反复强调，尽管看上去消耗了较长的时间，但能够使学生印象深刻。在整出戏的教学进度中，也是前面比较慢，务求把基本要领砸瓷实，后面再学起来才会越来越顺，自然就会越来越快。正如李金鸿本人对学生的希望：“学东西的时候，不要死模仿，死模仿是没有出息的，还是把我到底为什么这样做，精确地理解了，不要去生搬硬套。真正有出息的演员，还是应当学精髓，在他的精神的基础之上，然后自己来摸索，再创造。”[②]对学生要求学的时候不要只是死模仿，而是要理解，要思考为什么，对教师来说则是“不要在这程式上头抠它没结没完。手高手低了的，这是次要的，主要还是表演人物，人物的需要，你手高一点就高一点，低一点都无所谓，主要内心的感情表达出来就行。”[③]不死抠动作，引导学生自己去思考，对于习惯于模仿的学生是非常重要的思维的激发，自此学生开始带着脑子去模仿，有了自己对人物的理解，对动作要领的反复琢磨。机械式

---

① 钱宝森口述，潘侠风整理：《京剧表演艺术杂谈》，北京市戏曲编导委员会编辑，北京出版社，1959年，第65页。

② 李金鸿《扈家庄》教学录像，中国戏曲学院录制。

③ 中国文学艺术界联合会，中国京剧晚霞工程：《李金鸿 鸿雁高飞》专题片，中国文联音像出版社。

模仿开始有了转变，很快就会步入“开窍”状态，表演也逐渐摆脱青涩成熟起来。

看过李金鸿教学的叶少兰这样评价，“不但给你做示范，他能给你讲明白了，让演员明白了为什么要这么做。这就是教授，教育家啊，这是教学的高境界。”这是李金鸿教学的理念，不局限在具体的程式技术上，重视的是道理，采取的是向表演技术提问的方法，过程注重让学生主动思考。并且非常重视第一次课上的引导，能明确地让学生认识到从学习方法、艺术理念都要有所改变，有了这样的开端，很快师生就达成一致的方向，顺着这条正路走下去，成果立显。

## 三、中正大气之规范，步、腰、眼灵动韵味之美

对李金鸿艺术的评价，最多的就是“规范”“美”，那么这个“规范”到底是什么样的，而“美”又美在哪里。

### “正”和“圆”是规范的要义

戏曲舞台讲究“子午相”，上下身以腰为分界方向相反，这样看上去，形体的感觉不会因“整”而失却美观，但对“子午相”的理解也会有失偏颇。现在的舞台上我们经常会看到亮相及舞台行动的过程中，有倒肩、歪头、拧颈的情况。在李金鸿的身上，可以看到上身纯粹的“正”，也就是从头部、脖子到整个躯干部位是一个整体，几乎没有任何角度。下巴正对胸口，整个上身是跟随着腰部的左右拧动而动的。双臂缓手等动作也是随着上身的位置，在身体正前方来做，不会出现身与臂的脱节。初接触李金鸿时，有些已有舞台经验的演员会感觉，“这怎么这么整啊”，横平竖直，甚至有点直不老挺，然后按自己理解的去找美，就发现不是老师的味道，慢慢地看出这种“整”在老师身上就很美。这种“整”说到底就是“中正”之“正”，是一种不偏不倚的得当和适度，是一种大方端正之美。而实际上李金鸿在上身看似板正中实现的美感，是与腰的极致灵活密切相关。

图 7-1　李金鸿（右二）教学

"圆"也是戏曲舞台的一个审美原则，这里我们只谈形体之"圆"。对"圆"的重视是没有歧义的，但真正能做到"圆"却又需要一番功夫。比如最常见的开蒙就练的"山膀"，至今到大学阶段的学生仍会出现这样的表现：手腕打折，手指尖和小臂几乎呈 90 度直角，谈何"圆"。李金鸿的山膀，从肩到指尖都是以圆弧状态顺下来的，肘不出尖，腕无死角，由山膀而及的上托掌、下按掌等均是圆弧状态，这是静态的。在动作的过程中，这个"圆"就更难体现。"云手""导手""缓手"等双臂或单臂的动作过程，仍是极易出现肘部和腕部的棱角，或是双臂较直的状态，究其原因主要就是手太贴身，双臂在运动过程中距离太近。张火丁学《金山寺》时就深有体会，"李老师身上太规范了，中规中矩，哪儿都是圆的，没有一点儿瘪的地儿。"在"圆"的基础上，双臂的开合又非常舒展，以李金鸿的身材，那种大开大合的幅度之大超出想象，但却是那么的协调，呈现出大气大方的味道。

上身是"正"的，双臂是"圆"的，一"正"一"圆"一板一柔，规范大气中又恰是阴阳相生的一种互衬之美。

图 7-2　李金鸿示范旦角踏步亮相①

## 丰富自如的步法是美的基础

演员演戏除了插翻，都必须走上台，所以脚下功夫是基础中的基础。脚步、圆场是最基本的步法。一般我们说“走脚步”“跑圆场”，基本概括了这两种步法的区别。脚步属于慢节奏的走路状态，圆场是快节奏的跑步状态，所以慢脚步、快圆场这是基础的功夫，演员都会重视，也掌握较好。然而真正用到戏里，是会出现很多不同频率和步幅的用法，如果练习不到，就会出现只会走慢脚步，稍加速就失却平稳，或者只会跑小碎步圆场，无法放大步提速且保持平稳，或者没有过渡脚步，由慢到快、由快到慢都很生硬。在李金鸿身上，可以看到非常丰富且自如变化的步法，姑且分为这几类：慢脚步、中速脚步、快脚步；碎步圆场、稳圆场、大步圆场，还有很多配合表演的特殊步法。

以《思凡》为例，丰富的步法体现得尤为鲜明。前半部分整体节奏相对平稳，保持走脚步的压步状态，配合加大的步幅和略紧的频率来区别快慢，

① 黄育馥：《京剧、跷和中国的性别关系》，生活·读书·新知三联书店，1998 年，第 84 页。

极少用到跑起来的圆场。比如出场，前面三步踩着小锣的节奏，是慢脚步且步幅偏大，接着根据场地大小，是更连贯些步幅适中的中速脚步走到位。再比如【诵子】中末句“南无阿弥陀佛”，由 3 方位向 7 方位走，此时距离较远，但仍是走脚步的感觉，放大步幅略提速，必须压着步子走，不能跑起来变成圆场的状态。到了后半部整体节奏提起来，【哭皇天】是以色空看到罗汉时的有趣感受为核心，表现出色空鬼精灵的样子，这时碎步圆场用的就多了，脚步与碎步圆场衔接时，由慢到快顺畅地过渡。【风吹荷叶煞】一段时，是色空义无反顾地往山下逃的过程，此时就全部是圆场“跑”的状态了，但同样也有变化。刚逃出山门更多的是小心，脚下偏稳多用碎步圆场控制节奏。到“说谎的僧和俗”之后，表现出反叛情绪，舞台节奏也催起接近高潮，直至“哪里有天下园林树木佛，哪里有枝枝叶叶光明佛，哪里有江湖两岸流沙佛，哪里有八万四千弥陀佛”，这四个“哪里有”时，调度非常大，从 3 方位沿台边跑到 7 方位再到 3 方位，再接大半圈圆场到台中，脚下必须是快速且稳稳的大步圆场，否则根本跑不到位。到最后一句“凭他打我骂我说我笑我，一心不愿成佛不念弥陀”，此时是色空成功跑下山的最后一刻，是全剧的高潮，必须表现出色空对追求新生活的极度渴望和欢跃心情，是“跑”得最快最激动的状态，近似一个横着的“8”字路线，要放开步幅以最快的圆场跑满台，配合腰部及双臂执蝇麈和素珠的动作，最后接“下山步”摔“卧云”一气呵成，把色空摆脱枷锁畅快淋漓的情绪传递给观众。剧中还有很多其他的步法，除比较常见的云步、搓步等，还有“下山步”“踩拧步”“颠笑步”等，后两种是笔者按照步法基本样式姑且命名，谈不上严谨，但与步法本身的表现要领基本接近，学过此剧的人一看便知。

李金鸿还会经常用到一种“存推步”，与程派脚步略接近，贴地出脚不落地，后腿向前推，前脚再落地，在这几出代表剧目中都有用到。还有进出门，也是与众不同的，是吸腿存身。动作过程是这样的：吸左脚贴右小腿——存右腿——出左脚——后腿前推——落左脚，同时有腰部的配合和颈部的自然跟随，非常柔美有韵味的过程。包括归座时的步法，一般都是双脚并拢，一手向后提线尾，微向前躬身坐下，防止线尾压得过紧。李金鸿在坐时，左脚在前右脚在后，是前后脚，基本就是坐下后的脚的位置，以右腿为重心，左腿微虚下坐，身体保持归座前的动作，微低头眼向右脚看，表现看着椅子落座，右腰随身体呈现出微侧的曲线，在柔美的形体状态中不动声色地用低头完成提线尾的任务。所谓的讲究就在这些细节中。

各种步幅、频率的脚步和圆场，基本要领就是“稳”，正如《梨园原》列出的“艺病十种”中“曲踵”一病，要注意“万不可如平人随便走路，曲直不定也”。① 各种步法都必须始终保持平稳，不能有上下起伏，一步一“颠”的感觉。这些丰富的步法经过有效的训练，达到娴熟的运用，才能在舞台上做到自如的行动，是一切表演的基础。

### 极致的用腰是美的中枢

李金鸿经常强调“腰眼不活不能唱旦角”，这一点，应该成为旦角演员心中坚实存在的一条形体表演准则。前文所述规范的要点在“正”，而这种上身的板正，恰与腰的极致灵活又形成一对阴阳互补的关系，在规范中蕴含了古典女性的优雅袅娜之美。

“腰活”就是以腰部为轴，以其灵活的律动来呈现女性的婀娜多姿。但是腰的“活”到底是怎样的“活”法，我们可以在舞台上看到各种不尽相同的“活”。侧腰、旁腰、拉步、胸腰等的。从李金鸿这里学到的腰部的“活”，是一种极富哲理的相反相成的表现，可以提炼为以下几个维度。一是“整身拧腰”。腰的拧动基于躯干的整体性，腰部带动躯干整体向左、向右转动，躯干部分的胸、肩以及颈部都是一个整体。并且腰部这种拧动，是要用到极致的，拧到不能再拧，躯干则不能有任何偏和倒，胸部不能腆，肩膀不能歪，脖子不能犟劲，这样看起来整个人是在端端正正中实现婀娜的体态表现。二是“左右平移”，躯干不动，只是腰部的向左和向右的拉动，躯干部分整体自然跟随，同样不能倒肩，颈部放松会有自然的反方向微微扭动，这种“平移”也是较难掌握，易倒肩膀或者颈部扭动过度，而这个“平移”恰恰还是脚步用腰的要领，要杜绝以肩代腰的用法。“左右平移”也是整个腰部练习最核心的内容，是李金鸿强调的练习方法，要求同样要向左向右尽量移到头，并且上身保持平稳不能乱动。三是上下用腰，也就一般讲的向上的“立腰”和向下的“松腰”。这个要领，在钱宝森述录的“身段谱口诀”中也有类似描述，即：“一长

① 中国戏曲研究院编：《中国古典戏曲论著集成》（九），中国戏剧出版社，1959 年，第 14 页。

一松，身段神灵”[1]（“长”音“涨”，意为向上立腰，下同）。“长”和“松”是上下两个相反的方向，在上下运动的过程中，不能完全垂直，这样就又兼括前后左右，至少有六对运动方向，“长—左松”“长—右松”“长—左前松”“长—右前松”“长—左后松”“长—右后松”，注意此处没有直接往前和往后的，因为没有曲线。“整拧”“平移”“长松”三个大方向融合在一起，就实现了腰部的上下、左右的全角度极致运动的“活”。在“身段谱口诀”中有个“轱辘椅子”[2]的练习方法，训练的就是腰部的灵活运用，但描述较简单，笔者以为应包含了腰部平行近乎360度的整圈运动，一般在戏里较少用到，但是却是很好的训练方法，可资借鉴研究。

在李金鸿的课堂，怎么练出如此丰富灵活变化的用腰呢，首先在练圆场时就会同时练习“整身拧腰”的动作。跑圆场面向圈外起“顺风起”式，上身的方向与脚的方向努力呈90度，彻底打破往哪跑上身就冲哪的“整身”状态，也不同于有些圆场训练时拧身冲圈里的方法。经过一段时间练习，习惯了整拧腰后，无论在哪出戏里，在动作过程中自然就会呈现“留身”的姿态，脚下的方向与上身始终保持至少45度的角度，比如脚下往左跑，上身冲右侧，往右跑，上身冲左侧，总之上身不能跟脚的方向一致，要留在脚后面，其实也是“子午”的原则。在《扈家庄》《金山寺》等戏中人物出场的动作就是这种拧腰的状态，脚冲下场门方向跑圆场，上身冲天幕方向。史依弘在学习《金山寺》时把这种拧腰的劲头形象地称为“拧麻花”，颇得李金鸿首肯。在《思凡》中“舍入在空门为尼”“只听得钟声法号”这两句的动作，调度一致，一个是脚步一个是圆场，腰的拧劲几乎使脚下方向与手的方向达到了近180度的直线。就像李金鸿常说的“在别扭里找顺”，如此无限的拧腰必须有整体的协调，气息要通畅，各处均不能使横劲，否则就真拧巴了。这样的姿态就是戏曲追求的阴阳为根基的美，似乎处在矛盾之中，但是却是相反相成的，有着负阴抱阳的和谐美感。

《思凡》是“以戏带功”“以戏练腰”的最佳剧目，腰部的灵活运用，更是全方位覆盖了“坐”“立”“行”三种基本姿态。特别是【山坡羊】【采茶歌】

---

① 钱宝森口述，潘侠风整理：《京剧表演艺术杂谈》，北京市戏曲编导委员会编辑，北京出版社，1959年，第65页。

② 同上，第29页。

两段曲牌的表演，有一大半是坐在椅子上进行的，这种“坐”着的形体表演是比较少见的。“坐”着表演，直观上看是以双臂的动作来表现，然而实际的核心还是在腰，配合脚带腿的方向变化，腰部的左右、前后移动与“长松”的变化，来带动上肢的运动，使整个人即使是坐在椅子上，形体表演也是很灵动和美观的。如【山坡羊】“小尼姑年方二八”中的“二八”两字，左手正反两圈绕蝇麈呈“二”字手型，配合唱腔有两次亮眼睛，此时上身冲下场门方向，绕蝇麈时腰部向椅背方向松靠，手绕到位后即立起腰，再向右前方冲观众松腰同时亮眼睛，整个过程腰的松—长—松带出一个圆弧路线，坐在椅子上的人立刻就活起来了。

李金鸿用腰的活在“叹气”这个情绪表现时，也是非常有特点的，生活中叹气人是随着气向下松腰的，舞台上大多叹气也是如此。而李金鸿的叹气恰与生活中的叹气相反，腰是向上挺的。如《思凡》四句诗中的“禅灯一盏伴奴眠”，道白中“到晚来孤枕独眠”，【采茶歌】“唯有莲经七卷最难学”等，这几处最后一字都是叹气的动作，是这样表现的。腰先长起，带右手抬到右上方，左手在胸前，接着腰向下松带双手下落到腰部位置，此时腰要松到极致，就好像人在生病时没有气力，腰直不起来的那种懈怠感觉，随后双手做拍腿动作，同时腰部由松迅速立起，这个立起的过程，会很自然地由右后方向左前方移动，又是一个抛物线似的圆弧，更增添了曲线美感。这个叹气的表现过程经过了腰部的长、松、再长，而最终迅速立起的瞬间就是生活中叹气时腰身向下的那个瞬间。这个叹气的动作，在学的过程中很难适应，此时李金鸿会在学生后面“啪”突然拍腰部，感受突然立腰的反应。在《金山寺》中也有几处同样的向上立腰的叹气表现。经过反复练习到位后，这个与生活中正相反的腰部运用的叹气动作，又是一个“在别扭里找顺”的典范，但恰恰能反映出人物的不满和反抗精神，也是戏曲源自生活夸张表现的极佳例证。

腰部的运用，无论左右、上下，都要到达极致，要拧到不能再拧，要长到不能再长，松到不能再松，可以用“无限的腰”来描述，在用腰的时候不要客气，不要含蓄，尽最大限度去正确运用。无论左右拧还是长松，在极致的同时还要确保上身的端正及全身的协调，把握了这些用腰的方法，化在自身形体表演的习惯中，无论什么气质的角色，在舞台表现时的优美曲线、婀娜身姿、灵动娇俏，都会自然流露。富有阴阳哲理的美学精神，在灵活的腰部运用中得到完美的展现。

图 7-3　李金鸿教《虹霓关》

**基于情理的眼神是美的核心**

演员在舞台上的表演，归根结底吸引观众最直接最核心的就是眼神，观众会跟随演员的眼神去体验人物情感，进而再通过唱念做打的技术来丰富对人物的感受。李金鸿的“美”，除了形体上的表现，就是眼神，也是令很多学生难以忘怀的。无论是懵懂的小尼姑，想象美好爱情时的紧张羞涩，和逃下山时的叛逆果敢，还是白娘子满腹心事的委屈与坚定，抑或扈三娘一身本事的傲气，东方氏初见王伯党时的率性入迷，还有穆桂英、佘赛花遇到杨宗保、杨继业时的各种心思，真真是眉目传情，摄魄夺魂。学生在学戏看老师示范时都会看傻，更何况扮上戏在台上的眼波流转，遗憾我们没能看到李金鸿在舞台上的眼神，只能从剧照中体验，从当年观看过演出的评论者的文字中感受。

最妙者乃其双瞳剪水，眼大而眶不大。眶大则成蜂目，眼大而眶否，只觉其凸。粉水溶溶，卢瞳灼灼，而点漆凝脂之美，当表情时，便似三五良宵，清辉迸射，吾之形容，见者或嫌“过火”。

……见王九妈之周旋，更如乔鹤不群。索报酬时，语语入妙，及曰："我帮帮你这也没有什么嗒"，王九妈甫答应，下即改变口风曰："还是不成！"四字干板垛字，加以银海秀目大双眼皮向下一"搭"，此种神态吾无以名之，只可仍曰"风流"。①

金鸿表演摸砖，砖牢难拔，以致伤指，动作明净，想见黛眉愈蹙，回手从头上拔金钗，刺拨四周之土，最妙者在土起眯眼，一手扇擢，而一眼微睁，一眼似闭非闭不住开阖。金鸿之目黑如点漆，白若凝脂，灿似明珠，清逾仙露，即其不动亦若西泓秋水，况此波生银海溶溶欲泻，此以较之"小独眼"者，盖不侔矣。②

我们能从这些文字中去想象现场的表演，学生们也会在李金鸿做示范时看得目瞪口呆。那是有故事有内容的光芒，没有人会不被吸引。

美的前提是"真"，对于眼神的运用，李金鸿首先强调的是对人物心理的理解和真实体验。《思凡》中"他把眼儿瞧着咱，咱把眼儿觑着他，他与咱，咱共他"其中有三个"他"字都是亮眼神的，但却是完全不同的，"第一个'他'，是用惊喜、疑问、忐忑不安的眼神表现出'那少年子弟为什么看我'的心情。第二个'他'，则是用含羞、不好意思的眼神表现小尼姑因对少年子弟有好感，忍不住也想偷看他，没想到一看时，发现对方正注视着自己，立刻显现出娇羞的神态。第三个'他'，却是用纯真、欣喜的目光表现小尼姑对少年子弟一见钟情，流露出'你喜欢我，我也喜欢你'的心情。"③这三个不同的"他"重点在第一个，后面两个"他"都包含了喜欢和害羞的情绪，只有第一个是头一次与少年子弟对上眼神，情绪是非常丰富的，首先是有一惊，"他为什么看我"，然后有忐忑疑问，琢磨怎么回事，又想再去看看，再之后才是一点点小喜悦和害羞，"他是不是喜欢我"，至少有这三层变化，非常的细腻。具体到表现时，第一眼刚看到的反应，先是有点儿惊马上躲闪，垂向地面，然后眼珠左右闪烁，表示忐忑嘀咕，再然后柔下来配合微笑，流露出喜悦和

① 景孤血：《孤血谈剧——李金鸿一致此乎？"占花魁里占花魁"》，《立言画刊》1940年第112期。

② 景孤血：《孤血谈剧——记李金鸿之〈水牢记〉》，《立言画刊》1941年第164期。

③ 李金鸿：《谈韩世昌先生〈思凡〉的表演》，《中国京剧》2003年第7期。

羞涩。而这个表现过程，如果演员自己不想明白，只是单纯地模仿，是表达不清的。李金鸿会带着学生去想明白此时人物的心理过程，再去清晰地表现。

《佘赛花》中佘赛花与杨继业路遇一场初次见面时的眼神，给学生都留下深刻印象。李金鸿会将更多的时间放在讲眼神的含义，为什么这样做，而不是简单重复地示范。他对学习杨继业的宋小川讲，“看旦角不能看太长时间，眼神过去一惊讶一领略，有那种刺激到你的感觉。看的时间长短很关键，多一秒让人讨厌，但是少一秒又没做到家，过于草率表达不清情绪，观众看不清楚。我们演的是古时候的人，那时男人女人都不可能直接就看对方脸和眼睛的。‘叭’两个人在路上不小心碰到了肯定是眼睛先看地啊，然后从脚一点点打量着往上看，一下再看到眼睛了，是很含蓄的，点到而已。”① 如此这般细致地告诉学生眼神表演的方法，更强调演古典人物的原则，讲究表演的情理和分寸。当年学佘赛花的乔丽一直把握不住眉目传情的表现，李金鸿一点一点讲解、启发、纠正，使乔丽有了含情脉脉的表演，懂得了单纯的模仿是不够的，利用程式来丰满人物才能更好地塑造每一个鲜活的艺术形象。同样学《穆柯寨》的李洁也是在李金鸿的细致讲解中，开始琢磨人物心理，进而用眼神去表现，表演人物的这层窗户纸捅破了，开窍了。

叶少兰在与李金鸿共同指导梅兰芳的音配像《穆柯寨·穆天王》时，看到李金鸿给学生说戏，发现“他能够讲出人物的心气，讲清楚眼神的功法，眼神也有功法，不是瞪眼就是眼神啊。眼神为什么要放在这儿，她看什么呢，她想什么呢，怎么才能够美。”② 从如何去运用眼神表演的教学过程中，我们可以更深刻地感受到李金鸿对人物表演的重视及由此体现出的有限示范，引导学生理解人物、体验人物的教学方法。

眼神运用同样有规范和技法，用眼的规范也同样体现在“正”，眼睛看哪首先头一定要跟过去，黑眼珠始终保持在眼眶中间，不能斜着看，除了比较特殊的人物，比如潘金莲、阎惜娇等带有不正派味道的人物，是可以斜视用眼的。即便如《虹霓关》的东方氏，李金鸿传下来的表演，也没有丝毫过火的风格，在见到王伯党时被迷住的眼神，是非常纯粹的动情沉醉，我们从李金鸿与叶盛兰的剧照中也可以仔细观察那种含蓄的用眼。

---

① 2019年9月5日，宋小川采访记录。

② 2020年4月22日，叶少兰采访记录。

具体的用眼技法，有“虚实相衬”“以闭合带提神”等。“虚实相衬”的用法如《思凡》中念白“光阴易过催人老”，色空在想象自己慢慢衰老后的样子，是一种想象中的状态，所以眼神从前场掠过时不聚光，眼皮微合，是“虚”用。但马上接下句“辜负青春美少年”时，眼神由迷茫的“虚”变成“实”突然放光，是想到了“青春”“少年”时的反应。【山坡羊】“见几个子弟们”，也是虚用，这里表现的是想到曾经看见子弟，与想象又有区别，虽然也是从前场掠过没有具体看某个点，但眼皮仍是张开的，神是有的，只是表现出来的是“想到前几天看到的子弟”这样一种状态。紧接着“游戏在山门下”，就从想事的状态变为再现看到子弟们的神情，眼神马上转为“实”用，就好像你正在看着子弟们在游戏。再如《扈家庄》扈三娘武艺高强，与王英对打时都不用正眼看着，“觑着他汗淋淋忙躲避”一句，“虚”用瞟向王英的方向，再接下句“俺这里何曾用力”是告诉观众自己根本没动真格的，“实”用跟观众交流。这种“虚实相衬”的变化，使得眼神传递的情绪非常丰富和准确，很能抓住观众的视线，使观众跟随演员投入到观演体验中。

“以闭合带提神”，也是非常具体的方法。就如同“瞅地取神”一样，在比较醒目重要的亮相时，眼睛要先垂下来，到该亮相时再立腰亮神。这里所说“以闭合带提神”，是在一些非常灵动的眼睛变化时的一种方法。仍以《思凡》为例，“昔日有个目莲僧”的“僧”，“救母亲临地狱门”的“门”，“游戏在山门下”的“下”，基本一样的开门的动作，眼睛先看向左下方，再看向右下方。在先看左侧时，比较自然地会有由垂到抬的亮，而自左向右时，因为这个过程很快，就比较容易直接移过去，看右侧时就缺了一个亮点。怎么能看右侧时也有亮点呢，就是“闭合”，在看右侧亮的瞬间合眼皮再抬起来亮，其实就是一个快速的眨眼过程，这样亮点就都展示出来了，也显得非常灵动。这种方法究其根本，其实也是相反相成的原理，我们讲得比较多的是“欲前先后”“欲左先右”这类形体上的相反相成，用眼的“欲亮先合”同理，懂了原理，就随处可用了。

眼神的运用，无论什么技法，归根结底又必须经由演员对人物的情感体验，才能准确地从眼神中传递出来。因此，李金鸿会把很多时间花在引导学生去寻找人物的情感状态上。

## 四、有法可循的舞台节奏

舞台节奏是影响观众审美体验的一个重要因素。戏曲的舞台节奏，综合了剧本、音乐、表演等各方面。以传统剧目为例，传承下来相对固定的路子，首先是按照剧本及音乐框架有一出剧目的整体节奏，再从表演来看，从看似变化不大的表演路数及唱念做打的技术展示过程中，反映出演员对节奏的理解和把控。李金鸿在表演节奏方面的理念，一是建立在对人物的理解上，二是遵循着以阴阳哲学为根源的戏曲美学的原则。具体体现在对全剧的节奏把握，和表演过程中的细节掌控。

口传心授传下来的传统剧目的表演样式基本是固定的，整体的节奏相对固定，但如果不深入研究，也体会不到各场次乃至整出剧目的节奏，极易演成“一道汤”。在这方面李金鸿是非常重视的，而对于一出剧目整体节奏的把握依然建立在戏情戏理和人物情感基础之上。以《金山寺》为例，白娘子六段曲牌法海三段曲牌，一共九段唱，节奏随着情绪变化。温婉善良的白娘子，做好了求法海的准备奔赴金山寺。第一段【醉花阴】是对当下情境的一种陈述，贯穿委屈可怜的情绪，重点是对许仙的怨和担忧，节奏四平八稳。第二段【喜迁莺】，是对法海委婉的说服夹杂着“心焦”，是先礼后兵的状态，稳中略带焦躁。头半部分结尾有“俺来擒你也”的警告式的小试锋芒，随即在【急急风】锣鼓中快速圆场登船跑下，将节奏提了一下，表达白娘子讨回许仙的决心。此处下场，推测最初的编排主要是给演员缓口气，因此设计时在下场前有一个快节奏的变化过渡。再上场时第三段【出队子】，节奏又趋缓，白娘子还是想再试试去哀求法海，在缓中夹杂了克制。接着仍然没有结果，才有了“只看俺女罗刹将恁万剐凌迟”的决心，也招来法海的禅杖，自此节奏催起来。到第四段【刮地风】从唱到动作节奏和力度均有了明显的变化，按李金鸿的话“你都挨了杖了”，就不能再四平八稳，整个人都要拎起精神来，清晰地表达怨愤。随后法海再下风火蒲团，白娘子和青儿拔了剑，第五段【四门子】的双剑表演就是这一折的高潮，但这段表演的节奏却恰恰不是最快的，比【刮地风】略缓一些，但却是最流畅的，是情绪的酣畅暴发，在双剑极富韵味的表演中表达出明确的决心，而不仅仅是风风火火，如果真的风火起来，就不是白娘子这个人物了，所以依然是含蓄的表达。“分寸”，是李金鸿非常重要的艺术观，“水满则溢”，他追求的是宁可欠一分的恰到好处，给观众留下想象的空间，带来绕梁三日的审美体验。这恰是中国古典哲学“中和之道”基础上的“中和之美”。

具体到身段表演节奏的把握，李金鸿认为所有的节奏都与气口有关，气口不只是唱念中非常重要的法则，也同样是身段武打的节奏掌控的关键。“身段的节奏与气息的运用都是重要的，什么地方轻，哪些地方重，比如四击头哪一锣要提气，哪一锣松气等等，都是有法可依的。因为气息用好那就刚柔清楚，节奏鲜明，动作的层次有了，观众看后就有味道，会感觉演员的表演经琢磨，这就非同一般了，能够达到京剧艺术的美。”① 让我们再从一些细节中来了解节奏的法则是什么。先来看李金鸿最重视的人物出场。以《扈家庄》为例，带着“傲气”的人物基调，拧腰小碎步圆场冲出——快而稳；“四击头”第一锣亮背身相——静而不止；二三锣，圆场逐渐加速，路线由圆到直线，以演员最冲的脚下功夫展示扈三娘这个人物高超的武艺——稳起至最快；底锣时脚下戛然而止摆好造型，整个人由最冲的状态停止，配合吐气沉气——放松；第四锣亮相在看似静止的造型中，持续长腰释放人物之光——亮相放神。整个过程不过 15 秒，却蕴含了：稳—静—冲—松—亮的节奏过程。以李金鸿“气口”的概念来看，这个四击头最重要的气口有三处，头锣、二锣、底锣。头锣是个造型，很明确的气口；二锣是在渐快的圆场中的直角转折路线，同时猛提速的气口变化，配合了明显的吐气和松腰，在《金山寺》的出场中也有相同的表现；底锣则是李金鸿所有亮相中的一致原则，一定是松的，沉气的，为亮相提神做好准备，仍然是相反相成的道理，如想提神，必要松神。这个底锣的要领，闫巍把握到了精髓，吐气放松的状态带动了肢体，使肢体也呈现一种松弛的活的状态，而不是在底锣时就全身僵直摆死准备甩头亮相，而实际上这个底锣的时长也与松弛的程度相关，越松就会越长，越长最终亮相的释放就越有光芒。仅此一例就足够后学研究一生，这其中包含了气韵生动的表演应把握的气息的运用，如若展开又是一幅精彩至极的画面，想来就足以使人兴奋不已。

① 李金鸿遗稿，《谈五法》。

图 7-4　李金鸿示范旦角用枪

舞台节奏的把握原则总体仍然是遵循了“阴阳”哲学的原理，无论疏密有致，刚柔并济，张弛有度，快慢相宜，都是辩证思想的体现，但绝不是简单的对称表现，在整体表演中的变化设计也是有讲究的，并非平均的快一阵慢一阵，刚一下柔一下，而是看似无规律的错落有致，其中蕴含着可循的章法。李金鸿认为“所有好演员都有这套本领，这些法则的运用是从实践中摸索出来的，悟出来的。所以看好演员演出轻松有力，动作优美，处处都美的，没有给观众在舞台上拼命用力地喊或拼命地舞刀弄枪，累得气喘吁吁。用我们的俗语说是‘啃台’‘洒狗血’‘乱抖手’‘狠跺脚’，叫观众看到这演员真卖力气，多可怜呀，赶快叫好吧！”① 由阴阳相生的舞台节奏又延伸到了审美观，你追求什么样的舞台效果，是从细腻讲究的节奏中激发观众的审美体验，还是靠无节制的卖力气来刺激观众感官，而实际上这种刺激都是转瞬即逝，能够给观众长久回味的，正是负阴抱阳的规则，以及恰到好处的中和之美。

舞台节奏看不见摸不着，但却恰恰是能够区分演员艺术水准的一个重要标准，是能够给予观众高级的审美体验的要害。李金鸿把握舞台节奏的原则，以“气口”为核心要义，也是众多前辈艺术家实践中悟出用到的，值得戏曲从业者深入细致地研究，提炼出更为系统的规律及法则，用以指导当下的舞台表演及人才培养，包括引导观众的审美方向。这样的工作是有意义的，任重道远。

① 李金鸿遗稿，《谈五法》。

## 五、重视人物表演

李金鸿大气唯美的艺术风格，更重要的是贯穿了重视人物表演的思想。向李金鸿学习后，史依弘深刻地感觉到，李金鸿是在塑造人物上极下功夫的，而不是仅仅的表现技术。比如《金山寺》的面部表情应该是什么样的，《扈家庄》怎么用眼睛，怎么体现出“小觑王英”，头怎么摆就能显得这个人特别傲气。通过一套技法来表现出“一丈青”这个人物，这是戏曲塑造人物的高级的方法。李奕洁在学习《穆柯寨》时，在李金鸿引领下开了窍，开始懂得了表演的根本。李金鸿非常强调穆桂英此时的年龄、身份、性格；强调见到杨宗保时、说亲时心里羞涩的细腻表现；强调准确把握当时的心理过程。同时又有着具体的通过眼神来表现人物的方法。包括在打快枪、对枪时，不放过每个细节去传递人物的情感，而不是打套路打数。学生们从一出剧目的学习中收获了对人物表演的重视，树立了运用表演技法去表现人物的理念，由此渐渐研究把握塑造人物的方法。这也是戏曲艺术创新的必由之路。

图 7-5 李金鸿教《扈家庄》

叶少兰认为“金鸿老师的武戏是刚柔优美，他在特别激烈的武打、武戏的身段当中，他在表现巾帼英雄，女性的有武艺的人物……武旦说讲究眼睛的神气，讲究眼睛的柔美，讲究武旦当中见人物，金鸿先生是个贡献，他对武旦是个贡献。不是说武旦就是武功，就是溜，说亮相就是脆就是美。要不要脆？要脆。要不要美？要美。要不要溜？要溜。但是武旦也是演人物。你看他演《无底洞》不一样，他演《虹霓关》不一样，他《金山寺》演得多好，教得也好。教得非常好，让我评价就两个字‘地道’。”① 经过多年广采博纳的积累，打下坚实技术基础的同时，李金鸿树立了鲜明的塑造人物的理念，并且当作非常重要的艺术观传递给学生。共事多年的禄兴才这样讲“他的思路比一般的老师，比传统的要开阔，比如教戏要讲剧情，讲人物思想感情变化，怎么用外形表达……李金鸿教戏就有这个优点，他不但把行当的技巧教给学生，而且他要尽可能教学生演人物。”② 中国戏曲学院原副院长，曾与李金鸿同事过的马名群认为“李老师专业基础厚实，舞台表演精湛，不仅技巧功夫过硬，而且能够深入角色，创造人物形象，故他不单纯是一名演员，而是具有较深厚的文化艺术水平的编创人员。”③ 无论是演、编、教，对于四功五法的运用，在美、细腻、讲究的基础上，都会突出强调戏情戏理，真正实现了运用技法塑造人物，即使是相同的身段或武打，有了对人物基调的不同把握，传递给观众的是不同的人物状态。即使是相同的技术也会产生微妙的变化，给观众带来不同的观感。特别是武戏，有些人物扮相和武打套路都近似，更要有“武戏文唱”的理念，从人物不同的性格和情感中区别开来。梅兰芳谈到杨小楼的“武戏文唱”，以杨小楼《贾家楼》的唐弼和《拿高登》的高登的表演为例，相同的兵器和开打套子，“杨先生在开打时候的神气动作，却使观众清楚地看出唐弼是一个年过半百的藩镇大员，而高登就是一个有权势的恶少，二者绝不雷同”④。所谓“武戏文唱”并不是简单的带有“文”的色彩，甚至是从节奏上往文戏靠，把武戏唱瘟，失却武戏的风格，而是不能忽略对人物的把握，否则很多武戏中近似的技术技巧，近似的扮相会使人觉得看什么戏都一个样儿。正如李金鸿常说的“要一人千面，不要千人一面”，这是演员的高级目标。

## 六、有教无类的育人理念

李金鸿的教育方法前文略述，而他的教育理念中最重要的就是有教无类，这是一位教育家至高无上的追求。教育的根本目标是育人，除了知识和技能

① 2020年4月22日，叶少兰采访记录。
② 2020年8月2日，禄兴才采访记录。
③ 2021年3月1日，马名群提供材料。
④ 梅兰芳口述，许姬传、许源来、朱家溍整理：《梅兰芳回忆录 舞台生活四十年》，团结出版社，2006年，第496页。

的传授，更重要的是健全人格的培养。孔子“有教无类”的思想原意是强调学生不分身份和国别，都有平等接受教育的权利。从教的角度，无论贵贱、贫富、智愚对学生都应一视同仁。

图 7-6 李金鸿与进修班学生在一起

在戏曲行业中，不可避免存在拔尖子的现象，也一直有着拔尖子与普遍发展的平衡探索。当年从事学生工作的贺岩，从学生的角度曾了解到在有些教师中存在重视拔尖，甚至有挑学生的情况，但从来没听过李金鸿挑学生，“只要找到他肯学的，他不是糊弄着教，都是认真地教。”贺岩很清楚这位老师是个大家，会得多，教戏还能排戏，但平常却从来不摆架子，对同事也是无论年长年青，无论专业或行政，都非常尊重平等地对待。从学生中了解到在李金鸿的课堂上，从来没有听过挖苦的语言，都是鼓励为主。① 马名群认为李金鸿“从事教学工作任劳任怨（不挑选学生），做到‘有教无类’。”② 无论青年名角、普通学生、师资班、留学生，还是没有学籍的进修生，只要认真学，他都是掏心窝子地对待，从课堂的技艺传授到生活的方方面面，有严厉更有关爱，很多学生都曾到家中品尝过蔡师娘的手艺，很多外地学生也都有过在他家中住着学习的经历。对所有学生的那份真诚用心，让张关正深有感触，“李老师秉承教师的美德，只要是跟他学的，都非常认真。有的并不是分配的，

① 2019 年 9 月 9 日，根据贺岩采访记录整理。
② 2021 年 3 月 1 日，马名群提供文字材料。

他都热情相待，所以赢得了这么多学生对他的爱戴，不仅是尊重，是一种爱戴。”① 有教无类这一点笔者有亲身体会，在李金鸿的课堂上，从来没有只关注一个学生，只要学生努力他都看在眼里，对不努力的学生也是毫不客气，这是师生间应有的默契。在面对学生时，李金鸿看不到学生的家庭、经历、荣誉、条件等，重视的是学生的学习态度，给予学生的不仅是一出戏，一些技艺，更重要的是艺术观，是建立在他的为人基础上的。那是优雅大气的，具备真善爱的为人，由此而及艺术观乃至世界观、人生观。这是一位教育家的最高境界，李金鸿实至名归。

李金鸿的艺术风格及教学理念和方法，还有很多具体的表现，比如形体的韵律，武戏的规范和有谱，对细节的重视，技术运用的分寸。注重拉戏，练气力，实现熟能生巧。发现学生问题极其准确。重视引导学生思考用技法表现人物的方法。因材施教，不给学生过多限制，在每人条件基础上去规范，允许学生发挥。从李金鸿的规范和美当中，我们可以了解到他所追求的艺术观，是大道至简的一种舞台表达。他的“正”初看是刻板的，但却蕴含着极致的用腰，极致到了“别扭”，却又配合了上肢的圆柔、舒展和步法的扎实、灵动，全身的协调又是遵循了大方无隅的圆顺。提及李金鸿的艺术给很多人的感觉都是高级的，既有着传统的规范又有着清新的格调，这与他成长的环境，与他开阔的视野和博学有关，更与他的人性有关。在他身上所体现的大音希声、大象无形的美学追求，也恰恰是戏曲艺术中蕴含着的中华传统美学及哲学的根本。这些艺术追求最终又成为他授业的方向，传递给后辈。

图 7-7　李金鸿获终身成就奖

① 2021 年 2 月 25 日，张关正采访记录。

图 7-8　教授、硕士生导师李金鸿

2000 年，李金鸿获“北京市文联从艺 50 年作家艺术家”表彰，表彰他为祖国文化艺术事业做出的积极贡献。2008 年，李金鸿获中国戏曲表演学会颁发的终生成就奖。2009 年 9 月，李金鸿带领笔者进入中国戏曲学院表演系剧目教学课堂，把他的教学代表剧目交给了下一代教师。2010 年 7 月，上海京剧院送来高红梅、查思娜两位青年演员，向李金鸿学习《虹霓关》，因病指导笔者代为教授，一周后在家中观看学习录像，点点头，说了一句“我放心了”，随后支撑病体示范了上马的动作。8 月 20 日，李金鸿告别了他投入一生的京剧事业，告别了仍渴望聆听他教诲的众多后辈。忽然想起他在《拜师》电视剧中饰演的曹富春，躺在病榻上讲的那句话：“我这一身的本事，真要搁棺材里，我也闭不上眼哪。”但愿他临走之时没有这样的遗憾。

李金鸿，这颗宝贵的珍珠，熠熠光辉映照在京剧的历史长河中。

# 附录一

# 李金鸿谈艺

# 李金鸿：学戏十年来之回顾与前瞻

回忆我十年前还没有入戏校时，对戏剧一点也不喜欢，一听入戏校就不高兴得几乎要哭。后来同着家人看了一回戏校的戏，看见台上的小天使们玩着似地唱着，引起了莫大的兴趣。那时我对戏最感兴趣的是老生与武生，对于旦角的印象茫然而已。家里人教我唱“听谯楼打初更玉兔东上……”，自己觉着很有味。后来戏校招生，出于先兄宝枢公（别号沧浪客）极力地主张及汪侠公先生的介绍，算是幸而考取。那时家里人都说入科班就得七八年，还不定学得出来学不出来，再说梨园行的饭是不好吃的，到处受人排挤，还不如上学好呢！但先兄宝枢公则对我抱有莫大的希望，说什么也叫我去，大家也不敢再说什么了。临去的那天，因为舍不得家人我哭了！但有什么法子呢！？

十来岁就一个人住在外面，虽不能说是受罪，但享不到家庭的幸福，是多难过呀！初学老旦，是文亮臣先生教授。又改学老生，是张连福先生教授。又改武生，是诸连顺先生教授。又改小生。最后才把我派在学武旦的群中。由进校第二年才正式学戏。只为了绑跷不知挨了多少打（现在想来这打并没白挨）。我武工是同张善亭先生学的，工练得差不多了，才从阎先生（九阵风）正式学武旦戏、刀马戏。

在这个时候不幸的消息传来，先兄宝枢公逝去了！这予我很大的打击，于是决心用功，以慰先兄于泉下。在宋德珠师哥未毕业前，我的地位自然谈不到（但戏校当局对我很重视，所以为保持我可以代替宋师兄地位，始终没叫我给别人打下手，甚至于《金山寺》的青儿都没唱过）。宋师兄毕业后，我才开始正式唱戏，但又逢有女同学在前，正式大块戏又不能轮到我唱，这总算是不幸罢。后来戏校应青岛之约，我们都去了。初出北京，自然感到莫大的快乐。在青岛不是我走运，实在是因为青岛人不常见出手戏，所以极受当地欢迎。

自青岛回来，不久可爱的戏校就解散了。那时为了不忍母校的消灭，我曾多方奔走以图有人接办，但事与愿违，只得出去搭班了。民国三十年（1941）1月1日在庆乐搭入永春社，与李万春老板同台演《杨排风》，是可纪念的初次的搭班公演。后来应沈三玉先生之约入光华社（戏校同学改组），挑梁去天津北洋，结果算是没白去。因为中国戏院的主人看我成绩尚好，才约我去同叶盛章老板同台提任二牌。以后回北京经友人介绍拜尚老师绮霞（拜师还没有正式举行典礼），相继搭入谦和、宝华、忠信等社，历年义务合作等戏不时被约加入。

本年春节经天津中国戏院约定与吴素秋合作出演，成绩尚属圆满，又经上海黄金戏院孙兰亭先生约承芳社全体赴沪出演，成绩尚好。经萧和庄老先生介绍，拜梅老师畹华执弟子礼。承芳社期满，经同兴公司挽留，与如意社续演一月。期满回京，继续搭班。复经徐州、济南相随宝华社出演。本月回京，仍在各班出演。

因为在戏校几年以来，没正式学过多少文戏。曾请过赵绮霞、刘凤林、吴富琴、刘玉芳、李凌枫、韩世昌、侯瑞春诸位先生学戏。最使我难忘的，是萧和老辛辛苦苦地白白给我说了《小上坟》《扫地挂画》《拾玉镯》《英杰烈》《辛安驿》等戏，结果几乎连谢字都不叫我说，想来实在叫我感激他老先生的伟大。不只在梨园行中，就无论哪一界也少有如萧老先生那样的伟大吧！

自从搭班演唱以来，匆匆已经三载了！在这三年之中，蒙大家的爱护，得在梨园界中小有立足之地，颇堪荣幸。今年几次远赴上海、徐州、济南等地，虽然没有多大的成功，但尚没给听戏人们留下坏的印象，这样在我已经很满意了。实在是因为我的艺术还很幼稚，尚在学习时期，要想大红大紫，那一时是不容易的，所以我还要继续努力，以求来日的发展。

我希望于本年的可能范围内多唱一些文戏（这一点也许不能由我的自由），一则是可以熟能生巧，二则也可以换换观众的口味，如《青石山》《取金陵》《小放牛》观众们是否厌烦。其次希望于言论界的，我很希望有人对我加以严苛的批评，说我好的当然高兴，批评我不好，我一定要尽力去改善，以不负爱我者的期待与爱护。

（原载《立言画刊》第275期，1944年1月1日）

# 谈京剧武旦

武旦是京剧行当之一。在过去，武旦和其他旦角行当的区别，主要是踩跷和打出手。

我学艺的时候，武旦在表演翻、打、扑、跌时，都是踩跷的，打出手时更是必须踩跷。练习跷功，就用了三四年的时间。在脚上绑上木头做的假脚，练得和真脚一样的运用自如，没有长时间的刻苦锻炼是不行的。我觉得武旦的跷功比起武生的厚底功，难度要大一些。如果踩跷的功夫练不好，就无法完成武旦行当所规定的各种表演技巧。

跷是用一块木头旋制而成的。前面是一个假小脚，后面连着比脚略小一点的跷板。跷板外面用很长的白布把木头假脚包紧，缝好，快到脚面的地方就像圆口鞋似的，可以穿起来。脚后跟是分开成两根毛边的五尺多长的带子，捆在脚上。假脚上有半截底的跷鞋，穿在假脚上，用左、右、后三根带子，从下往上捆在脚上。跷鞋分红、白、蓝等颜色做底，上面绣彩色的花，然后再用一寸半宽的夹布带子，从下往上绑紧，外面用一个黑色的布套套在脚上，正好到真脚尖处，下面露出跷鞋，然后再穿上彩裤。绑跷也有一定的规则，要求绑得又瘦又紧。绑得虚胖就很不美观；绑得太松，则跷带子一散开，戏就演不成了。

跷功和芭蕾有相同的地方，腿部和脚腕子都要绷直，最忌"三道弯"，就是脚腕子不直，弓腿，撅屁股。踩跷要求三直：腰直、脚直、腿直，保持假脚的脚尖落地，还不能是八字脚。不允许假脚朝天，更不允许真脚落地，那样看起来很像小腿骨折。不管这场戏多大，多累，以上的毛病都是不允许的。这点又和芭蕾有所不同，芭蕾是可以脚跟落地的。

练跷首先要练习绑跷。开始练跷时是走不了路的，要扶着墙，拄着棍走。走路时脚和腿都不能直，要练两个多月的时间才能不扶墙走路。以后要开始练站和跑圆场。练站先是在平地上站，站稳了以后又改在桌子上站，站的时间很长，要双手叉腰，不许挺肚子、撅屁股，要始终保持三直，但时间长了脚和腿就会酸疼，甚至发抖，腿也会弯曲了。我的老师就给我腿上绑竹签，腿一弯曲，竹签就要扎腿，腿也就不敢弯曲了。听说有的前辈在练站的时候，是站在缸沿上练，练跑圆场时是在冰上练，那就更难了。我在练跑圆场时是在方砖地上练的，练功前把地喷些水扫干净。假脚的后跟是铜箍套上钉子，因此比在冰上练要好一些，但也很滑。武旦演员只有把跷功练好，绑着跷练翻、打、扑、跌才能开始学戏。所以说跷功是武旦的一个特点。

跷有文跷、武跷之分。花旦、刀马旦踩的跷属于文跷，武旦的跷属于武跷。文跷由于翻打少，跷比较立些；武跷由于技巧的难度大，就稍坡些。除此之外，还有一种软跷，与现在的垫底彩鞋很类似，是为了没有练好跷功，又要演踩跷的戏时，所采用的变通办法，对个子比较矮的演员也是有帮助的。

武旦戏中《扈家庄》的扈三娘，《竹林计》《女杀四门》的刘金定，《湘江会》的钟无盐，《战金山》的梁红玉，《十字坡》的孙二娘，《巴骆和》的九奶奶等戏是不绑跷的。除此之外，大部分戏都要踩跷，尤其是闹妖戏更必须踩跷。武旦的靠戏是否要踩跷，往往是根据演员的条件而决定，没有硬性规定。

以上我用了很大篇幅来介绍跷功，这是为什么呢？主要因为这是武旦这个行当发展历史中的一个重要阶段。中华人民共和国成立以后，实行废跷，我是赞成的。对培养武旦演员节约了很多时间、减轻了不少负担，也避免了很多不必要的痛苦，可以更好更快地培养人才。但是很多青年演员根本就没有看见过跷，更不知道跷的发生、发展过程。最近国外的学者正在研究和探讨跷与芭蕾的关系问题，我认为介绍一下跷功还是有必要的。

我练过跷功，为此也吃了不少苦，我是主张废跷的，但我在演出和教学实践中还有一些体会。我觉得踩跷还有某些可取之处，一是快，二是稳。这些优点在废跷以后应该尽量保存下来，以丰富我们的表演技艺。武旦踩跷后，在脚步上腰肢是活的，踏步也有力，不是那么直挺挺的。不论是开打，还是要下场时，亮相很稳，站着的时候绝不会出现斜腰拉胯的松松垮垮的现象。今天我们废跷了，但不能把这些优点也给废了。

武旦踩跷在打出手时和耍大刀花下场串腰转身时，速度是很快的，用脚一拧就是一个转身。串腰时的左手倒、右手接都是有规定的，不能随意增减，主要是脚尖拧的关系。废跷以后，我们如果用半脚尖，左右脚步都是拧，那么就能达到和踩跷同样的速度。但要注意，这种拧步转身与舞蹈的平转是有区别的。舞蹈可以甩头，而武旦不能甩头。武旦头部梳着大头，经常甩头找方向，用不了几下，梳的大头就散了，形象就难看了。所以我认为跷功的某些要求和劲头，对今天演员的训练来说，还是有借鉴价值的。

打出手是武旦行当的第二个特点。打出手主要是用于神话剧中仙子和妖精一类人物的表演中，它深受国内外观众的欢迎。有的观众认为打出手好看，又很神秘。这里，我把自己的学习过程，现在与过去的打出手有什么区别，简单地介绍一下。

过去，武旦演员在学打出手时，必须要练扔、接、拍、拨、搕、踢、蹬、绕等动作，主要是练手上和脚上的功夫。过去打出手时，武旦演员是离不开鞭的，练手上的功夫时，必须先从鞭开始。我学戏的时候，老师叫我用双鞭向上往里 360 度扔起来，再用手接住。用我们的话来说，叫作“练空法儿”。练的时候要站在毯子上或土地上反复练习，用左手练，右手练，双手练，一直要练到万无一失为止。这个动作也叫“掏鞭空法儿”，由于动作单调，精力不易集中，鞭打自己的头，磕了自己的手是常有的事。特别要注意不要留长指甲，有时还会把指甲给磕劈了。

“掏鞭空法儿”基本上过关以后，就要开始练习用枪“掏鞭”。我练“掏鞭”时是分两步走的。第一步老师站在自己的侧面，手里拿一根双头枪，把它横在我的头顶上约半尺的距离。老师叫我把鞭往里扔上一周，用手平拍一下横在头顶上的枪，再接着落下来的鞭。练的时候也要练左手掏，右手掏，双手掏。这些都练熟了以后，老师站到我的对面约六米远的位置，把枪扔“撇桃”送给我。“撇桃”就是把枪平扔起来，在空中自转一周，落到我的头部上面。我再用“掏鞭”把枪给拍了回去。为什么一定要“拍”回去呢？因为打出手是神话剧专用的，为了表示“斗法”，必须要拍。枪是有弹性的，“拍”回去时枪的本身微微颤动，轻飘飘地送回去给对方，舞台上的效果好，也象征了“斗法”。回忆自己在练这一步时，开始时不是不敢扔鞭，就是把鞭扔到对方去，对方扔过来的枪也往往会打到自己的头上。所以练习打出手，首先要锻炼意志。

现在这一技巧有了较大的改革，现在的舞台上一般不再用鞭，改用双头短枪了，也有人叫它“冰串”。鞭是四棱的，又没有弹性，扔上一周落下来的时间较短，其难度就大一些。而双头短枪的本身有弹性，两边的枪缨子有称劲，枪在头部落下来时较慢，效果也很好。但我认为还是用鞭的好。我练“掏鞭”时为了使鞭在空中的时间长一些，在扔鞭的时候用中指把鞭轻轻地划一下，这样鞭不仅从里向上转一周，鞭的本身还要自转，这样延长了鞭落下来的时间，鞭在自转时经灯光一照闪闪发光，更能增加气氛，效果很好。值得一提的是关肃霜同志，她在《盗仙草》中既不用短枪，也不用鞭，而是改用双剑。剑是一头儿沉，扔上去不好翻头，又不好接。她能运用自如，又稳又准，手里的功夫可真到家了。

现在的打出手，也不再把对方的枪“拍”回去了，改为用手抓住对方的枪，再给扔回去。这一改动缩短了回传的时间，准确性是提高了，但从舞台效果来看不如“拍”回去好。过去打出手是不准抓的，非到万不得已的时候或者一方的枪扔过来，要给另一方扔回去才可以用手抓的。

手上的功夫也表现在大刀的各种扔法上，如左右手扔“面花”，反串腕刀头在下扔出去到台口，跑出去用左手接，这是一个很漂亮、难度很高的技巧。记得我的老师阎岚秋（艺名九阵风）先生教我的时候，这个动作帅极了。过去我在舞台上曾经用过这一技巧，但次数较少，现在的舞台上就更少见了。另外，武旦的大刀下场的“插花”是比较特殊的，也是不能没有的。可是目前的舞台上极少能看到。前几年，著名影星李丽华女士来我们学院参观，看到学生们演出的《虹桥赠珠》，看到大刀下场时没有“插花”。她说：“为什么没有‘插花’啦？这是很好的技巧，不能丢掉呀！”最近，我院的学生已经开始练“插花”，在演《摇钱树》时已开始使用了。阎岚秋老师教我的“插花”是从左膀轱辘下到右膀后，等大刀快到右手背时扬起右膀，大刀从右膀上经过右胸部、大腿直到脚面时再踢起来，然后用手接住，这技巧是非常漂亮的，难度是相当大的。踢不好就把大刀踢到台下去了。我们的学生是学过的，也在练习。

武旦打出手时，还要练脚上的功夫。练的时候，脚面要有保护用具，以免受伤。初练的时候，一旦受伤，往往会有很长的时间不敢再踢了。踢法有很多种，有前踢、后踢、旁踢、拐踢、前桥踢、后桥踢、虎跳踢、过包踢、双脚旁踢、双脚前后踢、爬虎绞柱踢、躺下蹬踢、背口袋踢，等等。前踢和旁踢一定要用脚脖子踢。这样踢既不太疼，又有弹力，踢出去的枪不是很“贼”，而是缓慢地落到对方的手中，给人以轻松的感觉。如果不是这样，而是用脚面踢，或迎面骨踢，两三下就会肿，而且枪落到迎面骨上很容易掉块皮，那就更疼了。废跷后，我把踢足球用的护膝绑在小腿上，踢的时候就放心多了。后脚踢一般用脚心踢（有点像用手拍似的），决不能用脚后跟踢，容易失误。在万不得已的时候，也可以用腿肚子下面踢，但要注意姿势，不能“挂龙”（俗称蜷腿）。后踢的姿势应是“探海”，这种姿势给人以美的感觉。

打出手一定要有熟练的基本功，还要有清醒的头脑，才能临阵不慌，根据对方扔过来的枪的大、小、远、近，做出正确的判断，采取相应的措施。打出手是群戏，一定要团结得好，配合得好，这是打好出手的必备条件。

武旦行当表现古代武艺高强的青年女子和神通广大的仙子、妖女，要长靠短打兼能，这与这一行当的戏路窄有关。

武旦长靠戏有《夺太仓》的张秀莲，《红桃山》的张月娥，《竹林计》《女杀四门》的刘金定，《芦林坡》的扈三娘，《战金山》《两狼关》的梁红玉，《湘江会》的钟无盐等。《扈家庄》的扈三娘，虽是改良靠也与硬靠有关。靠戏里的角色主要表现骑马作战的女将，以前大部分是不踩跷的，只有《夺太仓》《取金陵》除外。张秀莲这个角色先扎靠，后卸靠，还要打出手；《夺太仓》《取金陵》的出手和其他闹妖戏不同，它是人与人打，有点像“打八将”似的。但比“打八将”要丰富得多，过去这是要严格区别的，所以仍要踩跷。武旦练靠功时，穿绣花薄底靴，扎四根靠旗，先练跑圆场。跑圆场时，腰要撑不能软，脚步要小不能太大，要压着步子，要稳。最忌的是摇、扇、晃，不要总抖靠旗。武旦的亮相要求脆、美，不能拙、野。抖靠旗就给人以拙、野的感觉。亮相的有劲没劲，不在抖靠旗，而是手、眼、身、法、步统一的一个俏劲，如果没有这统一的俏劲，使多大力气也看不出有劲来。

我认为靠功戏要注意表现人物的感情和舞蹈动作的美与有力。扎靠与不扎靠在动作上就要有所区别。扎靠和穿打衣打裤不同，如把穿打衣打裤时的动作方法用到扎靠戏上，就会感到膀子张不开，动作小，不精神。扎靠戏的动作要大，走脚步也要稍大些，脚尖要稍撇点，这样在人物上就有了气魄。翻身的时候应使靠旗扫地，涮腰时要用点腿塌下去，这样涮腰的幅度大，也有了冲的劲头。扎靠戏的舞蹈动作和开打都比不扎靠要难。若要使观众看到演员穿上这样笨重的服装，动作起来还要很帅，很美，不经过艰苦努力是做不到的，更不用说有时还有扎靠翻筋斗的表演了！

武旦戏短打戏很多，《十字坡》的孙二娘，《四杰村》《嘉兴府》的鲍金花，《殷家堡》的郝素玉等都是短打戏，要有很扎实的翻打功夫，否则是不能胜任的。武旦短打戏要翻得冲，打得狠。除此以外，还要有顶功和抄跤等技艺。顶功有空顶、左右旱水、左右顺风旗、掐葫芦等。顶又分两种：一种是在台上或几张桌子上表演；另一种是由一个男演员把武旦举起来拿顶。我10岁的时候，看到我们的老师张善亭（艺名十阵风）和武功老师毕亭森的示范表演，那时他们的年龄都已四十开外，又都脱离舞台生活多年，可是他们的表演纯熟极了，给我留下了深刻的印象。武旦的抄跤，包括过包、转包、背口袋、跨肩、捧提、穿心前扑、蹬加官等。抄跤这一技巧，我自己在舞台常用，至今也还有人表演。空顶和旱水等顶功，班世超、阎世善二位老师也都是在舞台上经常用的，那是很漂亮的，都有很深的功底。至于举顶，我没有在京剧舞台上看到过，只在杂技表演中看到过。总之，顶功的表演在今天的京剧舞台上已经看不到了，也没有人再练这种技巧了。听说不肯练顶功的原因是练顶功容易肩宽，形象不美，又说练顶功对嗓音不利等。

我看到女体操运动员和杂技演员的顶功和翻的功夫都好，他们的体型都很美，肩也不是很宽，当然与他们综合练习是有一定关系的。为什么京剧演员一练就会出毛病呢？再说阎世善老师和我都练过顶功，我们的肩也没有宽到难看的程度。

关于嗓音的好坏是否与练顶功有关呢？我认为女演员变声是不大明显的，变化也不大。男演员是有变声问题，变声后是好是坏，从目前条件来看是很难预料的，但决不能说男演员变声后嗓子坏了，就是练顶功的毛病。当年，阎岚秋老师红极一时，当时有"九阵风刮倒一杆旗"之说。一杆旗也是当时的著名武旦演员。阎老师的武功好，嗓子也好，身上也漂亮。从他开始武旦的戏路宽起来，他能武能文，能翻能打，能唱能表，是一位了不起的艺术家，是武旦、花旦、刀马旦的全能演员。我从他学戏中就看到他卓越的才能。他教我的戏有《小放牛》《虹霓关》《马上缘》《演火棍》《扈家庄》《取金陵》《夺太仓》《蟠桃会》《摇钱树》《湘江会》《巴骆和》等。过去武旦是不演《小放牛》《虹霓关》《马上缘》的，没有嗓子能唱这些戏吗？朱桂芳先生既演武旦，又和梅兰芳老师配戏，没有嗓子能行吗？我的师兄宋德珠，文戏能唱《探母》《战宛城》《翠屏山》《小放牛》《金山寺》等，没有嗓子能行吗？我自己文戏唱过《奇双会》《思凡》《打樱桃》《穆柯寨》《穆天王》《战宛城》《汾河湾》《得意缘》，花旦戏就更多了。前辈和我都练顶功，身型和嗓子都没有多大的妨碍。我想女同志的条件比男同志好，变音期不太明显，所以如果确定学武旦这个行当，就应当练翻，练顶功。不然的话，武旦的技艺就要失传了。武旦如果没有翻，没有顶功，只剩下打出手，那样，技艺就越来越少了，甚至这个行当就没有啦！

我衷心希望今后培养武旦演员，应注意形象和嗓子，不要把不能演青衣、花旦的学生归到武旦这行来。而且从京剧的发展趋势来看，传统老戏都要加工整理，有的还要加头加尾，使之完整。新的剧本更会不断出现。这就要求演员全面具备唱、做、念、打的功夫，身上也要更讲究，原有的翻、打、扑、跌及打出手等都要继承、保存下来，得到发展，增强戏曲的艺术性。我自幼受到张善亭老师的教导，可惜没有把他的技艺全部继承下来；阎岚秋老师的艺术也只继承了一部分，使我终生遗憾。我衷心希望青年演员们把我们这一辈没有完成的任务继续下去，使武旦这个行当发扬光大。

（原载《戏曲艺术》1982年第4期）

# 趟　马

“趟马”是京剧骑马程式动作的总称，是表现角色所需要的急促奔驰和缓慢悠闲骑马行动。这里有全套快的，有先快后慢等等。它是艺术，它是从生活中提炼经过艺术加工成为整套优美的骑马动作。所以它和真骑马不同，也就是说和真实生活有所不同，如果把真实生活原封不动地搬到舞台上来，那就不是艺术啦，也就没法动啦。但近年来现代戏的出现是吸收了一些生活动作或其他姐妹艺术的东西，那是丰富我们的京剧艺术，当然这里就有吸收与消化的问题，要适合时代、人物身份角色和心情的需要，而不能为出新而出新，那样是不能很好地塑造人物的。

这就要求我们在五法上下功夫，重点是把圆场步练好，不然是很难完成这套动作的。圆场是要从小步练起，是脚后跟找脚尖，每步都要有压的感觉。上身松弛，只是小腿以下到脚腕子用力，才能保持平稳，切忌上身颠、晃，脚底下松松垮垮，会影响整个动作协调。

手要时时刻刻注意姿势，也就是说不能忘记是旦角。要求准确手式，掌要藏大拇指，手掌有力，拳要中指与拇指贴紧，大指和二指控住，无名指和小指自然翘起。拿马鞭右手要把拇指藏起，左手不管是拿斗篷，扶宝剑，抱枪，拿刀等都不应满手攥，而是应把二指翘起为佳。

眼神要随手这是基本的要求，也就是说手到哪里眼睛随到哪里，眼随手时注意头尽量不要乱动，如果头随手乱动是不美的，也让人感到没分量。只是眼飘着手，也就是神随，另外每到亮相时的眼睛应先眨一下，这样能显得神足而亮，不然就会有死板之感。

趟马虽是京剧简单的动作，却能表现出一个演员和教员的好坏水平，因为这套动作包括了许多传统基本东西的规格及全套动作的协调性，鲜明节奏感。

趟马：有穿斗篷的，这里有长有短，这样的戏很多。穿打衣打裤的《小放牛》，扎靠褶蟒的和就扎靠的《穆柯寨》，就穿蟒的，穿宫装的《出塞》，抱双枪的《虹霓关》，拿鞭的《竹林计》，拿戟的《扈家庄》，拿大刀的《佘赛花》，背刀弓的《十三妹》。另外有整的，有两次做完的，如《悦来店》，有的就用后半套的，如《穆柯寨》《佘赛花》等，有用前半套的，有双人或多人的等。服装不同，所表现的人物性格、思想、身份、处境不同而异。也就是说这套程式运用是灵活的，不是一成不变，将来根据人物、思想、处境等需要就会有所发展创新的。

鞭的姿势很多，我只讲“趟马”所用的姿势。

“身右侧横托鞭”，右手托鞭在身体的右侧，鞭头与台口平行，这种姿势常用于“趟马”出场相或面向大幕中间亮相，左手可捏斗篷，扶宝剑，掏翎子等等。要领，右手大拇指和中指控住马鞭把，二指执住把，无名指和小指自然翘起，手腕子往上翻，手心朝上。右膀子向右伸 60 度，肘朝下与手近似平线，肘在肋的右侧前约半尺的距离为佳。脚底下一般是右脚尖稍向右，踏左步，胸口稍向左点，脸正，眼看的方向稍右一点。

“胸前斜倒竖”，就是反把握马鞭，斜倒竖在胸前，这一姿势可根据需要在左前方或右前方。要领，是大拇指和中指反握鞭，二指用力往外推，使马鞭把贴住小指根处，压腕子，手心往外，右臂在胸前有一尺距离，右膀子近似按掌式，面向左前方亮相，如身向里时向右或向前是可以变化的勒马式。切忌翻肘、端肩、不压手腕子。

“斜举鞭”就是右手把马鞭在头右侧斜举起，它和一般慢些的用法是有区别。要领，肘和肩平，右手举过一点头，大指中指拿鞭把，二指托鞭把，无名指和小指自然弯曲，手腕子向右前方倾斜，忌向左前方，这一动作多数是左脚在前，右脚踏步向前方，左手可执兵器或拳。

“胸前斜横架”，就是胳膊右侧张开，肘向身右方，接近于平，稍下点，手在胸前。另一种是肘接近于肋，手在腹前。左手拳或拿兵器。

“直蹲胸前斜架”，姿势与上同，只是踏右步直蹲到底。要领：肘比肩底，手离身体要半尺的距离，大指中指拿鞭把，二指在下面托鞭把，无名指和小指自然伸开平心朝胸，手腕子从里尽量往上翻，这动作一般是踏步的，眼神看身体的左前方，或看左下前方。

“翻臂后加鞭”，就是左手过顶托掌，左脚后勾，右膀子在身右侧斜下方，鞭尖斜点地，是表现打马。要领，左膀子圈圆，手掌朝天，张开胳膊，左腿夹住右腿，左脚尽量抬脚心朝天，要用左旁腰，成为弓背形，右膀直伸右侧下方，大指中指根拿鞭把，二指下托，脸对右肩，眼看右侧下前方。

“三加鞭”，就是“右侧横托鞭”起马鞭从右往左缓半周多，到手离右胯马鞭斜直成打马式，连续三次。要领：左膀子山膀或与右膀配合掏花，右手心朝小膀从右往左时出左脚一小步，马鞭从左往右下方缓时落左脚，右脚面崩向左起，马鞭打马屁股，此时手背朝外，眼睛随着右手，打马时看右侧前方。

“斜抱鞭”，就是将马鞭搭在右小胳膊上，膀子圈到胸前。要领：右手马鞭，从右下方甩到小胳膊上，右膀子由下往上缓，左膀随右膀子往左绕一圈，左膀在身左侧斜下方圈一点，左手攥拳或按剑提斗篷等，右膀子圈在胸前，大指二指拿鞭把，中指托把，无名指和小指自然弯曲，眼睛随手亮相时看左前方，这一动作一般是踏右步。

趟马用的花有正反云手，正大刀花，反大刀花，反皮球花。

技巧有正反翻身，蹦起蹲等。

（1985年春给青年教师讲课稿）

# 访问李金鸿

**被访问者：**李金鸿

**出生年代：**1923

**性别：**男

**职业：**演员

**行当：**武旦

**简介：**李金鸿是著名京剧武旦演员。1939年毕业于中华戏曲专科学校。中国戏曲学校退休教授。

**访问时间和地点：**1994 年 3 月 9 日，李金鸿住所（北京）。

● 请您谈谈您学跷功的经过。

**李：**我生于1923年，入学时间是在1931年，那年我8岁。学了8年，1939年毕业。我那个时候，一进学校还不是就学旦角。刚进去没多长时间，就和李金泉一块儿学老旦。当时一般来讲，个人进到学校以后，他的行当不是马上就能定下来的，且得看，哪行合适。因为分行过早就容易来回跳。跳来跳去倒麻烦了。我学老旦，是文亮臣先生教。当时他是很有名的老旦，老和程砚秋先生一块演戏，很规矩的，教得也好。

中华戏曲专科学校与科班不一样。科班当时北京只有一个富连成。科班全是男的，没有女的。过去也有学校有女的，那就全是女的。如奎德社，全是女的，没有男的。我们学校不是，它是男女合校的。在那个时候来讲，不要说演戏，就是上学，也是男女分校。但中华戏曲专科学校是男女合校。在学校里来说，是很先进的，和大学差不多。当时校长是焦菊隐。他是燕京毕业的，当校长时才 25 岁，很年轻的。

那时男女合校，有一个规定，女的就演女的，男的演男的。但是有些行当不行。比如我原来学老旦，又学小生、武生，过了一年多、两年，这样也有好处。青衣、花旦，这些女孩子都可以学，一般的都可以学。现在形象差的去学老旦，我们那时候不是。老旦还是男的，女生就学青衣花旦。像周金莲，学花旦基本上就是玩笑旦。武旦这一行，女同学也来过。原来有一个叫陈德英的，"德"字班的，学武旦，可是不行，她就是软，绑上跷以后腿也软。

不是说女的都绑跷，青衣就不绑跷。但是当时不管学青衣花旦都学跷。跷可以分几种。我们学校的都讲硬跷。硬跷分两种：文跷和武跷。文跷稍微立一点，武跷稍微坡一点，因为他打呀，翻呀，翻筋斗也得绑着跷，而且得脚尖落地，不能像真正的那样脚全落，那样脚尖像折了似的，就难看了。所以稍微坡一点。后来真正分成青衣了，比如赵金蓉、侯玉兰等，固定学青衣了，就不绑跷了。

那时有些戏必须绑跷，如《穆柯寨》《穆天王》《虹霓关》《打焦赞》《战宛城》，跷上还有功夫呢！要抬起来，好多技巧呢！是跷上的功夫。一般花旦戏、刀马旦戏都得绑跷，花旦、玩笑旦、刀马、武旦。武旦不绑跷就不是武旦了。

好多戏按道理是不应该绑跷的，如十三妹，何玉凤，因为是清代的故事，又不是汉族。那时缠足的人，已经慢慢不是原来那么多了。但我们学的时候，学校里基本上都是绑跷的。但也有不绑跷的，像吴素秋，也演，还拍过电影《儿女英雄传》，她就不绑跷。其实她能绑跷，但觉得不绑跷更舒服，而且全本的，从《红柳村》到《弓砚缘》，这个戏太大。但是这也看个人条件，因为王瑶卿王先生个儿高，他再绑跷就晃了，不好看了。可是我的个儿比较矮一点儿，不绑跷就不好看了，绑跷演戏也觉得是应当的。但有些戏不绑跷是不行的，不绑跷观众就要提意见了，所以绑跷。

听记载上讲，绑跷是在乾隆年间由一个叫魏长生的人开始的。当然这是从小脚来的。1952 年以后，马少波谈澄清舞台形象。那时说小脚大辫子是中国人的耻辱，小脚太残酷了，外国人一看，好像中国人就是小脚大辫子。其实这主要还是封建的时候，一个是约束妇女，另一个也是讲美。小脚走起路来和大脚就是不一样，就跟现在时装表演的模特似的，走的是"猫步"。绑跷也得这么走（注：走一条直线）。要是这么走就不好看了（注：分开两脚走）。绑跷也讲究直着走，所以自然腰里就是很美的。缠足当然很残酷，妇女挺受罪的。但是绑跷作为一种艺术，作为戏曲来讲，还应该保留它。台湾现在还绑跷，但跷的样子不一样。刚才我说有文跷、武跷，另外还有软跷、改良跷。

跷自从“文化大革命”就没了。应该是这样的（示范动作）：这是一个铜箍，这是脚后跟。跷必须在脚后跟的这儿，不能齐脚后跟。要是齐脚后跟，慢慢地就松了。要是卡在脚后跟里边，就紧了，不至于松。有的人把跷伸在外面，那样一会儿就松了，就像穿鞋大了似的，不行。这跷的木头，差不多有这么高（注：约一寸），再一立起来，一个人就能高出来大约有四寸的样子，那就不一样了。这个带子是这样的，从这儿兜过来（注：指跷尖）。用布的不行，就破了。这都是木头的，但全用木头的也不行，就劈了。所以加一个铜箍，整个是个圆的。布是从这儿起（注：指跷尖）露出铜箍，然后上来。带子到这个地方打开（注：指脚面处），分成两个带子。这个地方（注：指袜子部分）完全要用夹的，两层布。到这儿以后（注：指过了脚后跟以后）就是一层布了，一边大概有九尺。完了之后再捆，主要捆脚腕子这一块，因为绑跷主要是脚腕子。脚腕子这块儿绑紧了，就不至于出问题。然后，现在一般就是一副带子就完了，这是不对的。因为只这一根带子裹起来，那是很松的，就是文戏也不行。

一般绑跷得是幼功。小时候我们作为武旦来说，得下两年至三年的工夫，才站。所以我们是用一个单带子，从脚面裹起，一直到脚腕以上，系好。然后再用一根夹带子，有小两丈长，从脚尖开始绑。带子绑好后，就把跷鞋穿上了。跷鞋有两根小白带儿，系上。然后是裤腿儿，一般都是黑的，还可以绣点儿花，系在小腿上，然后穿彩裤。彩裤要肥大一点儿，才能把脚后跟藏起来。彩裤底下也系带儿，系上以后，就放下来，就垂下来了。

小老板（注：指筱翠花）的跷大，等于真的小脚一样。我们的不到三寸，是武跷。小老板是要模仿真的，放大了，三寸多了。小老板跟我挺好的。他把他的跷送给我。跷一般是不送人的，因为各人的跷都不一样。过去老规矩，化装绑跷要脸朝里，不能叫人看，就好像妇女裹小脚不能让人看。老规矩是这样，跟包的没关系。

跷和穿鞋一样，穿鞋分左右，就是不分左右的鞋，你穿着穿着也会分出左右来。常穿左脚的要是穿在右脚上就别扭，所以必须记上点儿。所以我们在跷的后边都写上“左”“右”，因为跷的铜箍磨磨就不一样了。你老使这边，自然就偏一点儿，和穿鞋一样，倒过来就别扭了。

但这东西练起来很沉重，刚练的时候根本没法走，而且是老师给你绑。绑的次序也很有技术，有规矩，乱绑不行。绑出来还得很秀气，不能像大包子似的，虚胖囊肿的。

刚练的时候老师让你站起来，根本就站不起来。那时就让你拄一根棍儿，就像老太太拄棍儿一样。拄棍儿都不好走，就扶着窗台。我记得我很小的时候，其实那时候大房子的窗台都不太高，可是我觉得挺高的，因为我小，八九岁的样子。就扶着窗台慢慢地走，这样走了一个很长的时期，脚才立起来，脚腕子才有劲了，走完了之后让你站。一般是先站在地上，要求站立时不许有三道弯。那时我们的老师也厉害，因为弯一点儿就可以舒服一点儿，但那是不行的。老师想一个法子，给后边绑一个竹签子，一弯就扎你一下，你就不敢了。先是在地上站着，然后是走，走完了是跑，跑圆场。那时学校的地和这洋灰地差不多，就这么亮，是方砖的地。老式的方砖地也挺滑的，老师泼上水，所以一走起来，“噌”“噌”的，好像在冰上一样，很滑的。你稍微一什么，他就打。虽然我们学校还是学校，不像在科班那样，但是练功也好，学戏时也好，也是允许体罚的。面壁、打手板、罚跪，这都不解决问题，就抽起来了。老师站在中间，一打打几圈。老师使的不是戒方，而是掸把子，没毛儿，一打上，就肿起来，像海参似的，紫的，这样跑、站。慢慢你从在地上站到桌子上，然后站砖。把砖立起来，一脚一块。想上厕所？根本不允许。所以练得比较狠。要求站得时间越长越好，主要练你脚的力量。时间站长了，力量就有了。所以到现在，你瞧，我的脚不一样，我买鞋都不好买。练的时间越长越好。那时讲究站，比如像我们唱武旦，出手的前面，打一个快枪，完了一个抢背，“仓！”一亮，要耗一会儿，得一分来钟呢！观众“哗——”，欢迎。下场时也是这样，后面线尾子还动弹，但人站着不动，要这个功夫。所以台上这一分来钟，台下得多少时间，才能有那个功夫。老前辈真在冰上走路。咱们平时在冰上走还滑呢！何况还有铜箍。但有一个好处，就是这样练过之后，脚底下轻。现在跑圆场，听着“吭”“吭”的像是“砸夯”，因为没有这么练过功夫。我们绑跷跑圆场，气都要提起来，走起来轻得很。绑跷转身也好，打起来也好，“吱溜”一下就转过来了。所以一打起来，武生也好，花脸也好，都很怕跟旦角打。旦角快，花脸厚底，追不上。那时我们有两个师哥，一个宋德珠，一个傅德威，经常演对刀的戏。他跑了，后边的追不上，就吵架。

跷带子用的布是大五福布，就是平纹布，不要漂白的，要本色的，因为结实，而且越洗越软。老得洗，不然有味儿。跷用的木头，有的戏，如《刺巴杰》里有这样的对白：“……头是头，脚是脚。头是谁给你梳的？”“我自己梳的。”“使什么油哇？”“桂花油。”“脚是谁给你裹的？”“自己裹的。”“什么木头的？”“枣木的。”为什么说枣木的呢？因为枣木有结子，就结实。一般真用枣木就太沉了，所以有用核桃木的，核桃木也有结子。就是要用结实的，不然“咔”的一下折了，板子折了。我在上海演一出武戏，“咔”折了，一下子就把脚崴了，挺厉害的，所以木头要结实才行。那时做跷，要到小器作（读 zuō），专门旋东西，旋个球儿呀什么的。现在没人做了，做起来很难。

● 绑跷走路怎么保持平稳呢？

**李：**一般走的步子比较小，就很稳。跑起来虽然步子大一点儿，但还是要稳，这个稳是必要的。腿不能完全直，自然地稍微有点儿弯，不然就成了鬼子腿了。

● 您能谈谈改良跷的情况吗？

**李：**改良跷。用带子一裹就完了，因为就是鞋呀！稍微裹一裹就行了。鞋不掉下来就完了。

● 改良跷和软跷一样吗？

**李：**软跷不好看，大宽的，就像高跟鞋，大。所以就又改良了，比软跷再立一些，高一点儿，也用带子。脚后跟让木头支着，用带子绑上，但不用捆那么多。好多人都用这种跷，练一个多月就行了。但穿这个鞋不能跑，不好跑，就像穿高跟鞋似的，一跑起来"吭""吭"的，不行。所以一般是花旦戏，没什么太多动作的才行呢！连《辛安驿》都不行，得踢矮子，那怎么踢呀？（笑）有的唱《辛安驿》还打单腿，三起三落，那不行。

● 软跷是什么时候出现的呢？

**李：**我的印象是在一九三几年的时候才有的，不知道谁先用的，因为我不练这个东西。后来就看见有人用，我问，这是什么呀？后来知道这是假的，是软跷。用的人不太多，一般的是一些票友呀，女孩子多，好玩，又想演绑跷的戏，因为有些戏不绑跷不行，现练也来不及了，就用软跷。在这以前没有，因为以前女的演戏是不太多的，虽然也有奎德社。所以还是在三几年以后，30 年代末吧！最早就是穿垫底儿鞋呀！就是这个意思，叫里高底儿。但是垫底儿鞋系上鞋带就行了，这个得绑点儿。软跷的底儿是纳的，木头在鞋里头，等于在鞋里垫一块木头就行了，鞋大。

● 绑跷的十三妹与不绑跷的十三妹有什么区别呢？

**李：**剧本全一样。那时演戏和现在不同，你的和我的不一样。那时候不带说戏的，不讲究说咱们俩先说说戏，对对戏，咱们台上见。好多戏，你自己可以有变动。你走翻身儿，他可以不走翻身儿，这是可以的，但是词儿不能变。十三妹都用京白。这出戏念白是很难的，所以王瑶卿先生的京白是很讲究的。但是后来王先生的念白显得有点儿老一点儿，有点儿像原来老旗人说话那样。后来我们就不那样了，因为毕竟我们接触清朝已经是一个尾巴了。我小时街上旗人见了面还请安，但说话已经不那样了。王瑶卿先生是供奉，在宫里听人说话，拉长腔，慢哪！

扮相都是一样，但有一点区别。王老先生身背刀弓，把刀和弓全背上了。一般的现在一看这扮相就是王派：一边是刀，一边是弓，这儿还来一个绸子系上，不然弓跑了，因为这是弹弓，不是射箭的弓。我们背着弓就用不着再系绸子了，刀就挎着。其他的也是打衣打裤、腰巾子、风帽。也是一身红，马鞭。

● 动作上有什么区别吗?

**李:** 那当然。趟马的时候就与王先生的不一样了，王先生不绑跷就不能走许多。翻身也没有绑跷的特点。绑跷有绑跷的特点。比如绑跷，跟着小锣、铙钹的锣点儿走，"丨仓 0 丨仓仓丨仓仓丨仓 0 丨" 走着好看。大脚片没那么好看，尽管也可以，但是就不是那个样儿了。很多的步子，比如"丨仓仓丨仓仓丨仓仓丨"，绑跷然后可以耗一会儿，大脚片耗半天也没人理。其他剧本都一样，只是个别地方绑跷有绑跷的特点。

● 中华人民共和国成立后废跷您有没有一个适应的过程?

**李:** 当然有。因为绑跷惯了。打把子原来是小脚，欠着脚，速度很快。一不绑跷就慢了，脚不听使唤了。这是一个别扭。而且走起路来就变了，脚步就要变了。原来的脚步是那样走的，现在要压着，像青衣的步子似的走了。圆场也得从头练。原来是"嗒……"就跑起来了，保持稳就行了，步子稍微大一点儿，因为绑跷步子太小就像棕人儿似的了。不绑跷不行，大步就不好看了。所以脚步得重新练。

最难的是打出手。绑跷时迎面骨上、脚腕下这一块儿不是裹着好些布吗？踢枪是用这儿踢。不绑跷，一个是靴子口儿这儿有个勾儿，枪到这儿勾一下，一踢，它回来一下，讨厌了。再一个是得躲开这靴子的口儿。不一样了。速度也不对了。不是"嗒"就出去了。而且绑跷时这块儿缠着很多布，踢一下，这块儿也不疼。没有跷了，就往上踢了，迎面骨踢了。一踢就破了，很疼，还不容易好。后来没办法，怎么办呢？演《无底洞》，踢，受不了哇！就得练。最开始时就做一个棉垫儿，就像送煤的脚上穿的护袜，棉的。这么练。慢慢地到舞台上不用它。后来想了半天，就买了踢球的运动员用的保护的东西，里面是藤条，外面是皮的，很薄的皮子，还有棉花，就和踢球一样。这样，“当！”就踢出去了。但是就没有过去的那种弹性。

我们的学生平时练的时候戴上点儿什么，真演出的时候就那么踢了。够呛！我记得我的学生刘琪和叶红珠脚上的青都不带好的。

● 荀慧生先生用软跷吗?

**李:** 我印象里没有。我看过他绑跷演《小放牛》，因为那时候我也演《小放牛》，演花旦戏。我就和李玉茹去看，她演花旦戏，我们俩去看戏。那是很早的事了，我还很小。我们俩坐一辆洋车。在吉祥看他和马富禄先生的《小放牛》，他绑跷。这样的戏用软跷是不可能的，顶不下来。因为没演完跷就散了，就乱了，所以一定是硬跷。后来他也不演《小放牛》了，唱《小上坟》等必须绑跷。但对他绑软跷我没印象。后来他就不演绑跷的戏了。男的一般不大用软跷。

小老板最典型的戏是《双合印》，是小丫头到监狱去救人，听见监狱里有人喊救命，那人是按院私访。叶盛章唱这个戏。我搭叶家班时演过。叶盛章有很多技巧。叶盛兰演按院，我演丫环。他在水牢里，丫环为了救他，解开了腰巾子，还够不着，就把脚带子用上了。在后台绑跷时就单用一根带子，为台上用的。把带子解下来，脚全露出来了。另外小老板的《战宛城》里有一段表现她怀念她丈夫，思春。捡场的在桌子后头，用两个耗子（注：道具）表现交配。她看见了，就去扑它。把脚抬起来了，一只脚站着，半天换一只脚，晃悠晃悠，特别就为亮跷，显出他的跷功。这得有功夫。

有的戏里有特别的地方专门亮跷。像《辛安驿》，姑娘给公子脱靴子，一看也是小脚。其实是腿底下藏一只跷。姑娘还拿自己的小脚比一比。很突出。《小放牛》里有一个动作，牧童把跷托起来，还闻一下。

穿软跷就不用裤腿儿了。绑上来之后，因为鞋很大。这种跷的戏绑腿的戏很少，都是散腿。脚后跟太大，就不好看了。多肥的裤子也够呛。

（原载《京剧、跷和中国的性别关系》，黄育馥著，生活·读书·新知三联书店，1998年12月出版）

# 桌下“吹号”怀中“堆鬼”

李金鸿口述　张迪整理

我八岁进的中华戏校，当时学戏的孩子家里都穷，练功又是个苦差事，正赶上身体发育，大伙都变着法儿找吃的，可是学校的管理十分严格，甚至星期天家长们来探望孩子带来的食物都必须经过老师的检查，像肉食、烤白薯等都被明令禁止，只可送水果、点心、糖葫芦等。我们每个人都有一个小柜，家长送来吃的经检查后，写上各自的名字，存入柜中，要由老师按时间分批拿出来。因此每每到了发吃食的时候，我们个个都风卷残云，意犹未尽。

但是，天下似乎还没有没被破过的规矩，也不知从什么时候起，“吹号”与“堆鬼”两个老师听不懂的词儿，便在我们学生中间一下子流行起来了。先是看见师哥挨着个地往盖有台布的桌子底下钻，也不明白他们去干什么，就跟着去偷看。原来是去“吹号”，“吹号”就是让箱官（管服装的师傅）去街上带回烙饼和酱肉，双手卷成喇叭筒往嘴里塞，好似在吹号一般，听说那味道很不错。于是，我就馋上了“吹号”，拼命攒钱，终于第一次尝到了“号手”的滋味。我在桌子底下，美美地“吹”上了第一顿，过了好半天，才擦擦满嘴的油，慢悠悠地爬了出来，心里美极了。

“堆鬼”又叫“叠罗汉”，学校中饭的刀切馒头随便吃，趁老师不注意拿上两三个，摞起来一挤就只有一个馒头大小，揣怀里偷偷带回宿舍，把冰凉、挤扁的馒头用铁丝穿起来，兜成一圈，往炉子上一挂，待烤出香味来，又是一顿美餐。

不光是学生破规矩，老师有时也破规矩。但老师破规矩是为了奖励。当时学校有个专门排武戏的老师叫朱玉康，个儿不高，长脸。他会的戏很多，所有的武戏，无论是谁排的，群戏的开打、全套的把子他都会，都记得清清楚楚，手到擒来。我师哥宋德珠从小功底好，朱老师最喜欢宋师哥。朱老师有个嗜好，爱叨烟头，他装烟丝的是一个如饭盒一般大小的扁长烟盒，每到宋师哥演《扈家庄》这一类重头戏时，他总是买些褡裢火烧，塞进盒里，带到后台，等师哥演完戏，就叫我给他送去。每次看见师哥香香地嚼着火烧时，我打心眼里羡慕。

阎岚秋先生是位慈眉善目的好老师，他对我学业上要求格外严格，但有一次他也破例奖励了我。那是我第一次到庆和堂演堂会，扮演《蟠桃会》中的猪婆龙。初次上台打出手，心里紧张极了，生怕辜负了老师的一片心血。刚一上场，我就猛然看见了幕条边远远注视着我的老师，心立马儿抽紧了，觉得台下黑压压一片，脑袋一下就懵了。稀里糊涂打下来，没失误也没掉枪，台下响起了热烈的掌声。下场后我大大舒了一口气，阎先生递过了一袋热气腾腾的包子，扑鼻的香味迎面而来。我怎么也没有想到，老师也会这样奖励我，我有了一种与师哥同样骄傲的体会。我大口大口地吃着，从那天起，我就特别喜欢吃包子了。后来，阎老师就奖励我钱了。再后来，每次一拿到钱，我都是直奔包子铺。

（原载《戏剧电影报》1997 年 12 月 18 日）

# 对君秋兄的怀念

今年（2000年）是君秋大哥的80诞辰，其子学浩要为他出一本书以示纪念，并约我写点什么，这对于我是责无旁贷的。

我与君秋兄的艺术合作开始于40年代初期，我们哥儿俩的友情也是从那个时候开始的。1942年君秋兄的岳父赵砚奎先生（当时为梨园工会的副会长）为其组班，班名谦和社。班社成立之初遍邀京城名角，如贯盛习、高富远、时慧宝、孙毓堃、侯喜瑞、萧长华、萧盛萱、王泉奎等，我也被邀加入谦和社。君秋兄在自己挑班唱戏之前早已唱红，加上班社内名角荟萃，谦和社的戏非常叫座。戏已唱红，在观众中又有很好的人缘，照理可以坐享其成。君秋兄没有就此止步，停止他在艺术上的追求，而是孜孜以求，不断地向各先辈名家求教。记得也是在1942年尚先生出于对我们的爱护提议我们俩结为兄弟。君秋大哥长我3岁为兄，我自然为弟。在我们俩结为金兰之好的几年以后，我们各自天南地北，常有分分合合，但我们的兄弟之情一直没有断。中华人民共和国成立后我们都在北京，相互探访不断，兄弟之情常叙。后来君秋兄课徒传艺，他曾对我说："金鸿啊，我的学生就是你的学生，你有责任帮助她们打下扎实的基础。"有了这一层，我们之间的兄弟之情更加深厚了。

君秋大哥从艺一生，戏路很宽。当年他挑班唱戏时常演的剧目有：以唱工为主的《王宝钏》；有载歌载舞的《汉明妃》；有唱、念、做、打俱包的《十三妹》《金山寺》《断桥》《雷峰塔》等戏。从以上例举的几出戏就可以看出，君秋兄文武昆乱不挡，唱念做打俱精，尤其唱功最为突出。早年就以嗓音宽厚甜美被内外行称道。他有一副天生能吃戏饭的好嗓子。但他没有以此自居，而是遍访名师，虚心求教，吸收他人之长为已有。他在演《望江亭》时念白的力度较强，这是吸收王派、尚派的念法；

《楚宫恨》的唱腔有程派的东西，而唱出来的味儿却是张派的；《西厢记》里使用了多种技巧演唱方法，是借鉴了各派的艺术因素。他对别人的艺术不是简单地拿来用，而是拿来之后化而用之。可以说张派艺术是博采众家之长，然后独树一帜。

有人说，现在十个青衣有九个学张派。据此现象说明张派是继梅派之后最有影响的青衣流派是比较合乎实际的。对于众多的学生，君秋大哥一方面亲传亲授，一方面像自己当年遍求名师那样，为自己的学生广开师门。别人我不甚清楚，他的学生差不多都尊其师嘱来向我学戏。从最早的杨淑蕊、关静兰等到现在的赵秀君都跟我学过戏。我给这些学生说得最多的是《金山寺》《思凡》《穆柯寨》等。如今君秋兄驾鹤而去，我对前来向我求教的张派学生更是加倍爱护与教诲。因为“我的学生就是你的学生，你有责任帮助她们打下扎实的基础”这句话一直在我耳边萦绕。教好他的学生既是对君秋兄的怀念，又是在发扬戏曲艺术，这也是我和君秋兄的共同心愿。

（原载《张君秋艺术大师纪念集》，张学浩主编，中国文联出版社，2000 年 10 月出版）

# 谈韩世昌先生《思凡》的表演

在近代昆曲界中，著名表演艺术家韩世昌先生以精湛的艺术独创一派，博得了“昆曲大王”的美誉，在大江南北，以及当年东渡日本演出都展现了昆曲艺术的夺目光彩和他超凡的艺术才能。

我曾于1940年在著名剧作家景孤血先生介绍下，有缘得识了韩先生，学到他有代表性的昆曲剧目《孽海记·思凡》《铁冠图·刺虎》等。

韩世昌先生的艺术特点，我认为有三大方面：

一是脚底扎实的功夫。在戏曲表演中，脚下功夫深浅至关重要。从演员一出场，观众首先注意脚底功夫如何。韩先生的脚步，搓步、云步、下山步都走得稳，功夫深，圆场步跑得潇洒、飘逸。韩先生曾特别强调动作的衔接、过渡均与脚下有关，脚底功夫深，联带动作就做得美，做得连贯。在韩先生所演过的剧目中都鲜明地表现了这一大特点，使人赞叹不已。

二是腰肢灵活地转动。为表现古代女子婀娜多姿的体态，韩先生以深厚的基本功练出柔软的腰肢，带动肩的灵活，再加上肘、腕的转动，带动全身，表演出优美的身段动作。如韩先生所演《春香闹学》中贴旦春香时，就塑造出了一个天真、活泼、可爱的十三四岁的小姑娘的形象，令人折服。

三是眼神自如地运用。韩先生在眼神的运用上更是顾盼自如、神采流光，他通过高难的眼神运用技巧，把剧中人物内心情感淋漓尽致地表演出来。

下面我想举昆曲《思凡》这折戏中一些例子具体谈谈。

《思凡》是一折唱做并重、表演细腻的功夫戏，戏中描写了一个年仅16岁、被父母送入空门的小尼姑，吃斋念佛枯燥寂寞的生活使她萌生逃离佛门的思想，一尊尊的佛像，犹如对她说独守空门终无结果，渴望过美好、幸福生活的愿望使小尼姑下了决心，终于逃下山去了。韩先生将人物的年龄、性格、内心都把握得很准，同时又运用身段、手势、眼神等各种基本功把这折戏演得极为精彩。

在“山坡羊”这一表现小尼姑内心独白的唱段中，第一句“小尼姑年方二八”的“二”字，动作是右手拿云帚甩出，左手拿起帚尾，左手食、中指做“二”状。这个动作运腔很长，为表现手势的美和让观众看得清，韩先生的两个手指不是平面地做“二”状，而是两个手指一前一后，从各个角度看都是“二”字，其他手指为兰花指，再加上三次优美的翻腕动作，这样，一个表示数字的简单动作就成为一个美感很强，同时又有动感的艺术化造型了。

在唱到第四、五、六句中“见几个子弟们游戏在山门下，他把眼儿瞧着咱，咱把眼儿觑着他，他与咱，咱共他，两下里都牵挂”。其中三个“他”字，韩先生的表演极为细腻，所用的三个眼神均不一样。第一个“他”，是用惊喜、疑问、忐忑不安的眼神表现出“那少年子弟为什么看我”的心情。第二个“他”，则是用含羞、不好意思的眼神表现小尼姑因对少年子弟有好感，忍不住也想偷看他，没想到一看时，发现对方正注视着自己，立刻显现出娇羞的神态。第三个“他”，却是用纯真、欣喜的目光表现小尼姑对少年子弟一见钟情，流露出“你喜欢我，我也喜欢你”的心情。

与眼神不同运用的同时，在唱“他与咱”的“咱”字时，右手慢翻腕，食指指自己的口，身子略后倾，很得意地一仰头，以这样一个独特的造型表现少女喜悦的心情。

在这几句的表演中，韩先生特别强调演员的脸要摆正，这样眼睛往前看时也是正的，而绝不能斜着脸。因为脸一斜，眼睛也随之斜了，容易产生不正派的表演。这里应当着重强调这个人物是天真、单纯的少女，牢牢把握表演的分寸，准确无误地表现出剧中人物的心情。

当唱到“见几个子弟们”时，用的是“虚”眼，说明是自己在想，眼睛走在手的前边。唱到“他把眼儿瞧着咱”的“他”时马上用“实”眼。唱到“咱共他”时眼睛马上要表现出犹如真人在面前，你也想我，我也想你的真实表演。唱到“冤家”时是“冤”字刚唱出，左手食指一指台前，眼神是很“实”的，而后垂眼微笑，左手慢慢收回，从眼神、手指的细微变化表现少女的羞涩之态，把有“怨”意的“冤家”变为爱称而唱了出来。

下一句“两下里都牵挂”的“牵挂”二字的动作是两手对搓来表示惦念之意，

动作上如果满手搓太生活化，韩先生是用两手中指搓，其他指仍为兰花指，两手动起来如兰花飘动，充满艺术美。

“怎能够成就了姻缘”的“姻缘”二字一唱出立刻含羞回头，内心是又高兴，又不好意思，非常难为情，为后一句做铺垫。封建社会女子是不准谈及自己终身大事的，只能由父母包办，何况已出了家的小尼姑呢。所以一旦想到又流露出来，内心应是又怕又羞。学这一句的表演时，给我留下了深刻印象，感到韩先生表演得这样细腻，反映了他观察生活的细致与深刻。

后一句“就死在阎王殿前”，为表现内心的无所畏惧，眼眶用力控制住，眼睛表现恨意，在表演上与前一句形成鲜明反差。

接下来“喂呀由他”一句，原来动作孤立地看并不太美，但由于韩先生以眼睛传神，用情绪带动身段，把这一动作变为有内容、有特点的好看的动作了：在唱中身子随步撤，成侧身，双手合，眼睛用半低垂“虚”眼。再撤步成正身，双手开，眼睛略张开表现“无奈”的情绪，这句唱腔共有三次重复的动作。在唱完“只见那活人受罪，哪曾见死鬼带枷”一句后紧接再唱“喂呀由他”时，动作与前边动作相同，但方向相反，三次开合以及眼神都变化为坚强的情绪，眼神也变得坚定，这个很有特色的动作既做得自然美丽又反映了小尼姑的真实情感。

在全唱段的最后一句“火烧眉毛且顾眼下”的重复唱句时，动作是往前走，双目炯炯有神，双手分别从脸前示眉、眼，犹如电影中的特写镜头，给观众以强烈的感染和感受。

“采茶歌”唱段里“只听得钟声法号”句中，在“法号”两字及后边一个较短的拖腔时，韩先生要求跑出疾步如飞的小圆场，既可显示深厚的圆场功，又可表现佛门中准备念经诵佛前，击磬摇铃、吹号擂鼓的紧张气氛。

在数罗汉唱段“哭皇天”里，“一个儿眼倦开，朦胧地觑着我”，其中“朦胧”二字唱时，动作是右手掌在左手中指上揉，换手又是左手在右手中指上揉，都不满手揉。下一句“唯有布袋罗汉笑呵呵”的拍掌是双手大拇指藏于掌心，双手中指相拍，展示手势运用上的细微、精致，表现手势的艺术美。

“风吹荷叶煞”唱段里，“哪里有天下园林树木佛”一句唱得很快，要求从上场前跑半圈圆场至下场前，由于这段是流水板，在快节奏中有好几处展示圆场的功夫。唱到“下山去寻一个年少哥哥，凭他打我骂我，说我笑我，一心不愿成佛，不念弥陀般若波罗”这些决心冲破禁锢，勇敢追求个人幸福的唱句，韩先生更是以来回三趟难度很大、细碎均匀的下山步把小尼姑迫切逃走的心情和下山去的真实感觉从脚下展现出来，最后以一个下山后身子前倾、手扶地、脸回望的身段把全戏推向高潮。

最后，“尾声”中，以“但愿生下一个小孩儿，却不道是快活煞了我”这一句代表封建社会女子憧憬美好未来的大胆想法做结束。韩先生在表演上的处理非常生动，动作是来自生活，模仿生活，用右手做抱小孩腰状，左手做托小孩臀状，真实可信，表演的引人入胜之处在于眼睛往手处一看再一笑上，使这一折戏在主人公充满幸福之感的喜悦气氛中结束。

在《思凡》一折戏里，细腻表演的例子比比皆是，我只是以一代十地举些例子。我认为《思凡》是一折作为旦角演员必修之课的剧目。学习戏的架子是容易的，但学到“神韵”，演出“份儿”来，要靠老师的传授和个人千万遍的苦练才能做到。现在戏曲教学中各种表演都有组合训练，唯有眼神运用没有一整套训练组合。如能把韩先生在《思凡》这折戏中眼神运用技巧作为训练必修课，不仅可使后辈少走弯路，而且能使表演艺术更加完整。

韩世昌先生的表演艺术纯朴、精湛，为后人留下了许多宝贵财富，希望很好地继承、研究韩派艺术，既为缅怀前辈，又能把韩先生的优秀艺术传播下去。

（原载《中国京剧》2003 年第 7 期，李梅记录整理）

# 载入史册的百日集训

今年（2006 年）年初，文化部组织专家对全国 37 个京剧团进行了全面评估，最后确定了 11 个院团为全国重点京剧院团，天津市青年京剧团名列其中。她是全国唯一的一个由青年演员组成的京剧团，能荣登排名榜完全是以自己的实力博得了专家的肯定，当之无愧。

天津市青年京剧团，这个由天津戏校毕业的一批青年人组成的剧团，从名不见经传到全国重点院团，不得不让我们想起她的成长过程，想起那轰轰烈烈的“百日集训”。

今天回想起来，是“百日集训”成就了这个团，给这个团带来了无尽的福音。我作为一个老演员、老教师，在百日集训 20 周年之际，有感而发，谈几点体会：

## 一、领导高瞻远瞩，有战略眼光

天津市青年京剧团的成立，标志着天津市领导早在 20 世纪 80 年代戏曲开始走向低谷时，就把繁荣与振兴的希望寄托在了跨世纪的青年京剧人的身上，这是有战略眼光的。组建不久的天津市青年京剧团，演员舞台经验不多，剧目也不够丰厚，但他们有较扎实的基本功，有传统戏的基础，且全团行当齐整，有一股朝气蓬勃的生气。天津市的主要领导同志把振兴京剧的希望寄托在这批年轻人身上，下决心投入力量将这个团培养起来，采取了“百日集训”的办法，就如国家运动队一样，严格要求，严格训练，使这个团有一个质的变化，经过短期的强化，打造出一支京剧的生力军。这一明智之举，既高瞻远瞩，又脚踏实地，就是我们常说的把弘扬民族文化、振兴京剧事业落实在了具体行动上。所以说“百日集训”是一个创举，必将载入京剧史册。

## 二、请名师，选苗子，一对一教学

天津市的领导同志不仅从战略的高度审视京剧的发展，而且在具体实施上也是非常到位的。为了培养这批年轻人，他们是优中选优，既做到普遍培养，又敢于拔尖子，将一批最优秀的演员推向台前。天津市的领导从全国请来了张君秋等京剧表演艺术家，一对一地进行教学。我认为这一举措是完全符合戏曲教学规律的，也就是说，要学做伯乐，要善于发现好苗子，也要敢于拔尖子，要敢于给尖子演员“吃小灶”。过去富连成、荣春社、鸣春社、中华戏校出了那么多的表演艺术家，他们中的许多人如袁世海、李玉茹、王金璐、尚长春都是当年的“科里红”，还未出科就已经在社会上小有名气，在很大程度上也是在运用这样一个教学手段。戏曲教学有其自身的规律，戏曲教学不能搞“一碗水端平”，既要普遍培养，又要重点提高。“百日集训”对学生掰开揉碎地细抠细磨，一个腔、一个字、一个身段、一个眼神都能教到位，经过这样精心的雕琢，一个好料就可以在高人手中成为一个精品宝玉。

## 三、以剧目教学为核心，配齐行当全面开花

“百日集训”还有一个成功的经验就是通过剧目教学提高演员的全面技能。通过艺术家们代表性剧目和流派剧目的传授，能够通过一两个剧目的传授不仅能把老师精湛的技艺学到手，而且也学会了如何塑造人物，如何挖掘人物的思想内涵，这又是何等的重要！我们演了一辈子戏的人都知道，戏不在多，有时跟一位名师学了一两出戏，就能顿时“开窍”，一下子明白了表演的真谛，让你受益终生。

在这次“百日集训”中，还有一点一开始就注意了，配齐行当，全面开花。戏曲是一个综合性的表演艺术，一个好的剧团，少了哪个行当也不行，一个团，或一个剧目，某一个行当弱了，就会影响这个团或这个戏的艺术质量。现在不少剧团仍然存在行当不齐这个问题，包括这次被评为全国重点京剧院团的也存在这个问题。由于天津市领导同志狠抓了生旦净丑，除了老生、青衣外，还狠抓了铜锤、武花架子花、武旦刀马旦及文武丑，配齐了行当，在流派上，抓了张（君秋）派、梅（兰芳）派、程（砚秋）派、杨（宝森）派、谭（富英）派、裘（盛戎）派、李（多奎）派、萧（长华）、叶（盛章）派等，所以成效非常明显，通过百日集训，雷英、孟广禄、张克、王立军、刘桂娟、蓝文云、李佩红、石晓亮等一批新秀旧貌换新颜，在舞台上放出光彩。这些演员，通过百日集训，不仅他们自己的剧目，包括流派剧目得到

了很大的提高，并且使整个剧团的大戏形成“一棵菜”，各个行当相互照映，满台生辉。20世纪五六十年代，北京京剧团有马（连良）谭（富英）张（君秋）裘（盛戎），中国京剧院有李（少春）袁（世海）叶（盛兰）杜（近芳），这样的强强组合现在是太少了。可喜的是天津青年京剧团现在具备了这样的条件，他们是大有前途的。

## 四、表演音乐配套进行，注意剧团整体素质的提高

有人说，领导要有内行的眼光，这句话很对。过去有的剧团也重视演员的培养和提高，但是却忽视了对乐队的培养，这就必然影响整个演出的质量。在这次百日集训中，剧团的领导还请来了国内一流的演奏家对乐队进行培训，培养方法和演员一样，一对一地强化训练，成效显著，天津青年团的乐队行当整齐，技术精到，演奏的整体水平在全国京剧院团中也是不多见的，绿叶配红花，红花艳更鲜，二者相得益彰。天津青年京剧团在这后10年里，之所以能保持艺术上的高质量，是全面集训的成果。

## 五、大的资金投入是基础和保障

天津市的领导在这次百日集训中应该是投入了较大资金，这笔投入是值得的。我们从科班出来的人都知道，出科后要想组班成角儿，没有财团或老板的支持几乎是不可能的，不用说请编本子的，搞布景设计的，服装设计的，还要邀好配角儿，好琴师，光制作私房行头就是一笔可观的开销，所以没有经济上的保证是不可想象的。时代变了，现在的年轻人，现在的剧团赶上了好时候，赶上了好的领导，百日集训的大投入保证了这次集训的顺利进行。

天津青年京剧团的百日集训已经过去20年了，百日集训虽然结束了，但天津市的领导一直没有放松对这个团的关心与支持，20年来，当年参加百日集训的演员现在都成了在国内享有很高荣誉的青年艺术家，成了当今舞台上的“好角儿”，成了承上启下的中坚力量。现在这个团又有一批新秀像赵秀君、阎巍也已经成熟起来。

天津百日集训的成功经验，应当成为振兴京剧的一个典范，一个模式，值得各地领导同志很好地学习。

祝天津青年京剧团的年轻人不骄不躁，向京剧艺术的高峰继续登攀。

（原载《天津市青年京剧团“百日集训”二十周年人才启示录》，方伯敬、成其圣主编，中国戏剧出版社，2006年9月出版）

# 谈五法

戏曲的唱做念打和手、眼、身、法、步，这“四功五法”是前辈们多年的舞台实践累积出来的，是对戏曲表演非常凝练的经验总结。戏曲能发展到今天，并受到国内外人士的欢迎和热爱，就说明几辈人的辛勤劳动是卓有成效的，这门艺术有其独具的魅力，是不能把它轻易丢掉的。当前戏曲的现状自然受到时代的发展和社会大环境的影响，但也与本行业从业人员的艺术水平有着直接关系。我个人感觉存在着演员不太讲究的情况，或者说演员自身还没弄懂“四功五法”的妙处，没有掌握准确运用的方法，特别是如何运用它来把人物表现得活灵活现，进而感染观众，使观众感到演员所演的角色非常真实，也就是我们常说的装龙像龙装虎像虎。只有达到这种境界，才可以说具备了掌握“四功五法”的能力，并能将其运用在角色的表现上。如果能把“四功五法”掌握到位，运用自如，这样的演员才能是好演员，也可以算是全才的演员。

舞台上的手、眼、身、法、步是从生活中来的，经过艺术加工，形成美的艺术，而不是简单的生活中的手和眼的使用，如果把纯粹的生活搬到舞台上来，那就不是艺术了。当然我所说的是演传统戏而不是演现代戏，演现代戏是要与生活更接近，不宜把传统戏的手法生搬硬套地运用，看起来不舒服，也不恰当。但是，不管是传统戏或现代戏，都是艺术，如果把生活手法如实搬到舞台上来，那观众就用不着到剧场看戏了，到什么地方都能看到了。实际上现代戏的手法尽管与生活更接近，也是经过艺术加工后再表演出来的，比如李少春现代戏的创作，舞台上的艺术是要根据不同的剧情和人物来进行艺术加工和创作的。

我想把手、眼、身、法、步的理解写出来，做个抛砖引玉吧。

## 手

传统戏中的手法运用是从生活中观察琢磨而来的，各行有各行的运用方法和规格。我认为戏曲旦角这个行当，手的运用是前辈经过多年创造琢磨出来的，是非常讲究的，手的运用和表现也是非常细致入微的。

旦角的手势是以兰花指为基础，梅兰芳老师的画册中就有多种手的姿势，是以兰花命名的。我想以我们常用的一些手势说明一下。

“指”是拇指掐中指尖，食指伸直而无名指和小指应当是弯曲一些为好，万不能把小指也伸直，这样不好看，也是不合规格的，就是在生活中我们指什么也没见过二指和小指同时伸出指的。但目前舞台上有些演员经常是将小指伸直，这样的指法不知从何而来，又是哪的创造，这样并不好看，是不符合生活规律也是不符合规格的，比如我们拿东西都是用拇指和中指的时候多些。

再如“搓手”时是双手抬到胸前，是拇指藏起来中指上下反复搓动，来表示思考情绪，而生行是双手下垂满手搓手掌。

再如“揉肚子”是拇指藏起来，用其他四指在胸部或腹部，双手或单手左、右手上下抚摸即可。

若是看东西可用指的手势，食指扶在腮边即可，也可以用掌的手势同样托在腮边，如若在思考时可手扶腮边同时眼皮下垂即可。

“掌”是拇指藏到中指指根处，而中指是向里一点，食指、无名指和小指要并拢一点，小指不要向外开太大，这样看起来很秀气，反之就显得太粗糙了。当然这是要因人而异，有的演员的手指修长可以松弛一些，如演员的手指较粗最好是并紧为好，手指并紧些从视觉感觉就会显得修长。有时我们在表现面貌如何也可以用掌，手心朝里由下而上在面前划过来，表示容貌美否。当然也可用拇指和二指捏好，其他三指伸直也可。这种表现方法是近来出现的。

“拳”也是旦角常用的，应是拇指捏紧食指二三关节处，中指弯到拇指肚，无名指和小指松开，也就是无名指紧挨着中指背，小指弯曲就成了。但也有拇指中指食指完全收起，拇指捏紧，无名指和小指松开的，但我觉得还是前者为好。

在开门这个动作时总是左手掌扶门，右手拇指和中指拿门栓，手心朝上，两手要半尺的距离，也就是左手在上，右手在下，开门时右手拉开门，双手扣门的两侧，退一步两手向两边分开即可。关门则是相反的动作，因为我们表现的是老式门，是两扇门，不管是街门还是房门大部分都是两扇的。假如从外面开门就要先看是否锁着，如果是锁上了就要先做开锁式，把料吊拨开再推开门，是双手推，收左腿做进门槛状。

总之演员的手是表达人物思想感情的，但是要用得恰当才能起到好的作用，如用得不当就显得手忙脚乱了，也给观众感到心浮没谱了。好的演员的手势用得恰如其分，能够表现人物的思想感情，同时感染观众，使人物的塑造更加完美。

我们再来看看拿道具的手怎么运用。

旦角在舞台上拿酒盅、茶杯，拿手帕，包括刀马旦的拿枪、拿大刀、双刀、剑、戟、马鞭等，都是拇指捏中指，这样是合规格的，也就是旦角用前三指，而其他行当是用后三指，这是男女的区别所在。男女不分，生旦不分是不好的，现在舞台上经常出现旦角拿把子是满把攥，是不美的，也是不应当的，就算是打把子，旦角手的用法是与其他行当不一样的，不能是死把、不灵活。这一点我对老师当年对我的严格要求印象很深刻。

例如，拿马鞭的手是前三指，举马鞭是手心朝里，横马鞭的手心朝外。马鞭举起时手臂要弯曲一点，不能伸太直，那样就不好看了。

再如托大刀时的横相是右手心朝上，左手心朝下，右臂往外伸开些，左臂的手贴胯为好。

以上谈的手法是旦角行当的基本用法，就是老旦行当也是基本如此，只是手指要弯曲些不要太伸直，这是因为表现年老的方式，不能老旦就不讲究手势，我认为是不恰当的，因为老旦也是旦行，是女性角色，还是讲究一下为好。当然有些角色是表现有些男性化的女性人物，如《殷家堡》的郝素玉，《巴骆和》的九奶奶是可以用些生行的手法，这是角色需要。另外就是现代戏要更接近生活些。

因为旦角的手势是很重要的，它是要表达人物的喜、怒、哀、乐等不同的感情，早年青衣行当是不许露手的，那时时小福前辈在演《汾河湾》时用手辅助表现人物感情，竟被讥讽为“露手青衣”。随着社会的发展进步，戏曲艺术也不例外，王瑶卿老师在手姿的运用上就有了很大突破。梅兰芳老师就更加讲究，他的手在表演时曾引起苏联、美国众多艺术家的注意，有不少文章专门评论他的手，称他的手具有伟大的表现力。苏联芭蕾舞大师乌兰诺娃曾专门到后台要求看看梅老师的手，认为他的手“每个手指头的动作都体现了美”“有强烈而醉人的吸引力”。苏联的著名戏剧家梅耶荷德甚至说“看了梅兰芳的表演，我们所有演员的手都砍去得了”。

由此可以看到我们戏曲旦角的手是多么重要多么讲究，我多么希望我们同行能够深深地思考思考，不要把前辈经过多年、几辈人创造的好东西轻轻地丢掉，实在是太遗憾了。

### 眼

眼是心苗，眼是心灵的窗户。这说明眼的重要性。一位演员如果没有发挥眼的作用，就不可能是好演员，因为你表现喜怒哀乐就只能用眼神来表现，而面部是无法代替的。尤其是旦角更应注意，如在表现笑时不能张开大嘴哈哈大笑，表现哭时不能咧着嘴哭，这都是不美的。旦角要表现喜怒哀乐都要在美的前提下表现，而不能像生活那样，就不是艺术的美了。

我们戏曲演员初学时眼睛是必须练的，要把眼练得有神，而眼神练好的目的最主要是集中观众的注意力。我们小的时候学戏，一出场老师就叫你瞪眼，演员一出场，就要给观众精神饱满的状态，让人感觉有神气有光彩。

眼神的练习也有很多方法，初学戏时的练眼睛是很简单的，是把眼睁大上下左右看，练上几十遍，再就是把眼睁大瞪着不许眨眼，瞪得眼泪往下流。有的老前辈练时睁大眼迎风或瞪冰洞，还有的是看香头练转式上下左右、斗眼等，有时用自己的手指转动练习也可以，这种方法主要是练习眼神的灵活性，而“斗眼”这种特殊的眼神在舞台有些剧目中会用到，如《杀惜》看刀时要用的。

旦角的眼神运用在基本规范前提下又有所区别，如演青衣戏眼睛就不能只动眼珠，不能有斜视的情况，如要移动眼神只能头先动眼睛随着看，保证黑眼球基本处在眼睛正中，但在偷看时是可用斜视的，符合剧情需要。正旦这样，花衫、花旦就不同了，根据人物剧情需要就很灵活，但不是干瞪眼睛干抬眼皮，而是抬眉配合眼睛活动。

眼神运用在表现人物的喜怒哀乐等方面也有不同的方法。

如表现“恨”时是拧眉，眼眶用力看或瞪，而不能抬眉睁大眼看对方，因为这样不是女人发狠的姿态，也不是妇女真恨时的表现。若表现“喜欢”时是两眉微抬，眼虚着看人或物，当然要嘴角上翘配合才能表示出妇女的美。表现“哭”时是双眉皱着，眼虚着，嘴半开而不能张开嘴哭，要是张着大嘴哭就不是旦角，而是丑行的表演方法了。若表现“挑逗”时的用眼方法，是用眼半开从眼角看对方脸上，要带点笑意，这是妇女最美的眼神。

旦角眼神在用法上还讲究有实有虚。实的用法是你在看到物和人时（其实是没有的），要让观众感到你看到真实的物和人，那观众才会受感染。也就是无物变成有物。同时眼神要很集中，比如你要和观众交流时要看观众席中的一位，你和他交流实际上是跟那个方向的很多观众整个交流，但假如你不是集中看一位，那就不能抓住观众了。比如《思凡》中【山坡羊】一段中指的三个“他”时，用云帚指向观众时就应实实在在地指一位观众，眼神要很集中然后再奄拉眼皮一笑，才能达到真正跟观众交流的效果。再如数罗汉时，你心里要看到每个罗汉它们各种不同形象的真实感，才能使观众感到是有罗汉存在，就是说眼中要有物。这就是睁眼不动，迎风看不眨眼的功夫。当年马少波同志要求中国京剧院所有旦行演员都学《思凡》，是有他的道理的，因为这出戏把旦行眼神的喜怒哀乐悲恐惊全部都运用到了，各种手势和身上也都练好了，所以说女怕《思凡》的道理也由此而来。

不管是表现喜怒哀乐哪种眼神都要从内心发起才好，如果不由心里的动来表现眼神是不真实的，观众看起来是僵硬死板的。但初学戏时一般都会有这样的问题，那就是老师说这时应笑那时应哭的教学方法，但这只能是初学的阶段，经验逐渐丰富后，就知道从人物的思想感情出发，而用眼神来表现人物的喜怒哀乐，那是最好的。

总之旦角的眼神用法是和其他行当有所不同，很多前辈旦角演员很会运用眼睛表现人物的思想感情，有很好的例子，如梅兰芳老师眼睛很大，他为了眼睛有神、灵活，在家里看鸽子的飞行。可是在舞台上他只是出场时会使用很有神的睁眼，而后就虚起来了，我们可以从仕女画中看到妇女的眼神都是虚着的，而没有瞪大眼的，总瞪着那是花脸了。梅老师演《太真外传》时有一场戏是在庙里，唐明皇看见杨玉环时，杨看唐的回头一笑那是很迷人的。后来言慧珠在京剧院演出时在这场戏的一笑，演唐明皇的演员被迷得要跟她走下去。当然这种眼神是一种挑逗式的。再如荀慧生先生的戏是很迷人的，于连泉先生的戏就凭两眼来表演各种角色那叫人看不够，他嗓子也不怎么好，观众就爱看他的戏，他能挑班多年，上座率也很高，都是跟眼神的运用有关。

我们有时常说的“演员没眼睛”，意思就是不会用眼睛，眼睛没神，抓不住观众，演员的表演没人物、没戏，就不会吸引观众，演出效果就不好，所以眼睛也就是眼神的运用，对于演员来说是非常重要的。

## 身

身上好坏这对戏曲演员是很重要的。这里说的“身上好坏”指的就是身段、工架的美。这一点同样是要靠刻苦的练习，要把一个身上又僵又硬怎么都不灵的人，练成一位身上很讲究很漂亮，随心所欲很美的演员，是要经过刻苦的长期的练习。首先从基本功学起，如腰、腿不灵活，就很难完成繁重复杂的动作的。因为身上好坏最重要的是要把基本功重视起来，但基本功的练习确实又是很乏味的，但要做一个演员，却一时也不能离开基本功的练习，除非改行。

只有基本功学好练好，同时再学基础戏，如昆曲戏拉身上，这样才能打好身段表演的基础。这里说的昆曲基础戏也就是我们常说的各行都有的开蒙戏如武生、小生的《探庄》，花脸的《芦花荡》，旦角《扈家庄》，花旦《闹学》。除各行学唱念外，都要学拉身上的戏，也就是我们所说的工架戏，因为只有拉好身上的工架戏，基础打好，学起戏就顺多了，如果幼时不把基础戏学好练好，那就像盖楼房地基打不好，上面的楼是要出问题的。这种经验很多了，所以有科班出身和家班出身的区别，当然家庭培养的演员，如果从小就像科班那样学习训练，是可以把身上练好，也是能培养出好演员的，如李万春、李少春等。

身上的好坏，开蒙老师也是至关重要的，所以在戏曲界请开蒙老师是很慎重的，这是关系演员一生的问题，当演员年轻时扮相好、嗓子好、身上差点，就是基本功差也能说得过去，可是到年龄大了就洒汤漏水了，基本功和工架不足的缺陷就暴露了。

对于旦行演员来说，身上的好坏重在练腰，练法是两腿并直、站立把腰往左、右摆动，要往左右摆动都要摆到头，上身不能动，这样练到百余次每天都要练。前辈讲：“腰眼不活不能唱旦角”，这说明练腰的重要，因为旦行身上好坏是离不开腰部的灵活的。

这身上好与差有两方面原因，一是认真学，用脑去琢磨，也就是领悟吧。另一方面就是天天不厌其烦地练，俗语说“一天不练手脚慢”，三天不练观众面前就看见了。初学时的开蒙老师非常重要，再有仍然是与本人的刻苦练习有关。特别是要多“拉戏”，前辈强调“拉戏”的重要性是有道理的。所谓“拉戏”就是把剧目从头到尾不间断地，像演出一样认真走戏，这个过程是将所学的戏的技巧，融化到演员身上，像吃的东西经过消化变成有营养的物质一样，增强提高自己。学了戏不经过反复的“拉戏”，是不能达到上下身协调和好看起来的，是达不到“顺”和“美”的标准的。所谓熟能生巧，“学而时习之，不亦说乎”是也。锻炼身上功夫，如拉戏，初学时是老师看着，但到学会后仍然需要老师跟一段时间，不然个人练习时，稍有懈怠或要领把握不准确就会出毛病，那就不好改正了。当然也不是永远离不开老师，当你确实掌握它的规格，稳定了，老师可以不管了，这样是不会练走样的。这是很重要的，如果最初老师不看着，很容易练僵练死板，有的演员每天很刻苦，但方法不得当，死练到后来就练僵了，甚至会一辈子落下毛病，改也改不了。所以一定要在老师的帮助下，根据你的情况给予指导。我个人的经验是，在学习时老师看着拉戏，到老师说可以自习时才能自习。而我是八年毕业后已经在外公演了，但还是请老师看着我练功。总觉得有老师看着就不敢松劲，因为自习没有老师看着就很容易松劲，慢慢就似练非练的样子，毛病也就出来了，到最后自己也不知怎样是对怎样是错，也就找不着家了，那就麻烦了。这种例子是很多的，最终弄得似是而非。

戏是有专门舞蹈性特强的，也就是身上功夫多的戏，也有的戏动作较少，这是根据角色需要编排的，为了突出感情而动是恰当的必要的，如果动作太多，不是角色内心活动所要求的那就不好了，会给人手忙足乱之感，不但不能辅助人物所需要，反而使观众感到不舒服。这里要说明一下，有的演员因嗓子不舒服，临时增加动作来弥补声音的不足，这种情况是可以的，如李少春就用过这种方法。

另外，对于成熟演员来说，身上动作可以分两种，一种是舞蹈性比较强的，必须按规定动作走，另有一种大多在偏文的戏中，动作的设定则是灵活的，不一定必须按固定的身段来表演，只要与人物心情不脱节就可以。

总之，身段好讲究的是圆、顺，就是走起身段来从哪方面看都是圆的顺的，不是别扭的。身上要求子午式，上下身要有拧的意思。如要更讲究更深的要求，就是能在别扭里找到顺和美，这是太难了。在圆和顺的基础上，要想把身段工架的表演，做到既好又精且出神入化的地步，必须做到一举手一投足，随着人物情感需要，随角色情绪变化，身上百动都是由心而生，心里有戏有人物有思想感情，表演出来的动作才能感动观众。假如身上再好再美再漂亮，而没有结合角色的心情，这样的动作是空的，那种所谓的美只是形式上的美，就不生动了，也不是我们京剧艺术所要求的。身上的好坏，是在角色情感心理活动基础上产生的，这样的身段表演才是有生命力的，才能给观众美的艺术的享受，也才是有感染力的。

最早年间是有很严格限制的，所谓隔行如隔山的说法。比如说青衣不允许露手，只能捂着肚子，也就是各行有各行的规则，不能乱来，乱来会被人笑话的。但到清末民初就有很大变化，要求演员不受以前的限制，是要求全才演员，也就是常说的文武昆乱不挡。

### 步

戏曲演员的脚步是一项很重要的基本功，不管哪一行在开蒙时走脚步是必学的一项，初学时是走基本的脚步，只有把它学好，才能根据不同的角色人物走出不同的脚步。

旦角脚步初练时是双手捂腹部，左手在腹部右手在腿根部位，左脚找右脚脚尖，脚后跟先着地慢慢往前压，压到右脚尖同时左腿微弯重心往右脚移动。脚落地时要直，走一条线似的，这时腰要挺直，收小腹，上身松弛，眼看平。不允许撇脚（就是八字脚），不许走起来上下颠，要走得平稳，这样练后会觉得小腿有点疼，脚腕子有点疼，开始练时是要脚后跟找脚尖一步一步地走，这是最基本的脚步。不管你将来是演青衣、花旦还是刀马旦都是如此，而后练跑圆场。

圆场说是跑圆场和生活的跑是不一样的，圆场要练半步走，就是说往前上的脚步不允许超过下脚的脚心，腰要挺着不能乱晃，上身松弛。双手可用顺风起式，如往左方向跑就脸朝圈外即可。练时要由慢而快千万要耐心，不能急于求成，只有把这种小步跑练好，将来用时步子大一点也会很平稳，并且不会把裙子踢起来，会使观众感到像在水上漂动一样，前辈“水上漂”就是由此出名。目前史依弘同学是把两个鞋带绑上练的，早的方法是两腿夹手帕或其他东西练，这样练出来的圆场跑起来是很美的。

旦行中各行当以及不同人物的脚步也有细微的区别。如青衣脚步，是上步的脚与后脚的距离可向前半步的方法，这是因为青衣演的角色大部分是妇女，也就是结了婚的女子，她和花旦不同。花旦脚步是以多一点半步为好，因为花旦的角色多数是少女，活泼、动作灵敏，可爱，这只是少女的方法。《拾玉镯》《金玉奴》等戏中的人物，她的服装多数是裤子袄子或裙子袄子。假如花旦戏到穿帔时就可以大些，这是因为穿帔时她的身份变化了，不能到穿帔时还是小步走脚步就不合她的身份了，如《荷珠配》的旦角就很可笑了。

假如旦角行当穿蟒时扎靠时，她的脚步与上面的步法有所不同，因为她们的身份不同服装不同，步法也就不同。旦角穿蟒都是贵妇、娘娘、女将、后妃等，为了表现高贵有气派，她们的脚步在青衣的多半步的基础上可以把脚向外稍撇一点，就是有小八字的样子，表示人物很稳重大方，如《醉酒》《穆柯寨》中的角色，但腰里是不能扭的，如果腰里乱晃就小气了，也不是剧中人物的要求。圆场时也可多余半步，但不能用八字脚。扎靠时有时也用些半步圆场，一般是在开始走时，有那么十几步小步，而后快时就步子大些不能太小，太小就快不了了。

另外还有一类特殊的人物，就是鬼戏中的人物。旦角演鬼戏时多用半步圆场甚至云步、搓步、花梆子步等很多步法，这是为表现鬼是在风雾中漂漂荡荡的，像被吹着行动的意思。如《活捉》《鬼怨》等戏中的人物。

旦角在演旗装戏的脚步走法是，前腿迈出直向前方，脚要稍撇一点，抬起来有个小停顿，后腿稍弓把前脚推出落地，后步迈也同样的方法。这种步法只能演清代戏或少数民族的戏，如《四郎探母》的公主，《查头关》的尤春风，《探亲家》的亲家母等。若演萧太后，她的步法和公主的步法是不一样的。她是前脚稍撇，腿要比公主的腿抬得高一点，稍往回收一点再迈步落地，后脚走时和前脚步法同，这是表现萧太后年老腿脚慢，和青年公主的区别。而在回令时上场是走快步，但也有年老虽慢而快的方法，这是为表现萧太后气愤着急的情绪所要求的，千万要注意太后的身份年龄，切记！

再提一下踩跷的脚步。我看于连泉先生的戏，他是绑跷的，步法也是有一定规范的，与不绑跷的大脚片是有区别的，跷是以后跟落地，而不是满跷落地，脚步的步幅不能按跷的大小来算，仍是与演员本脚的尺寸感觉一致，如果按观众看到的跷的大小来迈步，仍按半步半步走，就迈不出步了，只是在特殊时候以跷的尺寸大小来迈步。

旦角的步法有各种不同的方法，是为不同人物不同情节的需要而定的，是为更好塑造人物的要求。不管以上哪种步法，都是练好基础步法才能随心所欲，才能很自然地走好角色所要求的、所需要的步法。

## 法

“法”是四功五法的规则和应有的规范，是唱、念、做、打、手、眼、身、步必须遵守的法则。如果没有这个法则京剧的规范将不复存在。比如唱腔不论怎么变化还是京剧的西皮、二黄、拨子、四平调等，也就是说，是在京剧的板式腔调的法则范围内变化，使观众听了是京剧，而不是其他不伦不类的东西。所以京剧不管怎样变化，唱念做打、手眼身步，都要遵循一定的法则。

这“法”也就是我们常说的“法典”，那么“法典”是什么呢？我认为这“法典”是非常重要的，比如说“气口”就是“法”的一种表现。唱腔要讲究气口，尤其是昆曲，气口使用不准确就很成问题。其实气口的好坏就是唱的方法好不好。除了文戏的唱腔讲究气口，做、念、打同样有气口。我的理解不但唱、做、念，打，手眼、身步都是有气口的，也就是都要有“法典”的，尤其是身段、表情、武打等都与气息节奏有着重要关系。如身段的节奏与气息的运用都是重要的，什么地方轻，哪些地方重，比如四击头哪一锣要提气，哪一锣松气等等，都是有法可依的。因为气息用好那就刚柔清楚，节奏鲜明，动作的层次有了，观众看后就有味道，会感觉演员的表演经琢磨，这就非同一般了。能够达到京剧艺术的美，使观众得到美的享受，看过后留下深刻印象，这就是京剧艺术的魅力。所有好演员都有这套本领，这些法则的运用是从实践中摸索出来的，悟出来的。所以看好演员演出轻松有力，动作优美，处处都美的，没有给观众在舞台上拼命用力地喊，或拼命地舞刀弄枪，累得气喘吁吁。用我们的俗语说是“啃台”“洒狗血”“乱抖手”“狠跺脚”，叫观众看到这演员真卖力气，多可怜呀，赶快叫好吧！过去好多名演员，并不是每出戏每唱一句就叫一句好，只是出场有碰头好，这是最重要的，说明你有声望，有人缘的表示，然后是唱段或武戏在最精彩之处有一次掌声就好了，假如那时期像现在这样乱叫好，会使演员感到有人在捣乱起哄，会想到可能是得罪人了。另外那时候在座位的最后一排是有巡警维护现场秩序的，哪位观众乱叫好，巡警就会把你请出去训教一番，再说如果没完没了地叫好，演员心中也乱了，无法进入角色情感思想，就会出戏了。

现在观众对演员热爱是可以理解的，不给些掌声鼓励，演员不卖力气怎么办，就拼命叫好，演员也就更来劲更卖力气，博得观众的叫好，这样会形成恶性循环，把演员表演人物思想感情搞乱了，表演角色的思维过程无法贯通，造成断断续续，时进入角色时出了角色，对整个戏来讲产生不连贯的影响。我想这问题不在观众，而主要是演员自身的思想，他所要追求的是什么？只是要平常的掌声呢？还是把美的京剧艺术的魅力传达给观众？通过唱念表演给观众留下深刻难忘的人物印象呢？还是看后就忘了一切好？

另外，这频频的叫好声，会给不懂京剧的观众一种错觉，不知道京剧好在什么地方，没有看到好处怎么就叫好了，就会感觉京剧没意思，看不懂这门艺术，所以年青的观众不来看，不爱京剧艺术恐怕这也是原因之一吧。

我想要说的是演员如何把戏演好，提高唱念做打的技术，用京剧艺术的特色去让观众爱看，使京剧真正做到雅俗共赏的境界。在“法”的气口、节奏上多下功夫，使我们的京剧振兴和民族艺术得到发展。特别要通过加工整理传统剧目，多排新戏，使观众有新鲜感经常换换口味，别老是那几出戏来回演，再喜欢京剧的人也是腻了。过去中国京剧院有过很好的经验，为什么不去模仿一下呢？

（遗稿，2009 年 4 月，冯海荣整理）

# 《程砚秋戏剧艺术三十讲》序

继《程砚秋史事长编》和《程砚秋戏剧文集》之后，永江师弟又花费了大量心血写出了洋洋32万余字的《程砚秋戏剧艺术三十讲》(以下简称《三十讲》)，令我十分敬佩。大作的出版，不仅能够推动程砚秋老师表演理论的研究进一步深入，也能够让程派艺术的表演魅力得到更好的弘扬，这是一件功德无量的事。永江师弟送我书稿，先睹为快，并嘱我为本书的出版写几句话，这让我很是惶恐。程砚秋先生是我的老师，是我最崇敬的艺术家，读了书稿后我更是兴奋，写几句话来纪念程老师对我的教育与培养吧。

还是在几年前，我一连气读完了永江师弟整理出版的《程砚秋戏剧文集》一书，非常激动。程老师对中国戏剧表演理论的阐述，对京剧舞台表演功法的深入研究，以及程老师的高尚人格及民族气节，使我对程老师有了真正意义上的了解。程老师是继梅兰芳老师之后的一位大师级的艺术巨匠。

我在中华戏曲专科学校学习时，就得到了程老师的谆谆教诲，我那时也经常观看程老师的演出，对程老师在艺术上的造诣非常崇拜。那时，我看到程老师的艺术迷倒那么多的观众，有众多的程迷追随着程老师，觉得非常神秘。几十年来，我也一直都在关注着戏剧界人士为纪念程老师所举办的各类活动，以及研究程派艺术的书籍的出版和文章的发表。前几年，当我认真地读完永江师弟整理完成的《程砚秋戏剧文集》之后，我才真正认识到过去我对程老师的了解是那么的肤浅。程老师不仅在京剧表演艺术上独树一帜，创造了魅力无穷的程派艺术，对舞台表演中一些根本性的问题做了科学系统的深入研究，发表了许多学术性论文，并且在戏剧理论的探寻上做出了重要的贡献，他的许多研究成果既有深邃的理论水平，又具有独到的艺术见解，这在京剧界演艺人士中是很少很少的，正如周恩来总理所称道的，“程砚秋同志的艺术精湛，成就极高，为中国京剧艺术的发展做出了卓越的贡献。”

《程砚秋戏剧文集》的百篇文章，每一篇都引起我的深思，每一篇都让我受益匪浅。

永江师弟的《三十讲》，是指导我们学习与研究程派艺术的教科书，对许多问题的归纳与梳理非常细致。本书能够引领我们更快地学习与研究程砚秋老师的戏剧理论、戏曲程式与功法，指导我们正确理解京剧的继承与创新等一系列问题。《三十讲》能使读者脉络清晰地了解程砚秋老师先进的戏剧观和程老师睿智的艺术见解。《三十讲》对“程派艺术的本源”“程砚秋在欧考察戏剧音乐综述”“抗战前后的砚秋先生对正确戏曲理论的践行”“《演戏须知》：程派戏剧表演理论总纲”“从对《梨园原》的继承到对‘四功五法’的诠释”“砚秋先生戏剧教育思想综述”等章节的深入浅出地叙述，使读者一步步地进入程老师思想的深处，探究到艺术大师的心路历程，也清楚地了解程老师如何从一个出身贫苦、自幼学戏的孩子成就为一代宗师，成为我国民众所热爱和景仰的艺术前贤。

拜读《三十讲》，又使我想起陈叔通老先生曾说过的话：“我觉得程砚秋先生在艺术上能获得如此伟大的成就的原因是：第一，富有天才；第二，肯于苦功；第三，有创造精神；第四，他善于虚心向戏曲界的前辈学习，尤其是王瑶卿先生对砚秋先生的影响是很大的。”在《程砚秋戏剧艺术三十讲》第一讲，即“程派艺术的本源”中，永江师弟写道：“学习研究近代京剧旦角艺术，特别是程派艺术，首先应当从学习研究陈德霖先生入手。陈老夫子的艺术是形成程派艺术的‘基因’。”讲得非常对。本讲从陈老夫子对京剧表演艺术的发展讲起，引申到陈老夫子的师弟、近代京剧革新家王瑶卿先生对程的培养与指导是程派艺术形成的关键。从向荣蝶仙先生学艺，程老师在极严格并近于残酷的训练中，打下了扎实的基本功根底。程老师先从下腰、撕腿、翻跟斗开始，并向丁永利先生学过《挑滑车》《赵家楼》，向陈桐云先生学过《打杠子》《铁弓缘》《打樱桃》，向荣蝶仙先生学过头本《虹霓关》《穆柯寨》，向陈啸云学过《彩楼配》，向乔慧兰、陈云卿、谢昆泉先生学过昆曲，向阎岚秋（九阵风）先生学过武旦戏，后来又长期向王瑶卿、梅兰芳先生学习，所以说程老师在艺术层面上的训练是全面的，就是在成名之后，也没有间断过向各大师级的艺术家学习。他崇拜余叔岩，向余学习各种唱法与表演，观摩武生泰斗杨小楼的戏，学习他的身段功法，同时也向各地方剧种如山西蒲剧、唐山评戏、川剧吸取好的东西，为我所用，他还经常观摩话剧和电影，看那些艺术门类是如何塑造人物形象、表现人物性格的。他从很年轻的时候起就向高紫云先生学习太极拳、太极剑，一生都在练习太极拳，并苦练书法，从中领悟戏曲表演的神韵与气韵。特别是在罗瘿公、金仲荪等老前辈的大力帮扶教育下，他的戏剧思想和艺术表现力得到了空前的提高。经过呕心沥血的实践与钻研，程老师终于脱颖而出，成为一位既有精辟理论建树又有丰厚舞台奉献的大师级人物，他的辉煌业绩永载京剧史册。

我通过《三十讲》的学习，对程老师渊博的知识、深厚的功底和极高的艺术魅力有了新的认识，感触颇深。程老师年轻时正处在一个极其动荡的时代，在新旧思想文化激烈冲击下，能够吸收进步的思想，潜心研究戏剧并创造出风靡全国的新的流派是何等的不容易，没有过人的天赋和品格，没有王瑶卿、罗瘿公、金仲荪前辈的正确指导是不可想象的，他的民主进步思想也是在这时期得以形成和发展的。

20 世纪 30 年代，正是程老师的事业蒸蒸日上之时，他却花了一年多的时间赴欧考察西方的话剧、歌剧、芭蕾舞剧、交响乐，以及舞台美术、灯光、音乐伴奏，这对他的新戏剧思想的形成与影响是很大的。访欧回来后，他在不断丰富新剧目的同时，积极而又慎重地吸收西方舞台上的好的表现形式为中国戏曲所用，收到了很好的效果。如在净化舞台、改进化妆造型、丰富乐队等方面，他都做了很多实验性改革和尝试。特别是在净化舞台方面他曾做过许多改进，舞台装饰上不再是绣着大红大绿图案的门帘台帐，而是改成淡雅的素色；演员上下场也取消了传统的出将入相的上下场门，而是改成由舞台边幕上下场，这样演员的活动范围就大了，表现力就更丰富了；过去演戏，琴师鼓师观众都看得十分清楚，但影响观剧效果，程老师改成将乐队放置在舞台大边的里侧，并将乐队用纱幕框子遮挡起来……这些改革现在看来很简单，可当时却是需要冲破很大阻力的。

在演出剧目上，程老师的一些代表性剧目如《鸳鸯冢》《青霜剑》《荒山泪》《梅妃》《春闺梦》《锁麟囊》《红拂传》《窦娥冤》……从音乐唱腔到表演都有着鲜明的流派特点。程老师的许多剧目都是惩恶扬善的题材，或为平民百姓立传的戏，表现了程老师同情劳苦大众、鞭挞黑暗恶势力的进步思想。周恩来总理曾就程派剧目进行过这样恰如其分的评价：“程派有些剧目在当年就有一定的进步性。如《荒山泪》是反对暴政的，《青霜剑》是反对恶霸的，不管是什么时候都是好戏，像《青霜剑》里的那类坏人，无论在什么时候都应该反对。”梅兰芳老师也曾说：“人人都知道程派剧目以悲剧见长，但程砚秋同志所演的悲剧，都是反映封建社会里人民所受的各种压迫痛苦，有些剧中人虽然被迫害到死，并没有屈服，而反抗的意志更旺盛。他创作这些悲剧的意义，不是颓废消沉而是有积极性的。”

程老师不仅是一位艺术大师，也是一位艺术教育家。

程老师从欧洲考察回来后，更加清醒地看到京剧事业的发展靠人才的培养：没有一批杰出的有文化的戏曲人才，根本就谈不上戏曲的繁荣与发展；没有戏曲人才整体素质的提高，京剧事业就不可能有长足的进步。正是有了这样的理念，所以程老师从欧洲考察回来后，便将很多时间和精力放在了办好中华戏曲专科学校上来。中华戏曲专科学校是李石曾、金仲荪等开办的一所新型的戏曲学校，是中国教育史上第一所正规的戏曲学校。它不同于传统的旧科班，而是用近代教育管理思想和先进的教育方式对旧的教育方式进行了大胆的改革。首先是男女合校，废除打骂制度，讲究民主与文明，特别是开设了与普通学校一样的文化课教学，这就明显地有别于旧科班。我是这个学校的学生，对此深有体会。学校不仅开设有国文、戏曲理论、戏曲史，还开设了音乐、书法、历史、英语、法语等课程，完全是用全新的方法培养学生。学校虽然仅办了短短的十年，却培养出了许多优秀的演员、演奏员，同时也为中华人民共和国成立后开办新型院校做出了有益的探索。程老师这时除了编演新戏外，大部分时间都放在学校人才的培养上，时时关心和牵挂着学校的每一位学生，对学生关心备至。比如，我在校学习时嗓子倒仓，嗓子倒得很苦，一字不出，我心里急得要命，非常苦恼，对今后能不能干这行都没了信心。正当我不知所措时，程老师给予了我极大的关怀，他指示学校实习处沈三玉主任要看着我每天到他的办公室吊嗓子，一天也不能间断。从学习《贺后骂殿》开始，吊第一句“老王不幸把命丧”到满宫满调的最后一句“三尺龙泉不容留”，整整用了一年时间，我的嗓子缓过来了，能演刀马旦、花旦戏了，后来程老师又让我学习文戏，如《游龙戏凤》等，为我后来学习唱功戏奠定了非常好的基础，所以我一生都忘不了恩师对我的关心。

程老师关于表演理论和表演实践的著述很丰富，并且都有着独到的见解和精辟的阐述，这方面永江师弟的大作中已经讲得很详尽了。这次永江师弟耗费心血向读者奉献此书，而且论述得如此深入浅出，提纲挈领，把程老师的戏剧理论进行了科学的归纳和梳理，对广大戏剧爱好者和研究者都是一件大好事，对于弘扬中华戏曲文化，光大程派艺术，无疑是一件具有学术性研究成果的工作，我深表敬意和钦佩。

我热诚期待永江师弟研究程老师和程派艺术的下一部大作早日问世。

我有幸先读了永江师弟《程砚秋戏剧艺术三十讲》的书稿，兴奋之余啰啰唆唆地说了以上的话，不知对不对，还望永江师弟和各位前辈及同行指教。

2009 年 12 月 22 日

（原载《程砚秋戏剧艺术三十讲》，程永江著，钮葆协助整理，华艺出版社，2010 年 1 月出版。）

# 附录二

# 李金鸿年表

李金鸿评传

**1923 年**

6 月 16 日，农历五月初三日，天津武清出生。

**1931 年**

3 月 4 日，农历正月十六，进入中华戏曲专科学校学习。先后向文亮臣学习老旦，向张连福学习老生，向沈三玉学习小生，向诸连顺学习武生。

**1932 年**

归工武旦，由张善亭开蒙，学习《泗洲城》。

首次登台，在《乾元山》中饰女妖。

**1933 年**

首次主演，演出由张善亭教授的《泗洲城》。

开始向阎岚秋学习《打焦赞》《蟠桃会》《小放牛》等戏。

**1934 年**

首次主演出手戏，在地安门附近的庆和堂饭庄，演出《蟠桃会》。

**1935 年**

9 月 5 日，《天津益世报》，刊载《演火棍》剧照，李金鸿饰杨排风，袁金绵饰焦赞。

开始较多参加学校演出，出演部分小戏，在中和戏院、吉祥戏院、哈尔飞戏院等剧院演出《泗洲城》《小放牛》《探庄射灯》（饰孙二娘）等戏。

**1936 年**

北京，中和戏院、吉祥戏院、哈尔飞戏院，天津，北洋戏院等剧院参加学校演出。剧目有：《泗洲城》《穆柯寨》《八五花洞》《杏花村》《玉玲珑》《四杰村》《铁笼山》等。

**1937 年**

北京，中和戏院、吉祥戏院、新新戏院等剧院参加学校演出。剧目有：《泗洲城》

《摇钱树》《无底洞》《扈家庄》《法门寺》《大溪皇庄》《大瓦岗寨》《天香节庆》《宝莲灯》《乾坤圈》《宏碧缘》(饰花碧莲耍火流星)《平阳公主》等。

3月20日《北平益世报》刊登学校获奖名单：剧艺成绩第一二三名，其中武旦组宋德珠，李金鸿；实习成绩第一二三名，其中武旦组宋德珠，李金鸿。

6月13日至6月21日，天津，明星戏院，随中华戏校演出。

### 1938年

北京，中和戏院、吉祥戏院、新新戏院等剧院参加学校演出。剧目有:《战宛城》《小放牛》《氤氲阵》《溪皇庄》《蟠桃会》《三义绝交》(《恶虎村》)《取金陵》《陷空山》《乾坤圈》《武文华》《玉狮坠》《宏碧缘》《蔡家庄》《宝莲灯》《演火棍》《祝家庄》《摇钱树》《水漫金山寺》《余千救主》《百草山》《泗洲城》《水晶宫》《嘉兴府》《扈家庄》《三岔口》、全部《貂蝉》《金钱豹》《白水滩》《殷家堡》《铁笼山》《小放牛》《盘丝洞》《雁门关》《红莲寺》《王宝钏》《探庄射灯》《八五花洞》《三国志》《狐狸缘》《盘丝洞》《安天会》《庆顶珠》《求贤鉴》《东昌府》等。

### 1939年

北京，中和戏院、吉祥戏院、广和楼、广德楼、新新戏院等剧院参加学校演出。剧目有:《虹霓关》《东昌府》《百草山》《雁门关》《王宝钏》《金山寺》《蔡家庄》《氤氲阵》《得意缘》《小放牛》《安天会》《泗洲城》《摇钱树》《陷空山》《八五花洞》《扈家庄》《大舞乾坤圈》《盘丝洞》《大溪皇庄》《嘉兴府》《宏碧缘》《探庄射灯》《取金陵》《火烧红莲寺》《酸枣岭·刺巴杰·巴骆和》《宝莲灯》《青石洞》《殷家堡》《三岔口》《岳家军》《宏碧缘》《马上缘》《战宛城》《芦林坡》、全部《降龙木》《姑嫂英雄》《得意缘》《大英杰烈》《水晶宫》《天河配》、全部《锤震金蝉子》《三妇艳》《平阳公主》《武松打店》等。

### 1940年

北京，吉祥戏院、广和楼、广德楼、长安戏院、三庆戏院等剧院参加学校演出，年初至11月18日。剧目有:《乾坤圈》《扈家庄》《大溪皇庄》《盘丝洞》《东方夫人》《金山寺》、全部《穆桂英》《陷空山》《平阳公主》《百草山》《大英杰烈》《火烧红莲寺》《宏碧缘》《绿牡丹》《战宛城》《姑嫂英雄》《雁门关》《得意缘》《武松打店》《演火棍》《取金陵》《两狼关》《辛安驿》《小放牛》《潞安州》《棋盘山》《三妇艳》《小上坟》等。

7月20日至8月13日，青岛，光陆大戏院，随中华戏校演出，剧目有：《金山寺》《摇钱树》《小放牛》《战宛城》《盘丝洞》《狐狸缘》《姑嫂英雄》、全部《穆桂英》

《雁门关》《王宝钏》《貂蝉》《平阳公主》《宝莲灯》《花田八错》《法门寺》《凤吉公主》《四杰村》《天河配》《八五花洞》《百草山》《美人鱼》等。青岛《新民报》7篇报道李金鸿及所演剧目，演出盛况传回北京。

10月27日，北京，广德楼，中华戏校演出，剧目：《独占花魁》饰刘四姨，引发媒体关注，景孤血作长文盛赞其表演。

### 1941年

1月1日，北京，庆乐戏院，开始搭班永春社，演出《杨排风》。

1月至4月，搭班永春社在京演出，《青石山》《扈家庄》《英杰烈》《穆柯寨》《凤吉公主》《得意缘》《十三妹》《小上坟》《小放牛》《战宛城》《翠屏山》等。同时参加光华社演出。

开始向韩世昌学昆曲，并由侯瑞春吹笛教曲。先后学习了《思凡》《刺虎》《小宴》《惊变》《花报》《瑶台》《借扇》《断桥》《闹学》《游园》《惊梦》《奇双会》等戏。

5月9日，北京，广和楼，参加光华社演出，《大英杰烈》。

5月14日至6月15日，天津，北洋大戏院，挑班光华社，出演剧目：《金山寺》《泗洲城》《百草山》《取金陵》《扈三娘》《杨排风》《大英杰烈》《盘丝洞》《穆柯寨》《穆天王》《辛安驿》《小上坟》《小放牛》《棋盘山》《姑嫂英雄》《战宛城》《翠屏山》《凤吉公主》《平阳公主》《凤双飞》等。期间仅《新天津报》即有8篇报道李金鸿及所演剧目。

7月18日至8月4日，天津，中国大戏院，搭富社大班，与叶盛章并挂头牌，出演剧目：《金山寺》《演火棍》《百草山》《摇钱树》《泗洲城》《蟠桃会》《虹霓关》《辛安驿》《得意缘》《金石盟》《小放牛》《打瓜园》《打樱桃》，为叶盛章配演《酒丐》《佛手桔·盗银壶》《欧阳德》《白泰官》等。

8月自天津返京至年底，继续与富社大班合作，在华乐戏院固定演出。开始与叶盛兰合作：《虹霓关》《双合印》《得意缘》《悦来店》《胭脂虎》等戏。同时开始与杨宝森、奚啸伯等人同台合作。

10月25日，北京，长安戏院，合作戏，开场《天官赐福》全体登场，《打侄上坟》李世霖，《连环套》侯喜瑞、周瑞安、王福山，《打瓜园》叶盛章、李金鸿，《审头刺汤》马连良、南铁生、萧长华。

11月5日，北京，长安戏院，昆曲合作大会，《火判》侯玉山，《金山寺》李金鸿，《春香闹学》白玉薇，《游园惊梦》黄玉华、储金鹏、田玉林，《贞娥刺虎》韩世昌。

11月27日，北京，长安戏院，合作戏，《扈家庄》李金鸿，全部《娟娟》李世芳、毛世来。

11月30日，北京，长安戏院，合作戏，《小放牛》筱翠花、马富禄，《穆柯寨·穆天王》李世芳、裘盛戎、刘连荣，《摘缨会》马连良、金少山、李金鸿、叶盛兰、萧长华。

12月18日，北京，三庆戏院，《虹霓关》李金鸿、叶盛兰，全部《珠廉寨》杨宝森、李多奎、裘盛戎。

12月19日，北京，长安戏院，合作戏，《汾河湾》《摇钱树》《法门寺》杨宝森、黄玉麟、李金鸿、裘盛戎、孙盛武。

12月27日，北京，长安戏院，合作戏，全部《得意缘》秦玉梅、陈少霖、李金鸿、王金璐、侯喜瑞、叶盛兰、马富禄。

## 1942年

拜师尚小云。

向萧长华学习花旦戏，《小上坟》《打樱桃》《铁弓缘》《拾玉镯》《扫地挂画》等。

1月至3月，北京，继续与富社大班叶盛章、叶盛兰兄弟，与杨宝森等人合作演出。

1月11日，北京，长安戏院，赈灾义务戏，《穆柯寨》李世芳、叶盛兰、侯喜瑞、刘连荣，《青石山》李金鸿、叶盛章、李万春，《花田错》荀慧生、何佩华、徐和才，《桑园会》马连良、张君秋、李多奎。

1月14日，北京，长安戏院，《安天会》《游龙戏凤》《击鼓骂曹》，杨宝森、李金鸿、梁慧超。

1月17日，北京，长安戏院，冬赈义务戏，《长寿星》李多奎，《金钱豹》周瑞安，《乌龙院》杨宝森、毛世来、孙盛武，《长坂坡》孙毓堃、南铁生、曹连孝、侯喜瑞、迟月亭、许德义、张蝶芬，《能仁寺》尚小云、姜妙香、筱翠花、马富禄、高富远，《摘缨会》谭富英、金少山、李金鸿、叶盛兰、萧长华。

1月22日，北京，长安戏院，义务戏，《大四五花洞》李万春、李世芳、毛世来、宋德珠、李金鸿、贯盛习、裘盛戎、朱盛富、高富全、贾多才、蓝月春、孙盛武、慈少泉、张永禄、刘斌升，《龙凤呈祥》马连良、张君秋、王凤卿、孙毓堃、叶盛兰、李多奎、侯喜瑞、刘连荣、李洪福、马春樵、高连峰。

1月30日，北京，长安戏院，冬赈义务戏，《四杰村》李盛斌、刘砚亭、朱盛富，

《双摇会》计砚芬、于莲仙、李盛芳，《杏花村》李金鸿、孙盛武，《宇宙锋》南铁生、刘连荣，《铁龙山》孙毓堃、许德义，《铁弓缘》李玉芝、贾多才，《失街亭》孟小冬、金少山、萧长华、裘盛戎。

2月1日，北京，长安戏院，日戏，《大英杰烈》《大三岔口》李金鸿、叶盛章。夜戏，义务戏，《嫦娥奔月》李世芳，《马上缘》荀慧生，《金山寺》尚小云、白云生、李金鸿、杨盛春，《打棍出箱》谭富英、刘砚亭，《战宛城》筱翠花、孙毓堃、叶盛章、侯喜瑞。

2月3日，北京，广德戏院，《青石山》反串《打面缸》《问樵闹府》杨宝森、李金鸿、梁慧超、叶盛兰。

3月28日，北京，开明戏院，搭班张君秋谦和社首演，压轴《战宛城》孙毓堃、李金鸿、侯喜瑞，大轴《探母回令》张君秋、纪玉良。自此开始与谦和社固定合作至1943年5月，同时仍应约与其他演员及班社合作。

4月11日，北京，开明戏院，谦和社演出，《胭脂虎》时慧宝、任志秋、尚富霞、何盛清等，《英雄会》侯喜瑞、范宝亭、高连甲等，《打龙袍》李多奎、王泉奎、韦三奎等，《小放牛》李金鸿、王福山，《霸王别姬》张君秋、孙毓堃。

4月30日，北京，开明戏院，义务戏，《铁弓缘》李玉芝，《审七长亭》金少山、王福山，《扈家庄》李金鸿，《御碑亭》孟小冬、张君秋、姜妙香、萧长华。

6月11日，北京，长安戏院，合作戏，《坐楼杀惜》，全部《临江会》，程继先、李洪春、李金鸿、李和曾、王金璐、萧长华。

6月13日，北京，开明戏院，谦和社演出，《虹霓关》李金鸿、叶盛兰，《骊珠梦》张君秋、贯盛习。

6月14日，北京，长安戏院，日戏，全部《金石盟》《翠屏山》《巧连环》《盗王坟》叶盛章、李金鸿、叶盛兰、叶世长、江世升、艾世菊。

7月7日，北京，长安戏院，合作戏，《三岔口》叶盛章、李金鸿、杨盛春，全部《红鬃烈马》谭富英、梁小鸾、李多奎、姜妙香、林秋雯。

8月8日，长安戏院，合作戏，《挑帘裁衣》《失街亭》《坐帐斩谡》谭富英、金少山、李金鸿、杨盛春、姜妙香、王泉奎。

9月13日，北京，中和戏院，合作戏，《御碑亭》《金山寺》《断桥》尚小云、筱翠花、王凤卿、李金鸿、尚富霞、尚长春。

10月4日，北京，三庆戏院，合作戏，压轴《挑帘裁衣》，李金鸿饰潘金莲，高盛麟饰武松，贾多才饰王婆，艾世菊饰武大，江世玉、张连庭分饰前后部西门庆。大轴《失街亭》李英良饰孔明，刘砚亭饰马谡，马连昆饰司马懿，李宝奎饰王平。

10月17日至10月28日，天津，中国大戏院，张君秋谦和社演出。李金鸿出演剧目:《金山寺》《战宛城》《翠屏山》《打樱桃》《青石山》《瑞草园》《杨排风》《盗灵芝》《小放牛》《虹霓关》《辛安驿》《探亲家》等。同台合作者:贯盛习、孙毓堃、王泉奎、萧长华、侯喜瑞等。期间《新天津》报有4篇有关李金鸿的报道。

12月19日，北京，长安戏院，《盗银壶·佛手桔》《祝家庄》叶盛章、叶盛兰、李金鸿、叶世长、江世升、叶世茂。开明戏院，《金钱豹》《打瓜园》、全部《红鬃烈马》张君秋、孙毓堃、陈少霖、李金鸿、李多奎、叶盛兰。一晚两场赶包。

### 1943年

拜师徐燕荪学习中国画。

向武术家高紫云研习太极拳、太极剑。

问艺王瑶卿，指导《扈家庄》《杨排风》《金针刺蟒》等戏。

1月29日，北京，开明戏院，合作戏，《巴骆和》李金鸿、马德成、侯喜瑞，《廉锦枫》李世芳，《金榜乐·御碑亭·大团圆》孟小冬、李玉芝、马富禄、叶盛兰、张春彦。

2月5日（农历大年初一）至25日，天津，中国大戏院，与吴素秋、贯大元合作，出演剧目:《青石山》《泗洲城》《盗库银》《瑞草园》《翠屏山》《红桃山》《扈三娘》《蟠桃会》《杨排风》《穆柯寨》《打樱桃》《打钢刀》《樊江关》《无底洞》《摇钱树》《庆顶珠》《娘子军》《锯大缸》《取金陵》《战宛城》《思凡》等。

3月25日，北京，长安戏院，合作戏，《大战宛城》孙毓堃、李金鸿、侯喜瑞、王福山，《红鬃烈马》谭富英、张君秋、李多奎、姜妙香等。

4月16日，北京，开明戏院，合作戏，《小放牛》李金鸿、萧长华，《连环套》高盛麟、侯喜瑞，《坐楼杀惜》马连良、筱翠花。

5月20日至7月5日，上海，黄金大戏院，与李世芳承芳社合作，出演剧目:《金山寺》《杨排风》(五打)《摇钱树》《大泗洲城》《取金陵》《锯大缸》《蟠桃会》《红桃山》《盗仙草》《虹霓关》《双姣奇缘》、全本《蝴蝶梦·大劈棺》《宋江闹院·坐楼杀惜》《大战宛城》《小放牛》《大翠屏山》《小上坟》《探亲家》、全部《四郎探母》、全部《王宝钏》《辕门斩子》《百花公主》、反串《黄鹤楼》。同台合作演员还有迟世恭、袁世海、俞振飞、艾世菊等。

5月29日至6月3日，上海，天蟾舞台，受邀过班与叶盛章合作，出演剧目：全部《酒丐》《佛手橘》《白泰官》《青石山》。

5月30日，上海，黄金大戏院，11时开锣日戏，中轴《大战宛城》李金鸿、迟世恭、艾世菊，19时开锣夜戏，中轴《小放牛》李金鸿、艾世菊。天蟾舞台，19时开锣夜戏，李金鸿参演大轴全部《酒丐》。一天三场，夜戏赶包。

6月2日，上海，黄金大戏院，夜戏中轴，《锯大缸》李金鸿、艾世菊。天蟾舞台，夜戏大轴，李金鸿参演《白泰官》。一晚两场赶包。

6月3日，上海，黄金大戏院，夜戏中轴，李金鸿《蟠桃会》。天蟾舞台，夜戏大轴，李金鸿参演全部《酒丐》。一晚两场赶包。

6月16日，上海，天蟾舞台，赈灾义演，日戏，《青石山》叶盛章、李金鸿、毛庆来、萧德寅。黄金大戏院，夜戏压轴，全本《蝴蝶梦大劈棺》李金鸿、刘斌崑、江世玉、李世霖。一天两场。

6月27日，上海，黄金大戏院，日戏大轴，《双姣奇缘》（拾玉镯）李金鸿、江世玉，夜戏第二出，《红桃山》李金鸿。天蟾舞台，夜戏压轴，《盘丝洞》李玉茹、李金鸿、俞振飞。一天三场，夜戏赶包。

7月3日，上海，鑫记大舞台，赈灾义演，日戏，《大泗洲城》阎世善、李金鸿、朱盛富、班世超分饰水母（出场为序）。黄金大戏院，夜戏压轴，《杨排风》（五打）李金鸿、沈金啓、施玉新。一天两场。

7月4日，上海，黄金大戏院，日戏，全部《铁镜公主·四郎探母》（出场为序）张国斌、袁世海、李金鸿、贾世珍、迟世恭、李世芳、芙蓉草、韩金奎、贾松龄、江世玉、李世霖、刘斌崑。天蟾舞台，日戏，山字戏大杰作，压轴《青石山》，李金鸿、王金璐、艾世菊、萧德寅。黄金大戏院，夜戏，中轴《蝴蝶梦·大劈棺》李金鸿、刘斌崑、江世玉，大轴，全体反串《黄鹤楼》（出场为序）江世玉、袁世海、芙蓉草、迟世恭、李世芳、李金鸿。一天三场四出，日戏赶包。

7月5日，天蟾舞台，赈灾义演，日戏，12时开锣，《大泗洲城》（以姓名笔画为序）朱盛富、李金鸿、周菊芳、班世超、阎少泉分饰水母。黄金大戏院，赈灾义演，日戏13时开锣，中轴，《盗仙草》李金鸿。一天两场赶包。

7月6日至7月12日，上海，天蟾舞台。7月13日至8月2日，黄金大戏院，与李玉茹等人合作，演出《金山寺》等戏，与王金璐合作《夺太仓》《湘江会》《青石山》，与艾世菊合作《锯大缸》《酸枣岭·刺巴杰》，与孙盛武合作《小上坟》，与贯盛习合作《庆顶珠》《珠帘寨》，集体合作《美人鱼》《王宝钏》《铁镜公主·四郎探母》等。反串《法门寺》贯盛习饰贾贵，李玉茹饰刘谨，李金鸿饰太后，芙蓉草饰国士，王金璐饰巧姣，俞振飞饰赵廉，王玉让饰媒婆。

7月6日，上海，天蟾舞台，赈灾义演，日戏，《杨排风》打青龙、打孟良、打焦赞、打韩昌，朱盛富、李金鸿、班世超分饰杨排风。夜戏，压轴，《夺太仓》李金鸿、王金璐。

7月7日，上海，天蟾舞台，赈灾义演，日戏，全部《红鬃烈马》，薛平贵——纪玉良、李世霖、迟世恭，王宝钏——王玉蓉、李世芳，高肆继——江世玉，代战公主——李金鸿，王允——张彦堃，魏虎——王玉让、贾松龄，王夫人——蒋兰芬，金钏——李佩芳。天蟾舞台，夜戏，压轴《湘江会》李金鸿、王金璐。

8月13日，离沪返京后，与母至颐和园小住休养。随后继续与叶盛章、叶盛兰、杨宝森、奚啸伯等人在京合作演出。

9月23日，北京，三庆戏院，《虹霓关》《珠帘寨》，奚啸伯、侯玉兰、李金鸿、侯喜瑞。

9月30日，北京，华乐戏院，合作戏，《小放牛》叶盛章、李金鸿，《空城计》奚啸伯、侯喜瑞，《霸王别姬》金少山、张君秋。

10月28日，北京，三庆戏院，《挑帘裁衣》《失街亭》，孟幼冬、李金鸿、吴彦衡。

10月31日—11月17日，徐州，11月23日—11月26日，济南，随杨宝森宝华社，演出《盗仙草》《虹霓关》《杨排风》《摇钱树》《取金陵》《樊江关》《百草山》《金山寺》等戏。

12月16日，北京，三庆戏院，《挑帘裁衣》《青风亭》，奚啸伯、侯玉兰、李金鸿、梁慧超。

12月28日，北京，华乐戏院，师生昆曲大会，《卸甲封王》贾世嘉，《麒麟阁》姚世茹，《钟馗嫁妹》宋富亭，《思凡》白玉薇，《降香水门》李金鸿，《牡丹亭·春香闹学·游园惊梦》韩世昌、李世芳、白玉薇、张盛利。

12月29日—1944年1月10日，天津，中国大戏院，与杨宝森、周素英合作，演出《杨排风》《金山寺》《蟠桃会》《泗洲城》《穆柯寨·穆天王》《百草山》《扈家庄》《盗仙草》《十三妹》《樊江关》《无底洞》《得意缘》《辛安驿》等戏。

## 1944年

向包丹庭学习小生戏《八大锤》《雅观楼》等。

1月11日—1月17日，天津，中国大戏院，与富社大班叶盛章合作，演出《摇钱树》《金石盟》《坐楼杀惜》《打樱桃》《小放牛》《打瓜园》《酒丐》《佛手桔·盗银壶》等。

1月—2月，北京，继续与杨宝森、奚啸伯等人合作演出。

2月23日—3月5日，天津，中国大戏院，与奚啸伯忠信社合作演出，位列“特角”，演出《青石山》《扈家庄》《夺太仓》《湘江会》《虹霓关》《战宛城》等。

3月10日，北京，中和戏院，戏校毕业生合作戏《化外奇缘》，王和霖，白玉薇，李金鸿，王金璐，李德彬，王玉让，周和桐，张玉禅等。

3月20日，北京，华乐戏院，合作戏，《白良关》吴松岩，《青石山》李金鸿、黄元庆，《翠屏山》李玉茹、陈喜星、纪玉良、尚和玉、王少亭，全部《双官诰》奚啸伯、李世芳、孙盛武、王世霞。

4月7日—5月30日，上海，黄金大戏院，与杨宝森宝华社合作演出，位列“特角”，同台合作的有李玉芝、梁慧超、姜妙香、艾世菊等人。演出剧目有：《金山寺》《盘丝洞》《扈家庄》《杨排风》《盗仙草》《五花洞》《虹桥赠珠》《取金陵》《青石山》《战宛城》《穆柯寨》《虹霓关》《小放牛》《锯大缸》《巴骆和》《庆顶珠》《武松与潘金莲》、反串《打面缸》等。

6月，由沪返京后继续与各班合作在北京演出。

9月4日，北京，华乐戏院，《大赐福》《铡美案》《青石山》全部《王宝钏》，侯玉兰、贯盛习、李金鸿、王金璐、李多奎、林秋雯、储金鹏、慈少泉等。

9月24日，北京，吉祥戏院，《白门楼》《龙戏凤》《寄子化缘》《黑水国》，杨宝森、李玉芝、李金鸿、叶盛兰。华乐戏院，《金锁记》《游六殿》《打渔杀家》全部《青霜剑》侯玉兰、贯盛习、李金鸿、李多奎、王金璐、李德彬等。一晚两场赶包。

10月23日，北京，开明戏院，十班合作，李金鸿出演《大狮子楼》潘金莲，《大溪皇庄》十美跑车。

10月30日，北京，华乐戏院，合作戏，《大三岔口》，全部《红鬃烈马》，谭富英、张君秋、筱翠花、叶盛章、侯喜瑞、张春彦、叶盛兰、萧长华、李金鸿、李多奎、杨盛春、阎世善。

11月6日，北京，开明戏院，十二属相十二出特殊大合作，（出场序）《访鼠测字》高德仲、曹连孝，《小放牛》李金鸿，《武松打虎》马鸿麟，《白兔记》叶盛兰、张玉英，《拿飞龙》孙毓堃，《白蛇盗草》李金鸿，《敬德洗马》李春恒，《苏武牧羊》言慧珠、李盛藻，《白猿盗盒》王金璐，《买雄鸡》张菊仙、张玉英（反串傅朋），《曹庄杀狗》二宝红，双演《猪八戒》李盛藻、言慧珠。

11月10日，北京，长安戏院，四班合作，《百鸟朝凤》，李玉芝、朱盛福、筱翠花、李金鸿分饰王大娘，贾多才、王金璐、侯喜瑞、马富禄、孙毓堃等合作演出。

11月21日，北京，开明戏院，十班合作，《酸枣岭·刺巴杰·巴骆和》李金鸿饰马金定，《五湖船东皇庄》《真假康小八》李金鸿饰鸨儿。广告推介："诙谐佳剧纯粹苏白马富禄有三十年未演唱 戏中串戏特别开打巧耍大旗 李金鸿大卖艺耍火流星……"

11月24日，北京，开明戏院，合作戏，（出场序）《潞安洲》刘连荣、言小朋，《两狼关》李金鸿，《独占花魁》叶盛兰、王少亭、张蝶芬、言慧珠、言少朋、贯盛习、李金鸿（饰刘四姨）、张洪祥、阎世善。本场戏11月28日、12月26日，1945年1月25日、26日再次上演。

11月25日，北京，华乐戏院，义务戏，《赵家楼》杨盛春、刘砚亭，《击鼓骂曹》杨宝森、李春恒，《土番国·双沙河·人才驸马》阎世善、侯喜瑞、筱翠花、马富禄、金仲仁、尚富霞，全部《红鬃烈马》"武家坡"谭富英、张君秋，"算军粮"尚小云、侯喜瑞，"银空山"李德彬、李金鸿，"回笼鸽"哈宝山，"大登殿"谭富英、张君秋、尚小云、李多奎。

12月11日，北京，华乐戏院，大合作戏，一至十数目字戏，《四进士》李金鸿反串万氏，《十美图》李金鸿饰李芙蓉。

## 1945年

1月至4月，继续与各班合作在北京演出。

1月15日，北京，开明戏院，巾帼十艳大合作，贾世珍——钵中莲之王大娘，朱盛富——孟州道之孙二娘，白玉薇——白兔记之李三娘，李金鸿——聚宝盆之张四姐，李玉芝——霸王别姬之虞五凤，鸿巧岚——珍珠衫之王三（断开为三三为六）巧，张曼君——续情灯之崔七娘，李金鸿——太君辞朝之杨八妹，白玉薇——绿牡丹之巴九奶，荀慧生——百宝箱之杜十娘。

1月22日，北京，开明戏院，陈永玲玲声社，《天下第一桥》李金鸿饰猪婆龙耍火流星。

1月23日，北京，华乐戏院，冬赈义务戏，《忠孝全》李春恒，《挑滑车》黄元庆，《杨排风》李金鸿，《雌雄镖·得意缘》叶盛兰、筱翠花、尚小云、孙盛文、林秋文、孙甫亭、马崇仁、张春彦，《龙凤呈祥》马连良、李多奎、刘连荣、李世芳、王凤卿、侯喜瑞、李万春、徐才和、杨宝森。

1月27日，北京，吉祥戏院，合作戏，打泡《巴骆和》李金鸿饰马金定，大轴《虮蜡庙》李金鸿饰张桂兰，同台合作有：金少山、王和霖、李盛斌、王金璐、白玉薇、侯玉兰等。

1月31日，北京，吉祥戏院，救济已故同人家族义务公演，打泡《樊江关》李金鸿饰樊梨花、白玉薇饰薛金莲，大轴反串四四《大白水滩》李金鸿饰青面虎。

2月24日，北京，华乐戏院，冬赈义务戏，（出场序）《樊江关》李金鸿、王吟秋，《玉堂春》李世芳、叶盛兰、李洪春、韦三奎，《翠屏山》李万春、筱翠花、马富禄、侯喜瑞，《渭水河》马连良、金少山，《溪皇庄》李玉芝、言慧珠、侯玉兰、章逸云、张春华、贾多才、孙盛文等。

4月27日—7月23日，上海，天蟾舞台，与张云溪、张椿华、金妙声、王铁侠等人，以“五头牌号召”合作，演出剧目：《金山寺》《杨排风》《虹霓关》《红桃山》《青石山》《武松打店》《大三岔口》《大泗洲城》《五花洞》《双姣奇缘》《小放牛》《翠屏山》《战宛城》《探亲家》。本戏《武松》《石秀》《龙潭鲍骆》《大溪皇庄》《酒丐》《金钱豹》《忠义侠马玉龙》等。本期曾与芙蓉草合作《金山寺》，芙蓉草饰青儿，《虹霓关》李金鸿头本，芙蓉草二本。

4月29日，上海，天蟾舞台，日戏，大轴《大泗洲城》李金鸿、张云溪、张椿华。夜戏，中轴《金山寺》，大轴《大三岔口》张云溪、张椿华、李金鸿。一天两场三出。

5月6日，上海，天蟾舞台，日戏，大轴《大泗洲城》李金鸿、张云溪、张椿华。夜戏中轴，全部《杨排风》李金鸿、萧德寅，大轴《大三岔口》张椿华、张云溪、李金鸿。一天两场三出。

5月13日，上海，天蟾舞台，日戏中轴，《金山寺》李金鸿、芙蓉草。夜戏大轴，一至四本《金钱豹》（出场序）张椿华、高维廉、李金鸿、王铁侠、张云溪、张世桐。

5月20日，上海，天蟾舞台，日戏，全本《双姣奇缘》连演《法门寺》（出场序）李金鸿、金妙声、王铁侠、张椿华。夜戏，全本《杨排风》连演《三岔口》（出场序）李金鸿、张云溪、张椿华。一天两场三出。

6月12日，上海，天蟾舞台，中轴，李金鸿反串《八大锤》。

7月1日，上海，天蟾舞台，日戏，《大泗洲城》张椿华、张云溪、李金鸿，《五花洞》李金鸿、金妙声、王熙春，全部《酒丐》张云溪、张椿华、王铁侠、李金鸿。

夜戏，全部《武松》张云溪、张小杰、张椿华、王熙春、高维廉、张世桐、王铁侠、李金鸿（“打店”一折）。一天两场四出。

7 月 22 日，上海，天蟾舞台，本期末场，日戏，二本《忠义侠马玉龙》金妙声、王熙春、张云溪、张世桐、慈少泉、王玉让、张椿华、李金鸿。夜戏，《大翠屏山》李金鸿、张云溪、张椿华，全体反串《大八蜡庙》李金鸿饰费德恭。一天两场三出。

7 月 23 日，上海，天蟾舞台，告别义演，《金山寺》李金鸿。

### 1946 年

2 月 2 日—3 月 8 日，天津，美琪大戏院，校友剧团演出，主要演员有王金璐、李金鸿、高玉倩、陈永玲等。李金鸿演出剧目有：《金山寺》《杨排风》《锯大缸》《青石山》《摇钱树》《金石盟》《英杰烈》《青蛇盗库》《梁红玉抗金兵》《虹霓关》《小放牛》《盘丝洞》《姑嫂英雄》《武松打店》《红鬃烈马》《大名府贪欢报》《巴骆和》《碧血桃花》《大溪皇庄》《百鸟朝凤》《白虹贯日》《鸳鸯泪》《美人鱼》《江山美人》《碧血桃花》《旗装大会》《巾帼十艳》《十二属相》《九种戏大展览》等。反串：《三国志》周瑜，全部《陆文龙》，《小上坟》刘禄景。

6 月 11 日、6 月 13 日，上海，天蟾舞台，蒋夫人及莫德惠主办的东北救济会义演，《白水滩》张云溪饰十一郎，张世桐饰青面虎，《打渔杀家》马连良饰萧恩，章逸云饰萧桂英，马富禄饰大教师，袁世海饰倪荣，马盛龙饰李俊，《四五花洞》梅兰芳携徒杨畹农，程砚秋携徒赵荣琛饰四潘金莲，商四亮等饰武大郎，马连良饰天师，袁世海饰包公，马富禄饰胡大炮，李金鸿饰红蟒。

6 月 12 日，上海，天蟾舞台，蒋夫人及莫德惠主办的东北救济会义演，全部《红鬃烈马》，“别窑三打”张国斌饰薛平贵，李金鸿饰代战，高雪樵饰薛平贵，董芝兰饰王宝钏，“鸿雁捎书”马连良饰薛平贵，芙蓉草饰代战，马富禄饰穆老将，“平贵别窑”程砚秋饰王宝钏，赵培鑫饰薛平贵，“大登殿”马连良饰薛平贵，梅兰芳饰王宝钏，芙蓉草饰代战，孙甫亭饰王夫人，曹二庚饰马达，李四广饰江海。

8 月，与黄金大戏院签约为固定演员，先后与黄桂秋、高盛麟、言慧珠、俞振飞、麒麟童等人合作。演出剧目：《金山寺》《杨排风》《锯大缸》《泗洲城》《取金陵》《盘丝洞》《穆柯寨》《打杠子》《双摇会》《双沙河》《大溪皇庄》《巴骆和》等。

10 月 6 日，上海，黄金大戏院，日戏，十打名剧，《打擂台》盖春来，《打灶王》周斌秋、李瀚三，《打鼓骂曹》梁一鸣，《打焦赞・打韩昌》李金鸿、王富英，《打棍出箱》言少朋，《打杠子》李金鸿，《打黑店》（三岔口）高盛麟、王富英，《打渔杀家》言慧珠、迟世恭、苗胜春,《打樱桃》言慧珠、俞振飞、贯盛吉。夜戏,《盘丝洞》李金鸿。一天两场三出。

10 月 22 日，上海，黄金大戏院,《赵家楼》盖春来、陆兰芳,《金山寺》李金鸿,《四郎探母》言慧珠、迟世恭、俞振飞、李金鸿、芙蓉草、梁一鸣,《大溪皇庄》言慧珠、言少朋、芙蓉草、高盛麟、苗胜春、言小朋、王富英、李金鸿、刘连荣、梁一鸣、贯盛吉。一晚三出。

11 月 1 日，上海，黄金大戏院,《打渔杀家》高盛麟、李金鸿。

11 月 10 日，上海，黄金大戏院，大轴《八大锤》，高盛麟、李金鸿（饰陆文龙）。

12 月 2 日，上海，黄金大戏院，第二出《杨排风》，压轴（第四出）《樊江关》李玉茹、李金鸿。

12 月 22 日，上海，黄金大戏院,《武松与潘金莲》，李玉茹、俞振飞、高盛麟、李金鸿。

## 1947 年

1 月至 7 月，继续作为黄金大戏院签约固定演员，与麒麟童、李玉茹、俞振飞等合作。演出剧目:《取金陵》《盗仙草》《金山寺》《杨排风》《张四姐》《红桃山》《盘丝洞》《巴骆和》《樊江关》（先后与李玉茹、芙蓉草合作）《小放牛》（先后与小百岁、艾世菊合作）《武松与潘金莲》《战宛城》（与高盛麟合作）《探亲相骂》《九花娘 · 剑峰山》等。

1 月 8 日，1 月 9 日，上海，天蟾舞台，义演,《大泗洲城》（出场为序）周菊芳、阎少泉、班世超、李金鸿分饰水母。

1 月 8 日，上海，黄金大戏院,《盘丝洞》李玉茹、李金鸿、王富英。赶包天蟾义演。

1 月 23 日，上海，黄金大戏院，日戏,《泗洲城》李金鸿、王富英。夜戏,《盘丝洞》李玉茹、姜妙香、李金鸿、王富英。

1 月 25 日，上海，黄金大戏院，日戏,《取金陵》李金鸿、王玉让。夜戏,《樊江关》李金鸿、芙蓉草。

1 月 31 日，2 月 1 日，上海，黄金大戏院,《金山寺》李金鸿、周菊芳,《四进士》麒麟童、李玉茹、王玉让、姜妙香、芙蓉草。

2 月 15 日，上海，黄金大戏院，日戏,《摇钱树》李金鸿。夜戏,《金山寺》李金鸿、周菊芳。

2月16日，上海，黄金大戏院，日戏，《武松与潘金莲》李玉茹、高盛麟、姜妙香、李金鸿、艾世菊。夜戏，《大泗洲城》李金鸿、王富英、刘正忠、盖春来。

2月27日，上海，中国大戏院，李世芳罹难善后义演，日戏，《八五花洞》阎世善、李金鸿分饰红蛇。黄金大戏院，夜戏《取金陵》李金鸿。

2月28日，上海，中国大戏院，李世芳罹难善后义演，日戏，李金鸿出演全部《杨排风》,《大溪皇庄》十二美跑车。黄金大戏院，夜戏《小放牛》李金鸿、艾世菊。一天两场3出。

3月22日，上海，大光明戏院，义演，《小放牛》李金鸿、艾世菊，《斩黄袍》刘斌崑、马盛龙、顾乾麟、顾夫人、梁一鸣、王玉让，《贩马记》梅兰芳、俞振飞、孙兰亭、姜妙香、李宝櫆。

3月，演出中足部受伤，休养后继续登台演出至7月底。

8月13日，由沪返平，休养。

9月12日，北京，庆乐戏院，合作戏，大轴《金山寺》李金鸿，"上海新回首演新声"。

9月至11月，北京，庆乐戏院、长安戏院、华乐戏院等地不定期演出，同台合作者有：萧长华、李桐春、李鸣盛、王金璐、金妙声、高玉倩等。

10月15日至10月27日，天津，中国大戏院，与张君秋、李鸣盛等合作，演出剧目：《摇钱树》《杨排风》《蝴蝶梦・大劈棺》《翠屏山》《取金陵》《青石山》《金山寺》《胭脂虎》《红桃山》《盗仙草》《扈家庄》《蟠桃会》《姑嫂英雄》,《八大锤》反串陆文龙。

11月7日至11月21日，天津，中国大戏院，与谭富英、梁小鸾合作，演出剧目：《金山寺》《盗仙草》《取金陵》《娘子军》《杨排风》《摇钱树》《扈家庄》等。期间义演，王蕙蘅演出《虹霓关》《金山寺》，李金鸿陪同配演王伯党、青儿。

12月10日至12月14日，北京，长安戏院，北平艺术馆平剧团，演出《桃花扇》。

## 1948年

1月16日至1月27日，北京，建国东堂，北平艺术馆平剧团，演出《桃花扇》。

4月18日至4月24日，北京，长安戏院，北平艺术馆改名戏曲学校剧团，演出《铸情记》。

4月25日至5月4日，北京，长安戏院，戏曲学校剧团，演出《桃花扇》。

5月5日至5月6日，北京，长安戏院，戏曲学校剧团，演出《铸情记》。

9月10日至11月13日，天津，天华景大戏院，校友剧团在李洪春帮助下演出，主要演员有：王金璐、李金鸿、李春恒、沈金伯、林秋雯、陈盛泰、孙甫亭、贾松龄、张洪祥等人。李金鸿演出剧目：《杨排风》（五打）《青石山》《湘江会》《夺太仓》《朝金顶》《取金陵》《金山寺》《红桃山》《盗仙草》《泗洲城》《摇钱树》《扈三娘》《大破天门阵》《大英杰烈》《虹霓关》《姑嫂英雄》《得意缘》《双摇会》《翠屏山》《战宛城》《小放牛》《小上坟》《打面缸》《探亲家》《打樱桃》《坐楼杀惜》《宏碧缘》等。合作群戏：《百鸟朝凤》《韩世忠与梁红玉》《武松与潘金莲》《酸枣岭·刺巴杰·巴骆和》《御碑亭·金榜乐·大团圆》《双姣奇缘》《红鬃烈马》《珠帘寨》《庆顶珠》《儿女英雄传》等。

12月，北京，在西苑青年军208师四维剧校教课。

## 1949年

3月27日、28日，北平，美琪戏院，校友剧团演出《九件衣》《新蝴蝶梦》《桃花扇》任舞台监督兼演员。后赴天津演出。

7月2日，北京，参加全国第一次文代会。

10月，参加“文化部戏曲改进局”举办的讲习班学习。

11月始，随“永春社”在无锡、南京、郑州等地演出《金山寺》《打焦赞》《盗仙草》、全本《武松》等戏。

## 1950年

1月至6月，随永春社继续在武汉、长沙、南昌等地演出，兼做行政工作。曾与李万春演出《霸王别姬》《火烧红莲寺》等戏。

8月至年底，应言慧珠约，在上海、苏州等地演出，合作《廉锦枫》《西施》等戏，曾在《四郎探母》中饰萧太后。应黄桂秋约与王金璐等人在南通易俗剧场演出。

年底返京后加入永春社改组成立的首都实验京剧团，李万春任团长，苏维明、景荣庆任副团长，李金鸿任主任委员。

## 1951年

在首都实验京剧团工作，在北京开明剧场、中和戏院演出，赴东北演出。

5月5日，中央人民政府政务院发布了《关于戏曲改革工作的指示》，戏改开始，禁止踩跷。开始兼演小生，曾出演《红娘》张生，《群借华》周瑜，《铁弓缘》匡忠等。

## 1952年

继续在首都实验京剧团工作，在北京开明剧场、中和戏院演出。

2月12日，艺培戏曲学校开学，义务教课，所教学生有孙毓敏、叶红珠、宋静媛等。

收徒叶红珠。

11月，以教员身份加入中国实验京剧团（国家京剧院前身），任一团艺术研究组成员。

1953年

在崔承喜舞蹈班做戏曲形体表演展示，同时向韩世昌继续进行《思凡》的学习研究。

按马少波要求，教授旦角演员杜近芳、李慧芳、侯玉兰、云燕铭、江新蓉等人《思凡》。

2月开始参加演出，出演《扈家庄》《打焦赞》《四杰村》《嘉兴府》等戏。

7月11日，北京，人民剧场，中国京剧团《柳荫记》首演，李金鸿饰四九。

8月至12月，演出《柳荫记》《杨排风》《盗草》等戏。

1954年

1月—5月，演出武旦戏《盗草》《打焦赞》等。出演小生，《罗成》饰罗春，《奇双会》饰李保童。

6月—12月，演出武旦戏《打焦赞》《四杰村》等。演出《柳荫记》。出演小生《拾玉镯》饰傅朋，《奇双会》饰李保童，《罗成》饰罗春。参加慰问解放军演出。

10月23日，11月8日，杜近芳演出由李金鸿教授的《思凡》。

年末，指导编排《水斗》《双射雁》《盗草》等戏准备参加第五届世界青年联欢节（以下简称“世青节”）。

1955年

5月3日，杜近芳《白蛇传》首演，排练“盗草”一折，并出演鹿童。

7月31日至8月14日，波兰华沙，参加第五届世青节。指导云燕铭、徐玉川《水斗》《双射雁》获一等奖，指导江新蓉《盗草》获表演奖，在波兰各城市巡演。

8月至12月，随“中国古典歌舞剧团”赴欧洲芬兰、瑞典、挪威、丹麦、冰岛演出，《拾玉镯》饰傅朋，《贵妃醉酒》饰高力士。

1956年

1月1日、2日，北京，首都剧场，中国古典歌舞剧团访问北欧归国汇报演出，《拾玉镯》江新蓉、李金鸿。

1月至2月，演出武旦戏《打焦赞》，出演武生《白蛇传》鹿童，小生《拾玉镯》《变羊记》等。

8月至12月，演出武旦戏《拦马过关》，出演小生《玉堂春》《拾玉镯》《醉酒》等。

12月16日，北京，人民剧场，整理改编《无底洞》饰玉鼠精，首演。

12月17日、18日、30日、31日，北京，人民剧场，演出《无底洞》，日夜两场。

### 1957年

1月1日，人民剧场，演出《无底洞》日夜两场，1月2日、2月5日工人俱乐部，2月19日、20日、21日，人民剧场，演出《无底洞》。

2月至6月，演出《无底洞》《拦马过关》《打焦赞》。演出《悦来店》，杜近芳饰何玉凤，李金鸿饰安骥，《柳荫记》饰四九，《白蛇传》饰鹿童。

7月29日至8月10日，赴莫斯科参加第六届世青节，与杜近芳演出《拾玉镯》《虹霓关》，《拾玉镯》获哑剧组金奖。

9月1日，言慧珠来京演出，合作《樊江关》。

9月24日、25日世青节获奖演员归国演出《无底洞》。

9月至11月，演出《无底洞》《打孟良·打焦赞·打韩昌》。《拾玉镯》饰傅朋、《凤还巢》杜近芳饰程雪娥，李金鸿饰穆居易。

### 1958年

演出《无底洞》等戏。

12月，李金鸿、何异旭整理，《1959年春节供群众演唱剧本 杨排风》，中国戏剧家协会编选，北京宝文堂书店出版。

### 1959年

演出《无底洞》等戏。

参与新编历史京剧《佘赛花》创作，负责佘赛花身段表演设计。

参与中国青年艺术剧院国庆献礼剧目《文成公主》创作，担任身段设计。

### 1960年

4月至11月，随中国艺术团赴南北美洲委内瑞拉、哥伦比亚、古巴、墨西哥、加拿大演出。出演:《虹桥赠珠》饰白泳，《拾玉镯》饰傅朋，《贵妃醉酒》饰裴力士，《白蛇传》饰鹿童。担任演员“角儿组”组长，担任摄影工作。

北京市组织大拜师，收徒叶红珠、刘琪。

**1961年**

接演新编历史剧《金田风雷》韦昌辉，由此开始正式接演中国京剧院一团小生行当角色。出演《群英会》周瑜，《玉堂春》王金龙，《佘赛花》杨继业，《桃花扇》侯朝宗，《桃花村》卞玑等。

参加新编历史剧《谢瑶环》创作排练，饰袁行健，期间做阑尾炎手术。

**1962年**

2月11日，《谢瑶环》首演，饰袁行健。

随团赴河北、南宁、长沙、汉口等地演出《佘赛花》《群英会》《借东风》《华容道》等戏。

**1963年**

患肝炎病休。

**1964年**

向郑亦秋学导演，合作创排《山村花正红》任副导演，参与《送肥记》导演。

在《红灯记》中，饰演游击队员，后打追光。

**1965年**

跟随《红灯记》剧组，赴广州、深圳、上海巡演。

参与现代戏的移植工作，担任《打铜锣》《烘房飘香》《红松店》等戏导演工作。

**1973年**

调入“中央五七艺大”（中国戏曲学校，现中国戏曲学院）。

**1974年**

参加招生工作，赴石家庄、遵化、唐山、哈尔滨、鹤岗、天津、烟台、青岛等地招生。

**1975年**

教授基础课，带领青年教师开展形体基础课教研。

**1976年**

在西苑饭店参加传统剧目录制工作，与何金海、袁金绵整理改编《天门阵》，指导郭锦华排练、录像，成为保留剧目。

**1978年**

4月，任中国戏曲学校表演科武剧教研组组长，开始恢复传统剧目教学，半年内组织教学排练上演20余出剧目。开始教授《扈家庄》《打焦赞》《思凡》《金山寺》

等戏。教授小生《谢瑶环》《佘赛花》《柳荫记》《吕布与貂蝉》《碧波潭》等戏，其中有的戏小生、旦角一起教。

### 1979 年

1 月，文化部正式批复实验京剧团成立。李金鸿开始负责实验团工作，定制度，严把艺术关，组织排演大批传统剧目，教排《虹桥赠珠》，新编《珍妃》《慧梅》，移植《对花枪》等。

7 月 31 日至 9 月 22 日，带领实验团赴山东省烟台、淄博、济南三市首次巡回公演。

### 1980 年

2 月 14 日，文化部正式下发任命通知，李金鸿任实验京剧团团长。

4 月 1 日，带领实验京剧团恢复排练《四郎探母》，在原北京军区总医院礼堂，进行“教学示范演出”，为年底的正式公演打好基础。

8 月 22 日，任中国戏曲学院学术委员会委员。

9 月 17 日至 10 月 27 日，带领实验团赴沈阳、鞍山等地巡演。

12 月 3 日至 9 日，实验团与大专班演出《四郎探母》，任舞台监督。

### 1981 年

6 月 12 日，任京剧表演系副主任。

### 1982 年

暑假带队赴营口艺校支持教学，开始教授李红艳《扈家庄》《虹霓关》《佘赛花》等戏。

### 1983 年

7 月 18 日，加入中国共产党。

### 1984 年

负责中国戏曲学院中专 84 班招生工作，赴青海、新疆、山西等地招生。

### 1985 年

不再担任行政工作，继续教学。

### 1988 年

1 月，经北京市高等学校教师职务评审委员会审定，确认具有教授任职资格。

3 月，退休，继续教学。

开始教授闫巍《扈家庄》《盗仙草》《穆柯寨》等戏。

指导李红艳在风雷京剧团排演《盗草》并获奖。

1989 年

指导李红艳在风雷京剧团排演《无底洞》。

1990 年

12 月，中国戏曲学院编《京剧选编》第一卷 10 集出版，第 2 集收入李金鸿授课本《杨排风》，第 4 集收入李金鸿授课本，全部《穆桂英》。

1993 年

受张君秋委托教授赵秀君《金山寺》。

1994 年

推荐刘子蔚出演纪念梅兰芳一百周年诞辰电视剧《梅兰芳》中的青年梅兰芳，同时担任艺术指导。

受孙毓敏邀请，在北京市戏曲学校（现北京戏曲艺术职业学院），向郭玮、常秋月、邱悦、吴燕、王欣等学生教授《思凡》。

1995 年

赴天津指导赵秀君、闫巍排演《金山寺》。

1996 年

开始任历届中国京剧优秀青年演员研究生班导师。教授学生有：

第一届邓敏、史敏（史依弘）、赵秀君、刘桂娟等。

第二届李海燕、张火丁、李洁（李奕洁）等。

第三届闫巍、杨凤一、王润菁、李红艳等。

赴南京指导李洁排演《穆柯寨·穆天王》，参评中国京剧之星。

1997 年

赴上海指导第一届青研班学生史敏排演《金山寺》。

在京剧音配像工程，言慧珠、李玉茹的《樊江关》担任舞台导演。

1998 年

在京剧音配像工程，梅兰芳的《穆柯寨·穆天王》担任艺术指导。

教授第二届青研班学生张火丁、李海燕《金山寺》，李洁《思凡》。

在北京电视台制作的《咱老百姓——百部电视短剧》——《拜师》中饰演曹富春。

2000 年

获北京市文联从艺 50 年作家艺术家表彰。

指导张火丁《白蛇传》“盗草”“索夫”等折排演。

### 2001年

6月16日，在老舍茶馆，收徒李光馥（韩国籍）。

### 2002年

在京剧音配像工程，梅兰芳的《金山寺》，杜近芳、叶盛兰的《佘赛花》等剧担任排练指导。

向第三届青研班学生闫巍教授《虹霓关》《思凡》。

6月16日，在老舍茶馆，收徒木暮三津子（日本籍）。

### 2003年

指导第三届青研班学生李红艳《虹霓关》演出。

### 2005年

在马崇杰导演的电影《飞来的青衣》（又名《天使薇拉》）饰演王兰秋先生。

### 2008年

11月17日，获中国戏曲表演学会颁发的终生成就奖。

### 2009年

带领青年教师冯海荣，在中国戏曲学院表演系本科生中开展剧目教学。

### 2010年

7月，指导上海京剧院青年演员高红梅、查思娜《虹霓关》。

8月20日，因病去世。

# 参考文献

**著作：**

景孤血整理：《京剧〈无底洞〉》，中国京剧院一团演出本，北京宝文堂书店，1958 年。

中国戏剧家协会编：《群众演唱剧本 杨排风》，北京宝文堂书店，1958 年。

北京市戏曲编导委员会编辑：《京剧汇编》（第五十二集），北京出版社，1959 年。

钱宝森口述，潘侠风整理，北京市戏曲编导委员会编辑：《京剧表演艺术杂谈》，北京出版社，1959 年。

中国戏曲研究院编：《中国古典戏曲论著集成》，中国戏剧出版社，1959 年。

北京市戏曲编导委员会编辑：《京剧汇编》（第八十八集），北京出版社，1961 年。

中国大百科全书总编辑委员会，《戏曲 曲艺》编辑委员会：《中国大百科全书 戏曲 曲艺》，中国大百科全书出版社，1983 年。

中央教育科学研究所编：《中华人民共和国教育大事记（1949——1982）》，教育科学出版社，1984 年。

中国人民政治协商会议北京市委员会文史资料研究委员会编，《京剧谈往录》，北京出版社，1985 年。

翁偶虹：《翁偶虹戏曲论文集》，上海文艺出版社，1985 年。

周桓编著：《菊海競渡——李万春回忆录》，中国文史出版社，1990 年。

北京市艺术研究所、上海艺术研究所编著：《中国京剧史》，中国戏剧出版社，1990年。

阿甲:《戏曲表演规律再探》，中国戏剧出版社，1990年。

中国戏曲学院编:《京剧选编》，中国戏剧出版社，1990年。

张庚、郭汉城主编:《中国戏曲通史》，中国戏剧出版社，1992年。

黄克保:《戏曲表演研究》，中国戏剧出版社，1992年。

侯希三:《北京老戏园子》，中国城市出版社，1996年。

萧晴编:《程砚秋艺术评论集》，中国戏剧出版社，1997年。

黄育馥:《京剧、跷和中国的性别关系》，生活·读书·新知三联书店，1998年。

张学浩主编:《张君秋艺术大师纪念集》，中国文联出版社，2000年。

和宝堂:《松柏庵往事（之一）》，人民音乐出版社，2001年。

黄钧、徐希博主编:《京剧文化词典》，汉语大词典出版社，2001年。

杜广沛收藏，张帆、李树盛策划，娄悦撰文:《旧京老戏单 从宣统到民国》，中国文联出版社，2004年。

天津市档案馆主编，周利成、周雅男编著:《天津老戏园》，天津人民出版社，2005年。

梅兰芳口述，许姬传、许源来、朱家溍整理:《梅兰芳回忆录 舞台生活四十年》，团结出版社，2006年。

方伯敬、成其圣主编:《天津市青年京剧团“百日集训”二十周年 人才启示录》，中国戏剧出版社，2006年。

焦世宏、刘向宏:《北京人艺经典文库 经典人物——焦菊隐》，中国戏剧出版社，2007年。

翁偶虹:《翁偶虹编剧生涯》，同心出版社，2008年。

中共中央文献研究室科研管理部编:《新中国60年研究文集（2）》，中央文献出版社，2009年。

陈志明，王维贤选编:《立言画刊京剧资料选编》，学苑出版社，2009年。

程永江著，钮葆携助整理:《程砚秋戏剧艺术三十讲》，华艺出版社，2010年。

董德光主编:《谈艺》，学苑出版社，2010年。

周丽娟:《对外文化交流与新中国外交》，文化艺术出版社，2010年。

傅谨主编:《京剧历史文献汇编(清代卷)》,凤凰出版传媒集团,凤凰出版社,2011年。

王文章、吴江主编:《中国京剧艺术百科全书》,中央编译出版社,2011年。

翁偶虹著,张景山编:《翁偶虹看戏六十年》,学苑出版社,2012年。

周光蓁:《凤凰咏　中央乐团1956—1996》,生活·读书·新知三联书店,2013年。

中国京剧院编著,叶少兰主编:《京剧大师叶盛兰》,商务印书馆,2014年。

全国政协文史和学习委员会编:《御霜实录:回忆程砚秋》,中国文史出版社,2015年。

忻鼎亮:《武旦奇葩张美娟》,上海人民出版社,2015年。

朱继彭:《艺高德劭 一代巨擘——王金璐传》,商务印书馆,2016年。

傅谨主编:《梅兰芳全集》,北京出版社,中国戏剧出版社,2016年。

袁菁执笔:《袁世海自述》,山西人民出版社,2017年。

彭维:《国家京剧院剧目研究》,中国戏剧出版社,2018年。

李如茹:《理想、视野、规范:戏曲教育的实验:北平市私立中国高级戏曲职业学校(中华戏校)(1930—1940)》,中国戏剧出版社,2019年。

杜近芳口述,张正贵、陆蕾采写:《杜近芳口述实录》,人民出版社,2019年。

张正贵、尹松健:《国韵瑰宝——中国梨园大家影画传·杜近芳卷》,黑龙江美术出版社,2021年。

**文章:**

丁一:《戏校之〈取金陵〉》,《北平益世报》,1935年11月28日。

《戏曲学校来津公演 端阳节起在明星连演一周 新排名作极多将陆续公演》,《大公报》(天津版),1937年6月10日。

德骏:《童伶趣事:李金鸿三个"外号"》,《立言画刊》1938年第4期。

竹子:《戏校人才观》,《立言画刊》1939年第17期。

山里红:《好一个厉害小姑娘》,《立言画刊》1939年第32期。

景孤血:《孤血谈剧:〈姑嫂英雄〉概评》,《立言画刊》1939年第48期。

《介绍李金鸿》,青岛《新民报》1940年7月21日。

佛徐:《琴冈上的李金鸿》，青岛《新民报》1940 年 7 月 28 日。

《论跷工》，青岛《新民报》1940 年 7 月 28 日。

芸:《戏剧报道　李金鸿》,《立言画刊》1940 年第 97 期。

《戏校学生各有所长李金鸿获成绩最优》, 青岛《新民报》1940 年 8 月 4 日。

《小放牛——李金鸿能得筱翠花真传》, 青岛《新民报》1940 年 8 月 11 日。

《李玉茹李金鸿最末两剧演毕即返京》, 青岛《新民报》1940 年 8 月 13 日。

红梅星:《李金鸿成名小史: 埋首苦干是成名的原动力，品格高尚堪为师弟们标榜》,《立言画刊》1940 年第 90 期。

景孤血:《孤血谈剧——李金鸿一致此乎？“占花魁里占花魁”》,《立言画刊》1940 年第 112 期。

《李金鸿加入永春社二李之争的又一场面》,《新天津画报》1940 年 12 月 31 日。

路易:《〈刺虎〉就学韩世昌》,《立言画刊》1941 年第 123 期。

工公:《李金鸿加入永春社三个条件》,《立言画刊》1941 年第 124 期。

宾:《光华社二次来津的重要人物: 李金鸿的一个速描》,《游艺画刊》1941 年 2 卷 9 期。

《李金鸿在津大红》,《新天津》1941 年 5 月 19 日。

《名武旦李金鸿将演名剧平阳公主》,《新天津》1941 年 5 月 20 日。

《李金鸿延玉哲合演战宛城 姑嫂英雄平阳公主订期公演》,《新天津》1941 年 5 月 21 日。

《李金鸿 鸿运当头之际》,《新天津》1941 年 5 月 24 日。

伯龙:《李金鸿之姿致》,《新天津画报》1941 年 5 月 24 日。

《谈武旦角色说到李金鸿》,《新天津》1941 年 5 月 26 日。

《北洋邀白玉霜》,《新天津》1941 年 6 月 5 日。

《李金鸿可算奇技》,《新天津》，1941 年 6 月 9 日。

《异军突起之小名旦李金鸿专辑》,《半月戏剧》1941 年第 3 卷第 10 期。

《李金鸿每天的生活》,《三六九画报》1941 年第 8 卷第 2 期。

《今年的李金鸿》,《三六九画报》1941 年第 12 卷第 14 期。

《感慨话昆弋》,《新民报》1941 年 11 月 3 日。

《有人为某名伶建议约李金鸿加入 ×× 社》,《立言画刊》1941 年第 136 期。

景孤血:《孤血谈剧——记李金鸿之水牢记》,《立言画刊》1941年第164期。

景孤血:《孤血谈剧——记马、金、李之〈摘缨会〉》,《立言画刊》1941年第169期。

《谦和社将来津 继谭富英出演中国》,《新天津画报》1942年9月11日。

《青石山卖符捉妖》,《新天津》1942年10月21日。

《李金鸿武工纯熟》,《新天津》1942年10月21日。

《李金鸿之小放牛》,《新天津》1942年10月23日。

《步入师生阶段:尚小云与李金鸿》,《立言画刊》1942年第184期。

《芳信斋中尚和玉推许李金鸿》,《立言画刊》1942年第209期。

孔张:《伶人访问记:李金鸿种种》,《立言画刊》1942年第212期。

《侠公谈戏:萧长华教李金鸿学花衫》,《立言画刊》1942年第222期。

神侦:《李金鸿学太极剑、拳:王瑶卿将亲授金鸿琵琶缘》,《立言画刊》1943年第236期。

眷鸿簃主:《见李生金鸿泗州水母造像》,《三六九画报》1943年第20卷第7期。

《李世芳预定二十日出演沪黄金:三天分演〈玉堂春〉〈探母〉〈廉锦枫〉等戏:有李金鸿等人为助前途乐观》,《立言画刊》1943年第243期。

《李金鸿月得一万:随李世芳去沪包银惊人数字》,《立言画刊》1943年第244期。

《捧李金鸿》,《力报》1943年6月15日。

二虫居士:《捧李金鸿》,《海报》1943年6月19日。

应拾:《时下武旦谈:并论宋德珠阎世善李金鸿》,《立言画刊》1943年第258期。

《芙蓉草嘴中李金鸿:唱戏演戏又有分别》,《立言画刊》1943年第253期。

逊雪:《梅边近讯:李金鸿亦已列门墙》,《新天津画报》1943年第6卷11期。

少卿:《记李金鸿》,《海报》1944年4月20日。

李金鸿:《学戏十年来之回顾与前瞻》,《立言画刊》1944年第275期。

古雪:《对于李金鸿新年后之期望》,《游艺画刊》1945年10卷1期(新年号)。

《李金鸿从姜妙香学戏：白门楼最近露演：仍从包丹庭学八大锤》，《立言画刊》1944年第299期。

卜中：《李金鸿》，《前线日报》1946年8月26日。

沈吟：《漫谈李金鸿》，《罗宾汉》1946年7月1日。

沈吟：《李金鸿要求戏码移后》，《铁报》，1947年1月30日。

《李金鸿！曷不归？》，《海天》1947年。

龙象：《李金鸿早就该走》，《导报（无锡）》1947年9月12日。

宋绍柏：《北平艺术馆成立 新平剧运动积极开展 准备今春赴沪演出》，《申报》1948年2月7日。

焦菊隐：《琵琶行的演出》，《大公报》(天津)1948年6月15日。

丽芷：《六月雪与张君秋》，《大公晚报》1949年9月17日。

《中央人民政府政务院关于戏曲改革工作的指示》，《人民音乐》，1951年5月1日。

《中国戏剧的国际声誉》(据新华社讯，人民日报通讯整理)，《戏剧报》1955年5月16日。

丁冬：《第五届世界青年联欢节散记》，《世界知识》1955年第9期。

景孤血：《整理〈无底洞〉的一些体会》，《戏曲研究》1957年第3期。

马少波：《京剧艺术在北欧》，《戏剧报》1956年1月31日。

田因：《看〈无底洞〉有感》，《人民日报》1956年12月30日。

张延华：《我看中国京剧院》，《戏剧报》1957年5月31日。

石崑宾：《从第六届世界青年联欢节归来》，《中国穆斯林》1957年第4期。

李刚：《光辉灿烂的社会主义之花——评现代戏联合公演》，《戏剧报》1958年6月30日。

《以现代剧目为纲 戏曲表现现代生活座谈会确定戏曲工作方针》，《戏剧报》1958年8月14日。

《勤学苦练 精益求精 北京文艺工作者大力提高作品的思想性和艺术性——为了学得更多本领 杜近芳谙文习武》，《人民日报》1959年6月13日。

焦菊隐：《千言万语说不尽》，《戏剧报》1959年10月13日。

张东川：《处处洋溢着人民的友谊——忆中国艺术团在拉丁美洲和加拿大

的演出》,《戏剧报》1960 年 12 月 26 日。

姜妙香:《谈谈京剧小生唱大嗓问题》,《戏剧报》1964 年 2 月 15 日。

《京剧现代戏观摩演出大会闭幕》,《人民音乐》1964 年 9 月 27 日。

《一九六五年革命现代戏大丰收》,《戏剧报》1966 年 1 月 16 日。

士良:《大平首相观看〈虹桥赠珠〉等文艺节目》,《戏曲艺术》1980 年第 1 期。

石砚:《简讯》,《戏曲艺术》1980 年第 1 期。

小鹭:《京剧〈对花枪〉受到热烈欢迎》,《戏曲艺术》1980 年第 3 期。

王梦云、晓晨:《喜看京剧有新杰》,《人民戏剧》1980 年第 9 期。

韩世昌,时弢整理:《气力 · 功夫 · 艺术——谈昆剧〈思凡〉的表演》,《戏曲艺术》1982 年第 3 期。

李金鸿:《谈京剧武旦》,《戏曲艺术》1982 年第 4 期

史建民、史建华、史小芸、史小苓:《忆爸爸》,《戏曲艺术》1983 年第 4 期。

李爱顺、丛光:《崔承喜对中国舞蹈的影响》,《延边大学学报(社会科学版)》1994 年第 2 期。

诸世芬口述,马明捷整理:《我的父亲诸茹香》,《中国京剧》1996 年第 1 期。

李金鸿口述,张迪整理:《桌下“吹号”怀中“堆鬼”》,《戏剧电影报》1997 年 12 月 18 日。

斯琴塔日哈:《缅怀崔承喜先生》,《舞蹈》2002 年第 3 期。

李金鸿:《谈韩世昌先生〈思凡〉的表演》,《中国京剧》2003 年第 7 期。

李晓丹:《世界青年联欢节:乘着“和平与友谊”的翅膀》,《音乐生活》2006 年第 11 期。

李瑞环:《在〈中国京剧音配像精粹〉工程总结表彰会上的讲话》,《人民日报》2007 年 8 月 4 日。

范齐英、李光辉:《小议京剧〈三岔口〉的表现性》,《大众文艺》2008 年第 7 期。

李向东:《听蒋祖慧谈著名舞蹈家崔承喜》,《世纪》2011 年第 2 期。

刘嵩昆:《武旦演员与“阵风”》,《戏剧电影报》2011 年 12 月 24 日。

吴钢:《四郎探母复出四十年记》,《中国戏剧》2019 年第 7 期、第 8 期、第 9 期。

谢雍君:《1950、60年代田汉戏曲演剧述论》,《艺海》2019年第10期。

**网络:**

《这位大师曾与张大千争勇斗狠！请欣赏徐燕荪画的仕女！》，搜狐网。
《从四维剧校到中国戏曲学校》，中国戏曲学院网站。

**音像资料:**

李金鸿《扈家庄》《思凡》《虹霓关》教学录像，中国戏曲学院录制资料。
中国文学艺术界联合会，中国京剧晚霞工程:《李金鸿 鸿雁高飞》专题片，中国文联音像出版社。

# 后 记

1984年，李金鸿老师负责招生的中国戏曲学院中专84班入校了，我是其中一名学生。当年老师给女生上早功课，我在另一个组里，只是偶尔能见到走路轻盈、面带微笑、干净立整的老师。1991年中专毕业考入大学，开始跟老师学习，《扈家庄》《思凡》《金山寺》《虹霓关》《佘赛花》等戏，《扈家庄》《思凡》进行彩排，《思凡》做毕业汇报。1995年毕业时老师曾为我写过推荐信，希望我能留校任教，提到“这个孩子也许不适合作演员，但会是个好教员”。我留在了管理岗位工作，但没放下专业，先后在附中及大学导演系、表演系代课，也时常请老师指导。与老师的接触始终是敬畏有加，也有因对专业的不自信，被动地接受着老师的提携，老师常叫我去课堂帮着做示范。2005年我生病，老师和师娘带着炖好的鸡汤爬5层楼给我送到家。身体恢复后有一天，老师语重心长地跟我说：“你呀，赶紧跟我投戏吧。”于是我才又一次坐在老师对面，仔细地听老师唱“昔日有个目莲僧”；寒暑假在练功房，老师再一次给我细致地说《思凡》《金山寺》……也是在此时，懵懂多年只是一下下模仿老师样子的我，瞬间清晰地听到、看到了老师艺术的美。2009年9月开学，在老师十余年的坚持努力下，终于带着我进了剧目课堂，一轨是京剧表演专业08级学生的《思凡》，一轨是豫剧表演专业09级学生的《虹霓关》。老师很是放心地让我教，只是加以指点。还记得有一次老师进课堂时，我正在热火朝天地给学生示范枪下场，老师笑着跟我说“你别老走，让她们多走”。一学期下来，08级学生孙宝贺彩排《思凡》，此时老师身体又抱恙，彩排时我在后台跟老师通电话请教，确认扮相等事宜，顺利完成彩排。但我却没能等到老师再回课堂带我。2010 年 7 月，上海京剧院高红梅、查思娜两位青年演员来跟老师学习《虹霓关》，抱病的老师委托我教授，之后在家看了录像，说了句“我放心了”，随后支撑起病体做了上马的动作示范。这是老师最后一次教学。8 月 20 日老师仙逝。

在老师离世前几年，除了投戏，我也开始帮老师整理个人资料，同时进行艺术总结。从老师的几出经典代表剧目入手，以“李金鸿的旦角表演艺术”为总标题，先写了《扈家庄》请老师过目认可，准备刊发，同时着手写《金山寺》。没想到老师就走了，留下独自教学的我瞬间茫然。我开始了独立教学，也努力撰写并陆续刊发有关老师艺术及教育成就的文章。时间到了 2019 年，我由老师带入剧目课堂已经 10 年，这一年我辞去了管理岗位，彻底成为一名一线教师。这一年，第八届京剧学国际学术研讨会有关文献的主题，让我尝试着检索了新中国成立前的资料，像发现宝藏一样，查到 20 世纪 40 年代老师演出的大量报刊信息。于是一篇《从民国报刊报道看李金鸿的旦角表演艺术》成稿，于是为老师写传记的想法开始成为可能。2023 年，是老师百年诞辰，我想我用最笨的功夫，用三年的时间，应该能给老师留些东西吧。于是这本书就在艰难中起步了。

撰写的过程，就像放电影一样，从海量的资料堆里，映射到我脑海里的是当年老师的熠熠光芒：那个舞台上扮相惊艳、身段婀娜、跷功稳健、出手脆帅、神采四射的古典美人；那个生活中英俊潇洒、稳当又时尚的谦谦君子。我看到了在中华戏校，在张善亭、阎岚秋严格教导下咬牙练跷功、踢出手的小金鸿；看到了初出茅庐红遍青岛的金鸿；看到了得到萧长华、韩世昌、梅兰芳、尚小云、程砚秋直接教益的勤奋的金鸿；看到了与马连良、谭富英同台《摘缨会》的金鸿；看到了搭班闯荡津沽和上海滩的“小名旦”金鸿；看到了金鸿的代表作《金山寺》的变化；看到了在北平艺术馆，开始树立新戏剧观并担任舞台监督的金鸿。看到了成为新中国文艺工作者，在中国京剧院艺术风格形成过程中起到重要作用的金鸿；看到他认真地教杜近芳、孙毓敏《思凡》；整理排演轰动一时的《无底洞》；演出大量小生戏，如《群英会》、首演《谢瑶环》袁行健。看到半百之年调入中国戏曲学校，在“文化大革命”后迅速恢复教学秩序中起到举足轻重作用的金鸿；看到先后担任武剧组长、实验团长、表演系副主任、代主任，在中国戏曲学院转制大学时身为管理者、教育者的金鸿。看到退休后继续授业，担任三届青研班导师，影响了当代京剧舞台中坚力量的金鸿。

每每遇到落笔困难的时候，我就扎在资料堆里，像在跟老师对话，感受老师的生活，渐渐再次明晰方向。查资料查到国图、北大、青岛档案馆。如强迫症般，把能查到的报刊演出广告一天天地翻，像是跟着老师在各地演出，在各大剧场间赶包。在此过程中也努力把老师经历的时代背景详尽了解，以求对老师的一生有尽可能立体的呈现。比如新中国成立后的戏改，比如在国京期间的文化外交，比如特殊年代的现代戏创作。以时间为序，以学艺、演艺、教学为核，串起老师的一生。

作为后学没有评论的资格，但有总结的责任。因此“评传”两字，意在梳理老师一生从艺、教学的经历，对老师能够成长为“小名旦”、表演艺术家、编导、管理者、教育家的所有可能进行总结。对老师大道至简、中正规范、气韵生动、细腻讲究，蕴含阴阳思想及中和之道的表演风格进行总结。对老师有教无类、见效显著的教学方法进行总结。希望能给戏曲艺术人才的成长，提供一些可供借鉴的经验。对于本书的受众也希望能内外行兼顾，因此有些专业术语也会尽可能再细致些。也深知能力不足，唯有尽力。

感谢著书过程中给予我帮助的每一位师长、学长、同事、朋友、学生。感谢 43 位受访者对老师的追忆。感谢国家京剧院提供的资料支持。感谢中国戏剧出版社每位工作人员的认真严谨。感谢我成长生活了 38 年的母校——中国戏曲学院的资助支持。

也是在著书期间，才了解到老师当年曾跟王佩孚老师聊起，在他的学生里边，学东西找劲头，“冯海荣是领会最快的，范儿跟我差不多”。老师认为虽然我的实践经验少，但作为教师继承他的东西最合适，这样传承下去不会有问题。而这些话老师从没当面跟我讲过，只是用行动在坚持不懈地带着我。愚钝如我，在老师逝去 10 年后才了解到，随之而来的是强烈的自责，自己浪费了太多时间！所幸此时已彻底回归课堂，可以专注于老师艺术和教育理念的传承。相信老师在天之灵会感到欣慰。

谨以此书献给李金鸿老师一百周年诞辰。

冯海荣

2022 年 5 月 10 日